孟子文獻集成

孟子文獻集成編纂委員會 編纂

山東人民出版社

圖書在版編目（CIP）數據

孟子文獻集成．第六十七卷／《孟子文獻集成》編纂委員會編纂．--濟南：山東人民出版社，2019.1
ISBN 978-7-209-11348-9

Ⅰ．①孟… Ⅱ．①孟… Ⅲ．①儒家②《孟子》－研究資料－匯編 Ⅳ．①B222.55

中國版本圖書館CIP數據核字(2018)第041028號

項目統籌：胡長青
責任編輯：劉 晨 吕士遠
裝幀設計：武 斌
項目完成：文化藝術編輯室

孟子文獻集成（第六十七卷）
《孟子文獻集成》編纂委員會 編纂

主管部門 山東出版傳媒股份有限公司
出版發行 山東人民出版社
出 版 人 胡長青
社　　址 濟南市英雄山路165號
郵　　編 250002
電　　話 總編室（0531）82098914
　　　　 市場部（0531）82098027
網　　址 http://www.sd-book.com.cn
印　　裝 山東新華印務有限責任公司
經　　銷 新華書店

規　　格 16開（210mm×285mm）
印　　張 64
字　　數 500千字
版　　次 2019年1月第1版
印　　次 2019年1月第1次
印　　數 1–300
ISBN 978-7-209-11348-9
定　　價 880.00圓

《孟子文獻集成》編纂委員會

學術顧問 杜維明 張豈之 李學勤 牟鍾鑒

學術委員會

主　任 陳　來

副主任 郭齊勇 李存山

委　員 王中江 王志民 王其俊 王　傑 王鈞林 杜澤遜

李存山 李景林 徐洪興 陳　來 郭齊勇 梁　樞

梁　濤 董洪利 曾振宇 楊朝明 鄭傑文 劉瑾輝

顔世安 顔炳罡 龔鵬程

（按姓氏筆劃排序）

組織工作委員會

名譽主任 孫守剛 馬平昌 傅明先

主　任 張勝明 張百順 趙永和 杜慶節

委　員 袁汝旭 高兆波 趙　勇 吴　婧 王漢東 孫明霞

趙　龍 殷延禄

編纂工作委員會

主　　編　王志民

副 主 編　杜澤遜　梁　濤　胡長青　李梅訓

委　　員　張志清　黃顯功　李西寧　李國慶　張　勇　趙紅彦

　　　　　王　路　劉　晨　金曉東　李振聚

出版工作委員會

主　　任　張志華

副 主 任　遲　雲　劉　鋒　胡　鵬　陳　剛　胡長青

委　　員　王　路　武　斌　劉　晨　楊雲雲　孫　姣　李　濤

　　　　　劉嬌嬌　張艷艷　趙　菲　吕士遠

組織實施

中國孟子研究院

山東人民出版社

《孟子文獻集成》編纂委員會

學術顧問　杜維明　張豈之　李學勤　牟鍾鑒

學術委員會

主　　任　陳　來

副 主 任　郭齊勇　李存山

委　　員　王中江　王志民　王其俊　王　傑　王鈞林　杜澤遜
　　　　　李存山　李景林　徐洪興　陳　來　郭齊勇　梁　樞
　　　　　梁　濤　董洪利　曾振宇　楊朝明　鄭傑文　劉瑾輝
　　　　　顏世安　顏炳罡　龔鵬程
　　　　　（按姓氏筆劃排序）

組織工作委員會

名譽主任　孫守剛　馬平昌　傅明先

主　　任　張勝明　張百順　趙永和　杜慶節

委　　員　袁汝旭　高兆波　趙　勇　吴　婧　王漢東　孫明霞
　　　　　趙　龍　殷延禄

編纂工作委員會

主　編　王志民

副主編　杜澤遜　梁　濤　胡長青　李梅訓

委　員　張志清　黄顯功　李西寧　李國慶　張　勇　趙紅彦
王　路　劉　晨　金曉東　李振聚

出版工作委員會

主　任　張志華

副主任　遲　雲　劉　鋒　胡　鵬　陳　剛　胡長青

委　員　王　路　武　斌　劉　晨　楊雲雲　孫　姣　李　濤
劉嬌嬌　張艷艷　趙　菲　吕士遠

組織實施

中國孟子研究院

山東人民出版社

序

《孟子文獻集成》是在孟子故里鄒城市委市政府鼎力支持下，由孟子研究院、山東師範大學山東省齊魯文化研究院、山東人民出版社協同合作，共同致力完成的一項大型儒家文獻的搜集、整理、出版學術工程。

一

孟子是中國歷史上偉大的思想家、政治家、教育家，是僅次於孔子的儒家學派重要代表人物。戰國時期，戰争頻仍，『角戰英雄，六經泥蟠，百家飆駭』（《文心雕龍・時序》），孔學既黜，儒道中衰。孟子遵夫子之道，批邪説，正人心，發揚光大孔子學説，復興儒學，成爲孔子之後最重要的儒家傳人和先秦原始儒學理論體系的主要奠基人。韓愈論儒家道統由堯、舜、禹、湯、文、武、周公代代相傳，言及『文、武、周公傳之孔子，孔子傳之孟軻。軻之死，不得其傳焉』（《原道》），又説『自孔子没，群弟子莫不有書，獨孟軻氏之傳得其宗』（《送王塤秀才序》）。可見，後世尊孟子爲『亞聖』，稱儒學爲『孔孟之道』，實爲孟子歷史地位使然！

《孟子》一書，是孟子及其弟子編著的全面反映孟子思想的儒家經典著作。漢文帝時，即曾設立《孟子》學博士，全國推闡。六朝時期，玄學、佛學興盛，儒學式微，《孟子》亦受冷落，但唐宋以後，隨着孟子地位的大幅提昇，《孟子》一書越來越受到統治者和學者文人的廣泛重視。唐代大儒韓愈倡論中國文化道統，其《原道》之説，影響甚大，已掀『孟子熱』；北宋時期，《孟子》與《論語》俱列入『十三經』之數；南宋朱熹作《四書章句集注》，將《孟子》列『四書』之中。南宋統治者更將其正式列入官方之學，設爲科舉考試科目，欽定爲必讀經典，學孟子、讀《孟子》，蔚然而成社會風氣。此後，孟子地位進一步提升：元文宗封孟子爲『亞聖公』，尊其爲『百世之師』；明清兩朝更大推『四書』，地位儼然超越『五經』。《孟子》與《論語》並行，上自帝王，下至百姓，家有之，户誦之，『所研究者惟「四書」，所辨訂者亦惟「四書」』（《四庫全書總目・四書大全提要》語）。孟子思想，深入人心；《孟子》之學，遍佈各地；《孟子》文獻，汗牛充棟。

根據我們的初步調查，歷代《孟子》文獻有兩千種之多。這些文獻，依孟子學史的發展，大致形成了以下幾点較鮮明的時代特徵：宋元文獻多義理闡發，以朱熹《孟子章句集注》爲代表，明代以王夫之《讀四書大全説》爲代表，多從心性之學挖掘孟子豐富的思想内涵；清代孟子學最盛，不僅産生了以乾嘉學者戴震《孟子字義疏證》、崔述《孟子事實録》爲代表的大量考據、辨僞著作，還出現了集前人研究成果之大成的焦循《孟子正義》。大致可以説，以東漢趙岐《孟子章句》爲發端，歷代學者多所闡釋研究。尤其宋元以來，孟學實爲千年『顯學』。《孟子》文獻内容所涉注釋訓詁、義理闡發、思想挖掘、考證辨僞等所有方面，其對孟子及《孟子》文本的研究廣度、深度可謂前無古人，後難爲繼。尤爲重要的是，歷代學者秉持儒家人生理念，一生所繫，立德立言，以『爲往聖繼絶學』爲生命追求之本，往往傾一生之力終注一經。孟子文獻不僅真實地展示了孟學及儒學發展的歷史，也留下了代代學者治學的心路，實在是應該认真进行挖掘整理的傳統文化瑰寶。

然而，毋庸諱言，孟子文獻的收集整理向未受到應有的重視。這固然與二十世紀以來，儒學命運多舛有關：批孔之時，孟子亦受其累；近數十年來，『孔子熱』不斷升温，孟子受冷落的現象却未有大的改觀，歷代孟子文獻迄未收集整理即是一例。據我們不完全統計，包括臺灣在内的中國圖書館，現存宋元至清代的刻本與鈔本計有一千二百餘種之多。由於各種原因，百分之九十餘未曾整理出版，而百分之七十以上仍處於人所罕见的塵封狀態。歷史的責任，現實的需要，未來的期盼，都在呼喚能有一套《孟子文献集成》的編纂出版。

二

二〇一三年四月底，孟子研究院在孟子故里山東省鄒城市正式成立。時值一年一度的『孟母文化節』，同時進行的還有由鄒城市、《光明日報》國學版、山東師範大學山東省齊魯文化研究院共同策劃主辦的『孟子公開課』開講儀式。來自國内各著名高校的部分主講學者和與會專家對孟子研究院成立後的學術規劃提出了許多建設性意見，多位專家提出了編纂《孟子文獻集成》的建議。

同年十月二十九日至三十日，孟子研究院學術委員會第二次會議在主任陳來先生主持下於鄒城召開。會議就《集成》的立項和編纂事宜進行了認真深入地討論，參閱審查了初選孟子文獻書目，形成了以下四點共識：一是孟子文獻的搜集、整理向稱薄弱，絶大多數迄未面世，影響了孟學研究的深度和廣度。編纂《集成》，填補空白，意義重大。二是要在廣泛搜集、精心選編的基礎上，力求將《集成》做成收羅全、質量高、權威性强的精品學術工程。三是应制定具体工作規劃，選編文献时代可由遠及近；文獻收集範圍，宜先國内後國外，分段完成，穩步推進，確保質量。四是在孟子研究院學術委員會基礎上，应增加部分孟子研究專家，充實到《集成》學術委員會；選聘孟學研究、版本目録、館藏出版等方面專家，組建高層次、有效率的編纂部和工作班子，扎實有效開展工作。

在經過編纂部四次召開籌備會議和系列籌備工作基礎上，二〇一四年五月，在濟南召開了特邀專家選目審查論證會。來自北京大學、中國人民大學、山東大學等全國各地的十餘位孟子和孟學史專家就編纂部提供的《集成》選編總目（國内）進行了認真研析、讨论審查。這次會議的召開更堅定了大家对編纂《集成》的信心和認識，許多專家從長期孟學研究的切身感受中充分肯定編纂《集成》的重大意義，一致認爲：這是一項立足當前又澤被後世的重大學術工程；目前国内編成的經典文獻集成中唯獨没有孟子文獻集成，这不僅是文化建設的一种缺憾，也从多个方面影響了孟子研究的深入和拓展，从这个意義上説，該項目的实施确是一項填補空白、意義深遠的學術工程。專家們特别指出，這項重大學術工程，由山東，特别是孟子故里鄒城市支持，由孟子研究院、山東省齊魯文化研究院牽頭承擔，正是歷史責任與當前文化建設的最佳選擇。相信《集成》的出版，對於提昇孟學研究、促進孟子研究院發展、推动山東文化强省建設，贡献巨大，意義深遠。會議還就選目原則形成以下共識：一是《集成》應當是一套研究孟子文獻的集大成之作，所收以獨立成書的研究《孟子》專書爲主，兼顧其他，儘量收全。對孟子文獻的含義可以放得寬一些，對書名没有『孟子』的，例如以『四書』『諸子』爲書名的，也要注意在考察辨析基礎上做好，要高標準、高質量。二是《集成》應兼顧古籍的重要性與稀見性，做到常見書精選善本，重要文獻不遺漏。三是海外孟子文獻應作爲一個工作目標，與海外學者合作，广匯博收，規劃編纂。四是時代大致截止到清末，現代部分可作爲『附編』或單獨列編收集出版，部分難以收入文獻應附列存目。這次專家會議的意見，得到二〇一四年六月五日召開的孟子研究院第二次學術委員會的重視和確認。

在籌備、啓動《集成》的整個過程中，得到鄒城市主要領導及社會各界鼎力支持。山東人民出版社主動、積極地參與了各項工作。二〇一四年八月二十八日，在山東省第五届文博會上，省有關領導和衆多媒體記者見證了孟子研究院與山東人民出版社共同簽訂《〈孟子文獻集成〉編纂出版協議書》的过程。

經過編纂委員會及有關方面的共同努力和各相關圖書館的大力支持，宋元時期傳世文獻已基本全部收録，共四十八種，分裝十四册，已於二〇一六年初首批出版發行。其中，收録宋元刻本十四種，海外善本四種，第一次影印的即有十六種，屬於披沙揀金的珍本，將爲孟子文獻及思想研究提供寶貴資料。

明代孟子文獻計劃精選二百三十餘種。第一批收録著作八十一種，分裝爲三十二册影印，作爲《集成》第二輯，已經於二〇一七年三月出版。明代第二批，共收入著作四十五種，分裝爲二十册影印，其中五種來自日本，三種來自美國；其他部分也多爲稀見的珍本和善本，作爲《集成》第三輯，已經於二〇一八年三月出版。

本次出版的是《集成》第四輯，共收録著作六十二種。其中，明代著作四十八種，分裝爲二十四册；清代著作十四種，分裝爲十册。共計三十四册。底本皆爲精選珍本善本，又有二十三種來自日本，多爲國内未见，彌足珍贵。。

編纂出版《孟子文獻集成》，既有利於深入挖掘孟子思想精髓，洞見《孟子》世代傳承的歷史場景，又有利於珍貴文獻的保護、傳承和共享、共用，是惠及當代、澤被後世的文化善舉。值此共出版一百册之際，，我們對國内外各有關圖書館和學界同仁的鼎力支持與真誠合作表達崇高的敬意和誠摯的感謝！

讓我們黽勉同心，共同努力，爲實現這一重大學術工程的圓滿完成而努力。

王志民

二〇一五年四月十二日一稿

二〇一八年三月八日修改稿

二〇一八年十二月十二日修改稿

凡例

一、《孟子文獻集成》匯聚歷代關於《孟子》之著述，要其旨歸，不外經學之考證、義理之推闡、文章之批點，故舉凡注釋、析義、批點等書皆酌加收録，大致以著者時代先後爲次，俾經學之大，義理之善與夫文章之美，庶幾由此而知。

二、《孟子文獻集成》選用底本多未經整理，或孤傳海外，或秘庋深閣，學者既不能徧歷中外而窺其概貌，又不能盡探二酉而知其大略，不能無憾焉。今集爲一編，則學者循覽而知《孟子》一經之本末，歷代著述之昇沉。

三、各書或得自日本、美國，或攝自國家圖書館、天津圖書館、上海圖書館、浙江圖書館、山東大學圖書館等。底本皆經選擇，其存世孤秘，列爲首選，而後出佳槧，流佈稀少，亦資採摭。

四、諸書著録書名、卷數、著者時代、姓名、撰著方式及版本，覽者便焉。

五、著者真僞，學者所重，凡有歧異，均於著者前加『題』字，略示區别。

六、諸家解《孟》之作，或爲獨立成書者，或爲總集内别裁而出者，或以『四書』著述總題者，今所匯集，以能獨立析出者爲斷。其單篇零什，概所不收。

七、裁出之書，凡原有題名者，概依原題，而於版本項注其從來；凡無獨立題名者，則仍用大題，而括注『孟子』二字；其不能析離者，則全書收録。

八、是編博訪廣蒐，固難周徧，續有所得，擬輯《補編》，庶免遺珠之憾。伏望博雅君子，匡其不逮，補其未備，是所幸焉。

目録

孟子集註大全十四卷

明 胡廣等撰

明永樂內府刻本

孟子集註序說

史記列傳曰。孟軻。趙氏曰。孟子。魯公族孟孫之後。漢書云。字子車。一說字子輿。趙氏。名岐。字邠卿。東漢京兆人騶人也。騶。亦作鄒。本邾國也。受業子思之門人。子思。孔子之孫。名伋。音急索隱云。王劭以人爲衍字。而趙氏註及孔叢子等書。亦皆云孟子親受業於子思。未知是否。慶源輔氏曰。子思之門人。無顯名於後者。而孟子眞得子思之傳。則疑親受業於子思者爲是。而集註兩存其說。蓋自古聖賢。固有聞而知之者。不必待耳傳面命而後得也。又以中庸一書觀之。所以傳授心法。開示蘊奧。如此其至。則當時門弟子。豈無見而知之者。孟子從而受之。愈益光明。亦宜有之也。○西山眞氏曰。七篇之書。其出乎中庸者非一。其曰四端云者。則未發之中。中節之和也。蓋仁義禮知。性也。所謂大本也。惻隱羞惡辭讓是非。情也。所謂達道也。其曰禹稷顔回同道。孔子仕止久速者。則君子而時中。其曰鄉原亂德者。則小人而無忌憚也。其曰子莫執中者。時中之反也。其曰曾子北宮黝之勇者。南北方之强也。其曰仁之實事親。義之實從兄。禮之實節文斯二者。則仁者人也。親親爲大。義者宜也。尊賢爲大。親親之殺。尊賢之等。禮所生也。其曰堯舜性之。湯武反之。則自誠明之謂性。自明誠之謂教也。其曰天下國家之本在身。則爲天下國家有九經也。至於誠者天之道。思誠者。人之道。一章之義。悉本於中庸。尤足以見淵源之所自道既通。趙氏曰。孟子通五經。尤長於詩書。程子曰。孟子曰。可以仕則仕。可以止則止。可以久則久。可以速則速。孔子聖之時者也。故知易者莫如孟子。又曰。王者之迹熄而詩亡。詩亡。然後春秋作。又曰。春秋無義戰。又曰。春秋天子之事。故知春秋者莫如孟子。尹氏曰。以此而言。則趙氏謂孟子長於詩書而已。豈知孟子者哉。游事齊宣王。宣王不能用。適梁。梁惠王不果所言。則見以爲迂遠而闊於事情。按史記。梁惠王之三十五年乙酉。孟子始至梁。其後二十三年。當齊湣王之十年丁未。齊人伐燕。而孟子在齊。故古史謂孟子先事齊宣王。後乃見梁惠王。襄王。齊湣王。獨孟子以伐燕爲宣王時事。與史記荀子等書皆不合。而通鑑以伐燕之歲。爲宣王十九年。則是孟子先游梁而後至齊見宣王矣。然考異亦無他據。又未知孰是也新安陳氏曰。謹按通鑑綱目。周顯王三十三年乙酉。孟軻至魏。愼靚王二年壬寅。魏君罃卒。孟軻去魏。適齊。五年乙巳。燕君噲以國讓其相子之。赧王元年丁未。齊伐燕。取之。分注但云齊王。其下即書孟軻去齊。赧王二年戊申。即齊閔王地元年。閔即湣字。伐燕一事。史記以爲齊湣王十年丁未。蓋以顯王四十六年戊戌。爲齊閔王元年。通鑑以爲宣王十九年丁未。蓋以顯王三十七年己丑。爲宣王元年。史記通鑑之不同。蓋如此。證以通鑑綱目。丁未宣王卒。閔王立。戊申方改元。則丁未乃宣王末年。閔王繼位之年。蓋未能的知伐燕之爲先君事。與嗣君事也。以淖齒事證之。閔王爲是。孟子謂爲宣王。恐傳寫之訛耳。無所折衷。姑以綱目爲據云

當是之時。秦用商鞅。倚兩反楚魏用吳起。齊用孫子田忌。天下方務於合從連衡。從。子容反。衡。與横同。○新安陳氏曰。蘇秦主合從之說。欲合六國爲一以抗秦。張儀主連衡之說。則離六國之交以事秦。六國。謂楚。燕。齊。韓。趙。魏也以攻伐爲賢。而孟軻乃述唐虞三代之德。是以所如者不合。退而與萬章之徒序詩書。述仲尼之意。作孟子七篇。趙氏曰。凡二百六十一章。三萬四千六百八十五字。韓子曰。孟軻之書。非軻自著。軻既

沒。其徒萬章公孫丑相與記軻所言焉耳。愚按二說不同。史記近是。韓子名愈，字退之，謚文公，唐鄧州人。○問序說謂史記近是，而集註於滕文公篇首章云，門人不能盡記其辭，又第四章云，記者之誤，如何。朱子曰，前說是，後兩處失之。熟讀七篇，觀其筆勢，如鎔鑄而成，非綴緝可就也。論語便是記録綴緝所爲，非一筆文字矣。○新安陳氏曰，愚聞或疑易繫辭有子曰字，以爲非孔子作。朱子曰，安知非後人所加。如周子自著通書，五峯刊之，每章加周子曰字。今讀孟子，亦當會此意。

韓子曰。堯以是傳之舜。舜以是傳之禹。禹以是傳之湯。湯以是傳之文武周公。文武周公傳之孔子。孔子傳之孟軻。軻之死。不得其傳焉。荀與楊也。擇焉而不精。語焉而不詳。程子曰。韓子此語。非是蹈襲前人。又非鑿空撰得出必有所見。若無所見。不知言所傳者何事。荀子名況。戰國時趙人。楊子名雄。漢蜀郡人○朱子曰。此非深知所傳者何事則未易言也。堯舜之所以爲堯舜。以其盡此心之體而已。禹湯文武周公孔子。傳之以至於孟子。其間相望有或數百年者。非得口傳耳授。密相付屬也。特此心之體。隱乎百姓日用之間。賢者識其大。不賢者識其小。而體其全且盡者。則爲得其傳耳○又曰

孟氏醇乎醇者也。荀與楊大醇而小疵。程子曰。韓子論孟子甚善。非見得孟子意。亦道不到。其論荀楊則非也。荀子極偏駁。只一句性惡。大本已失。楊子雖少過。然亦不識性。更說甚道。荀子性惡篇。人之性惡。其善者僞也。今人之性。生而有好利焉。有疾惡去聲焉。有耳目之欲。好聲色焉。然則從人之性。順人之情。必出於爭奪。合於犯分亂理而歸於暴。故必將有師法之化。禮義之道。音導然後出於辭讓。合於文理而歸於治。然則人之性惡明矣。其善者僞也○楊子脩身

篇。人之性也。善惡混。脩其善。則爲善人。脩其惡。則爲惡人。氣也者。所適善惡之馬也歟。○朱子曰。韓子謂荀楊大醇小疵。非是由田騈愼到申不害韓非之徒觀之。則荀楊爲大醇耳○程子說荀楊等語。是就分金秤上說下來○又曰。孔子之道大。而能博。門弟子不能徧觀而盡識也。故學焉而皆得其性之所近。其後離散。分處上聲諸侯之國。又各以其所能授弟子。源遠而末益分。惟孟軻師子思。而子思之學。出於曾子。自孔子沒。獨孟軻氏之傳得其宗。故求觀聖人之道者。必自孟子始。程子曰。孔子言參也魯。然顏子沒後。終得聖人之道者。曾子也。觀其啓手足時之言。可以見矣。所傳者子思孟子。皆其學也問大。是就渾淪處說。博。是就該貫處說否。朱子曰。韓子亦未必有此意。但如此看。亦自好。問學焉而皆得其性之所近。曰。政事者。就政事上學得。文學者。就文學上學得。德行言語者。就德行言語上學得。○慶源輔氏曰。韓子但言孔門諸子。惟曾子之學獨傳。而有子思孟軻。然不言其所以獨傳之故。故程子又從而發明之。以爲曾子只緣資質魯鈍。故用功於内者。深篤確實。觀其啓手足之言。所謂一息尚存。此志不容少懈者。此聖道之所以終傳。而有子思孟子之學也

○又曰。楊子雲曰。古者楊墨塞先則反路。孟子辭而闢之廓苦郭反如也。夫音扶楊墨行。正道廢。孟子雖賢聖。不得位。空言無施。雖切何補。然賴其言。而今之學者。尚知宗孔氏。崇仁義。貴王賤霸而已。其大經大法。皆亡滅而不救。壞爛而不收。所謂存十一於千百。安在其能廓如也。然向無孟氏。則皆服左衽而言侏音朱離矣張存中曰。後漢南蠻傳云。衣裳班蘭。語言侏離。侏離。蠻夷語言不分朗之聲也故愈嘗推

尊孟氏以爲功不在禹下者爲去聲此也新安陳氏曰自夫楊墨行至安在其能廓如也皆是難辭揚中之抑只著向無孟子二句幹轉而斷之以孟氏功不在禹下盡之矣孟子闢楊墨功不在禹治洪水下者洪水溺人之身異端陷溺人心心溺之禍甚於身溺故也

或問於程子曰孟子還可謂聖人否程子曰未敢便道他是聖人然學已到至處愚按至字恐當作聖字朱子曰若以孟子比孔子時說得高然孟子道性善言必稱堯舜又見孟子說得實○慶源輔氏曰未敢便道他是聖人以其行處言學已到聖處以其知處言也孟子謂大而化之之謂聖聖而不可知之之謂神與夫聖智巧力之譬精密切當非想像臆度之所能及是其學已到聖處也然其英氣未化有露圭角處故未敢便道他是聖人此其權度審矣

○程子又曰孟子有功於聖門不可勝平聲言仲尼只說一箇仁字孟子開口便說仁義仲尼只說一箇志

孟子便說許多養氣出來。只此二字。其功甚多○又曰孟子有大功於世。以其言性善也○又曰。孟子性善養氣之論。皆前聖所未發慶源輔氏曰。言性善。使資質美者聞之。必求復其本然而充其善。資質不美者聞之。亦知所自警而不流於惡。言養氣。使氣質剛柔不齊者。勇猛奮發於道義。而無巽懦怯弱之弊。皆發夫子所未發。其功多蓋在此。此所以有大功於世也○又曰。學者全要識時。若不識時。不足以言學。顏子陋巷自樂。音洛以有孔子在焉。若孟子之時。世既無人。安可不以道自任○又曰。孟子有些英氣。才有英氣。便有圭角。英氣甚害事新安陳氏曰。英氣甚害事。蓋責賢者備之辭如顏子便渾厚不同。顏子去聖人只毫髮間。孟子大賢。亞聖之次也。或曰英氣見形甸反於甚處曰但以孔子之言比之便可見如字且如冰與水精非不光比之玉自是有溫潤含蓄氣象無許多光耀也覺軒蔡氏曰聞之程子又曰仲尼元氣也顏子春生也孟子幷秋殺盡見仲尼無所不包顏子示不違如愚之學於後世有自然之和氣不言而化者也孟子則露其材蓋亦時然而已仲尼天地也顏子和風慶雲孟子泰山巖巖之氣象也觀其言皆可見之矣仲尼無迹顏子微有迹孟子其迹著孔子儘是明快人顏子儘豈弟孟子儘雄辨○慶源輔氏曰英氣是剛明秀發之氣此自是好底氣質若消化未盡猶有圭角則有時而發學要變化氣質須渾然純是義理如張子所謂德勝於氣性命於德方始是成就處又曰言心聲也德之符也有德者必有言若就言上看得分明則其德無餘蘊矣玉有溫潤含蓄氣象所以爲寶人有溫潤含蓄氣象所以爲聖也其理一也

楊氏曰孟子一書只是要正人心教人存心養性收其放

心。至論仁義禮智則以惻隱羞惡辭讓是非之心爲之端。論邪說之害則曰生於其心害於其政論事君則曰格君心之非一正君而國定千變萬化只說從心上來人能正心則事無足爲者矣大學之修身齊家治國平天下其本只是正心誠意而已心得其正然後知性之善故孟子遇人便道性善朱子曰心得其正然後知性之善。語若有病。蓋知性之善。然後能正其心。心得其正。然後有以真知性之爲善而不疑耳○慶源輔氏曰。人能正心。則事無足爲者。其語亦失之大快。觀大學正心之後。於修身齊家治國平天下。更有工夫在歐陽永叔名脩廬陵人却言聖人之教人性非所先可謂誤矣人性上不可添一物堯舜所以爲萬世法亦是率性而已所謂率性循天理是也。外邊用計用數假饒立得功業。只是人欲之私。與聖賢作處。天地懸隔慶源輔氏曰。此數句。判斷二帝三王。及漢唐以後爲治之道所以不同。明白詳盡

孟子集註序說

孟子集註大全卷之一

梁惠王章句上

凡七章

孟子見梁惠王

梁惠王。魏侯罃於耕反也。都大梁趙氏曰。按魏初都安邑。在漢河東郡。安邑縣。至惠王徙大梁。在漢陳留郡。浚儀縣僭稱王。謚曰惠。史記惠王三十五年新安倪氏曰。按綱目。周顯王三十三年乙酉。爲惠王三十五年卑禮厚幣。以招賢者。而孟軻至梁問孟子不見諸侯。其見惠王。何也。朱子曰。不見諸侯。不先往見也。見惠王。答其禮也。先王之禮。未仕不得見諸侯。時士鮮自重。而孟子猶守此禮。故所居之國。未仕。必君先就見。然後往見。異國君不得越境。必以禮先焉。然後往答其禮耳。史記得其事之實矣

王曰。叟。不遠千里而來。亦將有以利吾國乎

叟。長上聲老之稱。王所謂利。蓋富國彊兵之類西山眞氏曰。當時王道不明。人心陷溺。惟知有利而已。故惠王利國之問。發於見賢之初

孟子對曰。王何必曰利。亦有仁義而已矣

仁者。心之德。愛之理。義者。心之制。事之宜也朱子曰。仁言心之德。見得可包四者。義者心之制。只是說義○心之德。是混淪說。愛之理。方說到親切處。心之制。是說義之體。程子所謂處物爲義是也。事之宜。是就千條萬緒。各有所宜處說。楊雄言義以宜之。韓愈言行而宜之之謂義。若只以義。爲宜。則義有在外意思。須如程子所言。則處物者在心。而非外也。事之宜雖若在外。然所以制其宜。則在心也○心之制。如利斧。事來劈將去。可底從這一邊去。不可底從那一邊去○仁兼義言者。是言體。專言者。是兼體用而言○仁對義爲體用。仁又自有仁之體用。義又自有義之體用○所謂事之宜。方是指那事物當然

之理。未説到處置合宜處也。○問人所以爲性者五。獨舉仁義。何也。曰。天地所以生物。不過陰陽五行。而五行實一陰陽也。人性雖有五。然曰仁義。則大端已舉矣。以陰陽五行言。則木火皆陽。金水皆陰。而土無不在。以性言。則禮者仁之餘。智者義之歸。而信亦無不在也。又曰。禮者仁之著。智者義之藏。又曰。仁存諸心。性之所以爲體也。義制夫事。性之所以爲用也。然以性言之。則皆體也。以情言之。則皆用也。以陰陽言之。則義體而仁用也。以存心制事言之。則仁體而義用也。錯綜交羅。惟其所當而各有條理焉。○疊山謝氏曰。夫子罕言仁。不過於隨事發見處言。孟子仁人心一語。直説仁之本體。此朱子於論註先言愛。而孟註先言心。眞得孔孟之要旨。○諸葛氏曰。語之爲仁。猶曰行仁。以仁之用言。故集註先言愛之理。孟子此章以仁之體言。故集註先言心之德。○雲峯胡氏曰。心之德是體。愛之理是用。心之制是體。事之宜是用。孟子所言仁義。是包體用而言。論語所謂爲仁。是以仁之用言。

此二句乃一章之大指。下文乃詳言之。後多放與倣同此。

王曰何以利吾國。大夫曰。何以利吾家。士庶人曰。何以利吾身。上下交征利。而國危矣。萬乘之國。弒其君者。必千乘之家。千乘之國。弒其君者。必百乘之家。萬取千焉。千取百焉。不爲不多矣。苟爲後義而先利。不奪不饜。乘去聲饜於豔反

此言求利之害。以明上文何必曰利之意也。征。取也。上取乎下。下取乎上。故曰交征。國危。謂將有弒奪之禍。乘。車數也。萬乘之國者。天子畿音祈內。地方千里。出車萬乘。千乘之家者。天子之公卿采音菜地。方百里。出車千乘也。千乘之國。諸侯之國。百乘之家。諸侯之大夫也。前漢刑法志。殷周以兵定天下矣。天下既定。戢藏干戈。教以文德。而猶立司馬之官。設六軍之衆。司馬掌邦政。軍旅屬焉。萬二

千五百人爲軍。王則六軍也。因井田而制軍賦。地方一里爲井。井十爲通。通十爲成。成方十里。成十爲終。終十爲同。同方百里。同十爲封。封十爲畿。畿方千里。有稅有賦。稅以足食。賦以足兵。四井爲邑。四邑爲丘。丘十六井也。有戎馬一疋。牛三頭。四丘爲甸。甸六十四井也。有戎馬四疋。兵車一乘。牛十二頭。甲士三人。在車上者。卒七十二人。干戈備具。是謂乘馬之法。一井八家。一甸六十四井。計田五百七十六頃。五百一十二家。出士卒七十五人。則殷周之制。不及七家。給一兵也。又兵車一乘。有牛馬共十六。計三十二家。又出一馬。或牛也。一同百里。提封萬井。提。舉也。舉四封之内也。除山川沈斥城池邑居。園囿術路。三千六百井沈斥。水田舃鹵也。沈謂淵深水之下也。斥。鹹鹵之地。術。大道也。定出賦六千四百井。戎馬四百疋。兵車百乘。此卿大夫。采地之大者也。采。官也。因官食地。故曰。采地。是謂百乘之家。一封三百一十六里。提封十萬井。定出賦六萬四千井。戎馬四千疋。兵車千乘。此諸侯之大者也。是謂千乘之國。天子畿方千里。提封百萬井。定出賦六十四萬井。戎馬四萬疋。兵車萬乘。故稱萬乘之主。弑下殺上也。饜足也。言臣之於君。戎馬車徒。干戈素具每十分扶問反下同而取其一分新安陳氏曰。以制地定法言。天子萬乘。諸侯取十之一。得千乘。諸侯千乘。大夫取十之一。得百乘亦已多矣。若又以義爲後而以利爲先。則不弑其君。而盡奪之。其心未肯以爲足也慶源輔氏曰。集註發明不奪不饜。最說得人心求利之意出。蓋尚義。則循理而有制。徇利。則橫流而無節。故不弑逆而盡奪之。其心猶有所不足也。○新安陳氏曰。此章始末兼言仁義。中單言義者。蓋仁有溫然慈愛之意。義有截然斷制之意。取其斷制。以勝私去利。則義之用爲尤切。兼言仁義。該體用之全也。單言義。取功用之切也。下文仁施於親。義施於君。此對君言之。故單言義亦通

未有仁而遺其親者也。未有義而後其君者也

此言仁義未嘗不利。以明上文亦有仁義而已之意也。遺。猶棄也。後。不急也。言仁者必愛其親。義者必急其君。

故人君躬行仁義而無求利之心。則其下化之。自親戴於己也。

朱子曰。仁者。人也。其發則專主於愛。而愛莫切於愛親。故人仁。則必不遺其親矣。義者。宜也。其發則事皆得其宜。而所宜者。莫大於尊君。故人義。則必不後其君矣。○慶源輔氏曰。仁義。人心之固有。人君躬行仁義以感之。而無求利之心以誘之。則人心之固有者。亦皆興起。而自然尊君親上。有不待外求。而勉强爲之也。○雲峯胡氏曰。人性有五。仁義爲先。人倫有五。君親爲先。所以孟子揭此於七篇之首。然此二句。本文仁義二字。指下之人而言。集註必自人君躬行上說來者。蓋上文先言王而後言大夫士庶。惟上之人求利。而後下皆求利。故集註於此揭人君躬行仁義而無求利之心。故其下化之。而自有仁義之利也。○新安倪氏曰。孟子謂何必曰利。亦有仁義而已矣。是以利對仁義而分言之。集註於此節云仁義未嘗不利。是以仁義合利。而貫言之。若與孟子上文有不同者。何哉。蓋有仁義中之利。有仁義外之利。外仁義以求利。孟子之所戒。此章之大旨也。行仁義而得利。集註之所發明。亦孟子此節之本意也。不遺其親。即是親親之仁。不後其君。即是尊君

之義豈非仁義中自然之利乎

王亦曰仁義而已矣何必曰利

重平聲言之以結上文兩節之意○此章言仁義根於人心之固有天理之公也利心生於物我之相形人欲之私也慶源輔氏曰利心人本無之只緣有已有物彼此相形便生出較短量長爭多競少之意遂欲已長人短人少已多偏詖反側惟已是徇故曰人欲之私也循天理則不求利而自無不利徇人欲則求利未得而害已隨之慶源輔氏曰循天理者無所爲而爲故不求利然成已成物各得其宜故自無不利徇人欲者有所爲而爲故雖求利而未必得然妨人害物招尤取禍故害常隨之所謂毫釐之差千里之繆靡幼反此孟子之書所以造端託始之深意學者所宜精察而明辨也覺軒

蔡氏曰。學者細玩而已矣。與何必之辭。見孟子語意嚴厲。斬釘截鐵。斷斷然只說仁義。更不向利上去。若董子正其誼。不謀其利。明其道、不計其功。意亦得其傳者歟○雲峯胡氏曰。子朱子深有取於三山黃登之言曰。天下一切人。都把害對利。事事上只見得利害。不問義理。須知利字。乃對義字。明得義利。便自無爭爭之事。集註所謂循天理。則不求利而自無不利。是以利字與義字對。而利不出乎義之外。徇人欲。則求利未得而害已隨之。是以利字與害字對。而害已藏於利之中

○**太史公曰**新安陳氏曰。司馬談。爲太史令。子遷。尊其父。故謂之公。遷繼其職。仍稱太史公。西漢龍門人。**余讀孟子書。至梁惠王問何以利吾國。未嘗不廢書而嘆也。曰。嗟乎。利誠亂之始也。夫子罕言利。常防其源也。故曰。放**上聲**於利而行。多怨。自天子以至於庶人。好**去聲**利之弊。何以異哉**問太史公之嘆。其果知孟子之學耶。朱子曰。朱必知也。以其言之偶得其要。是以謹而著之耳

程子曰。君子未嘗

不欲利。但專以利爲心。則有害。惟仁義。則不求利而未嘗不利也。慶源輔氏曰。利者。民生所不可無者也。故乾之四德曰利。書之三事曰利。此所謂君子未嘗不欲利。但專欲求利。則不顧義理。專欲利己。而必害於人。惟能循仁義而行。則體順有常。而自無不利當是之時。天下之人。惟利是求。而不復扶又反知有仁義。故孟子言仁義而不言利。所以拔本塞先則反源而救其弊。此聖賢之心也龜山楊氏曰。君子以義爲利。不以利爲利。使其民不後其君親。則國治矣。利孰大焉。故曰。亦有仁義而已。何必曰利。○朱子曰。凡事不可先有箇利心。才說着利。必害於義。聖人做處。只向義邊做。然義未嘗不利。但不可先說道利。不可先有求利之心。蓋緣本來道理。只有一箇仁義。更無別物事。義是事事要合宜。以利心爲仁義。即非仁義之正。不待有不利。然後仁義阻也。○雲峯胡氏曰。孟子之得於子思者。曰仁義所以利之也。及告梁王。則言仁義而不言利。蓋子思所言者。利物之利。梁王所問者。利己之利也。程子以爲拔本塞源者。所以救當時流弊之極。朱子以爲造端託始者。所以謹夫學者心術之初。○新安陳氏曰。孟子一書。以遏人欲。存天理爲主。何必曰利。遏人欲也。亦有仁義。存天理也。自此以後。鮮有不可以此六字該貫章旨者。○東陽許氏曰。君子利己之心不可有。利物之心不可無。孟子不言利。是專攻人利己之心。絶利己之心。然後可行利物之事。然利物乃所以利己也。至於不遺親後君。則己亦無不利矣。但不可假仁義以求利耳

○孟子見梁惠王。王立於沼上。顧鴻鴈麋鹿曰。賢者亦樂此乎。樂音洛篇內同

沼。池也。鴻。鴈之大者。麋。鹿之大者

孟子對曰。賢者而後樂此。不賢者。雖有此不樂也

此一章之大指新安陳氏曰。揭大指於前。而分開照應於後。此孟子諸章例也。首章及此章皆如此。此後當以此法觀之。不一一提掇。○南軒張氏曰。孟子若答云賢者何樂乎此。則非惟告人之道不當爾。

而於理亦有未完也。今云然。則辭氣不迫而理完矣。又曰。王所謂樂。人欲之私。以自逸爲樂也。孟子所謂賢者樂此。天理之公。與民同樂者也。○雙峯饒氏曰。王意謂賢者未必樂此。自家有慚。孟子說惟是賢者樂此。出王之意外

詩云。經始靈臺。經之營之。庶民攻之。不日成之。經始勿亟。庶民子來。王在靈囿。麀鹿攸伏。麀鹿濯濯。白鳥鶴鶴。王在靈沼。於牣魚躍。文王以民力爲臺爲沼。而民歡樂之。謂其臺曰靈臺。謂其沼曰靈沼。樂其有麋鹿魚鼈。古之人與民偕樂。故能樂也。亟音棘。麀音憂。鶴詩作翯。戶角反。於音烏。牣音刃

此引詩而釋之。以明賢者而後樂此之意。詩大雅靈臺之篇。經量度待洛反也。靈臺文王臺名也。詩傳。國之有臺。所以望氛祲察

災祥時觀游節勞佚也謂之靈者言其倏然而成如神靈所爲也營謀爲也攻治也不日不終日也亟速也言文王戒以勿亟也子來如子來趨父事也靈囿靈沼臺下有囿囿所以域養禽獸囿中有沼也麀牝婢忍反鹿也伏安其所不驚動也濯濯肥澤貌鶴鶴潔白貌於歎美辭牣滿也孟子言文王雖用民力而民反歡樂之既加以美名而又樂其所有蓋由文王能愛其民故民樂其樂而文王亦得以享其樂也雙峯饒氏曰自樂便不是仁同樂便是仁如文王未嘗無靈臺靈沼然與民同樂便是天理文王畢竟自朝至于日中昃不遑暇食用咸和萬民人必得所然後有此樂此所謂後天下之樂而樂

湯誓曰時日害喪予及女偕亡民欲與之偕亡雖有臺池

鳥獸豈能獨樂哉害音曷喪去聲女音汝

此引書而釋之。以明不賢者雖有此不樂之意也。湯誓。商書篇名。時。是也。日。指夏桀。害。何也。桀嘗自言吾有天下。如天之有日。日亡吾乃亡耳趙氏曰。所引桀語。出尚書大傳民怨其虐。故因其自言而目之曰。此日何時亡乎。若亡。則我寧與之俱亡。蓋欲其亡之甚也。孟子引此。以明君獨樂而不恤其民。則民怨之而不能保其樂也龜山楊氏曰。齊王顧鴻鴈麋鹿。以問孟子。孟子因以謂賢者而後樂此。至其論文王夏桀之所以異。則獨樂不可也。世之君子。其賢者乎。則必語王以憂民。而勿爲臺沼苑囿之觀。是拂其欲也。其佞者乎。則必語王以自樂。而廣其侈心。是縱其欲也。二者皆非能引君以當道。唯孟子之言。常於毫髮之間。剖析利善之所在。使人君化焉而不自知。夫如是。其在朝則可以格君心之非。而其君易行矣○南軒張氏曰。民一也。得其心。則予來而樂君之樂。失其心。則害喪而亡君之亡。究其本。則由夫順理與徇欲之分而已。人君常懷不敢自樂之心。則足以遏人欲矣。常懷與民偕樂之心。則足以擴天理矣○雙峯饒氏曰。孟子之書。句句是事實。說仁義便說未有仁而遺其親。未有義而後其君。爲仁義事實。說賢者樂此。不賢者雖有此不樂。便說文王靈臺靈沼。湯誓時日曷喪。爲同樂獨樂事實○新安陳氏曰。南軒遏人欲擴天理六字。可斷盡孟子七篇。謹提出以示學者。夫同一臺池苑囿鳥獸魚鼈耳。賢者循天理之公。愛民而與之同樂。則民樂君之樂。而君得享其樂。不賢者徇人欲之私。不恤民而自樂。則民欲君之亡。君安得有此樂。天理人欲。同行異情。詳見後章

○梁惠王曰。寡人之於國也。盡心焉耳矣。河內凶。則移其民於河東。移其粟於河內。河東凶亦然。察鄰國之政。無如寡人之用心者。鄰國之民不加少。寡人之民不加多。何也

寡人。諸侯自稱。言寡德之人也。河内。河東。皆魏地。凶。歲不熟也。移民以就食。移粟以給其老稚之不能移者。移粟。民自移其粟耳

孟子對曰。王好戰。請以戰喻。塡然鼓之。兵刃既接。棄甲曳兵而走。或百步而後止。或五十步而後止。以五十步笑百步。則何如。曰。不可。直不百步耳。是亦走也。曰。王如知此。則無望民之多於鄰國也。好去聲塡音田

塡鼓音也。兵以鼓進。以金退。直。猶但也。言此如詩匪直也人之直以譬鄰國不恤其民。惠王能行小惠。然皆不能行王道以養其民。不可以此而笑彼也。楊氏曰。移民移粟。荒政

之所不廢也。然不能行先王之道，而徒以是爲盡心焉，則末矣。慶源輔氏曰：周禮司徒，以荒政十有二聚萬民。雖無所謂移粟之事，然大荒大札，則令邦國移民以辟災就賤。

不違農時，穀不可勝食也。數罟不入洿池，魚鼈不可勝食也。斧斤以時入山林，材木不可勝用也。穀與魚鼈不可勝食，材木不可勝用，是使民養生喪死無憾也。養生喪死無憾，王道之始也。勝音升。數音促。罟音古。洿音烏。

農時，謂春耕夏耘秋收之時，凡有興作，不違此時，至冬乃役之也。不可勝食，言多也。數，密也。罟，網也。洿，窊烏瓜反下之地，水所聚也。古者網罟必用四寸之目，魚不滿尺，市不得粥。余六反人不得食。山林川澤。與民共之。而有厲禁。周禮地官司徒。山虞。掌山林之政令。物爲之厲而爲之守禁。仲冬斬陽木。仲夏斬陰木。或謂陽木生山南者。陰木生山北者。凡服耜斬季材。以時入之。服。牝服。車之材也。季。猶穉也。服與耜宜用穉材。尚柔韌也。令萬民時斬材。有期日。○澤虞。掌國澤之政令。爲之厲禁。使其地之人守其材物。以時入之于王府。頒其餘于萬民。○雲峯胡氏曰。文王治岐。澤梁無禁。此所謂山林川澤。與民共之。即是澤梁無禁。無禁者。王者愛民之仁也。雖無禁而有厲禁。文王者愛物之仁也。周禮山虞。掌山林之政令。物爲之厲而爲之守禁。註。物爲之厲。每物有藩界也。爲之守禁。爲守者設禁令也。守者。謂其地之民占伐林木者也。鄭司農云。厲。遮列守之也。以是觀之。澤梁無禁者。不禁民之取。而有厲禁者。禁民之不以時取也。草木零落。然後斧斤入焉。禮記王制。獺祭魚。然後漁人入澤梁。豺祭獸。然後田獵。鳩化爲鷹。然後設罻羅。草木零落。然後入山林此皆爲治去聲之初。法制未備。且因天地自然之利。而撙祖本反節愛養之事也。然飲食宮室所以養生。祭祀棺槨所以送死。皆民所急而不可無者。今皆有以資之。則人無所恨矣。王道以得民心爲本。故以此爲王道之始。慶源輔氏曰。養生送死。乃人世之始終。於是二者皆有以濟之。則人世之始終。一無所憾。而民心得矣。此其所以爲王道之始也。○新安陳氏曰。法制未備。謂聖人未行井田法以前。天地自然之利。謂穀魚材木之類。撙節愛養。謂不違農時。不用數罟斧斤時入之類。王道之始。謂王制未備。王道未成。不過初焉事。下一節集註云是王道之成也。正與此王道之始相對

五畝之宅。樹之以桑。五十者可以衣帛矣。鷄豚狗彘之畜。無失其時。七十者可以食肉矣。百畝之田。勿奪其時。數口之家可以無飢矣。謹庠序之教。申之以孝悌之義。頒白者

不負戴於道路矣。七十者衣帛食肉，黎民不饑不寒，然而不王者，未之有也。衣去聲。畜，許六反。數，去聲。凡有天下者，人稱之曰王，則平聲；據其身臨天下而言曰王，則去聲。後皆倣此。

五畝之宅，一夫所受，二畝半在田，二畝半在邑。田中不得有木，恐妨五穀，故於墻下植桑以供蠶事。趙氏曰：古者一夫一婦受私田百畝，公田十畝，八家是爲八百八十畝。餘公田二十畝，八家分之，得二畝半，以爲廬舍。城邑之居亦各得二畝半。春令民畢出在野，冬則畢入於邑。在野曰廬，在邑曰里。廬各在其田中，而里聚居也。五十始衰，非帛不煖，未五十者不得衣也。畜，養也。時，謂孕字之時，如孟春犧牲毋用牝之類也。禮記月令：孟春之月，命樂正入學習舞，乃脩祭典，命祀山林川澤，犧牲毋用牝，禁止伐木，毋覆巢，毋殺孩蟲胎夭飛鳥。夭，烏老反。胎，懷孕者。夭，始生者。

七十非肉不飽。未七十者不得食也。問既曰魚鼈不可勝食矣。又言老者始可食肉。何也。朱子曰。魚鼈自生之物。養其小而食其大。老幼之所同也。至於芻豢之畜。人力所爲。則非七十之老。不得以食之矣。○南軒張氏曰。衣帛食肉。必曰五十七十者。民之欲無窮。而桑蠶畜養之利有限。不爲之制。則爭逐其欲。而老者或不得衣之食之矣。又使知老者之當養。其老幼之有別。教亦行乎其中矣。日用飲食。無非教也。不待庠序而後教也百畝之田。亦一夫所受。至此則經界正。井地均。無不受田之家矣趙氏曰。古以百步爲畝。今以二百四十步爲畝。古百畝。當今之四十一畝也。經界。謂治地分田。經畫其溝塗封植之界也庠序。皆學名也。申。重直用反也。丁寧反覆之意。善事父母爲孝。善事兄長上聲下同爲悌。頒。與班同。老人頭半白黑者也。負。任在背。戴。任在首。夫音扶民衣食不足。則不暇治禮義。而飽煖無教。則又近於禽獸。故既富而教以孝悌。則人知愛親敬長而代其勞。不使之負戴於道路矣。衣帛食肉。但言七十。不言五十。舉重以見形甸反輕也。黎黑也。黎民。黑髮之人。猶秦言黔其廉反首也史記秦紀。始皇三十四年。丞相李斯上書。有曰惑亂黔首。黔首。黑頭也少去聲壯之人。雖不得衣帛食肉。然亦不至於飢寒也。此言盡法制品節之詳。雙峯饒氏曰。五畝宅。百畝田。是法制。五十衣帛。七十食肉。是品節。有法制無品節。則泛而不足用。有品節無法制。則於何處取用極財成輔相去聲之道。以左右民。易泰卦象曰。天地交泰。后以裁成天地之道。輔相天地之宜。以左右民。○左右並去聲。如左右手之右。本音有是王道之成也。慶源輔氏曰。註云盡法制品節之詳。極財成輔相之道。則民情之變故已備見。聖人之制作已大成。以左右民。則不惟制民之產。使之有以養其生。而又為之學校之教。使之得以全其性。如帝堯所謂匡之直之。輔之翼之。使自得之。是爲王道之大成也○新安陳氏曰。極財成輔相。總言田桑畜養之事。以左右民。就富教斯民說。乃王道之終事。應上文王道之始也一句

狗彘食人食而不知檢。塗有餓莩而不知發。人死則曰非我也。歲也。是何異於刺人而殺之曰非我也。兵也。王無罪歲。斯天下之民至焉莩平表反刺七亦反

檢制也。莩餓死人也。發發倉廩以賑音震。通作振。起也。救也。貸他代反也。歲謂歲之豐凶也。惠王不能制民之産。又使狗彘得以食人之食。則與先王制度品節之意異矣。至於民飢而死。猶不知發。則其所移。特民閒之粟而已。乃以民不加多。歸罪於歲凶。是知刃之殺人。而不知操七刃反刃

者之殺人也。不罪歲則必能自反而益脩其政。即上文所言王道。天下之民至焉則不但多於鄰國而已○程子曰。孟子之論王道不過如此可謂實矣新安陳氏曰。王道不出農桑教養等實事。豈求之高遠難行者哉又曰。孔子之時周室雖微天下猶知尊周之爲義。故春秋以尊周爲本。至孟子時七國爭雄天下不復扶又反知有周而生民之塗炭已極。當是時諸侯能行王道則可以王去聲矣。此孟子所以勸齊梁之君也。蓋王者天下之義主也。聖賢亦何心哉。視天命之改與未改耳朱子曰。孔子尊周。孟子不尊周。如冬裘夏葛。飢食渴飲。時措之宜異爾。此齊桓不得不尊周。亦迫於大義不得不然。夫子筆之於經。明君臣之義於萬世。非專爲美桓公也。孔孟易地則皆然。得時措之宜。則並行而不相悖矣。雲峯胡氏曰。不有孔子之論。則在下者不知有尊三之義。而民可以無君矣。不有孟子之論。則在上者。不知天命之改不改。在民心之向背。而君可以無民矣。○新安陳氏曰。天命之改未改。驗之人心而已。人心猶知尊周。可驗天命未改。則當守天下之經。文王孔子之事是也。人心不知有周。可驗天命已改。不得不達天下之權。武王孟子之事是也。司馬温公李泰伯尚不達此而非孟子。固哉。讀者不可不勘破此義

○梁惠王曰。寡人願安承教

承上章言願安意以受教

孟子對曰。殺人以梃與刃。有以異乎。曰。無以異也。梃徒頂反

梃。杖也

以刃與政。有以異乎。曰。無以異也

孟子又問而王答也新安陳氏曰。政謂虐政。梃刃政殺人。承上章歲兵之意而敷演之

曰庖有肥肉廐有肥馬民有饑色野有餓莩此率獸而食人也

厚斂力驗反於人以養禽獸而使民飢以死則無異於驅獸以食人矣新安陳氏曰此因前章狗彘食人食塗有餓莩之意而究言之即以虐政殺人也

獸相食且人惡之爲民父母行政不免於率獸而食人惡在其爲民父母也惡之之惡去聲惡在之惡平聲

君者民之父母也惡在猶言何在也

仲尼曰始作俑者其無後乎爲其象人而用之也如之何其使斯民飢而死也俑音勇爲去聲

俑從去聲下同葬木偶人也古之葬者束草爲人以爲從衛

謂之芻靈略。似人形而已。中古易之以俑。則有面目機發而太似人矣。趙氏曰。木人設機而能踊跳。故名曰俑。故孔子惡去聲下同其不仁。而言其必無後也。新安陳氏曰。作俑者。殺人殉葬之漸。孔子惡之者以此。○禮記檀弓下。孔子謂爲明器者。知喪道矣。備物而不可用也。哀哉。死者而用生者之器也。不殆於用殉乎哉。其曰明器。神明之也。塗車芻靈。自古有之。明器之道也。孔子謂爲芻靈者善。謂爲俑者不仁。不殆於用人乎哉。孟子言此作俑者。但用象人以葬。孔子猶惡之。況實使民饑而死乎。○李氏曰。爲人君者。固未嘗有率獸食人之心。然徇一己之欲。而不恤其民。則其流必至於此。故以爲民父母告之。夫音扶父母之於子。爲去聲之就利避害。未嘗頃刻而忘于懷。何至視之不如犬馬乎。疊山謝氏曰。此章以人對獸。極言人君不行仁政。視人猶獸也。天地間難得者人。象人而用之。猶不免於無後。豈可率獸食人。不行王政。一至於此乎。○新安陳氏曰。爲人君者。有作民父毋之責。固未嘗有率獸食人之心。惟徇欲而不恤民。則其流至此而不自覺。故以率獸食人。箴其昏迷之錮習。而以爲民父毋。觸其惻隱之本心。孟子之言。深切著明如此。而王不悟。亦未如之何也已。右二章。戒梁王厲民自養。率獸食人。過人欲也。勉其行王道。以爲民父毋爲心。擴天理也

○梁惠王曰。晉國天下莫強焉。叟之所知也。及寡人之身。東敗於齊。長子死焉。西喪地於秦七百里。南辱於楚。寡人恥之。願比死者一洒之。如之何則可。長上聲。喪去聲。比必二反。洒與洗同

魏本晉大夫魏斯。與韓氏趙氏共分晉地。號曰三晉。故惠王猶自謂晉國。惠王。斯之孫也。惠王三十年。齊擊魏。破其軍。

虜太子申史記魏世家惠王三十年魏伐趙趙告急齊齊宣王用孫子計救趙擊魏魏遂大興師使龐涓將而令太子申爲上將軍與齊人戰敗於馬陵齊虜魏太子申殺將軍涓軍遂大破十七年秦取魏少去聲梁史記魏世家惠王十七年魏與秦戰元里秦取我少梁元里少梁皆魏地邑名後魏又數音朔獻地於秦史記商君傳秦孝公使衛鞅將兵伐魏魏使公子卬將而擊之軍既相距衛鞅遺魏將公子卬書曰吾始與公子驩今俱爲兩國將不忍相攻可與公子面相見盟樂飲而罷兵以安秦魏魏公子卬以爲然會盟已飲而衛鞅伏甲士襲虜公子卬因攻其軍盡破之以歸秦魏惠王恐使使割河西之地獻於秦以和而魏遂去安邑徙都大梁又與楚將去聲昭陽戰敗亡其七邑史記楚世家懷王六年楚使柱國昭陽將兵而攻魏破之於襄陵得邑八○張存中曰按史記魏襄王十三年楚敗我襄陵不言邑數楚懷王六年得邑八與集註七邑不合未知孰是比猶爲去聲也言欲爲死者雪其恥也慶源輔氏曰惠王之志疑若剛勇而有爲者然細考之史則其

敗於三國。皆非義舉也。徒以爭城爭地。不失之貪。則失之繆。事既如此。猶不知所以自反。乃於見賢之際。歷叙其喪敗。而欲爲死者一洗之。此正如匹夫賤人。勢出無聊。不勝其忿。而求一快者所爲耳。豈有君人之度。而知所謂大勇之理哉

孟子對曰。地方百里而可以王

百里。小國也。然能行仁政。則天下之民歸之矣

王如施仁政於民。省刑罰。薄稅斂。深耕易耨。壯者以暇日。修其孝悌忠信。入以事其父兄。出以事其長上。可使制挺以撻秦楚之堅甲利兵矣省所梗反。斂易皆去聲。耨奴豆反。長上聲

省刑罰。薄稅斂。此二者仁政之大目也新安陳氏曰。省刑則不戕民生。薄賦。則民得養生。所以爲仁政之大目易治也。耨。耘也。盡己之謂忠。以實

之謂信。君行仁政。則民得盡力於農畝。而又有暇日以修禮義。是以尊君親上而樂音洛下同於效死也。朱子曰。魏地迫近於秦。無時不受兵。割地求成無虛日。孟子之言。似若容易。蓋當時之人。焦熬已甚。率歡欣鼓舞之民而征之。自是見效速。後來公子無忌率五國師直擣至函谷關。可見。○慶源輔氏曰。仁政在於養民而已。省刑罰。則民不至無所措其手足。而得以安其生。薄稅斂。則民不至有所闕於衣食。而得以保其生。故孟子言仁政。首及此二者。下面數句。則又其效驗也。深耕易耨。則薄稅斂之所致也。重稅厚斂。則民不聊生。民不聊生。則其於農事亦苟且鹵莽而已。壯者以暇日修其孝悌忠信。入以事父兄。出以事長上。則省刑罰之所致也。嚴刑峻罰。則民不樂生。民不樂生。則其於人道。亦何暇修爲之哉。

彼奪其民時。使不得耕耨以養其父母。父母凍餓。兄弟妻子離散。養去聲

彼謂敵國也

彼陷溺其民王往而征之夫誰與王敵夫音扶

陷陷於阱通作穽疾郢才性二反穿地陷獸也溺溺於水暴虐之意征正也以彼暴虐其民而率吾尊君親上之民往正其罪彼民方怨其上而樂歸於我則誰與我爲敵哉

故曰仁者無敵王請勿疑

仁者無敵蓋古語也以故曰二字知之百里可王以此而已恐王疑其迂闊故勉使勿疑也○孔氏曰孔氏名文仲字經父臨江人惠王之志在於報怨孟子之論在於救民所謂唯天吏則可以伐之蓋孟子之本意南軒張氏曰惠王憤其軍師之敗欲一洒之是乃不

勝其忿欲之私耳。孟子所以告之者。乃爲國之常道。其所施爲。皆有實事。夫王政之所以不行者。以時君謀利計功之念深。每每致疑而莫肯力行故也。使其以先王之治爲必可法。以聖賢之言爲必可信。而力行之。則孰禦焉。○慶源輔氏曰。註引孔氏之言。蓋怨有當報者有不當報者。若惠王之事。則所謂不當報者也。不當報者而報。則是忿懥者之所爲耳。忿懥者之所爲。則其心熏灼焚燒。愈撲愈熾。不至於大敗極壞而不已。若所謂志於救民。則至誠惻怛。成已以成物。一日有一日之功。其曰唯天吏則可以伐之。其所以自治者嚴矣。○勿軒熊氏曰。當時七雄皆大國也。孟子獨惓惓於齊梁者。欲得志行乎中國也。若秦楚。則蠻夷戎狄之國。七篇之書。深鄙外之。蓋其得志。必非天下生民之福。自周之衰。天下大勢。不入于楚。必入于秦。聖賢已逆知其所趨矣。當時孟子止言深耕易耨。孝悌忠信。則可以制梃而撻秦楚。自秦一等富强而言。豈不大迂闊而不切於事情。然後來秦亡。不過起於揭竿斬木之匹夫。堅甲利兵。果可恃乎。孟子之言。不我誣也。○新安陳氏曰。逞忿報怨。私欲也。行仁救民。公理也。行仁則自無敵。不得已而用兵。亦正之之征也。不行仁而惟報私怨。忿爭而已矣。豈惟怨不可

報敗亡常必由之。此章亦所以遏人欲擴天理也

○孟子見梁襄王

襄王惠王子。名赫新安倪氏曰。按通鑑。慎靚王二年壬寅惠王卒。孟子去魏適齊。是一見襄王後即去也

出語人曰。望之不似人君。就之而不見所畏焉。卒然問曰。天下惡乎定。吾對曰。定于一語去聲卒七没反惡平聲

語告也。不似人君。不見所畏。言其無威儀也新安倪氏曰。左氏傳云。有威而可畏。謂之威。有儀而可象。謂之儀。不似人君。無可象之儀也。不見所畏。無可畏之威也卒然。急遽之貌。蓋容貌辭氣。乃德之符新安陳氏曰。德存於中。容貌辭氣。乃德之符驗。可見於外者其外如此。則其中之所存者可知。王問列國

分爭天下當何所定孟子對以必合于一然後定也問孟子以梁襄王不似人君不見所畏而識之然則必以勢位自高而厲威嚴以待物邪朱子曰不然也夫有諸中者必形諸外有人君之德則必有人君之容有人君之容則不必作威而自有可畏之威矣曰言之急遽亦何識邪曰艮之六五以中正而言有序而呂氏亦曰志定者其言重以舒不定者其言輕以疾然則言貌固皆內德之符不惟可以觀人學者雖以自省可也曰孔子居是邦不非其大夫而孟子誦言其君之失如此何邪曰聖賢之分固不同矣且孔子仕於諸侯而孟子爲之賓師其地有不同也抑七篇之中無復與襄王言者豈孟子自是而不復久於梁邪

孰能一之

王問也

對曰不嗜殺人者能一之

嗜時利反甘也覺軒蔡氏曰好生不嗜殺天地生物之心也必得天地此心然後可爲天之子爲民之父母此言萬世人牧之龜鑑也

孰能與之

王復扶又反問也與猶歸也

對曰天下莫不與也王知夫苗乎七八月之閒旱則苗槁矣天油然作雲沛然下雨則苗浡然興之矣其如是孰能禦之今夫天下之人牧未有不嗜殺人者也如有不嗜殺人者則天下之民皆引領而望之矣誠如是也民歸之由水之就下沛然誰能禦之夫音扶浡音勃由當作猶古字借用後多倣此

周七八月夏五六月也孟子內並以周月言與春秋左傳同油然雲盛貌

沛然。盛貌。浡然。興起貌。禦。禁止也。人牧。謂牧民之君也。領。頸也。蓋好（去聲下同）生惡（去聲）死。人心所同。故人君不嗜殺人。則天下悅而歸之。○蘇氏曰。孟子之言。非苟爲大而已。然不深原其意。而詳究其實。未有不以爲迂者矣。予觀孟子以來。自漢高祖。及光武。及唐太宗。及我太祖皇帝。能一天下者四君。皆以不嗜殺人致之。其餘殺人愈多。而天下愈亂。秦晉及隋。力能合之。而好殺不已。故或合而復（扶又反）分。（晉武合之。劉石亂而分。王江東。）或遂以亡國。（秦隋）孟子之言。豈偶然而已哉。（慶源輔氏曰。不嗜殺之對。以見理勢之當然。非有爲而爲之者也。蓋人君之心。誠能不嗜殺人。則舉天下皆在吾仁愛之中。又孰有渙散乖戾。而不一歸於我哉。固非以不嗜殺人。）

爲一天下之具也○新安陳氏曰。嗜殺。人欲之殘虐也。不嗜殺。天理之惻隱也。此亦遏人欲。存天理也

○齊宣王問曰。齊桓晉文之事可得聞乎

齊宣王。姓田氏。名辟彊。辟音璧。彊渠良反○趙氏曰。田氏本陳公子完之後。初以陳爲氏。後改姓田氏。至田和始篡齊而有之。辟彊。和之曾孫。是爲宣王諸侯僭稱王也。齊桓公。名小白。晉文公。名重耳。皆霸諸侯者

孟子對曰。仲尼之徒無道桓文之事者。是以後世無傳焉。臣未之聞也。無以。則王乎

道。言也。董子曰。仲尼之門。五尺童子。羞稱五伯。伯霸同。爲去聲其先詐力而後仁義也。亦此意也新安倪氏曰。董子名仲舒。西漢廣川人。此語見漢書本傳。對江都易王問粤有三仁。而曰仁人者。正其誼不謀其利。明其道不計其功。是以仲尼之門。五

尺童子。羞稱五伯，爲其先詐力而後仁義也。○西山真氏曰。孟子後，能深闢五伯者。惟仲舒爲然

以已通用。**無已，必欲言之而不止也。王。**去聲。**謂王天下之道。**程子曰。得天下之正。極人倫之至者，堯舜之道也。用其私心。依仁義之偏者，霸者之事也。王道如砥。本乎人情。出乎禮義。若履大路而行，無復回曲。霸者崎嶇反側於曲徑之中。而卒不可與入堯舜之道。故誠心而王則王矣。假之而霸則霸矣。二者其道不同。在審其初而已。○龜山楊氏曰。齊宣王見孟子於雪宮。曰。賢者亦有此樂乎。而孟子答以晏子之言。則霸者之事。非無傳也。孟子務引其君以當道。則桓文之事。特詭遇而已。大匠不爲拙工。改廢繩墨。故曰無已則王乎。○范氏曰。按論語孔子曰。桓公九合諸侯。不以兵車。管仲之力也。微管仲。吾其被髮左衽矣。孔子美齊桓管仲之功如此。孟子言仲尼之門無道桓文之事者。聖人於人。苟有一善。無所不取。齊桓管仲。有功於天下。故孔子稱之。若其道。則聖人之所不取也。○朱子曰。無道桓文之事。事者營霸之事。儒者未嘗講求。如桓公霸諸侯。一匡天下。則誰不知。至於經營霸業之事。儒者未嘗言也

曰德何如則可以王矣曰保民而王莫之能禦也

保愛護也慶源輔氏曰保如保赤子之保○新安陳氏曰王道甚大其要只在保民保民而王一句爲此章之綱領

曰若寡人者可以保民乎哉曰可曰何由知吾可也曰臣聞之胡齕曰王坐於堂上有牽牛而過堂下者王見之曰牛何之對曰將以釁鍾王曰舍之吾不忍其觳觫若無罪而就死地對曰然則廢釁鍾與曰何可廢也以羊易之不識有諸齕音核釁許刃反舍上聲觳音斛觫音速與平聲

胡齕下沒反集註音核核字有二音宜審齊臣也釁鍾新鑄鍾成而殺牲取血以塗其釁郄乞逆反也觳觫恐懼貌孟子述所聞胡

齕之語而問王。不知果有此事否

曰有之。曰是心足以王矣。百姓皆以王爲愛也。臣固知王之不忍也

王見牛之觳觫而不忍殺。即所謂惻隱之心。仁之端也。擴而充之。則可以保四海矣。故孟子指而言之。欲王察識於此而擴充之也。愛。猶吝也

雲峯胡氏曰。孟子一書。言心學甚詳。此是第一箇心字。是心。何心也。人之本心也。即此本心而推之。所謂先王有不忍人之心。斯有不忍人之政者也。須看集註察識擴充四字。察識屬知。擴充屬行○新安陳氏曰。是心足以王矣一句。最緊切。觀王有此愛物之心。即可知王有仁民之心。而可以保民矣。所以指言王之此心。即是足以王天下之本。眞氏云。王道不外乎保民。而保民又不外乎此心是也

王曰然誠有百姓者齊國雖褊小吾何愛一牛即不忍其觳觫若無罪而就死地故以羊易之也

言以羊易牛其迹似吝實有如百姓所譏者然我之心不如是也雙峯饒氏曰論語小不忍朱子兼婦人之仁匹夫之勇說婦人不能忍其愛匹夫不能忍其忿這箇又是要忍得了○雲峯胡氏曰饒氏發明兩不忍字甚好孟子所謂不忍者如齊宣王見牛之觳觫將死一念之發非有所勉強自然而然者也君子謂之仁論語所謂小不忍者如婦人匹夫一念之發不能有所禁止而一聽其自然者也君子不謂之義○新安倪氏曰論語之小不忍云者不忍之念發於私小常人之所不能禁止者也孟子之不忍云者不忍之念出乎正大君子之所當擴充者也

曰王無異於百姓之以王為愛也以小易大彼惡知之王若隱其無罪而就死地則牛羊何擇焉王笑曰是誠何心

哉我非愛其財而易之以羊也宜乎百姓之謂我愛也惡平聲

異怪也隱痛也擇猶分也言牛羊皆無罪而死何所分別彼列反而以羊易牛乎孟子故設此難去聲欲王反求而得其本心王不能然故卒無以自解於百姓之言也慶源輔氏曰宣王既無講學之功不知反求之理而徒自辯解於百姓之言故孟子又設此以問難之蓋欲王反求而得其本心不忍之實而王猶不能然也○東陽許氏曰上言臣固知王之不忍下言彼惡知之蓋宣王見牛不忍之心雖發而不自知其爲仁之端故以知與惡知相對說以爲常人雖爲利欲所昏而本然之善終未嘗泯但時或發每不自覺而不能充之爾故孟子以爲惟君子爲能知之衆人不能知也是啓王之心使凡遇善心發時便須識得即就此推充自小以及大自近以及遠即其一端推之至其極則仁不可勝用矣

曰。無傷也。是乃仁術也。見牛未見羊也。君子之於禽獸也。見其生。不忍見其死。聞其聲。不忍食其肉。是以君子遠庖廚也。遠去聲

無傷。言雖有百姓之言。不爲害也。術。謂法之巧者。蓋殺牛既所不忍。釁鐘又不可廢。於此無以處上聲之。則此心雖發而終不得施矣。然見牛則此心已發而不可遏。未見羊則其理未形而無所妨。朱子曰。見牛未見羊也。未字有意味。蓋言其體則無限量。言其用則無終窮。充擴得去有甚盡時故以羊易牛則二者得以兩全而無害。此所以爲仁之術也。朱子曰。齊王見牛觳觫。而不忍之心萌。故以羊易之。孟子所謂無傷。蓋乃護得齊王仁心發見處。術。猶方便也○術字本非不好底字。只緣後來把做變詐看了。便

道是不好。却不知天下事有難處。須看有箇巧底道理始得。當齊王見牛之時。惻隱之心。已發乎中。又見釁鍾事大。似住不得。只得以所不見者而易之。旣周旋得那事。又不抑遏了這不忍之心。此心乃得流行。若當時無箇措置。便抑遏了這不忍之心。遂不得而流行矣。此乃所謂術也

聲謂將死而哀鳴也。

蓋人之於禽獸。同生而異類。故用之以禮。而不忍之心。施於見聞之所及。其所以必遠庖廚者。亦以預養是心。而廣爲仁之術也

朱子曰。君子於物。愛之而已。食以時。用以禮。不身翦。不暴殄。旣足以盡吾心矣。其愛之者仁也。其殺之者義也。齊王之不忍。施於見聞之所及。正合愛物淺深之宜。若仁民之心。則豈爲其不見之故。而忍以無罪殺之哉○慶源輔氏曰。唯其不忍之心。止施於見聞之所及。故古之君子。知學問者。必遠其庖廚。乃所以預養是不忍之心。不使之見其生。聞其聲。以推廣其爲仁之術。不必屑屑然以其所不見。而易其所見也。孟子言此。以見宣王之初心。本無不善。以羊易牛。然後仁義之心。得以兩全而無害也○雲峯

胡氏曰。一本心也。已發在於擴充。未發在於預養。

王說曰。詩云。他人有心。予忖度之。夫子之謂也。夫我乃行之。反而求之。不得吾心。夫子言之。於我心有戚戚焉。此心之所以合於王者。何也。說音悅。忖七本反。度待洛反。夫我之夫音扶。

詩小雅巧言之篇。戚戚。心動貌。王因孟子之言。而前日之心。復扶又反萌。乃知此心不從外得。然猶未知所以反其本而推之也。

南軒張氏曰。宣王聞孟子之言。有得於心而說。謂已雖行之。及反而求之。則有不能以自得者。及孟子抽其端緒以告。則戚然有動於中。當時不忍之意。宛然而形。○慶源輔氏曰。戚戚。心動而有所慘傷也。孟子所言。曲盡其理。故宣王前日之心。復動于中。而委蛇曲折之意。莫不盡見。而亦莫非吾心本然之善。非從外而得也。向非孟子擬理之極。知言之要。深得夫開導誘掖之術。則亦何能使宣王前日不忍之心復萌也哉。宣王此心雖發動。而其端尚微。其體未充。而又未知所以用力推廣之方。故孟子此下復以用力用明用恩之說。以曉切之。○雲峯胡氏曰。齊王於其本心。畧能察識。自此以下。孟子皆教之以擴充。○新安陳氏曰。此心之所以合於王者何也。王此句亦問得緊切。與孟子是心足以王矣一句。相照應

曰。有復於王者曰。吾力足以舉百鈞。而不足以舉一羽。明足以察秋毫之末。而不見輿薪。則王許之乎。曰。否。今恩足以及禽獸。而功不至於百姓者。獨何與。然則一羽之不舉。爲不用力焉。輿薪之不見。爲不用明焉。百姓之不見保。爲不用恩焉。故王之不王。不爲也。非不能也。與平聲爲不之爲去聲

復。白也。鈞。三十斤。百鈞。至重難舉也。羽。鳥羽。一羽。至輕易去聲下同舉也。秋毫之末。毛至秋而末鋭。小而難見也。輿

薪。以車載薪。大而易見也。許。猶可也。今恩以下。又孟子之言也。蓋天地之性。人爲貴。故人之與人。又爲同類而相親。是以惻隱之發。則於民切而於物緩。推廣仁術。則仁民易而愛物難。雙峯饒氏曰。集註惻隱之發。是就心上說。推廣仁術。則仁民易而愛物難。是就術上說。人性靈。所以仁民易。物無知。如何感得他動。所以愛物難今王此心能及物矣。則其保民而王。非不能也。但自不肯爲耳南軒張氏曰。親親而仁民。仁民而愛物。此天理之大同。由一本而其施有序也。豈有於一牛則能不忍。而不能保民者。蓋方見牛而不忍者。無以蔽之。而其愛物之端發見也。其不能加恩於民者。有以蔽之。而仁民之理不著也。然即夫愛物之端。可以知夫仁民之理素具。能反而循其不忍之實。則其所謂仁民者固可得也。○慶源輔氏曰。天地之性。人爲貴。而人之與人。又爲同類而相親。故惻隱之發。於民切。於物緩。皆自然而然。雖至愚之人。亦莫不然。學者須是臨事體察看教分曉不可模糊牽畧聽其自然事過便休若夫推廣仁術則仁民易而愛物難所以難所以易者且以凡人言之推廣此心愛及同類者其勢便其事易至於物則有不得已而資以爲用者使之皆被吾之愛而無傷則其勢遠其事難自君人者言之發政施仁使民得以遂其生者其事便其事易極輔相財成之道使庶類繁殖鳥獸魚鼈咸若者其勢遠其事難今王此心既發於見牛之際而又有以處之而使是心得以流行矣則是於其勢遠而事難者既能有以及之則以是心而施於勢近而事易與之同類而相親所謂保民而王者則豈有不能者哉但自不肯爲耳○新安陳氏曰今恩足以及禽獸而功不至於百姓者獨何與此二句難得最緊切乃是一大章文意警策處下文又以此二句再難以結之王能其緩且難者而失之於切且易者何也使王能自其不忍之形於愛物者充廣之以仁民特舉而措之耳

曰不爲者與不能者之形何以異曰挾太山以超北海語人曰我不能是誠不能也爲長者折枝語人曰我不能是

不爲也非不能也故王之不王非挾太山以超北海之類也王之不王是折枝之類也語去聲爲長之爲去聲長上聲折之舌反

形狀也挾以腋持物也超躍而過也爲長者折枝以長者之命折草木之枝言不難也是心固有不待外求擴而充之在我而已何難之有

老吾老以及人之老幼吾幼以及人之幼天下可運於掌詩云刑于寡妻至于兄弟以御于家邦言舉斯心加諸彼而已故推恩足以保四海不推恩無以保妻子古之人所以大過人者無他焉善推其所爲而已矣今恩足以及禽獸而功不至於百姓者獨何與與平聲

老以老事之也吾老謂我之父兄人之老謂人之父兄

幼以幼畜許六反之也吾幼謂我之子弟人之幼謂人之

子弟運於掌言易去聲下同也詩大雅思齊莊皆反之篇刑法

也寡妻寡德之妻謙辭也御治也不能推恩則衆叛親

離故無以保妻子蓋骨肉之親本同一氣又非但若人

之同類而已故古人必由親親推之然後及於仁民又

推其餘然後及於愛物皆由近以及遠自易以及難今

王反之則必有故矣故復扶又反推本而再問之新安陳氏曰末

二句再問難以結之十分精神文法亦有照應收拾○

和靖尹氏曰善推其所爲學者最要推也因一事則推

之大有所益言舉斯心加諸彼是也○南軒張氏曰孟

子非使之以其愛物者及人蓋使之因愛物以循其不

忍之實。而反其所謂一本者。以親親而仁民。仁民而愛物。此所謂王道也○慶源輔氏曰。人之骨肉。本同一氣而生。又非但若人之同類而已。故於心爲至親至切。而行仁必自孝弟始。然後可以推而及民與物也。勢有近遠。當由近以及遠。事有難易。當自易以及難。老吾老。幼吾幼。以及人之老幼。刑寡妻。至兄弟。以御于家邦。此皆自然之序。而人所不自已者。若或反此。則必有其故矣。是不可不致其克復之功。使之循序而進。不然。則倒行而逆施之。如無源之水。無根之木。不旋踵而乾涸枯瘁矣○雙峯饒氏曰。因愛牛之心說到此。欲其因愛物之心。反而見得仁民。因愛人之心。反而見得親親。又因親親。推而至於仁民。由仁民。推而至於愛物。運於掌。言其近而易。天下雖大。只由一家老老幼幼推去。又何難且遠之有。運於掌。與視諸掌不同。運屬行。視屬知。那箇是易知。這箇是易行○西山眞氏曰。由親以及民。由民以及物。此古人之善推也。能及物而不能及民。此宣王之不善推也○魯齋王氏曰。善推其所爲一句。是孟子平生功夫受用只在此○雲峯胡氏曰。須要看集註三節議論貫穿處。始言愛物。則曰人之於禽獸。同生而異類。繼言仁民。則曰。天地之性人爲貴。故人之與人。又爲同類而相親。此言老老幼幼。則曰骨肉之親。本同一氣。又非但若人之同類而已。曰同生。曰同類。曰同氣。是爲理一而分殊。雖推之有序。然皆不過自吾本心而推之。是爲分殊而理一也。大抵此章凡千餘言。大要只二句。欲其察識此心於方發之初。故曰是心足以王矣。欲其擴充此心於已發之後。故曰善推其所爲而已矣

權。然後知輕重。度。然後知長短。物皆然。心爲甚。王請度之。度之之度待洛反

權。稱去聲下同錘直垂反也。度。丈尺也。度之。謂稱量之也。言物之輕重長短。人所難齊。必以權度度上如字下待洛反下文不度音同之而後可見。若心之應物。則其輕重長短之難齊。而不可不度。以本然之權度。又有甚於物者。今王恩及禽獸。而功不至於百姓。是其愛物之心重且長。而仁民之心

輕且短。失其當然之序而不自知也。故上文既發其端新安陳氏曰。指恩足以及禽獸。而功不至於百姓二句而於此請王度之也朱子曰。物易見。心無形。度物之輕重長短易。度心之輕重長短難。度物差了只是一事。心差了時萬事差。所以心爲甚。又曰。愛物宜輕。仁民宜重。此是權度。以此去度。○本然之權度。亦只是此心。此心本然萬理皆具。應物之時。須是子細看合如何。便是本然之權度也。如齊王見牛而不忍之心見。此是合權度處。及至興甲兵危士臣結怨於諸侯。又却忍爲之。便是不合權度。失其本心○慶源輔氏曰。此指宣王之心偏詖處言之也。必先見得其輕重長短。如此分明了。然後究其所以然之故。則吾心之蔽始可去。而本然之理始可復。此孟子所以引物資權度之說。而使王自稱量其心也

抑王興甲兵危士臣構怨於諸侯然後快於心與。與平聲

抑發語辭。士戰士也。構結也。孟子以王愛民之心。所以

輕且短者。必其以是三者爲快也。然三事實非人心之所快。有甚於殺觳觫之牛者。故指以問王。欲其以此而度之也

慶源輔氏曰。孟子恐王不知所以稱量之要。故舉興甲兵危士臣。構怨於諸侯。三事。使王度之。蓋宣王愛民之心。所以輕且短者。實以是三者之爲快蔽之也。夫此三事。乃人心之所不忍。有甚於殺觳觫之牛者。王若以是爲快。則宜乎愛民之心輕且短也。○雲峯胡氏曰。上一節一心字。亦指本心而言。蓋謂本心之中。有自然之權度。非自外來也。此節一心字。與後數箇欲字。便非本心矣。本心難於擴充。而欲心易於蔽錮。此王道所以不行也。

王曰。否。吾何快於是。將以求吾所大欲也

不快於此者。心之正也。而必爲此者。欲誘之也。欲之所誘者。獨在於是。是以其心尚明於他。而獨暗於此。此其

愛民之心所以輕短而功不至於百姓也慶源輔氏曰。辟土地。朝秦楚。莅中國。撫四夷。是其本志也。與甲兵。危士臣。搆怨於諸侯。則末流之禍耳。有是志。則有是禍矣。指其末流之禍。則以爲不快於此者。心之明也。而卒溺於初志之失。而不知反者。欲誘之也。其心尚明於他者。謂不忍一牛之觳觫也。而獨暗於此者。謂功不至於百姓也。○新安陳氏曰。所大欲者。人欲之橫流。所以不能仁民而擴天理之公也

曰。王之所大欲。可得聞與。王笑而不言。曰。爲肥甘不足於口與。輕煖不足於體與。抑爲采色不足視於目與。聲音不足聽於耳與。便嬖不足使令於前與。王之諸臣。皆足以供之。而王豈爲是哉。曰。否。吾不爲是也。曰。然則王之所大欲。可知已。欲辟土地。朝秦楚。莅中國。而撫四夷也。以若所爲。

求若所欲，猶緣木而求魚也。與平聲。爲肥、抑爲、豈爲、不爲之爲，皆去聲。便、令皆平聲。辟與闢同。朝音潮。

便嬖，近習嬖幸之人也。已，語助辭。辟，開廣也。朝，致其來朝也。秦、楚，皆大國。莅，臨也。新安陳氏曰：所大欲在此，所以初發問便欲聞桓文霸圖事。若，如此也。所爲，指興兵結怨之事。緣木求魚，言必不可得。

王曰：「若是其甚與？」曰：「殆有甚焉。緣木求魚，雖不得魚，無後災。以若所爲，求若所欲，盡心力而爲之，後必有災。」曰：「可得聞與？」曰：「鄒人與楚人戰，則王以爲孰勝？」曰：「楚人勝。」曰：「然則小固不可以敵大，寡固不可以敵衆，弱固不可以敵强。海

内之地方千里者九齊集有其一以一服八何以異於鄒

敵楚哉蓋亦反其本矣甚與聞與之與平聲

殆蓋皆發語辭鄒小國楚大國齊集有其一言集合齊

地其方千里是有天下九分之一也扶問反新安陳氏曰千里者九齊

楚燕秦趙魏韓宋中山也以一服八必不能勝即有敗亡之禍所謂後災也

反本說見形甸反下文

今王發政施仁使天下仕者皆欲立於王之朝耕者皆欲

耕於王之野商賈皆欲藏於王之市行旅皆欲出於王之

途天下之欲疾其君者皆欲赴愬於王其如是孰能禦之

朝音潮賈音古愬與訴同

行貨曰商。居貨曰賈。發政施仁。所以王去聲天下之本也。近者悅。遠者來。則大小彊弱非所論矣。蓋力求所欲。則所欲者反不可得。能反其本。則所欲者不求而至。與首章意同。

南軒張氏曰。行王政者。心非欲傾他國以自利也。惟以民困爲已任。爲吾所當爲。而天下自歸心焉。夫欲朝秦楚。莅中國。自世俗言。則以爲有志。自聖賢觀之。苟不本乎公理。特出於忮求矜伐之私耳。齊王惟汲汲於濟其私。非惟不克濟。而禍患隨之。蹈私欲。固危道也。由孟子所言以發政施仁。則公理之所存。可大之業。自可馴致。此天理人欲之分也。○慶源輔氏曰。力求所欲。則徇欲也。有爲而爲之也。計獲求得。用力雖勞。而所欲者反不如所期。能反其本。則循理者也。無所爲而爲之也。先難後獲。先事後得。而可大之業。自爾循至。此天理人欲之分也。

王曰。吾惛。不能進於是矣。願夫子輔吾志。明以教我。我雖不敏請嘗試之。惛與昏同曰。無恒產而有恒心者。惟士爲能。若民則無恒產。因無恒心。苟無恒心。放辟邪侈。無不爲已。及陷於罪。然後從而刑之。是罔民也。焉有仁人在位。罔民而可爲也。恒胡登反辟與僻同焉於虔反

恒。常也。產。生業也。恒產。可常生之業也。恒心。人所常有之善心也。士嘗學問。知義理。故雖無恒產而有常心。民則不能然矣。罔。猶羅網。欺其不見而取之也。慶源輔氏曰。恒產。常生之業。則下文所言五畝之宅。百畝之田是也。恒心。常有之善心。則下文所言善與禮義是也。善又禮義之總名。緣民無常產。所以無常心。故不知禮義而陷於放辟邪侈也。若遂從而刑之。是誠無異於以羅網罔民。欺其不見而取之也。○雲峯胡氏曰。此心字。亦指本心而言。但指其在士民者言之

是故明君制民之產，必使仰足以事父母，俯足以畜妻子，樂歲終身飽，凶年免於死亡，然後驅而之善，故民之從之也輕。畜許六反，下同。

輕，猶易也。去聲。此言民有常產而有常心也。

今也制民之產，仰不足以事父母，俯不足以畜妻子，樂歲終身苦，凶年不免於死亡，此惟救死而恐不贍，奚暇治禮義哉。治，平聲。凡治字為理物之義者平聲，為己理之義者去聲，後皆做此。

贍，時念反。足也。此所謂無常產而無常心者也。

王欲行之，則盍反其本矣。

盍，何不也。使民有常產者，又發政施仁之本也。新安陳氏曰：則

盍反其本矣。與前盍亦反其本矣當對觀。發政施仁。是所以王天下之本。使民有常產。又是發政施仁之本也。說見形甸反下文

五畝之宅。樹之以桑。五十者可以衣帛矣。雞豚狗彘之畜。無失其時。七十者可以食肉矣。百畝之田。勿奪其時。八口之家。可以無飢矣。謹庠序之教。申之以孝悌之義。頒白者不負戴於道路矣。老者衣帛食肉。黎民不飢不寒。然而不王者。未之有也。音見前篇

此言制民之產之法也。趙氏曰。趙氏名岐。詳見序說中註八口之家次上農夫也。此王政之本。常生之道。故孟子爲去聲齊梁之君各陳之也。楊氏曰。爲天下者。舉斯心加諸彼而已。

然雖有仁心仁聞去聲而民不被其澤者不行先王之道
故也故以制民之產告之○此章言人君當黜霸功行
王道而王道之要不過推其不忍之心以行不忍之政
而已齊王非無此心而奪於功利之私不能擴充以行
仁政雖以孟子反覆曉告精切如此而蔽錮已深終不
能悟是可歎也

南軒張氏曰孟子如對鴻麋之問及對
好樂好色好貨皆徐引之當道何其辭
氣不迫也至於利國之問則應以何必曰利桓文之問
則對以無道無傳論管晏則曰管仲曾西之所不為言
交兵之不利則曰號則不可又何其嚴也自後世觀之
後數說比之前數者宜若未至甚害而攻之反甚切何
歟蓋前數者一病為一事耳故紬繹其性之端以示之
使之曉然知反躬之要則天理可明而人欲可遏矣至
於霸者功利之說易以惑人人或趨之則大體一差雖
有嘉言善道亦何由入戰國諸侯其失正在乎此故闢

之不可不嚴也。○雲峯胡氏曰。此章甚詳。集註斷之甚約。蓋欲黜霸功。則心之所向者正。能行王道。則心之所充者大。先王有不忍人之心。斯有不忍人之政。今雖有不忍之心。而不能推之以行不忍之政。無他。奪於功利之私也。功利二字。依舊是向霸功上去。入于彼。必出於此。世安有不能黜霸功。而能行王道者哉。此孟子所以斷然以爲仲尼之徒。所不道也

孟子集註大全卷之一

孟子集註大全卷之二

梁惠王章句下

凡十六章

莊暴見孟子曰暴見於王王語暴以好樂暴未有以對也曰好樂何如孟子曰王之好樂甚則齊國其庶幾乎暴見於之見音現下見於同語字去聲下同好去聲篇內並同

莊暴齊臣也庶幾近辭也言近於治去聲

他日見於王曰王嘗語莊子以好樂有諸王變乎色曰寡人非能好先王之樂也直好世俗之樂耳

變色者慚其好之不正也東陽許氏曰王語暴以好樂蓋論及所好之俗樂暴未有

以對。蓋莊暴亦知俗樂之不足好。欲諫而未得其辭。故以告孟子○王變色。是愧前與暴論者。不可聞於孟子。故其下直言之

曰。王之好樂甚。則齊其庶幾乎。今之樂由古之樂也

今樂世俗之樂。古樂先王之樂

曰。可得聞與。曰。獨樂樂。與人樂樂。孰樂。曰。不若與人。曰。與少樂樂。與衆樂樂。孰樂。曰。不若與衆聞與之與平聲。樂樂下字音洛。孰樂亦音洛

獨樂。音洛下同不若與人。與少樂。不若與衆。亦人之常情也

臣請爲王言樂爲去聲

此以下皆孟子之言也

今王鼓樂於此。百姓聞王鍾鼓之聲。管籥之音。舉疾首蹙頞而相告曰。吾王之好鼓樂。夫何使我至於此極也。父子不相見。兄弟妻子離散。今王田獵於此。百姓聞王車馬之音。見羽旄之美。舉疾首蹙頞而相告曰。吾王之好田獵。夫何使我至於此極也。父子不相見。兄弟妻子離散。此無他。不與民同樂也。蹙子六反頞音遏夫音扶同樂之樂音洛

鍾鼓管籥皆樂器也新安陳氏曰。管笙也。籥如笛而六孔。或曰簫也舉皆也。疾首頭痛也。蹙聚也。頞額也。人憂戚則蹙其額。極窮也。羽旄旌屬趙氏曰。春秋傳。范宣子假羽旄於齊。晉人假羽旄於鄭。註。析羽爲旌。王者游車所建也。按周禮司常。九旗之數。有全羽析羽。釋云。全羽析羽。直有羽而無帛不與民同樂。謂獨樂其

身而不恤其民使之窮困也新安陳氏曰。因好樂而及田獵。以王亦好田獵故也

今王鼓樂於此。百姓聞王鐘鼓之聲。管籥之音。舉欣欣然有喜色而相告曰。吾王庶幾無疾病與。何以能鼓樂也。今王田獵於此。百姓聞王車馬之音。見羽旄之美。舉欣欣然有喜色而相告曰。吾王庶幾無疾病與。何以能田獵也。此無他。與民同樂也病與之與平聲同樂之樂音洛

與民同樂者。推好樂之心以行仁政。使民各得其所也

雙峯饒氏曰。庶幾無疾病。民唯恐君不安樂。有愛之欲其生之意。若時日害喪。則惡之欲其死矣。田獵雖非樂。推類而言之

今王與百姓同樂。則王矣

好樂而能與百姓同之則天下之民歸之矣所謂齊其庶幾者如此○范氏曰戰國之時民窮財盡人君獨以南面之樂音洛下同樂同自奉其身孟子切於救民故因齊王之好樂開導其善心深勸其與民同樂而謂今樂猶古樂其實今樂古樂何可同也但與民同樂之意則無古今之異耳南軒張氏曰與民同樂者固樂之本也好世俗之樂者私欲也與民同樂者公理也孟子不遽詆其所好而獨擴之以公理可謂善啓告者若必欲以禮樂治天下當如孔子之言必用韶舞必放鄭聲蓋孔子之言爲邦之正道孟子之言救時之急務所以不同○楊氏曰樂以和爲主使人聞鐘鼓管絃之音而疾首蹙頞則雖奏以咸英

韶濩胡故反無補於治去聲也前漢禮樂志。昔黄帝作咸池。顓頊作六莖。帝嚳作五英。堯作大章。舜作招。讀作韶。禹作夏。湯作濩。武王作武。周公作勺。讀作酌。以上並樂名。勺言能勺先祖之道也。武言以功定天下也。濩言救民也。夏大承二帝也。招繼堯也。大章章之也。五英英華茂也。六莖及根莖也。咸池備矣。故孟子告齊王以此。姑正其本而已朱子曰。孟子開導時君。故曰今之樂猶古之樂。至於言百姓聞樂音。欣欣然有喜色處。則闕閑得甚密。如好色好貨亦此類也○慶源輔氏曰。范氏辨孔子孟子之說。可謂平正明白。無餘蘊矣。而楊氏論樂以和爲主。及與民同樂。爲樂之本。又可以足范氏之說○新安陳氏曰。不䘏民而自好世俗之樂。以縱其荒樂。人欲之縱肆也。因賢者之問。而自慚所好之不正。天理之萌動也。齊王慚之。孟子不詆而開導之。戒其縱獨樂之私。而勉其充同樂之公。遏人欲。而擴天理也。王道在遏人欲擴天理而已

○齊宣王問曰。文王之囿方七十里。有諸。孟子對曰。於傳

有之。囿音又。傳直戀反。

囿者。蕃音煩育鳥獸之所。古者四時之田。皆於農隙乞逆反以講武事。左傳隱公五年。春。公將如棠觀魚者。臧僖伯諫曰。凡物不足以講大事。大事謂祀與戎。戎兵也。其材不足以備器用。則君不舉焉。君將納民於軌物者也。故講事以度軌量。謂之軌。取材以章物采。謂之物。不軌不物。謂之亂政。亂政亟行。所以敗也。故春蒐夏苗。秋獮冬狩。四者皆田獵之名。蒐。索擇取不孕者。苗。為除害也。獮。殺也。以殺為名。順秋氣也。狩。圍守也。冬物畢成。獲則取之。無所擇也。皆於農隙以講事也。然不欲馳騖音務於稼穡場圃之中。故度待洛反閑曠之地以為囿。然文王七十里之囿。其亦三分天下有其二之後也與。音余○南軒張氏曰。意齊王欲廣其囿。諛佞之徒。必有假文王事以逢之者。文王豈崇囿如此。蓋其蒐田所及。民以為王之囿耳。以芻雉得往。知其然也。傳。謂古書。慶源輔氏曰。孟子時有之。今不復存。孟子

所謂於傳有之。亦言據古書有此說耳。然未必其然否也

曰。若是其大乎。曰。民猶以爲小也。曰。寡人之囿方四十里。民猶以爲大。何也。曰。文王之囿方七十里。芻蕘者往焉。雉兔者往焉。與民同之。民以爲小。不亦宜乎

芻音初 蕘音饒

芻草也。蕘薪也

臣始至於境。問國之大禁。然後敢入。臣聞郊關之內有囿方四十里。殺其麋鹿者。如殺人之罪。則是方四十里。爲阱於國中。民以爲大。不亦宜乎

阱才性反

禮入國而問禁。

禮記曲禮。入境而問禁。入國而問俗。入門而問諱

國外百里爲郊。郊外有關。阱。坎地以陷獸者。言陷民於死也

新安陳氏曰。前

篇罔民。與此爲阱。皆是借網取禽。阱取獸。以諷切時君之禽獸其民。苑囿。一也。設禁阱民者。人欲之私。與民同利者。天理之公。無非欲過人欲。擴天理而已

○齊宣王問曰。交鄰國有道乎。孟子對曰。有。惟仁者爲能以大事小。是故湯事葛。文王事昆夷。惟智者爲能以小事大。故大王事獯鬻。句踐事吳。獯音熏鬻音育句音鈎

仁人之心。寬洪惻怛。當葛反○慶源輔氏曰。寬洪。仁者之量。惻怛。仁者之意而無較計大小彊弱之私。故小國雖或不恭。而吾所以字之之心。自不能已。程子曰。凡人有所計較者。皆私意也。仁者欲人之善而矜人之惡。不計較小大彊弱而事之。故能保天下。犯而不較。亦樂天順理者也○新安陳氏曰。惟仁者能忘己之大。而事鄰國之小。實只字之若事之耳智者明義理。識時勢。故大國雖見侵陵。而吾

所以事之之禮。尤不敢廢新安陳氏曰。惟智者爲能安已之小。而事隣國之大。朱子云。智者不特是見得利害明。道理自合恁地。小之事大。弱之事强。皆是道理合恁地湯事見形甸反下同後篇。文王事見詩大雅。大王事見後章。所謂狄人。即獯鬻也詩綿八章。肆不殄厥慍。亦不隕厥問。柞子洛反棫音域拔蒲貝反矣。行道兌吐外反矣。混音昆夷駾徒對反矣。維其喙吁貴反矣。駾。突也。喙。息也。言大王雖不能殄絕混夷之慍怒。亦不隕墜已之聲問。蓋雖聖賢不能必人之不怒已。但不。廢其自脩之實耳。然大王始至此岐下之時。林木深阻。人物鮮少。至於其後。生齒漸繁。歸附日衆。則木拔道通。昆夷畏之。而奔突竄伏。維其喙息而已。言德盛而昆夷自服也。蓋已爲文王之時矣。

句踐。越王名。事見國語史記國語。吳語。史記。越王勾踐世家同云。越王勾踐芊姓。興兵伐吳。吳王夫差姬姓。聞之。悉發精兵擊越。敗之。夫音扶椒。今大湖中椒山是也。越王乃以餘兵五千人。保棲於會古外反稽。山名。在山陰南七里。吳王追而圍之。越王乃令大夫種行成於吳。成者。平也。求平於吳也膝行頓首曰君王亡臣勾踐使臣種敢告于執事勾踐請爲臣妻爲妾吳王將許之子胥言於吳王曰天以越賜吳勿許也種還以報勾踐勾踐欲殺其妻子燔寶器觸戰而死種止勾踐曰夫吳太宰嚭貪可誘以利請行猶微行言之於是勾踐乃以美女寶器令種間以獻吳太宰嚭嚭受乃見大夫種於吳王種頓首言曰願大王赦勾踐之罪盡入其寶器不幸不赦勾踐將盡殺其妻子燔其寶器五千人觸戰必有當也嚭因說吳王曰越以服爲臣若將赦之此國之利也卒赦越罷兵歸○朱子曰仁者自然合理智者知理之當然而敬以循之其大槩是如此若細分之則太王勾踐意思自不同也○潛室陳氏曰仁者無計較之私忘其孰大而孰小智者有度量之明自知不能敵大○雲峯胡氏曰本文大事小小事大集註則曰大字小小事大一字字尤見仁人之心然大之字小猶未足以見其仁必小國雖或不恭而字之之心自不能已乃見大者之仁小之事大猶未足以見其智必大國雖見侵陵而事之之禮尤不敢廢乃足以見小者之智

以大事小者樂天者也以小事大者畏天者也樂天者保

天下。畏天者保其國。樂音洛

天者理而已矣。大之字小。小之事大。皆理之當然也。自然合理。故曰樂天。不敢違理。故曰畏天。包含徧覆。數救反無不周徧。保天下之氣象也。制節謹度。不敢縱逸。保一國之規模也。

問樂天畏天不同。以仁者而居小國。則未必不免爲智者之事。使智者而居大國。則未必能爲仁者之舉。何者。智者分別曲直。未必能容忍而不與之較。如仁者之爲也。朱子曰。得之。仁者與天爲一。智者聽天所命。與天爲一者。嘉人之善。矜人之惡。無所擇於利害。故能以大事小。聽天所命者。循理而行。順時而動。不敢用其私心。故能以小事大。何叔京曰。仁者以天下爲度。一視而同仁。惟欲人各得其所。不復計彼此强弱之勢。故以大事小而不以爲難。如葛與昆夷之無道。湯文慇懃而厚恤之。及終不可化而禍及於人。然後不得已而征伐之。仁之至也。智者達於事變。而知理之當然。故以小事大而不敢忽。然而必自强於政治。期於有以自立。如獯鬻與吳之方强。大王勾踐。外卑躬而事之。內則治其國家。和其民人。終焉或興王業。或刷其恥。此智之明也。使湯文保養夷葛。惡極而不能去。是不仁而縱亂也。大王勾踐惟敵之畏。而終不能自强。是無恥而苟安也。又何取於仁智哉○慶源輔氏曰。天者。理而已矣。即程子所謂夫天。專言之即道也。以道理言。則大者自當字小。此天之所以覆地也。小者自當事大。此坤之所以承乾也。又曰。保天下。保其國。言仁智者之氣象規模。有此效也。非謂仁者智者之心。欲其如此也○雲峯胡氏曰。字之之心。自不能已。即是自然合理。事之之禮。尤不敢廢。即是不敢違理。包含徧覆。無不周徧。即其字之之心。而其氣象。愈充拓。愈恢宏。制節謹度。不敢縱逸。即其事之之禮。而其規模。愈收斂。愈嚴謹。集註措辭之精微如此

詩云。畏天之威。于時保之

周頌我將之篇。時。是也　新安陳氏曰。引詩不及樂天一邊。亦偶然耳○朱子曰。此智者畏天而保其國之事○雙峯饒氏曰。天理當然。違之則有禍。此便是天威了

王曰。大哉言矣。寡人有疾。寡人好勇

言以好勇。故不能事大而恤小也 新安陳氏曰。大之事小。善待之而已。非小事之也。集註於大事小。必曰字小。又曰恤小。而於事大不易事字。蓋欲發明孟子意。不可不畧易此字也

對曰。王請無好小勇。夫撫劍疾視曰。彼惡敢當我哉。此匹夫之勇。敵一人者也。王請大之 夫撫之夫音扶。惡平聲

疾視。怒目而視也。小勇。血氣所爲。大勇。義理所發 趙氏曰。血氣所爲之勇。如溝澮之水。暴集隨涸。故謂之小。義理所發之勇。天開地闢。自不能已。故謂之大

詩云。王赫斯怒。爰整其旅。以遏徂莒。以篤周祜。以對于天下。此文王之勇也。文王一怒而安天下之民

詩大雅皇矣篇。赫。赫然怒貌。爰。於也。旅。衆也。遏。詩作按

止也。徂。往也。莒詩作旅。徂旅謂密人侵阮徂共音恭之衆也。篤。厚也。祜。福也。對。答也。以答天下仰望之心也詩皇矣。帝謂文王。無然畔援。無然歆羨。誕先登于岸。密人不恭。敢距大邦。侵阮徂共。王赫斯怒。爰整其旅。以按音遏徂旅。以篤周祜。以對于天下。密。密須氏。姞姓之國。在今寧州。阮。國名。在今涇州。共。阮國之地名。今涇州共池是也。此言文王征伐之始也。無所畔援歆羨。文能先造道之極。因密人不恭。是以如此此文王之大勇也新安陳氏曰。怒者勇之發也。因王赫斯怒一怒字。發出一怒安民之說。蓋自赫怒舉兵以對于天下而生出此意

書曰。天降下民。作之君。作之師。惟曰其助上帝。寵之四方。有罪無罪惟我在。天下曷敢有越厥志。一人衡行於天下。武王恥之。此武王之勇也。而武王亦一怒而安天下之民

衡與橫同

書周書泰誓之篇也。然所引與今書文小異雙峯饒氏曰。書言寵綏四方。指君而言。孟子言寵之四方。指天而言。書之有罪無罪。指紂而言。孟子之有罪無罪。指諸侯而言。書之越厥志。指君而言。孟子之越厥志。指民而言。二者大段不同。想古人之書與今多不同。多是人記得。人家不常有此本今且依此解之。寵之四方也。有罪者我得而誅之。無罪者我得而安之。我既在此。則天下何敢有過越其心志而作亂者乎。衡行。謂作亂也。孟子釋書意如此。而言武王亦大勇也慶源輔氏曰。寵異。謂天寵異武王於天下也。亶聰明。是以天德寵異之也。作元后。是以天位寵異之也。心志。謂天下之心志也。人之作亂。皆過越其心志之故耳。若守其心志。無所過越。則何至有作亂之事乎。此武王以天下之重自任也

今王亦一怒而安天下之民。民惟恐王之不好勇也

王若能如文武之爲。則天下之民。望其一怒以除暴亂。而拯己於水火之中。惟恐王之不好勇耳○此章言人君能懲小忿。則能恤小事大以交鄰國。能養大勇。則能除暴救民以安天下

慶源輔氏曰。君人者。必能懲小忿。然後能養大勇。所謂人能有所不爲。然後可以有爲也○新安陳氏曰。章旨能懲小忿四字。實自寡人好勇一句發出。齊王所好之勇。小忿也。孟子所言之勇。大勇也

張敬夫曰。小勇者。血氣之怒也。大勇者。理義之怒也。血氣之怒不可有。理義之怒不可無。知此。則可以見性情之正。而識天理人欲之分矣

龜山楊氏曰。人君固不可無勇。而齊王以是爲有疾。故孟子告以文武之事。使廓而大之。則安天下無足爲者矣○雙峯饒氏曰。怒得是。便是

天理。怒得不是。便是人欲。孟子之論。大槩要分別天理人欲於毫釐之間。如同樂獨樂之類○雲峯胡氏曰。夫子嘗以智仁勇三者並言。此勇字。亦當連前仁智字並言。仁智中之勇。是謂大勇。小勇者。不仁不智者也。不仁者。徒逞血氣。而於義理之勇必無之。不智者。不明義理。而於血氣之勇必有之

○齊宣王見孟子於雪宮。王曰。賢者亦有此樂乎。孟子對曰。有。人不得。則非其上矣。樂音洛下同

雪宮。離宮名。言人君能與民同樂。則人皆有此樂。不然。則下之不得此樂者。必有非其君上之心。明人君當與民同樂。不可使人有不得者。非但當與賢者共之而已也。慶源輔氏曰。離。猶別也。別在其所居宮室之外。故曰離宮。君能與民同樂。則人皆有此樂。此釋有之一字。下不得此樂者。必有非君上之心。此釋人不得則非其上矣一句○雲峯胡氏曰。觀集註。非但當與賢者共之

一句。便見得梁惠王問賢賢者亦樂此。與齊宣王問賢者亦有此樂。兩賢字似同而實有不同。孟子答以賢者而後樂此。不賢者雖有此不樂。所謂賢者。皆指君而言。此則答以有之一字者。謂賢者有此樂也。然非特賢者有此樂。凡人皆欲有此樂。人有不得其樂。則必有非其上之心矣。是知此樂當與凡人共之。不但當與賢者共之也。如此。則兩處賢字不同。又按饒氏謂朱子云。賢者亦樂此。其辭遜。賢者有此樂。其辭驕。以此觀之。語錄謂沼上之對。其辭遜。雪宮之對。其辭夸。傳錄之誤明矣。蓋謂之驕者。當以問字言。不當以對字言也

不得而非其上者。非也。爲民上而不與民同樂者。亦非也。

下不安分。扶問反上不恤民。皆非理也。慶源輔氏曰。下不得而非其上者。不知命也。故謂之不安分。爲民上而不與民同樂者。不知義也。故謂之不恤民

樂民之樂者。民亦樂其樂。憂民之憂者。民亦憂其憂。樂以天下。憂以天下。然而不王者。未之有也

樂民之樂。而民樂其樂。則樂以天下矣。憂民之憂。而民憂其憂。則憂以天下矣。南軒張氏曰。憂樂不以已而以天下。天理之公也。於是舉景公事。蓋道其國故典以告之。○慶源輔氏曰。君以民之樂爲樂。則民亦以君之樂爲樂。如是。則君以民爲體。民以君爲心。天下雖大。兆民雖多。其懽忻愉怡。痒痾疾痛。舉切於吾之身矣。君能體仁如此。則天下之民。其將何往。雖欲無王。不可得也

昔者齊景公問於晏子曰。吾欲觀於轉附朝儛。遵海而南。放于琅邪。吾何脩而可以比於先王觀也。朝音潮放上聲

晏子。齊臣。名嬰。轉附。朝儛。皆山名也。遵。循也。放。至也。琅邪。余遮反齊東南境上邑名。觀。游也

晏子對曰。善哉問也。天子適諸侯曰巡狩。巡狩者。巡所守

孟子集註大全卷二　十

也。諸侯朝於天子曰述職。述職者。述所職也。無非事者。春省耕而補不足。秋省斂而助不給。夏諺曰。吾王不遊。吾何以休。吾王不豫。吾何以助。一遊一豫。爲諸侯度（狩舒救反 省悉井反）

述。陳也。省。視也。斂。收穫也。給。亦足也。夏諺。夏時之俗語也。豫。樂（音洛）也。巡所守。巡行諸侯所守之土也。述所職。陳其所受之職也。趙氏曰。巡所守者。自上察下也。述所職者。自下達上也。王十二年一巡狩。諸侯六年一朝。皆無有無事而空行者。而又春秋循行（去聲）郊野。察民之所不足而補助之。故夏諺以爲王者一遊一豫。皆有恩惠以及民。而諸侯皆取法焉。不敢無事慢遊以病其民也。新安陳氏曰。以上晏子言先王之法。此下言當時之弊

今也不然。師行而糧食。饑者弗食。勞者弗息。睊睊胥讒。民乃作慝。方命虐民。飲食若流。流連荒亡。爲諸侯憂。睊古縣反

今。謂晏子時也。師。衆也。二千五百人爲師。春秋傳曰。君行師從。左傳定公四年。劉文公合諸侯于召陵。謀伐楚。衛侯令祝鮀從。辭曰。君以軍行。祓社釁鼓。師出先有事祓禱於社。謂之宜社。於是殺牲以血塗鼓鼙。謂之釁鼓。祝奉以從。奉社主也。於是乎出竟。若嘉好之事謂朝會。君行師從。卿行旅從。五百人爲旅。臣無事焉糧謂糗去久反。熬米麥也。又丘救反糒音備之屬。睊睊側目貌。胥相也。讒謗也。慝怨惡烏路反也。言民不勝平聲其勞而起怨謗也。方逆也。命主命也。若流。如水之流。無窮極也。流連荒亡。解見形甸反下文。諸侯。謂附庸之國。縣邑之長上聲。○慶源輔氏曰。晏子主言齊事。而云爲諸侯憂。故知爲附庸之國。縣邑之

長也。王者之命諸侯。豈固欲其如此哉。不過使之愛養斯民而已。逆王命。則虐必及其民矣○雙峯饒氏曰。師行而糧食。君之行也以師。其食也以糧。一而字在中間。見得是兩事。方命之命。是好底命。天子之命。必是教他撫一國之民。今也如此。則是逆王命了。又曰爲諸侯度。指先王言。爲諸侯憂。指時君言

從流下而忘反謂之流。從流上而忘反謂之連。從獸無厭謂之荒。樂酒無厭謂之亡。厭平聲 樂音洛

此釋上文之義也。從流下。謂放舟隨水而下。從流上。時掌反 謂挽舟逆水而上。從獸。田獵也。荒。廢也。樂酒。以飲酒爲樂也。亡。猶失也。言廢時失事也。雙峯饒氏曰。荒是廢時。亡是失事

先王無流連之樂。荒亡之行。惟君所行也。之行之行去聲

言先王之法。今時之弊。二者惟在君所行耳

景公說。大戒於國。出舍於郊。於是始興發補不足。召大師曰。爲我作君臣相說之樂。蓋徵招角招是也。其詩曰。畜君何尤。畜君者好君也。說音悅爲去聲樂如字徵陟里反招與韶同畜勑六反

戒告命也。出舍自責以省悉井反民也。興發發倉廩也。大師樂官也。君臣已與晏子也。樂有五聲。三曰角爲民。四曰徵爲事。禮記樂記。宮爲君。商爲臣。角爲民。徵爲事。羽爲物。注宮絃最大。用八十一絲。聲重而尊。故爲君。商屬金。金爲決斷臣事也。絃用七十二絲。次宮。如臣次君者也。角。觸也。物觸地而出戴芒角也。絃用六十四絲。聲居宮羽之中。屬木。以其清濁中民之象也。徵屬夏。夏時正長萬物。皆成形體。事亦有體。故配事。絃用五十四絲。羽屬水。聚清物之象。故爲物。絃用四十八絲。招舜樂也。其詩。徵招角招之詩也。尤過也。言晏子能畜止其君之欲。宜爲君之所尤。然其心則何

過哉。孟子釋之。以爲臣能畜止其君之欲。乃是愛其君者也。新安陳氏曰。上文引援景公晏子事實。只末一句。是孟子說。○西山眞氏曰。易之大小畜。皆以止爲義。凡止君之欲者。乃所以爲愛君也。縱君之欲者。其得爲愛君乎。忠臣之心。惟恐其君之有欲。奸臣之心。惟恐其君之無欲。○尹氏曰。君之與民。貴賤雖不同。然其心未始有異也。孟子之言。可謂深切矣。齊王不能推而用之。惜哉。南軒張氏曰。孟子羞稱管晏。今乃引晏子之言。何也。蓋羞稱者。其大法也。言與事有可取。亦不可沒也。亦見與人爲善。至公至平之心也。○雲峯胡氏曰。齊景能聽晏子之說。而齊宣不能受孟子之說。是可惜也。○新安陳氏曰。此章與沼上之對。畧相似。大意主於不自樂而與民同樂耳。樂民之樂。憂民之憂。雖平說。然憂樂相反而實相關。憂民之憂者。必不暇樂已之樂。樂已之樂者。必不知憂民之憂。惟先憂以天下。而後能樂以天下也。前一截已盡之。後不過引一段故實耳。不與民同樂。人欲也。憂樂以天下。天理也。遊豫爲諸侯度。天理也。流

連爲諸侯憂。人欲也。無非遏人欲擴天理也。又舜之韶。遺音必有在齊者。孔子在齊聞韶。景公樂亦名招。可見

○齊宣王問曰。人皆謂我毁明堂。毁諸已乎

趙氏曰。明堂。泰山明堂。周天子東巡守（去聲）朝（音潮）諸侯之處。漢時遺址（音止）尚在。人欲毁之者。蓋以天子不復（扶又反）巡守。諸侯又不當居之也。王問當毁之乎。且止乎（慶源輔氏）曰。漢書郊祀志。武帝元封元年。封泰山。泰山東北址古有明堂處。云欲毁明堂。正與子貢欲去告朔餼羊之意同。以其無用。故欲去之也。

孟子對曰。夫明堂者。王者之堂也。王欲行王政。則勿毁之矣（夫音扶）

明堂。王者所居以出政令之所也。能行王政。則亦可以

王去聲矣。何必毁哉。朱子明堂說曰。論明堂制者非一。竊意當有九室。如井田之制。東之中。爲青陽太廟。東之南。爲青陽右个。東之北。爲青陽左个。南之中。爲明堂太廟。南之東。即東之南。爲明堂左个。南之西。即西之南。爲明堂右个。西之中。爲總章太廟。西之南。即南之西。爲總章左个。西之北。即北之西。爲總章右个。北之中。爲玄堂太廟。北之東。即東之北。爲玄堂右个。北之西。即西之北。爲玄堂左个。中爲太廟太室。凡四方之太廟異方所。其左个右个。則青陽之左个。乃玄堂之右个。明堂之右个。乃總章之左个也。總章之右个。乃玄堂之左个。明堂之左个。乃青陽之右个也。但隨其時之方位開門耳。太廟太室。則每季十八日。天子居焉。古人制事。多用井田遺意。此恐然也。新安倪氏曰。此朱子按禮記月令爲說

王曰。王政可得聞與。對曰。昔者文王之治岐也。耕者九一。仕者世祿。關市譏而不征。澤梁無禁。罪人不孥。老而無妻曰鰥。老而無夫曰寡。老而無子曰獨。幼而無父曰孤。此四

者天下之窮民而無告者文王發政施仁必先斯四者詩云哿矣富人哀此煢獨（與平聲孥音奴鰥姑頑反哿工可反煢音瓊）岐周之舊國也（趙氏曰按岐山在漢右扶風美陽縣西北唐屬岐州岐山縣山之南有周原蓋周之舊國）九一者井田之制也方一里爲一井其田九百畝中畫井字界爲九區一區之中爲田百畝中百畝爲公田外八百畝爲私田八家各受私田百畝而同養（去聲）公田是九分（扶問反）而稅其一也世祿者先王之世仕者之子孫皆教之教之而成材則官之如不足用亦使之不失其祿蓋其先世嘗有功德於民故報之如此忠厚之至也關謂道路之關市謂都邑之市譏察也征稅也關

市之吏察異服異言之人。而不征商賈音古之稅也。澤謂瀦水。梁謂魚梁。與民同利。不設禁也。問文王治岐。關市不征。澤梁無禁。成周門關市壥。皆有限守。山林川澤。悉有厲禁。何也。潛室陳氏曰。文王因民所利而利之。乃王道之始。成周經制大備。乃王道之成。孥妻子也。惡惡止其身。不及妻子也。新安陳氏曰。世祿。善善長也。不孥。惡惡短也。先王養民之政。導其妻子。使之養其老而恤其幼。不幸而有鰥寡孤獨之人。無父母妻子之養。則尤宜憐恤。故必以爲先也。詩小雅正月之篇。哿可也。煢困悴秦醉反貌。新安陳氏曰。正月末章之意云。亂至於此。富人猶或可勝。煢獨甚矣。其可哀也。〇雙峯饒氏曰。都鄙用助法。鄉遂用貢法。此周所以兼二代之法。井田之法。坦平處可行。江南想從古行貢法。關。是道路樽節處。市是市井。澤是水所都處。梁是水所通處。耕者九一。仕者世祿。是士農工商。皆有所養。惟鰥

寡孤獨無所告。故發政施仁。必先斯四者

王曰。善哉言乎。曰。王如善之。則何爲不行。王曰。寡人有疾。寡人好貨。對曰。昔者公劉好貨。詩云。乃積乃倉。乃裹餱糧。于橐于囊。思戢用光。弓矢斯張。干戈戚揚。爰方啓行。故居者有積倉。行者有裹糧也。然後可以爰方啓行。王如好貨。與百姓同之。於王何有。餱音侯。橐音託。戢詩作輯。音集。

王自以爲好貨。故取民無制。而不能行此王政。公劉。后稷之曾孫也。詩大雅公劉之篇。積。露積也。餱。乾音干糧也。無底曰橐。有底曰囊。皆所以盛音成餱糧也。戢。安集也。言思安集其民人。以光大其國家也。戚。斧也。揚。鉞音越也。爰。

於也。啓行。言往遷于豳悲巾反也。何有。言不難也。孟子言公劉之民富足如此。是公劉好貨。而能推己之心以及民也。今王好貨。亦能如此。則其於王天下也何難之有。

西山真氏曰。人君豈不事儲峙之富。惟能推此心。使斯民亦有餱糧之積可也

王曰。寡人有疾。寡人好色。對曰。昔者大王好色。愛厥妃。詩云。古公亶父。來朝走馬。率西水滸。至於岐下。爰及姜女。聿來胥宇。當是時也。內無怨女。外無曠夫。王如好色。與百姓同之。於王何有。大音泰

王又言此者。好色則心志蠱惑。用度奢侈。而不能行王政也。大王。公劉九世孫。詩大雅緜之篇也。古公。大王之

本號。後乃追尊爲大王也。亶父。音甫大王名也。來朝走馬。避狄人之難去聲也。新安陳氏曰。來朝。其來以朝也。古人紀事。蓋有此例。如書曰。王朝步自周。周公朝至于洛率。循也。滸。呼五反水厓也。岐下。岐山之下也。姜女。大王之妃也。胥。相也。宇。居也。曠。空也。無怨曠者。是大王好色。而能推己之心以及民也南軒張氏曰。齊王好貨好色。孟子以公劉太王對。但謂公劉好貨。太王好色。而不知實未嘗好也。二君處心平和。無一毫物我之私。如曰居者有積倉。行者有裹糧。豈惟欲其國富。而亦欲其民富也。如曰內無怨女。外無曠夫。不惟君有室家。而民亦欲其有室家也。好字雖同。而所以爲好則異。故孟子曰。王如好貨好色。與百姓同之。於王何有。二君之好。天理也。齊王之好。人欲也○新安陳氏曰。孟子之言。有因其近似。而發揮之以足己意者。如公劉好貨。本無事實。只乃積乃倉一句。太王好色。亦無事實。只爰及姜女一句而已。然欲開導時君。意正辭辯○楊氏曰。孟子與人君言皆所以擴充其善心而格其非心。遏人欲擴天理不止就事論事。若使爲人臣者。論事每如此。豈不能堯舜其君乎。愚謂此篇自首章至此。大意皆同。蓋鍾鼓苑囿游觀之樂音洛與夫音扶好勇好貨好色之心。皆天理之所有。而人情之所不能無者。然天理人欲。同行異情。循理而公於天下者。聖賢之所以盡其性也。縱欲而私於一己者。衆人之所以滅其天也。二者之間。不能以髮。而其是非得失之歸。相去遠矣。故孟子因時君之問。而剖普后反析於幾平聲微之際。皆所以遏人欲而存天理。其法似疏平聲而實密。其事似易去聲而實難。慶源輔氏曰。法似疏而實密。事似易而實難。蓋不直禁其好勇好色則似若跡且易矣然必使爲公劉太王之事推己之心以及民循理而不縱欲公天下而不私一己則其實又甚密而且難矣法指孟子之說事指公劉太王之事非孟子據理之極知言之要何能辨析其精微如此哉

學者以身體之則有以識其非曲學阿世之言而知所以克己復禮之端矣

新安陳氏曰克己復禮之端即謂天理人欲二者之間幾微之際也○問孟子答梁惠王問利直掃除之此處却如此引導之何也朱子曰此處亦自分義利特人自不察耳○慶源輔氏曰鐘鼓苑囿遊觀之樂與夫好勇好貨好色之心固天理人情之所不能無者但有理與欲公與私之異耳故集註舉胡氏天理人欲同行異情之說而辨析之夫聖賢之與衆人其於好貨好色其行雖同而其情則異循理而公天下者聖賢之所以盡其性此即公劉太王與民共欲之事也縱欲而私於一己者衆人之所以滅其天理此即齊王自以爲疾之事也二者同異不過毫髮之間而其終之是非得失則其相去遂有盡性滅天與王絕世之相反集註言此不但贊其理之密正欲使學者因其言以反諸身至誠

體察於所謂毫髮之際。然後力求所以循天理而克其欲耳〇雲峯胡氏曰。天理人欲。同行異情。出五峯胡氏之言。朱子平日深取之。今引以釋此章者。如齊王好色。太王亦好色。是同行也。齊王是行從人欲上去。太王是行歸天理上來。是異情也。同行則天理人欲之幾。若不能以髮。異情則天理人欲之判。不啻霄壤矣。凡曲學阿世者。非逢君之惡。則長君之惡。孟子之言。無非止君之惡而誘君於善。無非遏人欲而存天理也

〇孟子謂齊宣王曰。王之臣有託其妻子於其友而之楚遊者。比其反也。則凍餒其妻子。則如之何。王曰。棄之比必二反

託。寄也。比。及也。棄。絕也

曰。士師不能治士。則如之何。王曰。已之

士師。獄官也。其屬有鄉士遂士之官。士師皆當治之。已。罷去也上聲 士。周禮秋官司寇刑官之屬。士師。鄉士遂士縣士。注。鄉士。掌六鄉之獄。遂士。掌六遂之獄。縣

士。掌縣獄

曰。四境之內不治。則如之何。王顧左右而言他。治去聲

孟子將問此。而先設上二事以發之。及此而王不能答也。其憚於自責。恥於下問。如此。不足與有爲可知矣慶源輔氏曰。顧左右以釋其愧。言他事以亂其辭。有護疾忌醫之心。無責己求言之意。○雙峯饒氏曰。自責下問。集註自爲他開兩條路。當言此則寡人之罪也。這便是自責。又當言如何可以治人。這便是下問。齊王亦無服善之心。故顧左右而言他。後來因孔距心之辭。則不憚於自責矣。然亦恥於下問○趙氏曰。言君臣上下并王與士師言各勤其任。無墮許規反其職。乃安其身

○孟子見齊宣王曰。所謂故國者。非謂有喬木之謂也。有世臣之謂也。王無親臣矣。昔者所進。今日不知其亡也

世臣。累（魯水反）世勳舊之臣。與國同休戚者也。親臣。君所
親信之臣。與君同休戚者也。此言喬木世臣。皆故國所
宜有。然所以爲故國者。則在此而不在彼也（此謂世臣。彼謂喬木）
昨日所進用之人。今日有亡去而不知者。則無親臣矣。
況世臣乎
王曰。吾何以識其不才而舍之（舍上聲）
王意以爲此亡去者。皆不才之人。我初不知而誤用之。
故今不以其去爲意耳。因問何以先識其不才而舍之
邪
曰。國君進賢。如不得已。將使卑踰尊。疏踰戚。可不愼與（平聲）

如不得已。言謹之至也。蓋尊尊親親。用世臣而尊其尊親其親禮之常也。然或尊者親者未必賢。則必進疏遠之賢而用之。是使卑者踰尊。非尊尊之常疏者踰戚。非親親之常非禮之常。故不可不謹也。朱子曰。孟子言昔者所進。今日不知其亡。故王問何以識其不才而舍之。而孟子告以進賢。如不得已。蓋於進退之間。無所不審。非但使之致察於去人殺人也。○慶源輔氏曰。先儒皆以如不得已一句連下文說。言不得已則將使卑踰尊疏踰戚。故不可不謹。雖若可通。然如此則是國君用人。惟不得已之際。方致其謹。非孟子意也。故集註直以如不得已一句連上文說。言如不能得已。是至謹之意。人君於進賢之際。皆不可不謹。故於下段結之云。所謂進賢如不得已者如此。至於尊者親者未必賢。則又將進其踈遠之賢者而用之。至使卑者踰尊。疏者踰戚。則又非禮之常。尤不可不謹也

左右皆曰賢。未可也。諸大夫皆曰賢。未可也。國人皆曰賢。

然後察之，見賢焉，然後用之。左右皆曰不可，勿聽；諸大夫皆曰不可，勿聽；國人皆曰不可，然後察之，見不可焉，然後去之。（去，上聲）

左右近臣，其言固未可信。諸大夫之言，宜可信矣，然猶恐其蔽於私也。至於國人，則其論公矣，然猶必察之者，蓋人有同俗而爲衆所悅者，（新安陳氏曰：若孟子所論鄉原，一鄉皆稱原人是也。）亦有特立而爲俗所憎者，（新安陳氏曰：若韓子所論伯夷特立獨行，而舉世非之是也。）故必自察之，而親見其賢否之實，然後從而用舍（上聲）之，則於賢者知之深，任之重，而不才者不得以幸進矣。所謂進賢如不得已者如此。（慶源輔氏曰：所謂察之，則必因言以察其心，考迹以察其用。如孔子之視所以。觀所由。察所安。然後能親見其賢否之實。從而用舍之。則於賢者非徒知之。知之必深而無所疑。非徒任之。任之必重而不可易。至於不才亦不容於幸進矣 ○ 新安陳氏曰。如此方見進賢謹之之至。如必不得已而然者。要之用舍之道。參之於衆而察之於獨。不賢者固去之勿疑矣。賢者必任之勿貳。是即君所親信之臣也。此非親信之以已之私。而實親信之以國人之公。所謂民之所好好之也。今日爲王之親臣。他日託孤寄命。即爲國家之世臣矣

左右皆曰可殺。勿聽。諸大夫皆曰可殺。勿聽。國人皆曰可殺。然後察之。見可殺焉。然後殺之。故曰國人殺之也

此言非獨以此進退人才。至於用刑。亦以此道。蓋所謂天命結上文進人才天討。結此一節皆非人君之所得私也南軒張氏曰。既言進退人才之道。復及於可殺者。蓋如舜之於四凶。孔之於少正卯。天討之施有不可已者也。曰國人殺之。言

非已殺之。因國人之公心耳。然則其用是人。去是人。亦非吾用之去之。國人用之去之也。蓋天聰明。自我民聰明。國人之公心。即天理之所存。一毫私意加於其間。則非天之理矣。○新安陳氏曰。因用舍而及刑殺。亦是孟子敷演以明其意。不才者舍之。有罪而甚焉者殺之也

如此。然後可以爲民父母

傳去聲曰。大學傳文民之所好好之。民之所惡惡之。此之謂民之父母新安陳氏曰。總結上文用之去之殺之三節意

○齊宣王問曰。湯放桀。武王伐紂。有諸。孟子對曰。於傳有之傳直戀反

放。置也。書曰。成湯放桀于南巢

曰。臣弑其君可乎

桀紂天子。湯武諸侯

曰賊仁者謂之賊賊義者謂之殘殘賊之人謂之一夫聞誅一夫紂矣未聞弒君也

賊害也殘傷也害仁者凶暴淫虐滅絶天理故謂之賊害義者顛倒錯亂傷敗彝倫故謂之殘一夫言衆叛親離不復扶又反以爲君也書曰獨夫紂蓋四海歸之則爲天子天下叛之則爲獨夫所以深警齊王垂戒後世也

新安陳氏曰紂罪浮於桀故下文單說紂○朱子曰傷敗彝倫只是小小傷敗常理如不以禮食不親迎之類若是紾兄臂踰東家墻便是絶滅天理周書怠勝敬者滅即賊仁謂賊之意欲勝義者凶即賊義謂殘之意賊義是就一事上說賊仁是就心上說其實賊義便是賊那仁底但分而言之則如此○賊仁是將三綱五常天

秩之禮。一齊壞了。義隨事制宜。賊義。只是於此一事。不是更有他事在○賊仁者。無愛心。而殘忍之謂也。賊義是者。無羞惡之心之謂也○問賊仁是害心之理。賊義是見於所行處傷其理。曰。以義爲見於所行。便是告子義外矣。義在内不在外。義所以度事。亦是心度之。然此果何以別。蓋賊之罪重。殘之罪輕。仁義皆是心。仁是天理根本處。賊仁則大倫大法虧滅了。便是殺人底人一般。義是就一節一事上言。一事上不合宜。便是傷義。似手足上損傷一般。所傷者小。尚可以補○慶源輔氏曰。賊之爲害深。殘之爲害淺。凶暴淫虐。指發於中者言。顛倒錯謬。指見於事者言。然發於中者。必見於外。見於事者。實生於心。絶滅天理。則是殄闕其本根。傷敗彝倫。則是損害其枝葉。衆叛親離。不復君之。此賊仁賊義衆惡皆備之證驗也。此事自君言之。則理所當然。自臣下言之。則不得已之大變。故集註下文舉王勉之語。所以著萬世爲臣者之大戒○新安陳氏曰。賊仁賊義。細分之。有絶本根傷枝葉之殘。然仁義皆根於心。未有賊仁而不賊義者。所以下文只以殘賊之人。總言其惡耳。孟子此言。雖意在警齊王。然亦見英氣太露處

○王勉建安人曰。斯言也。惟在下者

有湯武之仁而在上者有桀紂之暴則可不然是未免於篡弑之罪也雲峯胡氏曰無孟子之說無以警後世之爲人君者無王氏之說無以警後世之爲人臣者然孟子曰有伊尹之志則可無伊尹之志則篡王氏之說未嘗不自孟子中來

○孟子見齊宣王曰爲巨室則必使工師求大木工師得大木則王喜以爲能勝其任也匠人斲而小之則王怒以爲不勝其任矣夫人幼而學之壯而欲行之王曰姑舍女所學而從我則何如勝平聲夫音扶舍上聲女音汝下同

巨室大宮也工師匠人之長上聲匠人衆工人也姑且也言賢人所學者大而王欲小之也

今有璞玉於此雖萬鎰必使玉人彫琢之至於治國家則

曰姑舍女所學而從我則何以異於教玉人彫琢玉哉鎰音溢

璞玉之在石中者。鎰。二十兩也趙氏曰。國語云。二十四兩爲鎰。趙岐誤註。集註因之。○東陽許氏曰。萬鎰。謂璞玉之價。直萬鎰之金也玉人。玉工也。不敢自治而付之能者。愛之甚也。治國家則徇私欲而不任賢。是愛國家不如愛玉也雙峯饒氏曰。兩箇譬喻是兩意。前譬是說任賢不如任匠。後譬是說愛國不如愛玉。○范氏曰。古之賢者常患人君不能行其所學。而世之庸君亦常患賢者不能從其所好。去聲是以君臣相遇自古以爲難。孔孟終身而不遇。蓋以此耳新安陳氏曰。前譬。王欲小用賢者。後譬。王不專用賢者。所以不能用賢。皆已之私欲害之。庸君必不能行賢者之所學。賢者必不肯

從庸君之所好。此遇合所以難也

○齊人伐燕勝之

按史記。燕平聲王噲音快讓國於其相去聲子之。而國大亂。齊因伐之。燕士卒不戰。城門不閉。遂大勝燕。史記燕世家。燕王噲用其相子之。蘇代爲齊使於燕。以事激燕王以尊子之。於是燕王大信子之。鹿毛壽謂燕王不如以國讓相子之。人之謂堯賢者。以其讓天下於許由。許由不受。有讓天下之名。而實不失天下。今王以國讓於子之。子之必不敢受。是王與堯同行也。燕王因屬國於子之。子之南面行王事。而噲老不聽政。顧爲臣。國事皆决於子之。三年國大亂。百姓恫恐。將軍市被與太子平謀。將攻子之。諸將謂齊湣王曰。因而赴之。破燕必矣。齊王令人告燕太子。太子因與市被圍公宮。攻子之不克。將軍市被及百姓反攻太子平。市被死以徇。因構難數月。死者數萬。衆人恫恐。百姓離怨。孟軻謂齊王曰。今伐燕。此文武之時。不可失也。王因令章子將五都之兵。因北地之衆以伐燕。

士卒不戰。城門不閉。燕王噲死。齊大勝燕。子之亡。二年而燕人共立太子平。是爲燕昭王。

宣王問曰。或謂寡人勿取。或謂寡人取之。以萬乘之國伐萬乘之國。五旬而舉之。人力不至於此。不取必有天殃。取之何如。乘去聲下同

以伐燕爲宣王事。與史記諸書不同。已見形甸反序說。何氏曰。萬乘之國。非諸侯之制也。今燕齊互相侵奪而皆有之。故以萬乘之齊伐萬乘之燕。勢均力敵。但以五旬而即舉之。若以人力論之。不能至於如此之易。意者其天乎。不取必有天殃。齊王本有利燕之心。特託天而遂其私耳。孟子之對。則不歸之天而歸之人。

孟子對曰。取之而燕民悅則取之。古之人有行之者。武王是也。取之而燕民不悅則勿取。古之人有行之者。文王是

也

商紂之世。文王三分天下有其二。以服事商。至武王十三年。乃伐紂而有天下。張子曰。此事閒不容髮。一日之閒。天命未絕。則是君臣。當日命絕。則爲獨夫。然命之絕否。何以知之。人情而已。諸侯不期而會者八百。武王安得而止之哉

朱子曰。此亦是齊王欲取燕。故引之於文武之道。非謂文王欲取商。以商人不悅而止。武王見商人悅已。遂取之也。直是論其理如此耳○慶源輔氏曰。文王武王。豈有一毫利天下之心哉。亦順天命而不敢違焉耳。而張子之說爲尤嚴。所謂閒不容髮之際。非理明義精。德至聖人者。孰能處之而無愧哉。纔有一毫利心。則失之矣。然其命之絕否。則亦不過察於人情。又與孟子之言。實相表裏也

以萬乘之國。伐萬乘之國。簞食壺漿。以迎王師。豈有他哉。

避水火也。如水益深，如火益熱，亦運而已矣。簞音丹，食音嗣。

簞，竹器。食，飯也。運，轉也。言齊若更爲暴虐，則民將轉而望救於他人矣。○趙氏曰：征伐之道，當順民心。民心悅，則天意得矣。新安陳氏曰：齊王言天命，孟子欲其以人心觀天命。欲知天命，當觀人心。欲得人心，當施仁政。燕之可取不可取，決之以此足矣。惟仁可以易暴。燕人避燕之虐，望齊之仁而歸之。齊苟不施仁而益暴，得非以暴易暴而益甚之乎。蓋警之也。

○齊人伐燕，取之。諸侯將謀救燕。宣王曰：諸侯多謀伐寡人者，何以待之？孟子對曰：臣聞七十里爲政於天下者，湯是也。未聞以千里畏人者也。

千里畏人，指齊王也。新安陳氏曰：七十里爲政，千里畏人。立兩句爲柱，下文分兩節應之。

書曰湯一征自葛始天下信之東面而征西夷怨南面而征北狄怨曰奚爲後我民望之若大旱之望雲霓也歸市者不止耕者不變誅其君而弔其民若時雨降民大悅書曰徯我后后來其蘇（霓五稽反　徯胡禮反）

兩引書皆商書仲虺（許偉反）之誥文也與今書文亦小異

一征初征也天下信之信其志在救民不爲暴也奚爲後我言湯何爲不先來征我之國也霓虹也雲合則雨虹見（形甸反）則止變動也徯待也后君也蘇復生也他國之民皆以湯爲我君而待其來使已得蘇息也此言湯所以七十里而爲政於天下也

今燕虐其民。王往而征之。民以爲將拯己於水火之中也。簞食壺漿。以迎王師。若殺其父兄。係累其子弟。毀其宗廟。遷其重器。如之何其可也。天下固畏齊之彊也。今又倍地。而不行仁政。是動天下之兵也。累力追反

拯。救也。係累。縶縛也。重器。寶器也。畏。忌也。倍地。并去聲燕而增一倍之地也。齊之取燕。若能如湯之征葛。則燕人悅之。而齊可爲政於天下矣。今乃不行仁政。而肆爲殘虐。則無以慰燕民之望。而服諸侯之心。是以不免乎以千里而畏人也

王速出令。反其旄倪。止其重器。謀於燕衆。置君而後去之。

則猶可及止也旄與耄同倪五稽反

反。遷也。旄。老人也。倪。小兒也。謂所虜略之老小也。猶尚也。及止。及其未發而止之也雙峯饒氏曰。當時只是子噲子之爲亂。燕民自無罪。齊王只當誅子噲子之。別立君而去。不當取他國。這時只當定亂。定亂者。取其亂者而誅之。如湯十一征。不是全滅其國。取之。則是蹊田而奪之牛。齊王殺其父兄。係累其子弟。毀其宗廟。遷其重器。是滅其國了。○新安陳氏曰。此是爲齊畫一策。如此區處。畧無所利於燕。庶幾湯誅君弔民。非富天下之爲。則可逆止諸侯之兵矣

○范氏曰。孟子事齊梁之君。論道德則必稱堯舜。論征伐。則必稱湯武。蓋治民不法堯舜。則是爲暴。行師不法湯武。則是爲亂。豈可謂吾君不能而舍上聲所學以徇之哉慶源輔氏曰。范氏發明孟子此意甚好。蓋莫非道也。而堯舜之道。則正道也。莫非師也。而湯武之師。則天

討也。集註又益以豈可謂吾君不能而舍所學以徇之哉一句。尤爲有功於學者。此萬世臣子事君之大法也

○鄒與魯鬨。穆公問曰。吾有司死者三十三人。而民莫之死也。誅之則不可勝誅。不誅則疾視其長上之死而不救。如之何則可也　鬨胡弄反勝平聲長上聲下同

鬨鬭聲也。穆公。鄒君也。不可勝誅。言人衆不可盡誅也。長上。謂有司也。民怨其上。故疾視其死而不救也

孟子對曰。凶年饑歲。君之民老弱轉乎溝壑。壯者散而之四方者。幾千人矣。而君之倉廩實。府庫充。有司莫以告。是上慢而殘下也。曾子曰。戒之戒之。出乎爾者。反乎爾者也。夫民今而後得反之也。君無尤焉　幾上聲夫音扶

轉。饑餓輾（音展）轉而死也。充。滿也。上。謂君及有司也。尤。過也

君行仁政。斯民親其上。死其長矣

君不仁而求富。是以有司知重斂（力驗反）而不知恤民。故君行仁政。則有司皆愛其民。而民亦愛之矣（新安陳氏曰。有司所以然者。皆君不行仁政之故。孟子對鄒君言。故畧有司而專勉君。正本之論也）○范氏曰。書曰。民惟邦本。本固邦寧。（夏書五子之歌篇）有倉廩府庫。所以爲（去聲）民也。豐年則斂之。凶年則散之。恤其饑寒。救其疾苦。是以民親愛其上。有危難（去聲）則赴救之。如子弟之衛父兄。手足之捍（音汗）頭目也。穆公不能反已。猶欲歸罪於民。豈

不誤哉南軒張氏曰。有司視民之死而不救。故民視有司之死而亦莫之救。所以爲得反之也。君行仁政。而以民爲心。民亦將以君爲心。而親其上。死其長矣此感應之理也。曾子戒之戒之之語。非特爲人上者。不可須臾忘。㸃身者。亦當深體之○新安陳氏曰。上之愛民。如父母之於子。則民之衛上。如子弟之衛父兄。鄒君知罪民。而不知反己。孟子惟以行仁政勉之。而誅不誅忘言焉。得反之之意。凜然可畏。真深切之論。死其長。如回何敢死之死。謂忘身救上。死且不避也。平時親其上。當危難則死其長

○滕文公問曰。滕。小國也。間於齊楚。事齊乎。事楚乎間去聲

滕國名

孟子對曰。是謀非吾所能及也。無已。則有一焉。鑿斯池也。築斯城也。與民守之。效死而民弗去。則是可爲也

無已見形甸反前篇。一。謂一說也。效。猶致也。國君死社稷。

禮記曲禮。國君死社稷。大夫死衆。士死制。衆。謂師衆。大夫率師。敗則死之。制。謂命令。士受命或迫以死。寧死而不可棄君命也**故致死以守國。至於民。亦爲**去聲**之死守而不去。則非有以深得其心者不能也○此章言有國者當守義而愛民。不可僥倖而苟免**南軒張氏曰。與其望二國矜己以求安。不若思所以自强而立國。鑿池築城。與民效死以守之。是在我所當爲之事。爲吾所當爲而已。然固國以得民爲本。民心不附。雖有金城湯池。誰與守之。使民效死而不忍去。非得之有素。不能然也○慶源輔氏曰。築城鑿池。致死以守者。守義也。使民亦爲之死守而不去。則非愛民者不能也。若夫間於二國。而徒欲擇强者而事之。以覬一日之安。則是僥倖苟免而已○雲峯胡氏曰。不守義。不能效死而不去。不愛民。不能使民亦效死而不去○新安陳氏曰。守義。守死社稷之義。以倡其民也。愛民當在平時。○城池。地利也。民弗去。人和也。復致死而守義以倡之。此守國之正法也

○滕文公問曰齊人將築薛吾甚恐如之何則可

薛國名近滕齊取其地而城之故文公以其偪（與逼同筆力反）己而恐也

孟子對曰昔者大王居邠狄人侵之去之岐山之下居焉非擇而取之不得已也（邠與豳同）

邠地名言大王非以岐下爲善擇取而居之也詳見（形甸反）下章

苟爲善後世子孫必有王者矣君子創業垂統爲可繼也若夫成功則天也君如彼何哉彊爲善而已矣（夫音扶彊上聲）

創造也統緒也言能爲善則如大王雖失其地而其後

世遂有天下。乃天理也。然君子造基業於前。而垂統緒於後。但能不失其正。令平聲後世可繼續而行耳。若夫成功。則豈可必乎。彼。齊也。君之力既無如之何。則但彊於爲善。使其可繼而俟命於天耳。○此章言人君當竭力於其所當爲。不可徼幸與僥倖通於其所難必。朱子曰。孟子言若夫成功則天也。君如彼何哉。彊爲善而已矣。初無望報之心也。苟爲善。後世子孫必有王者矣。乃爲太王避狄而言。易大傳曰。積善之家。必有餘慶。書曰。作善降之百祥。亦豈望報乎。○南軒張氏曰。所謂爲善。循天理而不爲已私也。爲善者初不期後世之有王。而必有王者。理則然也。開久大之基。爲其可繼者而已。而不必其成功也。若有期於成功之意。則欲速而見利。私意一生。無復可繼之實矣。○雲峯胡氏曰。集註兩章皆言不可僥倖。大凡僥倖者。不爲夫理之所當爲。而徒覬夫意外之得者也。前章是守義愛民。當盡其在我者。而不可僥倖其在人者。

此章是勉強爲善。當盡其在我者。而不可僥倖其在天者

○滕文公問曰。滕小國也。竭力以事大國。則不得免焉。如之何則可。孟子對曰。昔者大王居邠。狄人侵之。事之以皮幣。不得免焉。事之以犬馬。不得免焉。事之以珠玉。不得免焉。乃屬其耆老而告之曰。狄人之所欲者。吾土地也。吾聞之也。君子不以其所以養人者害人。二三子何患乎無君。我將去之。去邠。踰梁山。邑于岐山之下居焉。邠人曰。仁人也。不可失也。從之者如歸市。屬音燭

皮。謂虎豹麋鹿之皮也。幣。帛也。屬。會集也。土地本生物以養人。今爭地而殺人。是以其所以養人者害人也。邑。

作邑也。歸市。人衆而爭先也。南軒張氏曰。大王之言。忠厚不迫。其遷本以全民。不敢必民之歸而强之從也。曰二三子何患乎無君。此天地之心。真保民之主也。民心自不容釋乎大王。戴其仁有素矣。然大王之事。非德盛而達權。不足以與此。○東陽許氏曰。大王自邠遷岐。民從之如歸市。史所謂居三月成城郭。一年成邑。三年成都。而民五倍其初。蓋非獨邠民。近於岐周之民皆歸之也。當時西方地近戎狄。皆間隙之地。非封國之疆界。故大王得優游遷徙。若滕在中國。又介大國之間。無可遷之地。民雖或從之。亦無所往。孟子特舉大王之得民以警文公爾。故下文言效死。乃其正也。

或曰。世守也。非身之所能爲也。效死勿去。

又言或謂土地乃先人所受而世守之者。非已所能專。但當致死守之。不可舍上聲去。此國君死社稷之常法。傳去聲所謂國滅君死之。正也。正謂此也。公羊傳。襄公六年十有二月。齊侯滅萊。邑爲不言萊君出奔。國滅君死之。正也。不書殺萊君者。舉滅國爲重。

君請擇於斯二者

能如大王。則避之。不能則謹守常法。蓋遷國以圖存者。權也。守正而俟死者。義也。記禮運。故國有患。君死社稷。謂之義。大夫死宗廟。謂之變。

○問集註義字當改作經字。朱子曰。思之誠是。蓋義便近權。或可如此。或可如彼。皆義也。經則一定而不易。既對權字。須著用經字。

審己量力擇而處上聲之可也慶源輔氏曰。遷國以圖存者。太王是也。守正而俟死者。國君死社稷是也。在文公。唯有此二法。故併舉以告之。然權非大賢以上。不能爲。經則人皆當勉也。故使文公審己量力。擇而取其一焉。夫太王之事。非文公所能爲。然則孟子之意。固欲文公勉守其常法耳

○楊氏曰。孟子之於文公。始告之以效死而已。禮之正也。至其甚恐。則以大王之事告之。非得已也。然無

大王之德而去。則民或不從而遂至於亡。則又不若效死之爲愈。故又請擇於斯二者。又曰。孟子所論自世俗觀之。則可謂無謀矣。然理之可爲者。不過如此。舍上聲此。則必爲儀秦張儀蘇秦之爲矣。凡事求可。功求成。取必於智謀之末而不循天理之正者。非聖賢之道也。問孟子對滕文公二段。皆是無可奈何。只得勉之爲善之辭。想見滕國至弱。都主張不起。故如此。朱子曰。滕是必亡無可疑者。况王政不是一日行得底事。他又界在齊楚之間。二國視之。如太山之壓雞卵耳。若教他粗成次第。此二國亦必不見容也。若湯文之興。皆在空閒之地。無人來覷他。故日漸盛大。若滕。則實是難保也

○魯平公將出。嬖人臧倉者請曰。他日君出。則必命有司所之。今乘輿已駕矣。有司未知所之。敢請。公曰。將見孟子。

曰何哉君所爲輕身以先於匹夫者以爲賢乎禮義由賢者出而孟子之後喪踰前喪君無見焉公曰諾乘去聲

乘輿君車也駕駕馬也孟子前喪父後喪母踰過也言其厚母薄父也諾應辭也新安陳氏曰平公將見孟子必得之於樂克所以沮於臧倉後克入見審問不見之故

樂正子入見曰君奚爲不見孟軻也曰或告寡人曰孟子之後喪踰前喪是以不往見也曰何哉君所謂踰者前以士後以大夫前以三鼎而後以五鼎與曰否謂棺槨衣衾之美也曰非所謂踰也貧富不同也入見之見音現與平聲

樂正子孟子弟子也雙峯饒氏曰樂正是樂官之長恐其先世嘗作樂官來子孫遂以爲

姓。樂正裘。亦是一人。以此見樂正是姓。如司馬。亦是因官以爲姓仕於魯。三鼎士祭禮。五鼎大夫祭禮雙峯饒氏曰。五鼎。是大夫之禮。羊豕魚腊膚。三鼎。是士之禮。特豕魚腊

樂正子見孟子曰。克告於君。君爲來見也。嬖人有臧倉者沮君。君是以不果來也。曰。行或使之。止或尼之。行止非人所能也。吾之不遇魯侯。天也。臧氏之子焉能使予不遇哉。爲去聲沮慈呂反尼女乙反焉於虔反

克。樂正子名。沮尼皆止之之意也。言人之行。必有人使之者。其止。必有人尼之者。然其所以行。所以止。則固有天命。而非此人所能使。亦非此人所能尼也。然則我之不遇。豈臧倉之所能爲哉。○此章言聖賢之出處上聲關

時運之盛衰乃天命之所爲非人力之可及龜山楊氏曰孟子之遇不遇治亂興衰之所繫夫實爲之非人所能也夫何以怨尤之有○范氏曰在孟子可以言天在魯侯不可以言天賢者在己者有義在天者有命脩其在己而聽其在天至於人君則當尊用賢德奉行天命不當諉之天也○慶源輔氏曰章旨之說深得聖賢出處之道樂正子亦未免以世俗之心窺孟子故孟子以此發之○雙峯饒氏曰孔子有兩說道之將行也與命也道之將廢也與命也與孟子此章一同皆取必於天天之將喪斯文也後死者不得與於斯文也天之未喪斯文也匡人其如予何這是取必於己言天既欲喪斯文必不使我得與於斯文天既使我得與於斯文則是天必不喪斯文一說是我之命係乎天是以天爲主一說是天命係乎我是以我爲主二者相爲賓主那箇是聖人之言這箇是賢人之言孔子告子服景伯是與常人說話又低得一等

孟子集註大全卷之二

孟子集註大全卷之三

公孫丑章句上

凡九章

公孫丑問曰。夫子當路於齊。管仲晏子之功。可復許乎復扶又反

公孫丑。孟子弟子。齊人也。當路。居要地也。管仲。齊大夫。名夷吾。相去聲桓公。霸諸侯。許。猶期也。孟子未嘗得政。丑蓋設辭以問也慶源輔氏曰。此必丑初見孟子時事。觀其語意。恐孟子不敢以管晏自許。是全未知孟子也。○西山眞氏曰。齊宣既慕桓文。丑復慕管晏。蓋霸者功利之說。深入人心已久。故不惟時君慕之、而學者亦慕之也

孟子曰子誠齊人也知管仲晏子而已矣

齊人但知其國有二子而已不復扶又反知有聖賢之事

慶源輔氏曰世衰道微聖學不明人不知有學問則亦不復知有聖賢之事業雖有英才美質不覺溺於時俗之見聞而已此齊人之所以但知其國之有二子也

或問乎曾西曰吾子與子路孰賢曾西蹵然曰吾先子之所畏也曰然則吾子與管仲孰賢曾西艴然不悅曰爾何曾比予於管仲管仲得君如彼其專也行乎國政如彼其久也功烈如彼其卑也爾何曾比予於是蹵子六反艴音拂又音勃曾並音增

孟子引曾西與或人問答如此曾西曾子之孫蹵然不安

貌。先子曾子也。艴。怒色也。曾之言則也。烈。猶光也。桓公獨任管仲四十餘年。是專且久也。管仲不知王道而行霸術。故言功烈之卑也。楊氏曰。孔子言子路之才曰千乘之國。可使治其賦也。使其見形甸反於施爲如是而已。其於九合諸侯。一正天下。固有所不逮也。然則曾西推尊子路如此。而羞比管仲者何哉。譬之御者。子路則範我馳驅而不獲者也。管仲之功。詭遇而獲禽耳。曾西。仲尼之徒也。故不道管仲之事。問聖人分明是大管仲之功。而孟子硬以爲卑。如何。朱子曰。孟子是不肯做他底。是見他做得那規模來低。

○慶源輔氏曰。楊氏斷置得極分明。子路之才視管仲誠爲不及。然子路之所學。則聖人之道。其於管仲之事。蓋有所不屑爲者。或曰。楊氏本說但云子路譬之御者。

則範我馳驅者。若管仲蓋詭遇耳。此則是以御而譬其所爲。未說到功效上。今集註增益之曰。子路則範我馳驅而不獲者也。管仲之功詭遇而獲禽耳。則是并與功都說了。然按孟子範我馳驅是一人。不獲又是一人。詭遇是一人。獲禽又是一人。今若作一人看。則似以子路爲御之善。而射未善。然射御又非一人所能兼者。恐不若只從其本說之爲得也。曰。非是之謂也。集註之意。蓋謂子路是範我馳驅而不遇王者。故不獲。管仲則詭遇以逢桓公之爲。故得禽多耳○雙峯饒氏曰。使王良得善射者而御之。則範我馳驅。正所以獲禽。即詩所謂不失其馳。舍矢如破。儻以孔孟之道而遇明主。則治國平天下皆餘事耳

曰。管仲曾西之所不爲也。而子爲我願之乎子爲之爲去聲

曰孟子言也。願。望也

曰。管仲以其君霸。晏子以其君顯。管仲晏子猶不足爲與與平聲

顯，顯名也。

曰：以齊王，由反手也。王，去聲。由，猶通。

反手，言易去聲也。

曰：若是，則弟子之惑滋甚。且以文王之德，百年而後崩，猶未洽於天下。武王、周公繼之，然後大行。今言王若易然，則文王不足法與？易，去聲，下同。與，平聲。

滋，益也。文王九十七而崩，言百年，舉成數也。禮記文王世子：文王九十七而終。文王三分天下，才有其二；武王克商，乃有天下。周公相去聲成王，制禮作樂，然後敎化大行。東陽許氏曰：武王、周公繼之，然後大行，此言周公制禮作樂之後，雖殷之頑民，莫不率化趨善之時也。

曰文王何可當也由湯至於武丁賢聖之君六七作天下歸殷久矣久則難變也武丁朝諸侯有天下猶運之掌也紂之去武丁未久也其故家遺俗流風善政猶有存者又有微子微仲王子比干箕子膠鬲皆賢人也相與輔相之故久而後失之也尺地莫非其有也一民莫非其臣也然而文王猶方百里起是以難也朝音潮鬲音隔又音歷輔相之相去聲猶方之猶與由通

當猶敵也商自成湯至于武丁中間太甲太戊祖乙盤庚皆賢聖之君作起也自武丁至紂凡七世故家舊臣之家也雙峯饒氏曰故家舊臣遺俗舊民是說在下底流風之化善政之事是說在上底

齊人有言曰。雖有知慧。不如乘勢。雖有鎡基。不如待時。今時則易然也 知音智 鎡音茲

鎡基田器也。時謂耕種之時

夏后殷周之盛。地未有過千里者也。而齊有其地矣。雞鳴狗吠相聞。而達乎四境。而齊有其民矣。地不改辟矣。民不改聚矣。行仁政而王。莫之能禦也 辟與闢同

此言其勢之易去聲也。三代盛時。王畿音祈不過千里。今齊已有之。異於文王之百里。又雞犬之聲相聞。自國都以至于四境。言居民稠密也 雙峯饒氏曰。勢是指事力而言。有地則有財。有民則有兵。地廣則財富。民衆則兵强。既富且强。所以舉事易。文王百里。地狹民少。所以難

且王者之不作，未有疏於此時者也。民之憔悴於虐政，未有甚於此時者也。飢者易爲食，渴者易爲飲。

此言其時之易也。自文武至此七百餘年，異於商之賢聖繼作。民苦虐政之甚，異於紂之猶有善政。易爲飲食，言飢渴之甚，不待甘美也。

孔子曰：「德之流行，速於置郵而傳命。」郵音尤

置，驛也。郵，馹也。音日 新安陳氏曰：如漢五里一置。左傳楚子乘馹會師。○東陽許氏曰：字書馬遞曰置，步遞曰郵。漢西域傳因騎置以聞，師古曰：即今驛馬也。黃霸傳郵亭，師古曰：書舍，謂傳送文書所止處，如今驛館。所以傳命也。孟子引孔子之言如此。雙峯饒氏曰：德之流行，即是應前面文王之德底德字。蓋德是本，全靠時勢不得。有智慧而後可以乘勢，有鎡基而後可以待時，若無德，

雖有時勢。何以行之

當今之時。萬乘之國行仁政。民之悅之。猶解倒懸也。故事半古之人。功必倍之。惟此時爲然乘去聲

倒懸。諭困苦也。所施之事半於古人。而功倍於古人。由時勢易而德行速也

問孟子旣畢管仲。使孟子當管仲之時。則如之何。雙峯饒氏曰。亦只是合諸侯以尊周室。但孟子則眞能使王室尊安。而諸侯各循王度。管仲不過假尊周之名。以蓋其摟諸侯之實。其所爲實文武之罪人也。王霸之分。只在誠僞。孔子作春秋。亦不過欲諸侯尊周室循周制而已○新安陳氏曰。丑並論管晏。孟子只及管仲而不及晏。蓋晏之事功又在管之下。不必言也。晏事景公。政在陳氏。晏未嘗當齊政也。晏才不及管。而其人稍正於管。其人無可譏。其事無可言。此孟子所以置晏不言而專及管歟

○公孫丑問曰。夫子加齊之卿相。得行道焉。雖由此霸王

不異矣。如此。則動心否乎。孟子曰。否。我四十不動心相去聲

此承上章。又設問孟子。若得位而行道。則雖由此而成霸王之業。亦不足怪。任大責重如此。亦有所恐懼疑惑而動其心乎雙峯饒氏曰。集註恐懼疑惑四字。雖是說心之所以動。然恐懼字。是爲下文養氣張本。疑惑字。是爲下文知言張本。要之不疑惑。然後能不恐懼。故集註論心之動。則以恐懼居先。論心之所以不動。則又以無所疑惑居先四十彊仕。君子道明德立之時。孔子四十而不惑。亦不動心之謂朱子曰。盡心知性。無所疑惑。動皆合義。無所畏怯。雖當盛位行大道。亦沛然行其所無事而已。何心動之有。易所謂不疑其所行者蓋如此。而孔子之不惑。亦其事也。公孫丑非謂孟子以卿相富貴動其心。謂霸王事大。恐孟子擔當不過。有所疑懼而動其心耳。不知霸王當甚閑事。○雙峯饒氏曰。道明屬知言。德立屬養氣。○陵陽李氏曰。明則不疑。立則不懼。然未有不明而能立者。故知言養

氣雖二事並進。而其序必以知言爲先。孔子不惑則自不動矣○雲峯胡氏曰。孔子四十而不惑。在三十而立之後。德立而道明。誠而明者也。孟子所以四十不動心者。先知言而後養氣。道明而後德立。明而誠者也○東陽許氏曰。疑懼即是動心處。集註却言有所恐懼疑惑而動其心。似疑懼又在動心之外者。蓋心本虛靈靜一。能明天下之理者此也。足以應天下之事亦此也。今理有所不能明而疑。事有所不能應而懼。然則疑懼乃動心之目。心因疑懼而動。而疑懼非心之所動也

曰。若是。則夫子過孟賁遠矣。曰。是不難。告子先我不動心賁音奔

孟賁勇士賁。齊人。能生拔牛角。秦武好多力士。賁往歸之告子。名不害。孟賁血氣之勇。丑蓋借之以贊孟子不動心之難。孟子言告子未爲知道。乃能先我不動心。則此未足爲難也朱子曰。孟子是

義精理明。天下之物不足以動其心。告子之不動心。是硬把定是。麄法强制而能不動。非若孟子酬酢萬變而不動也○南軒張氏曰。孟子以集義爲本。告子則以義爲外。故在孟子則心體周流。人欲不萌。而物各止其所者也。在告子則心制其欲。專固凝滯而能不動者也○慶源輔氏曰。告子外義未爲知道。然未四十時已能不動心。其不動心又先於孟子。以此觀之。則不動心未足爲難可知也○新安陳氏曰。告子强制其心而能不動。孟子有定見。有定力。而自然心不動。此處孟子亦姑借告子以淺説耳

曰。不動心有道乎。曰。有

程子曰。心有主。則能不動矣新安陳氏曰。有主二字包得闊。下文黝舍曾孟皆是有主。但有精粗之分

北宫黝之養勇也。不膚撓。不目逃。思以一毫挫於人。若撻之於市朝。不受於褐寬博。亦不受於萬乘之君。視刺萬乘

之君。若刺褐夫。無嚴諸侯。惡聲至。必反之。黜伊糾反。撓奴效反。朝音潮。乘去聲。

北宮。姓。黜。名。膚撓。肌膚被刺而撓屈也。目逃。目被刺而轉睛逃避也。挫。猶辱也。褐。毛布以毳織布寬博。寬大之衣。賤者之服也。不受者。不受其挫也。刺。殺也。嚴。畏憚也。言無可畏憚之諸侯也。黜。蓋刺客之流。以必勝爲主而不動心者也慶源輔氏曰。集註云。黜蓋刺客之流。以其言所謂視刺萬乘之君。若刺褐夫而知之也。以必勝爲主。亦以其言而知之。惟其心以必勝人爲主。故無有尊貴。視之一如匹夫。不受其挫。必反報之。○雙峯饒氏曰。惡聲必反。不專謂諸侯。於褐寬博萬乘皆然。○東陽許氏曰。一毫挫於人。謂所辱者至小也。不受者。必報之也。不惟必報於賤者。雖貴者亦必報之。惡聲至必反之。謂不惟辱來必報。雖言小不善亦必報也

孟施舍之所養勇也曰視不勝猶勝也量敵而後進慮勝而後會是畏三軍者也舍豈能爲必勝哉能無懼而已矣

舍去聲下同

孟姓施發語聲舍名也會合戰也舍自言其戰雖不勝亦無所懼若量敵慮勝而後進戰則是無勇而畏三軍矣舍蓋力戰之士以無懼爲主而不動心者也朱子曰量力慮勝是畏三軍者此舍譏別人舍自云我則能無懼而已問施發語聲曰此古註說後面只稱舍可見問有何例可按曰如孟之反舟之僑尹公之他之類○慶源輔氏曰註云舍蓋力戰之士亦以其言而知之也惟其心以無懼爲主故不問其徒之衆寡我之勝否遇敵則戰也○新安陳氏曰黝舍皆以心有主而能不動一則主於必勝一則主於無懼蓋是麄猛之不動心孟子此處且敷演粗說○東陽許氏曰黝舍不動心本又在告子之

下。公孫丑又以孟賁比孟子。故孟子亦以勇士之類言之

孟施舍似曾子。北宮黝似子夏。夫二子之勇。未知其孰賢。然而孟施舍守約也夫音扶

黝務敵人。舍專守己慶源輔氏曰。黝務敵人。謂專以必勝於人爲主也。舍專守己。謂專以我無所懼爲主也子夏篤信聖人。曾子反求諸己問子夏篤信聖人。朱子曰。這箇雖無事實。但看他言語。如曰知其所亡。月無忘其所能。博學而篤志。切問而近思。看他此處。孟子又把北宮黝來比。便見他篤信聖人處。○雙峯饒氏曰。曾子反求諸己。便是聖人與他說話。他也未敢便以爲然。必要求諸己以審其理而後信。子夏篤信聖人。則以聖人之言爲必可信。不問說得是與未是便信了故二子之與曾子子夏。雖非等倫。然論其氣象則各有所似。賢。猶勝也。約。要也。言論二子之勇。則未知誰勝。論其所

守。則舍比於黝。爲得其要也。問如何是孟施舍守約處。朱子曰。北宮黝便勝人。孟施舍却只是能無懼而已矣。如曰視不勝猶勝也。此是孟施舍自言其勇如此。孟子言此二子之勇未知其孰勝。但孟施舍所守得其要也。蓋不論其勇之孰勝。但論其守之孰約。且二子之似曾子子夏。直以其守氣養勇之分量淺深爲有所似耳。豈以其德哉○雙峯饒氏曰。孟施舍取必於己。其氣象似曾子之反求諸己。北宮黝取必於人。其氣象似子夏之篤信聖人。此是論二子之勇有所似。非論其是非等級也。然將二子所守來比量。則孟施舍守其在我者爲得其所守之要耳○凡言守約。不是守這約。約。要也。言所守者得其要也。守得其約則守字活。言守定這約則守字死了

昔者曾子謂子襄曰。子好勇乎。吾嘗聞大勇於夫子矣。自反而不縮。雖褐寬博。吾不惴焉。自反而縮。雖千萬人。吾往矣好去聲惴之瑞反

此言曾子之勇也。子襄曾子弟子也。夫子孔子也。縮直也。檀弓曰。古者冠縮縫。今也衡縫。又曰。棺束縮二衡三衡與橫同。引二說證縮爲直。惴恐懼之也。往往而敵之也。朱子曰。儀禮禮記多有縮字。每與衡字作對。下文直養之說。蓋本於此。乃一章大指所繫。不可失也。○自反縮與不縮。所以不動。只在方寸之間。若仰不愧。俯不怍。看如何大利害。皆不足以易之。若有一毫不直。則此心便索然。黝舍是不畏死而不動心。告子是不認義理而不動心。曾子是自反而縮而不動心。○雙峯饒氏曰。縮不縮指理言。不惴吾往指氣言。理者氣之主。理直則氣壯。理曲則氣餒。吾之理不直。雖一夫之賤。亦爲之屈。吾之理直。雖千萬人之衆在所必伸。孟子因丑有過孟賁之語。所以先說黝舍然後說歸曾子來。○魯齋王氏曰。朱子云。孟子養氣之論。孔子已道了。曰內省不疚。夫何憂何懼。愚謂與此正相表裏。自反則內省也。直則不疚矣。雖千萬人吾往。不憂不懼也。○新安陳氏曰。此曾子之大勇。以義理之直爲主而不動心者也。孟子之論。至此始精細。下文至大至

剛以直養而無害之說蓋
自此自反而縮發之也

孟施舍之守氣又不如曾子之守約也

言孟施舍雖似曾子然其所守乃一身之氣又不如曾子之反身循理所守尤得其要也孟子之不動心其原蓋出於此下文詳之朱子曰孟子說曾子謂子襄一段已自盡了只爲公孫丑問得無了期故後面有許多說話此一段爲被他轉換問所以答得亦周匝然就前段看語脈氣象雖無後截亦自可見前一截已自具得後面許多意思○守約只是所守之約言比宮黝之守氣不似孟施舍守氣之約孟施舍守之守氣又不如曾子所守之約也孟施舍就氣上做工夫曾子就理上做工夫○慶源輔氏曰論舍之氣象雖大略有似於曾子然舍之所守不過是一身之血氣固未嘗反之於心以自顧其直與不直也其視曾子之自反以縮不縮爲勇怯則其所守之要非舍之所能知所可比也反身謂自反循理謂直○雙峯饒氏曰或問孟

子之不動心。如何原於曾子。曰。浩然之氣。便是大勇。以直養。便是自反而縮。行有不慊於心則餒。便是自反而不縮。

曰。敢問夫子之不動心。與告子之不動心。可得聞與。告子曰。不得於言。勿求於心。不得於心。勿求於氣。不得於心。勿求於氣。可。不得於言。勿求於心。不可。夫志。氣之帥也。氣。體之充也。夫志至焉。氣次焉。故曰持其志。無暴其氣。聞與之與平聲夫志之夫音扶

此一節公孫丑之問。孟子誦告子之言。又斷丁亂反下同以己意而告之也。告子謂於言有所不達則當舍上聲置其言而不必反求其理於心。於心有所不安則當力制其

心而不必更求其助於氣。此所以固守其心而不動之
速也。速謂年未四十○朱子曰告子之意以爲言語之
失當直求之於言而不足以動吾之心念慮之失
當直求之於心而不必更求之於氣。蓋其天資剛勁有
過人者力能堅忍固執以守其一偏之見所以學雖不
正而能先孟子不動心也。觀其論性數章理屈詞窮則
屢變其說以取勝終不能從容反覆審思明辨因其所
言之失而反之於心以求至當之歸。此其不得於言而
不求諸心之驗也○告子只去守箇心得定都不管外
面是亦得不是亦得。孟子之意謂是心
有所失則見於言。如肝病見於目相似
孟子既誦其言
而斷之曰。彼謂不得於心而勿求諸氣者急於本而緩
其末猶之可也。慶源輔氏曰。不得於心勿求於氣可氣
固有時而能動其心。然心之不正則未
必皆氣使之。大抵心是本氣是末。故程子亦曰人必有
仁義之心然後有仁義之氣。粹然達於外此不得於心
勿求諸氣。所以爲急於本而緩
其末猶之可也。猶言尚爲可也
謂不得於言而不求諸

心則既失於外而遂遺其內其不可也必矣朱子曰以下文觀之氣亦能反動其心則勿求於氣之說亦未爲盡善但心動氣之時多氣動心之時少故孟子取其彼善於此而已至於言則雖發於口而實出於心內有蔽陷離窮之病則外有詖淫邪遁之失不得於言而每求諸心則其察理日益精矣孟子所以知言養氣以爲不動心之本者用此道也而告子反之是徒見言之發於外而不知其出於中不知言便不知義所以外義也其害理深矣故斷然以爲不可於此可見告子之不動心所以異於孟子而亦豈能終不動哉然凡曰可者亦僅可而有所未盡之辭耳若論其極則志固心之所之而爲氣之將去聲帥然氣亦人之所以充滿於身而爲志之卒徒者也慶源輔氏曰心有知而氣無知雖云氣一則能動志然大抵是氣隨心動故以志爲氣之將帥氣從志所使猶卒徒之聽命於將帥也不言心而言志者志者心之動而有所之處也但志則就其動處言故尤切耳下文又言是氣也而反動其心亦

可見矣。心無形而氣有質。雖云心爲本氣爲末。然人之所以充滿其身而不至餒之者。實賴氣爲志之卒徒也。志而無氣則志無所使。亦由將帥而無卒徒。則亦虛名而已。○新安陳氏曰。呂與叔克己銘云。志以爲帥氣爲卒徒。此蓋就帥字上生出卒徒字

故志固爲至極而氣即次之。人固當敬守其志。然亦不可不致養其氣。蓋其內外本末。交相培養。此則孟子之心。所以未嘗必其不動而自然不動之大略也。潛室陳氏曰。集註謂致養其氣即無暴。氣以發得暴失養故也。必言致者見養氣之難須以集義爲本。又無正忘助長之弊。方爲能致養也。○雲峯胡氏曰。集註於持志謂守其志可也。必曰敬守其志。添入一敬字最有意。蓋孟子養氣之功在集義而所以集義者在敬。敬義夾持方爲成德之事。或疑兩言字不同。告子不得於言。己之言也。孟子知言。天下之言也。愚嘗應之曰。理一而已。告子於己之言且不能反求其理。如何能於天下之言而求其理。孟子於天下之言。能究極其理。則於己之言可知也。○新安陳氏曰。下文知言養

氣。其根已安於此。告子不得於言。即不求其理於心。是不知言也。不得於心。即不求助於氣。是不養氣也。孟子告子其不動心之名雖同。而其所以不動心之本。則相反而全不同者在此

既曰志至焉氣次焉。又曰持其志。無暴其氣者何也。曰志壹則動氣。氣壹則動志也。今夫蹶者趨者是氣也。而反動其心。夫音扶

公孫丑見孟子言志至而氣次。故問如此則專持其志可矣。又言無暴其氣何也。壹專一也。蹶姑衛反又音厥顛躓音至也。趨走也。孟子言志之所向專一。則氣固從之。然氣之所在專一。則志亦反爲之動慶源輔氏曰。志者心之所之。故可言向。氣則做出來底便是。不可以向言。只得下在字。下文云氣專在是。而在字相照應。察理精矣如人顛躓趨走

則氣專在是而反動其心焉所以既持其志而又必無暴其氣也。程子曰。志動氣者什九。氣動志者什一程子曰。告子不得於言。勿求於心。蓋不知義在內也。志帥氣也。持定其志。無暴亂其氣。兩事也。志專一。則動氣。氣專一。則動志。然志動氣爲多。且若志專在淫辟。豈不動氣。氣專在喜怒。豈不動志。故蹶者趨者反動其心 ○朱子曰。爲告子將氣說得太低了。故說志最緊要。氣亦不可緩。故曰志至氣次。持其志無暴其氣。是兩邊做工夫。志卽是心之所向。而今欲做一件事。這便是志。持其志。便是養心。不是持志外。別有箇養心。如喜怒。若當喜也須喜。當怒也須怒。這便是持志。若喜得過分一向喜。怒得過分一向怒。則氣便暴了。志却反爲所動。蹶趨是氣也。他心本不曾動。只忽然喫一跌。氣打一暴。則其心便動了 ○問蹶趨反動其心。若是志養得堅定。莫須蹶趨亦不能動得否。曰。人之奔走。如何心不動。曰。蹶趨多遇於卒然不虞之際。所以易得動心。曰。是 ○問在車聞鑾和。行鳴佩玉。皆所以無暴其氣。今既無此。不知如何而爲無暴。曰。凡人多動作。多語笑。做力所不及底事。且如只行得五十里。却硬要行百里。皆是暴其氣。學者須事事節約莫教過當。此便是養氣之道。志動氣。是源頭濁者。故下流亦濁也。氣動志者。却是下流壅而不泄。反濁了上面也。○問程氏遺書云。志一動則動氣。氣一動則動志。外書云。志專一則動氣。氣專一則動志。二說孰是。曰。此必一日之語。學者同聽之。而所記各有淺深。類多如此。志一動則動氣。氣一動則動志。此言未說動氣動志。而先言志動氣動。又添一動字了。固不若後一說所記得其本旨。蓋曰志專一固可動氣。而氣專一亦可以動其志也。○問持志養氣之爲交養何也。曰。持志所以直其內。無暴所以防於外。兩者各致其功而無所偏廢。則志正而氣自完。氣完而志益正。其於存養之功。且將無一息之不存矣。○問養氣次第功夫。內外是交盡。不可靠自已自守其志。便謂無事。氣纔不得其平。志亦不得其安。故孟子以蹶趨形容之。告子所謂不得於心。勿求於氣。是未爲全論。程子所以言氣動志者什一。正謂是爾。曰然。兩者相夾著。方始德不孤。○雙峯饒氏曰。志。帥也。氣。卒徒也。如周亞夫軍中夜驚。亞夫堅卧不起。不起固是帥之定處。然設或被他驚不已。自家如何睡得安。於此見持其志。又不可不養其氣。○君子所以足容重。手容恭。聲容靜。氣容肅。行中鸞和。步中采齊。皆是要無暴其氣○新安陳氏曰。前言心與氣。忽又變心言志者。蓋心以全體言。志以心之動而有所向處言。欲致持之之功。則就其動而有所向處用力。若心則不可言持矣。故志字尤切。後云氣壹即動志。即以是氣也而反動其心證之可見。動其心。即是動志矣。程子什九什一之說。蓋言志動氣之時多。十中常有九。所以志爲至。氣動志之時少。十中亦有一。所以氣亦次焉也

敢問夫子惡乎長。曰。我知言。我善養吾浩然之氣惡平聲

公孫丑復扶又反問孟子之不動心。所以異於告子如此者。有何所長而能然。而孟子又詳告之以其故也。知言者。盡心知性。於凡天下之言。無不有以究極其理。而識其是非得失之所以然也朱子曰。知言便是窮理。不先窮理。見得是非。如何養得氣。須是道義一一審處得是。其氣方充大○孟子論浩然之氣一段。緊要全在知言上。所以大學許多工夫。全在

格物致知。格物則能知言。誠意則能養氣。○知言養氣。雖是兩事。其實相關。正如致知格物正心誠意之類。若知言。便見得是非邪正。義理昭然。此浩然之氣自生。○知是知得此理。告子便不理會。故以義爲外。○雲峯胡氏曰。論語亦曰不知言無以知人。但論語爲初學而言。故集註但曰言之得失。可以知人之邪正。孟子則自言也。故集註釋之。比論語尤詳且重。論語之知言。爲知人之端。入德之事。孟子之知言。爲養氣之本。成德之事

浩然。盛大流行之貌。氣。即所謂體之充者。本自浩然。失養故餒。惟孟子爲善養之。以復其初也。朱子曰。浩然之氣。乃指其本來體段而言。○酬酢應接。舉皆合義。則俯仰並無愧怍。故其氣自然盛大流行。○慶源輔氏曰。盛大言其體。流行言其用。才怯小。則便非氣之本體。才鬱塞。則便非氣之本用。氣即天地之氣。而人之所以充滿其身者。其本然之體用。自是浩然。由失其養。故餒乏而不充乎體。○雙峯饒氏曰。孟子之言善養氣。是以成德言。非是說做工夫。下文必有事焉而勿正以下。却是說養氣做工夫處○雲峯胡氏曰。集註章句言復其初者凡三。論語謂人

之性。其初本善。學者當明善以復其初。大學謂人之心。其初本自充明。學者當明之以復其初。此言人之氣。其初本自盛大流行。惟孟子能善養之以復其初。然非學以復此心此性之初者。未必能復此氣之初也。故孟子養氣先之以知言

蓋惟知言。則有以明夫音扶下同道義而於天下之事無所疑。養氣。則有以配夫道義。而於天下之事無所懼。此其所以當大任而不動心也

慶源輔氏曰。集註疑懼二字。以應此章第一節註文疑惑恐懼四字也。道。體也。義。用也。言道義以該體用也。知言。則於道義究極無餘。一事來。則以一理應之。夫復何疑之有。養氣。則於道義襯貼得起。勇猛果決而不留行。夫復何懼之有○雙峯饒氏曰。浩然之氣。即達德中之勇。不動心。即是勇者不懼。添一箇知言。即是智者不惑○雲峯胡氏曰。章首公孫五問動心。集註以爲有所恐懼疑惑。先懼而後疑者。懼者心之動。疑者心之所由以動也。恐懼二字。於動字最切。而疑惑二字。已蘊知言之意。此則釋知言養氣二句。故先疑而後懼○東陽許氏曰。知言。則盡心知性。萬理洞然。何所

疑惑。養氣則動皆合義。遇事。即行。何有畏怯。二者旣全。何能動心。告子之學。與此正相

反其不動心。殆亦冥然無覺。悍然不顧而已爾。問知言養氣之

說。朱子曰。孟子之不動心。知言以開其前。故無所疑。養氣以培其後。故無所懾。如智勇之將。勝敗之形。得失之筭。判然於胷中。而熊虎貔貅百萬之衆。又皆望其旌麾。聽其金鼓。爲之赴湯蹈火。有死無二。是以千里轉戰。所向無前。其視告子之不動心。正猶勇夫悍卒。初無制勝料敵之謀。又無蚍蜉蟻子之援。徒恃其勇而挺身以赴敵也。其不爲人所擒者。特幸而已。告子之學。他雖無所考證。然以孟子此章之言。反覆求之。亦曉然可見矣。先引告子之言以張本於前。後言已之所長。以著明於後。今以其同者而比之。則告子所不得之言。即孟子所知之言。告子所勿求之氣。即孟子所養之氣也。以其異者而反之。則告子之所以失。即孟子之所以得。孟子之所以得。即告子之所以失也。是其彼此之相形。前後之相應。固有不待安排而不可移易者。○慶源輔氏曰。孟子能知人言之是非。告子乃自以其言爲外而不復考。孟子善養其氣。而告子乃以氣爲末而不知求。此所謂正

相反也。其不動心者，不過是硬把定其心。冥冥然都無知覺，於一切事皆漠然與之扞格，而不顧耳。亦豈能終不動哉。然其所以能不動者，亦幸而已。○新安陳氏曰：冥然無覺，則不能無疑；悍然不顧，非眞能無懼也。

敢問何謂浩然之氣。曰：難言也。

孟子先言知言，而丑先問養氣者，承上文方論志氣而言也。難言者，蓋其心所獨得而無形聲之驗，有未易（去聲）**以言語形容者。故程子曰：觀此一言，則孟子之實有是氣可知矣。**

問浩然之氣與血氣如何。朱子曰：只是一氣。義理附于其中，則爲浩然之氣；不由義理而發，則只爲血氣。然人所禀氣亦自不同，有禀得盛者，則爲人强壯，隨分亦有立作，使之做事，亦隨分做得出。若禀得衰者，則委靡巽懦，都不解有所立作。唯是養成浩然之氣，則却與天地爲一，更無限量。○孟子先說知言，後說養氣，而公孫丑先問氣者，向來只爲他承上文先論志氣而言也。今看來不然，乃是公孫丑會問處。留得

知言在後面問者。蓋知言是末後合尖上事。如大學說正心誠意。只合殺在致知在格物一句。蓋是用功夫起頭處

其爲氣也。至大至剛。以直養而無害。則塞于天地之間。

至大。初無限量。量去聲至剛。不可屈撓。撓女巧女教二反蓋天地之正氣而人得以生者。其體段本如是也。慶源輔氏曰。初無限量。便是盛大。不可屈撓。便是流行。即所謂浩然之氣也。不言用者。舉體則足以該之矣。**惟其自反而縮。**新安陳氏曰。照應本章上文釋之以直之直字。即是上文縮字意。**則得其所養。而又無所作爲以害之。則其本體不虧而充塞無間**間去聲**矣。**新安陳氏曰。充塞彌滿乎天地之間。而無有間斷之者矣。○程子曰。浩然之氣難識。須要識得當行不歉於心之時。自然有此氣象。○問伊川於至大至剛以直點句。先生却於剛字點句。朱子曰。若於直字點句。則養字全無骨力。○至大

至剛。氣之本體。以直養而無害。是用功處。塞于天地之間。乃是效也○問他書不說養氣。只孟子言之。何故。曰。這源流便在那箇心廣體胖。內省不疚。夫何憂何懼處來。大抵只是一氣。又不是別將箇甚底去養他。但集義便是養氣。知言便是知得這義。人能仰不愧。俯不怍時。看這氣自是浩然塞乎天地之間○纔說浩然便有剛果意思。如長江大河。浩浩然而來也。富貴貧賤威武不能淫移屈之類皆低。不可以語此。丑本意只是設問孟子能擔當得此樣大事否。故孟子所答只說許多剛勇。故說出浩然之氣。只就問答本文看之便見子細○魯齋王氏曰。此所謂其爲氣也。氣之體。下文所謂其爲氣也。氣之用

程子曰。天人一也。更不分別。必列反浩然之氣。乃吾氣也。養而無害。則塞乎天地。一爲私意所蔽。則欿音坎然而餒。知其小也。謝氏曰。浩然之氣。須於心得其正時識取。又曰。浩然。是無虧欠時

朱子曰。天地之氣。無處不到。無處不透。是他氣剛。雖金石也透過去。人便是稟得這箇氣無欠闕。所以程子曰

天人一也。更不分別。浩然之氣。乃吾氣也。○問浩然之氣。是稟得底否。曰。只是這箇氣。若不曾養得。剛底便粗暴。弱底便衰怯。○問孟子說浩然之氣。却不分稟賦清濁說。曰。此章孟子之意。不是說氣稟。只因說不動心滚說到這處。似今人說氣魄相似。有這氣魄便做得這事。無氣魄便做不得。○慶源輔氏曰。浩然之氣。本是天地之正氣。然天人一理。故孟子更不分別。直以爲已之氣也。養而無害。則全其本體而塞乎天地。若不務集義而所爲一有私意遮隔了。則便不流行。而欿然餒乏。不足以充乎身。而失其正大之體也。○雙峯饒氏曰。人得天地之氣以生。天地之氣如此剛大。人之氣亦合如此剛大。其所以不能如此者。不善養之故也。程子曰。人與天地一氣也。人特自小耳。且如文武一怒而安天下之民。也只是這氣做出來。他底却與天地一般樣至大至剛。只是善養故耳○雲峯胡氏曰。此氣是天地之正氣。心得其正。便是不失其所得於天地之正者○東陽許氏曰。此氣本得於天。故至大至剛。剛大。天之體段也。聖人生知安行。無非直道。不假乎養。衆人知不明。自害其剛大。故須直以養之。直即義也。塞天地。言其效也

其爲氣也。配義與道。無是。餒也。餒奴罪反

配者。合而有助之意　慶源輔氏曰。此意本於李先生曰。配是襯貼起來。朱子謂襯貼二字。說配字極親切。蓋道義是虛底物。本自孤單。得這氣襯貼起來便張大。無所不達。今人做事亦有合於道義者。若無此氣。則只是一箇衰颯底人。李先生又曰。氣與道義一滚出來。朱子謂一滚出來。說得道理好。孟子分明說配義與道。不是兩物相補貼。只是一滚發出來。故朱子用此意而就配字說出此句。蓋已極於精切矣○雙峯饒氏曰。合而有助。譬如妻之配夫。以此合彼而有助於彼者也。蓋理氣不相離。氣以理爲主。理以氣爲輔。大凡人不能爲善。爲是無那氣來襯貼。有那氣來襯貼起。做得定是有力○雲峯胡氏曰。所謂合。即延平所謂一滚出來之意。所謂助。即延平所謂襯貼起來之意也　義者。人心之裁制。道者。天理之自然。餒。饑乏而氣不充體也。言人能養成此氣。則其氣合乎道義而爲之助。使其行之勇決。無所疑憚。若無

此氣。則其一時所爲。雖未必不出於道義。然其體有所不充。則亦不免於疑懼而不足以有爲矣新安陳氏曰。疑憚疑懼四字仍應前註文疑惑恐懼字意。憚即恐懼也。○程子曰。浩然之氣。天地之正氣。大則無所不在。剛則無所屈。以直道順理養而無害。則塞乎天地之間。有少私意。即是氣虧。無不義。便是集義。有私意。便是餒。○率氣在志養氣在直。內有私意則餒。無不義則浩然。○朱子曰。道義別而言。則道是物我公共自然之理。義即吾心之能斷制者。所用以處此理者也。○道是舉體統而言。義是就此一事所處而言。如父當慈。子當孝。君當仁。臣當敬。此義也。所以孝慈。所以仁敬。則道也。故後面只說集義。○道義是公共無形影底物事。氣是自家身上底。自家若無這氣。則道義自道義。氣自氣。如何助得他。○兩箇其爲氣也。至大至剛。是說此氣之體段。配義與道。是說此氣可將如此用。是說氣之功用。○或問何以言氣之配義與道也。曰。道體也。義用也。二者皆理也。形而上者也。氣也者。器也。形而下者也。以本體言之。則有是理而後有是氣。而理之所以行。又因氣以爲質也。以人言之。則必明道集義。然後能生浩然之氣。而義與道。又因是氣而後得以行焉。蓋三者雖有上下體用之殊。然其渾合而無間也乃如此。苟不知所以養而有以害之。則理自理。氣自氣。其浩然而充者。且將爲慊然之餒矣。或略知道義之爲貴。而欲恃之而有爲。亦且散漫蕭索而不能以自振矣○雙峯饒氏曰。浩然之氣。全靠道義在裏面做骨子。無這道義。氣便軟弱。蓋緣有是理而後有是氣。理是氣之主。如天地二五之精氣。以有太極在裏面做主。所以他底常恁地浩然

是集義所生者。非義襲而取之也。行有不慊於心。則餒矣。我故曰。告子未嘗知義。以其外之也慊口簟反又口劫反

集義。猶言積善。蓋欲事事皆合於義也。襲。掩取也。如齊侯襲莒音舉之襲。春秋。襄公二十三年。秋。齊侯伐晉。冬。齊侯襲莒。註。輕行掩其不備曰襲。因伐晉還襲莒○輕遣政反言氣雖可以配乎道義。而其養之之始。乃由

事皆合義。自反常直。是以無所愧怍。而此氣自然發生於中。非由只行一事。偶合於義。便可掩襲於外而得之也。朱子曰。直。只是無私曲。集義。只是事事上皆直。仰不愧於天。俯不怍於人。便是浩然之氣。而今只將自家心體。驗到那無私曲處。自然有此氣象。○以直養。是自反而縮。集義。是以直養。然此工夫須積漸。集義自然生此浩然之氣。不是行一二件合義底事。能掩取浩然之氣也。集義是歲月積久之功。襲取是一朝一夕之事。從而掩取。終非已有也。○此上三句本是說氣。下兩句是字與非字對。襲字與生字對。其意蓋曰。此氣乃集義而自生於中。非行義而襲取之於外云爾。○生。字正與取字對。生。是自裏面生出。取。是自外面取來。○義襲。是於一事之義。勇而爲之。以壯吾氣。然無生底道理。只是些客氣耳。不久則消矣慊。快也。足也。言所行一有不合於義。而自反不直。則不足於心。而其體有所不充矣。然則義豈在外哉。朱子曰。孟子許多論氣只在集義所生一句上。

只是件件合宜。無一事不求箇是。自然積得多。則胷中仰不愧。俯不怍。纔有些子不合道理。心下便不足○新安陳氏曰。集義。則浩然之氣生。行有不合義而心不慊。則此氣餒。可見義在內。非由外矣

告子不知此理。乃曰仁內義外而不復扶又反以義爲事。則必不能集義以生浩然之氣矣。上文不得於言勿求於心。即外義之意。詳見形甸反告子上篇

問配義與道。是氣助道義而行。又曰集義所生。是氣又自集義而生。朱子曰。初下工夫時。集義然後生浩然之氣。氣已養成。又却助他道義而行○告子之病。蓋不知心之慊處。即是義之所安。其不慊處。即是不合於義。故直以義爲外而不求○告子直是將義屛除去。只就心上理會。因舉陸子靜云。讀書講求義理。正是告子義外工夫。某曰不然。如子靜不讀書。不求義理。只靜坐澄心。却是告子外義○雙峯饒氏曰。先說氣配義與道。後說集義而不及道者。蓋道是體。義是用。浩然之氣。有體有用。其體配道。其用配義。故曰配義與道。其體用一也。言用則體在其中。體上無做工夫處。故只說集義○二

餒字之分無是餒也是無氣則道義餒行有不慊則餒是無道義則氣餒所指不同蓋二者相資論其用則道義非氣無以行論其體則氣非道義無以生○新安陳氏曰二是字亦不同無是餒也此是字指浩然之氣言此是集義所生此是字正與下句非字相呼喚猶言是如此非如彼耳○雲峯胡氏曰集義即是以直養義襲而取之即是有所作爲以害之集註訓慊字與大學音義同自慊則心廣體胖不慊則餒餒字正與廣字胖字相反集註訓以直養則曰自反而縮此則言自反常直自反不直見得孟子養氣之論正自夫子所謂自反而縮來也

必有事焉而勿正心勿忘勿助長也無若宋人然宋人有閔其苗之不長而揠之者芒芒然歸謂其人曰今日病矣予助苗長矣其子趨而往視之苗則槁矣天下之不助苗長者寡矣以爲無益而舍之者不耘苗者也助之長者揠

苗者也。非徒無益而又害之。長上聲。揠烏八反。舍上聲。

必有事焉而勿正。趙氏程子以七字爲句。極是。近世或幷下文心字讀之者亦通。必有事焉有所事也。如有事於顓臾之有事。問。必有事焉當用敬否。程子曰。敬只是涵養一事。必有事焉須當集義。只知用敬不知集義。却是都無事也。又問義莫是中理否。曰。中理在事。義在心内。苟不主義。浩然之氣從何而生○朱子曰。集義是養氣之丹頭。必有事是集義之火法。必有事焉言養氣者必以集義爲事。須要把做事去做。如主敬也須把做事去主。如求放心也須把做事去求。正預期也。春秋傳曰戰不正勝是也。公羊傳僖公二十六年。夏齊人伐我北鄙。公子遂如楚乞師。乞者何。卑辭也。曷爲以外内同若辭。重師也。曷爲重師。師出不正反。戰不正勝也。不正者。不期也。反。復也。勝。捷也。如作正心義亦同。此與大學之所謂正心者語意自不同也。此言養氣者必以集義爲事。而勿預期其效。其或未充。則但當勿忘其所有事。而不可作爲以助其長。乃集義養氣之節度也。閔憂也。揠拔也。芒芒無知之貌。其人家人也。病疲倦也。舍之而不耘者。忘其所有事。揠而助之長者。正之不得而妄有作爲者也。然不耘則失養而已。揠則反以害之。無是二者。則氣得其養而無所害矣。朱子曰。勿正。勿待也。勿忘。勿忘以集義爲事也。助長。待之不至。而拔之使長也。正者。等待期望之意。如一邊集義。一邊在此等待那氣生。等來等去。却便去助長。氣未至於浩然。便作起令張主。謂已剛毅無所屈撓。便要發揮去做事。便是助長。必有事焉勿忘。是論集義工夫。勿正勿助長。是論氣之本體上添一件物事不得。不要等待。不要催促。○論集義所生。則義爲主。論配義與道。則氣爲主。一向都欲以義爲主。故失之。○人能集義以養其浩然之氣。故事物之理。自有以應之。不可萌一期待之心。少間待之不得。則必出於私意。有所作爲。而逆其天理矣。是助之長也。今人之於物。苟施種植之功。至於日至之時。則自然成熟。若方種而待其必長。不長。則從而拔之。其逆天害物也甚矣。○養氣一章在不動心。不動心在勇。勇在氣。氣在集義。勿忘勿助長。又是那集義底節度。若告子。則更不理會言之得失。事之是非。氣之有平有不平。只是硬制壓那心使不動。恰如說打硬修行一般。○問此氣是稟得天地底來。是集義方生。曰。本自浩然。被人自少時壞了。今當集義方能生。曰。有人不知集義。合下便恁地剛勇。是如何。曰。此只是麄氣。便是黝舍之勇。亦終有餒時。此章須從頭節節看來看去。首尾貫通。見得活方是。不可只略涉獵說得去便了。○南軒張氏曰。勿助長者。待其自充。不可强使之充也。此爲循天理之當然。而不以人爲加之。然欲不忘。則近於助長。欲不助長。則或忘之。二者之間。守之爲難。學者多知忘之爲害。不知助長之爲害尤甚。故引揠苗爲喻。閔苗之不長。猶憂氣之未充也。揠以助長。猶作其氣而使之充也。或曰。二程多以必有事焉爲有事乎敬。而孟子則主於集義。有異乎。曰。無以異也。孟子所謂持志。即敬之道也。非持其志。其能以集義乎。

敬義蓋相須而成者也○雙峯饒氏曰有事勿忘是說以直養勿正勿助是說養而無害必有事焉而勿忘勿助長是集義工夫正而助長是要義襲而取集義義襲兩句乃是一段骨子以集義爲無益而忘之者不耘苗者也以義襲爲心預期其效而助長者揠苗者也惟其是集義所生者故當必有事焉心勿忘惟其非義襲而取之故當勿正勿助長以直養而無害是養之之正道集義所生是養之之成功有事勿忘是做工夫處○前說持志無暴氣是兩事後說養氣不及持志言集義則持志在其中今日集義明日又集義則此志全在義上有事勿忘念念在集義上忘便是不能持其志助長便是暴其氣○問天下之不助苗長者寡矣其意何謂曰此是說天下之人平時不能養其氣者皆是臨時助長以暴其氣也似浩然却不是自家集義所生底故乍長乍消易盈易縮適足以戕賊其氣而已不特養氣不可助長凡事皆不可助長如看書未通不能潛心玩索而强探力索之類皆是助長○雲峯胡氏曰必有事焉是念念必合乎義而無一念之不義也事事必合乎義而無一事之不義也謂之有事是集義之外無他事謂之必有事是此事之外無他念也但必於此者每有所期

於彼。必而勿正。則先事後得。集義之心。始無間斷。期之不得者。又易忘其所有事。勿正而不忘。則集義之心。愈無間斷。正忘助三字相因。皆是爲害。助之害愈甚。大抵必有事是集義。是以直養。正忘助是義襲。是害。所以孟子始曰無害。終曰害之。孟子論養氣工夫。是一正一反。集註亦是一正一反。論以直養。正說曰。自反常直。反說曰自反不直。論害之。正說曰。不可作爲以助其長。又反說曰正之不得。而妄有作爲。前後相應。學者當字字體認

如告子不能集義。而欲彊上聲制其心。則必不能免於正助之病。其於所謂浩然者。蓋不惟不善養。而又害之矣

慶源輔氏曰。集義而不忘其所事。則氣得其養。勿正而不妄作爲。則氣無所害。如此。則日引月長。而充塞天地之體。沛然流行之用。將不期然而然矣。

又曰。所謂揠而反害之者。正指告子而言

何謂知言。曰。詖辭知其所蔽。淫辭知其所陷。邪辭知其所離。遁辭知其所窮。生於其心。害於其政。發於其政。害於其

事。聖人復起，必從吾言矣。詖，皮寄反。復，扶又反。

此公孫丑復扶又反問，而孟子答之也。詖，偏陂卑義反也。淫，放蕩也。邪，邪僻也。遁，逃避也。四者相因。言之病也。蔽，遮隔也。陷，沈俗作沉，非溺也。離，叛去也。窮，困屈也。四者亦相因。則心之失也。人之有言，皆出於心。其心明乎正理而無蔽，然後其言平正通達而無病。苟爲不然，則必有是四者之病矣。朱子曰：詖淫邪遁，蔽陷離窮，四者相因。心有所蔽，只見一邊，不見一邊。如楊氏爲我，墨氏兼愛，各只見一邊。故其辭詖。詖是偏陂。此理本平正，他只説得一邊。字凡從皮，皆是一邊意。如跛是脚一長一短，坡是山一邊斜。蔽則陷。陷是深入之義也。是身陷在那裏。如陷溺於水，只見水，不見岸了。故其辭放蕩而過。説得過遮浩翰纏恁地陷入深了。於是一向背却正路，開去愈遠。遂與正路相離了。故其辭邪。既離去了正路，他那物事。不成物事。畢竟用不得。遂至於窮。窮是說不去了。故其辭遁。遁是旣離後走脚底話。如楊子本是不拔一毛以利天下。却說天下非一毛所能利。夷子本說愛無差等。却說施由親始。佛氏本無父母。却說父母經。皆是遁辭○問楊墨似詖。莊列似淫。儀秦似邪。佛似遁。曰。不必如此分別。有則四者俱有。其序自如此○此一章。專以知言爲主。若不知言。則自以爲義。而未必是義。自以爲直。而未必是直。是非且莫辨矣。然說知言。又只說知詖淫邪遁四者。蓋天下事。只有一箇是與不是而已。若辨得那不是底。則便識得那是底了。然非見得道理十分分明。則不能辨得親切。且如集義。皆是見得道理分明。則動靜去處。皆循道理。無非集義也○蔡氏曰。知言。則善惡邪正。皆當知之。此之所知。獨詖淫邪遁之辭。何也。蓋孟子之時。楊墨之言盈天下。正人心。息邪說。莫此爲急。故曰。楊墨之道不息。孔子之道不著。此其意也○慶源輔氏曰。言形於外。故以病言。心存於中。故以失言○雙峯饒氏曰。詖淫邪遁。雖是四件。却只是兩件。詖淫屬陽。邪遁屬陰。蓋詖尚有一邊是道理。邪則幷這一邊亦離了。淫是詖之深。遁是邪之極。如楊墨初以爲我兼愛爲仁義。雖非仁義之全體。猶自見得仁義之一偏。其終也至於無父無君。則其離仁義也遠矣。天下道理好底四件。不好底亦四件。元亨利貞。仁義禮智。是好底。詖淫邪遁。意必固我。是不好底。好底相因。不好底相因。元亨利貞起於元。仁義禮智起於仁。意必固我起於意。詖淫邪遁起於詖。當看四箇所字。如看病相似。詖淫邪遁是病證。蔽陷離窮是病源。所蔽所陷所離所窮。是病源之所在。墨氏之蔽。在於見仁而不見義。楊氏之蔽。在於見義而不見仁。其蔽雖同。而所以蔽則異。孟子知言。如明醫。然纔見病證。便說病源在何處。欲治蔽陷離窮之病。在先去其蔽。無所蔽。便無下面三件。蔽之源不一。有爲氣稟所蔽。有爲物欲所蔽。有爲學術所蔽。有爲習俗所蔽。問去蔽之道。當如何。曰。孔子嘗謂六言六蔽。皆基於不好學。欲去蔽者。當自好聖賢之學始。○雲峯胡氏曰。集註釋我知言曰。識其是非得失之所以然。此所謂言之病者。其然也。所謂心之失者。即所以然也。特上文況指天下之言。故兼是非得失而知之。此則似指告子之言。故專於其失者而知之也。○新安倪氏曰。集註旣釋蔽陷離窮四者。而下文則曰。其心明乎正理而無蔽。然後其言平正通達而無病。又提出蔽之一字者。蓋四者之失。必起於蔽。饒氏謂無所蔽。便無下面三件。亦其深得集註之意者歟即其言之病。而知其心之失。又知其害於政事之決然而不可易者如此。非心通於道而無疑於天下之理其孰能之問孟子知言處。說生於其心。害於其政。先政而後事。闢楊墨處。說作於其心。害於其事。先事而後政。朱子曰。先事而後政。是自微而至著。先政而後事。是自大綱而至節目○慶源輔氏曰。孟子之所以能知言也。因其言之病。而知其心之失。是即其用。而知其體也。又知其害於政事之決然而不可易者如此。是據其始。而知其終也。非心與理一。其於天下之事。如燭照數計。略無所疑者。何能如是哉。不然則知其用者。或不知其體。見其始者。或不見其終者有矣○雙峯饒氏曰。政者。事之大體。事者。政之條目。心纔不正。到處有害。政事皆心之所發。於大體既有害。則小者可知。故曰。發於其政。害於其事。後篇說作於其事。害於其政。是條目上既有害。則大者亦可知○雲峯胡氏曰。所謂害者。皆指異端之害而言。詖淫邪遁之言。即異端之言也。其害或先政而後事。或先事而後政。但言無大無小。無不有害。不必拘先後也彼告子者不得於言而不肯求之於心。至爲義外之說。則自不免於四者之病。其何以知天下之言。而無所疑哉。新安陳氏曰。集註於養氣知言兩節。皆解上告子身上。以終前不得於言。至勿求於心不可之說。程子曰。心通乎道。然後能辨是非。如持權衡以較音教輕重。孟子所謂知言是也。又曰。孟子知言。正如人在堂上。方能辨堂下人曲直。新安陳氏曰。此言必有超於衆人之見。然後能知衆人之言也。若猶未免雜於堂下衆人之中。則不能辨決矣。問程子之說。莫直是喻心通於道者否。朱子曰。此只是言見識高似他。方能辨他是非得失。若見識與他一般。如何解辨得他。○雙峯饒氏曰。知言當如何用功。程子心通乎道之說。便是發明知言之要。亦須格物上做來。道便是箇權衡。以道觀人。如持權衡以較輕重。無有能逃之者。知言便是知道。孟子不欲以知道自謂。所以只說知言。告子以義爲外。所以只取必於口。全不反求諸心。如杞柳之說。孟子闢之。則又移爲湍水之說。第一說用不得。又換第二說。是之謂遁辭。○新安陳氏曰。此章甚長。頭緒頗多。其要旨未易究也。知言養氣下。集註標出綱領。而未及所以能知言養氣之本。朱子與郭冲卿帖云。孟子之學。蓋以窮理集義爲始。不動心爲效。蓋惟窮理。爲能知言。惟集義。爲能養氣。理明而無所疑。氣充而無所懼。故能當大任而不動心。考於本章次第可見矣。此章要指。惟此帖盡之而無餘蘊。集義故能養氣。孟子所已言。窮理故能知言。孟子所未言。心通乎道。而無疑於天下之理。程子固言之。而提綱挈領以示後學。未有如朱子此帖之明的周備者也。明理以知言。知之之事。集義以養氣。行之之事。不出乎知行二者而已。此章雖未終於此。而正意止於此

宰我子貢善爲說辭。冉牛閔子顏淵善言德行。孔子兼之。曰。我於辭命則不能也。然則夫子既聖矣乎行去聲

此一節。林氏以爲皆公孫丑之問是也林氏名之奇。字少穎。三山人

說辭言語也。說如字。或讀如稅者非德行得於心而見形甸反於行事者也。三子善言德行者。身有之。故言之親切而有味也。公孫丑言數子各有所長。而孔子兼之。然猶自謂不能於辭命。今孟子乃自謂我能知言。又善養氣。則是兼言語德行而有之。然則豈不旣聖矣乎。此夫子。指孟子也。問善爲說辭。則於德行或有所未至。善言德行。則所言皆其自己分上事也。朱子曰。得之○慶源輔氏曰。知言。則在我在人一也。知其如此。則於言語辭命。何患不能。養氣自集義生。豈非德行乎○程子曰。孔子自謂不能於辭命者。欲使學者務本而已雲峯胡氏曰。此以後。因公孫丑提出一聖字爲問。故專發明一聖字

曰。惡。是何言也。昔者子貢問於孔子曰。夫子聖矣乎。孔子

曰聖則吾不能我學不厭而教不倦也子貢曰學不厭智也教不倦仁也仁且智夫子既聖矣夫聖孔子不居是何言也惡平聲夫聖之夫音扶

惡驚歎辭也昔者以下孟子不敢當丑之言而引孔子子貢問答之辭以告之也此夫子指孔子也學不厭者智之所以自明教不倦者仁之所以及物再言是何言也以深拒之朱子曰中庸成己仁也是體成物智也是用此學不厭智也是體教不倦仁也是用○潛室陳氏曰仁智互爲體用義精仁熟之後道理縱看橫看皆可智爲體則仁爲用仁爲體則智爲用○雙峯饒氏曰不厭不倦須粘上聖字說言學聖人之道而不厭又以聖人之道教人而不倦○子貢此言與中庸不同詳見中庸第二十五章章句或問輯釋論之

昔者竊聞之。子夏子游子張皆有聖人之一體。冉牛閔子顏淵則具體而微。敢問所安

此一節。林氏亦以爲皆公孫丑之問是也。一體猶一肢也。具體而微。謂有其全體。但未廣耳。安處上聲下同也。公孫丑復扶又反問孟子既不敢比孔子。則於此數子。欲何所處也

朱子曰。聖人道大而能博。如游夏得其文學。子張得其威儀。皆一體也。惟顏淵冉閔氣質不偏。理義完具。獨能具有聖人之全體。但未若聖人之大而化之。無限量之可言。故以爲具體而微耳

曰姑舍是舍上聲

孟子言且置是者。不欲以數子所至者自處也

陵陽李氏曰。問如集註之說。則孟子猶有不足於顏子歟。天台潘氏曰。孟子之志願學孔子。是誠有不足於顏子者。蓋非不足

於顏子。以顏子不幸短命而未至於聖人之域。前輩云。
纔遜第一等事與別人做。便是自棄。古人之志大率如
此。然立志之後。須要力行以
酬其志。不可徒有此志也

曰。伯夷伊尹何如。曰。不同道。非其君不事。非其民不使。治
則進。亂則退。伯夷也。何事非君。何使非民。治亦進。亂亦進。
伊尹也。可以仕則仕。可以止則止。可以久則久。可以速則
速。孔子也。皆古聖人也。吾未能有行焉。乃所願則學孔子
也。治去聲

伯夷。孤竹君之長上聲子。兄弟遜國。避紂隱居。聞文王之
德而歸之。及武王伐紂。去而餓死。伊尹有莘之處上聲士。
湯聘而用之。使之就桀。桀不能用。復歸於湯。如是者五。

乃相（去聲）湯而伐桀也。三聖人事詳見（形甸反）此篇之末及萬章下篇（魯齋王氏曰。乃所願則學孔子後四段盡在此句○雲峯胡氏曰。孟子以顏子具聖人之體而未極其大。故欲學其大者。以伯夷伊尹有聖人之德而未極其全。故欲學其全者。故此以下則專言夫子之聖）

伯夷伊尹於孔子。若是班乎。曰。否。自有生民以來。未有孔子也

班。齊等之貌。公孫丑問而孟子荅之以不同也

曰。然則有同與。曰。有。得百里之地而君之。皆能以朝諸侯。有天下。行一不義。殺一不辜。而得天下。皆不爲也。是則同

與（平聲）朝（音潮）

有言有同也。以百里而王去聲天下。德之盛也。行一不義。殺一不辜而得天下有所不爲。心之正也。問伯夷伊尹之行一不義。殺一不辜而得天下有所不爲。何以言之也。朱子曰。以其遜國而逃。諫伐而餓。非道義一介不取與觀之。則可見矣○魯齋王氏曰。此亦是自反而不縮。所以不爲也聖人之所以爲聖人。其根本節目之大者惟在於此。於此不同。則亦不足爲聖人矣新安陳氏曰。上文德之盛。根本之大也。心之正。節目之大也。大根本節目同。而小處不同。皆可以言聖人。若大處不同。則大本已非。吾何以觀之哉

曰。敢問其所以異。曰。宰我子貢有若。智足以知聖人。汙。不至阿其所好。汙音蛙好去聲

汙下也。三子智足以知夫子之道。假使汙下。必不阿私

所好而空譽平聲之。明其言之可信也。朱子曰。汙是汙下不平處。或是當時方言。當屬下句讀。○慶源輔氏曰。智足以知聖人。則其智識高明矣。阿私所好而空譽之。則其識趣汙下矣。高明與汙下正相反。高明則不必至汙下矣。反覆極言之。以明三子之言必可信耳

宰我曰。以予觀於夫子。賢於堯舜遠矣

程子曰。語聖則不異。事功則有異。夫子賢於堯舜。語事功也。蓋堯舜治天下。夫子又推其道以垂教萬世。堯舜之道。非得孔子。則後世亦何所據哉問夫子賢於堯舜。有論宰我此言之失者。南軒張氏曰。殊不思孟子引宰我此言爲甚。曰。遺書謂語聖則不異。事功則有異。曰。便是這箇意思。五峯云。成一時之勳業有限。開萬世之道學無窮。亦是此意。○慶源輔氏曰。語聖則不異。以其德言也。事功則有異。就其所爲事與成功而言也。堯舜治天下。夫子又推其道以垂教萬世。此言事功久遠之不同也。堯舜之道非

得孔子。則後世亦何所據哉。此言事功始終成就之不同也○新安陳氏曰。後世聖賢之君不作。異端漸熾。苟非得孔子。則後世無所據依以入堯舜之道矣。輔氏有言。當時若無孔子。今人連堯舜也不識。由此言之。則孔子爲天地立心。爲生民立命。爲往聖繼絶學。爲萬世開太平。其功業豈不賢於堯舜遠哉。宰予此言。可謂深知孔子。其得在言語之科宜矣。此孟子所以表而出之於子貢有若之言之先也歟

子貢曰。見其禮而知其政。聞其樂而知其德。由百世之後。等百世之王。莫之能違也。自生民以來。未有夫子也

言大凡見人之禮。則可以知其政。聞人之樂。則可以知其德。是以我從百世之後。差楚宜反等百世之王。無有能遁其情者。新安陳氏曰。差。等。猶言品第。情。實也。以見禮知政。聞樂知德二句鑑之。皆不能逃於洞察之下而見其皆莫若夫子之盛也問見其禮而知其政。聞其樂而知其德。是謂夫

子。是謂他人。朱子曰。只是大槩如此說。子貢之意蓋言見人之禮。便可知其政。聞人之樂。便可知其德。所謂由百世之後。等百世之王。莫有能違我之見者。所以斷然謂自生民以來。未有孔子。此子貢以其所見而知夫子之聖如此也。一說夫子見人之禮而知其政。聞人之樂而知其德。由百世之後。等百世之王。莫有能逃夫子之見者。此子貢所以知其爲生民以來未有也。然不如前說之順

有若曰。豈惟民哉。麒麟之於走獸。鳳凰之於飛鳥。泰山之於丘垤。河海之於行潦。類也。聖人之於民。亦類也。出於其類。拔乎其萃。自生民以來。未有盛於孔子也。垤。大結反。潦音老

麒麟毛蟲之長。上聲下同鳳凰羽蟲之長。垤。蟻封也。行潦。道上無源之水也。出。高出也。拔。特起也。特。挺然孤特也萃。聚也。衆所聚之中言自古聖人。固皆異於衆人。新安陳氏曰。此聖人字是泛說。從古以來

之聖人然未有如孔子之尤盛者也○程子曰。孟子此章擴前聖所未發。指養氣與知言而言也學者所宜潛心而玩索色栢反也雙峯饒氏曰。孟子要學聖人。故於子游子夏子張冉牛閔子顏淵。皆曰姑舍是。伯夷伊尹雖是古聖人。然伯夷偏於清。伊尹偏於任。不若孔子之時中。故曰。乃所願則學孔子。解孟子與解論語不同。論語章句短。孟子章句長。須要識他全章大指所在。又須看敎前後血脉貫通而後可○雲峯胡氏曰。公孫丑疑孟子動心。孟子遂極言養氣知言之功。公孫丑疑其知言養氣之既聖。孟子遂極言夫子之聖之盛。要之夫子之聖不假乎養氣知言。孟子之養氣知言。乃學而至聖者也。前則深斥告子。闢異端也。後則推尊孔子。承聖道也。前後之言若不相貫而實相貫。學者味之

○孟子曰。以力假仁者霸。霸必有大國。以德行仁者王。王不待大。湯以七十里。文王以百里

力。謂土地甲兵之力。假仁者。本無是心。而借其事以爲功者也。霸若齊桓晉文是也。以德行仁。則自吾之得於心者推之。無適而非仁也。

朱子曰。以德行仁。德非止謂有救民於水火之誠心。這德字說得來闊。是自己身上事。都做得來。是無一不備了。所以行出來便是仁。且如湯不邇聲色。不殖貨利。至彰信兆民。是先有前面底。方能彰信兆民。救民水火之中。若無前面底。雖欲救民。不可得也。武王亶聰明。作元后。是亶聰明方能作元后。救民水火之中。若無這亶聰明。雖欲救民。其道何由。○行仁。便自仁中行出。皆仁之德。若假仁。便是恃其甲兵之强。財賦之多。須有如是資力。方可服人。是假仁之名以欺其衆。非有仁之實也。○以力假仁。仁與力是兩箇。以德行仁。仁便是德。德便是仁。○雙峯饒氏曰。或引包茅不入。昭王不復。是假仁。曰此是假義。不是假仁。請問假仁。曰救民仁也。尊君義也。湯放桀。武伐紂。以救民爲主。其事屬仁。齊問罪於楚。以尊周爲主。其事屬義。孟子不說假義。却說假仁。蓋仁包五常。言仁則義在其中。如伐原示信。大蒐示禮。皆是假仁

處

以力服人者非心服也力不贍也以德服人者中心悅而誠服也如七十子之服孔子也詩云自西自東自南自北無思不服此之謂也

贍時驗反足也詩大雅文王有聲之篇王霸之心誠僞不同故人所以應之者其不同亦如此慶源輔氏曰以力假仁者僞也假而行之終非已有非僞而何以德行仁者誠也所謂誠者成已成物者也已以僞感人以僞應已以誠感人以誠應如形聲影響之相隨蓋不容於有異也○鄒氏曰鄒氏名浩字志完毗陵人以力服人者有意於服人而人不敢不服以德服人者無意於服人而人不能不服從古以來論王霸者多矣未有若此

章之深切而著明者也問王霸之別。朱子曰。以力假仁者。不知仁之在己而假之也。以德行仁。則其仁在我而惟所行矣。以執轅濤塗。侵曹伐衛之事。而視夫東征西怨。虞芮質成者。則人心之服與不服可見。若七十子之從孔子。至於流離飢餓而不去。此又非有名位勢力以驅之也。孟子眞可謂長於譬喩也。○慶源輔氏曰。鄒氏以有意無意。釋力與德字。最爲簡要。然其所謂無意者。非如木石之無意者。無期必之私意耳。若夫正心脩身之道。則自有不可已者。至謂自古論王霸。未有如是之深切著明者。亦爲得之。其視董子羨王碔砆之喩。荀子降禮尊賢。重法愛民。與夫曰粹曰駁諸說。皆爲優矣。○新安陳氏曰。王道純乎天理。霸之假。雜以人欲。崇王道。黜霸功。亦擴天理。遏人欲也

○孟子曰。仁則榮。不仁則辱。今惡辱而居不仁。是猶惡濕而居下也惡去聲下同

好去聲榮惡辱。人之常情。然徒惡之。而不去上聲其得之之

道不能免也。朱子曰。此亦只是爲下等人言。若是上等人。他豈以榮辱之故。而後行仁哉○蔡氏曰。程子易比卦彖傳曰。且得他畏危亡之禍。而求所以比輔其民。猶勝於全不顧者。此章近之

如惡之。莫如貴德而尊士。賢者在位。能者在職。國家閒暇。及是時。明其政刑。雖大國必畏之矣。閒音閑

此因其惡辱之情。而進之以彊仁之事也。彊上聲新安倪氏曰。禮記表記云。畏罪者彊仁。謂勉彊行仁也。貴德以下。皆彊仁之事目貴德。猶尚德也。士則指其人而言之。賢。有德者。使之在位。則足以正君而善俗。能。有才者。使之在職。則足以修政而立事。國家閒暇。可以有爲之時也。詳味及字。則惟日不足之意可見矣。或謂賢者在位。能者在職。謂賢者有德。但使之在位而不任事。能者有才。所以使之在職而任事。雙峯饒氏曰。如此

說則賢者是箇無能底人蓋凡是賢者皆當使之在位
然賢者所能却不同就其間使能敷教者在敷教之位
能治獄者在治獄之位旣有其位便有其職天下豈有
無職之位豈有無能之賢○新安陳氏曰春秋傳云及
猶汲汲也及是時而明政刑即書所謂古人
爲善惟日不足之意此一節應仁則榮也

詩云迨天之未陰雨徹彼桑土綢繆牖戶今此下民或敢
侮予孔子曰爲此詩者其知道乎能治其國家誰敢侮之
徹直列反土音杜綢音稠繆武彪反

詩豳風鴟處脂反鴞吁驕反之篇周公之所作也迨及也徹
取也桑土桑根之皮也綢繆音矛纏綿補葺七入反也牖戶
巢之通氣出入處也予鳥自謂也言我之備患詳密如
此今此在下之人或敢有侮予者乎周公以鳥之爲巢

如此。比君之爲國。亦當思患而預防之。孔子讀而贊之以爲知道也雲峯胡氏曰。爲此詩者其知道乎。孟子凡兩引之。彼則爲詩者。知率性之道。此則爲詩者。知治國平天下之道也

今國家閒暇。及是時。般樂怠敖。是自求禍也般音盤樂音洛敖音傲

言其縱欲偷安。亦惟日不足也。雙峯饒氏曰。般樂怠敖。則不暇明其政刑。怠敖。則不暇貴德尊士。○新安陳氏曰。及是時而縱欲偷安。亦書所謂凶人爲不善。惟日不足之意。此一節應不仁則辱也

禍福無不自己求之者

結上文之意新安陳氏曰。仁榮福也。不仁之辱禍也。皆自己求之

詩云。永言配命。自求多福。太甲曰。天作孼。猶可違。自作孼。

不可活。此之謂也。孽魚列反

詩大雅文王之篇。永長也。言猶念也。配合也。命天命也。此言福之自己求者。太甲商書篇名。孽禍也。違避也。活生也。書作逭。音換逭猶緩也。此言禍之自己求者。蔡氏曰。及時明政刑。自求福也。仁榮者如此。及時而樂敖。自作孽也。不仁之辱如此。○新安陳氏曰。記云仁者安仁。知者利仁。畏罪者彊仁。此因戰國諸侯惡辱而勉以行仁。正畏罪强仁之事。勉之存天理而享仁之榮。戒之徇人欲以遠不仁之辱。亦遏人欲擴天理也

○孟子曰。尊賢使能。俊傑在位。則天下之士皆悅而願立於其朝矣。朝音潮

俊傑。才德之異於衆者。雙峯饒氏曰。俊傑。謂人中之俊傑者。即指賢能而言。尊賢使能。

便是俊傑在位。尊非禮貌之虛文，與之共天位治天職，以至去讒遠色、賤貨貴德，皆尊賢之道

市廛而不征，法而不廛，則天下之商皆悅，而願藏於其市矣。

廛，市宅也。張子曰：或賦其市地之廛，而不征其貨。禮記王制：古者公田籍而不稅，市廛而不稅，關譏而不征。或治以市官之法，而不賦其廛。周禮地官司徒，司市：市官掌市之治教政刑、量度禁令。以次序分地而經市，以陳肆辨物而平市，以政令禁物靡而均市，以商賈音古阜貨而行市，以量度教賈價同而徵儥音育，以質劑即隨反結信而止訟。爾雅：劑，齊也。質劑，謂兩書一札而別之也，若今手書言保物要還矣。以賈音古民禁僞而除詐，以刑罰禁虣皮告反而去盜，以泉府同貨而斂賒。大市日阳昃同而市，百族爲主；朝市朝時而市，商賈爲主；夕市夕時而市，販夫販婦爲主。蓋逐末者多，則廛以抑之；少，則不必廛也。朱子曰：市廛而不征，謂使

居市之廛者。各出廛賦若干。如今人賃舖面相似。更不征稅其所貨之物。法而不廛。則但治之以市官之法而已。雖廛賦亦不取之也。問古之爲市者。以其所有易其所無者。有司者治之耳。此是周禮市官之法否。曰然。如漢之獄市之類。皆是古之遺制。○問市廛。此市在何處。曰。此都邑之市。國都如井田樣。畫爲九區。面朝背市。左祖右社。中一區。君之宮室。宮室前一區。爲外朝。朝會藏庫之屬皆在焉。後一區爲市。市四面有門。每日市門開。則商賈百物皆入。惟民得入。公卿大夫士皆不得入。入則有罰。市官之法。如周禮司市平物價。治爭訟。譏察異服異言之類。左右各三區。皆民所居。外朝一區。左則宗廟右則社稷。此國君都邑規模之大槩也。

關譏而不征則天下之旅皆悅而願出於其路矣

解見形甸反**前篇**雙峯饒氏曰。關譏之制。凡衆途所會之地。則立關以限之。行旅有節傳。方可度關。以此稽考其來歷。以防姦宄。節是使者所持之節。傳。如今脚引。及州縣移文。或用節。或用傳。周禮所謂以節傳出納之者是也

耕者助而不稅則天下之農皆悅而願耕於其野矣

但使出力以助耕公田而不稅其私田也

廛無夫里之布則天下之民皆悅而願爲之氓矣氓音盲

周禮宅不毛者有里布民無職事者出夫家之征鄭氏謂宅不種桑麻者罰之使出一里二十五家之布民無常業者罰之使出一夫百畝之稅一家力役之征也周禮地官司徒載師職凡宅不毛者有里布田不耕者出屋粟民無職事者出夫家之征鄭司農云宅不毛者謂不樹桑麻也里布者布參印書廣二寸長二尺以爲幣貿易物詩云抱布貿絲貿此布也或曰布帛鄭玄曰宅不毛者罰以一里二十五家之布空田者罰以三家之稅粟以共吉凶二服及喪器也民雖有閒無職事者猶出夫稅家稅也夫稅者百畝之稅家稅者出士徒車輦給繇役今戰國時一切取之市

宅之民。已賦其廛。又令平聲出此夫里之布。非先王之法也。氓。民也。問一里二十五家之布。朱子曰。亦不可考。又問民無常產者。罰之如何恁地重。曰。後世之法。與此正相反。農民賦稅丁錢却重。而游手浮浪之民。泰然都不管他。○慶源輔氏曰。先王之政。宅不種桑麻。與閑民無職事者。上之人皆有法以抑之。此所以當其盛時。民皆蠶業。而無游手與貧困者。所謂窮民。不過鰥寡孤獨者而已。戰國時。如夫里之布。一切取之。皆末流之害。縱人欲。滅天理者也。○雙峯饒氏曰。家征是力役之征。如今庶役。夫征是粟米之征。即百畝之稅。如今輸租。里布是布縷之征。即五畝之稅。如今納絹

信能行此五者。則鄰國之民。仰之若父母矣。率其子弟。攻其父母。自生民以來。未有能濟者也。如此則無敵於天下。無敵於天下者。天吏也。然而不王者。未之有也

呂氏曰。奉行天命。謂之天吏。廢興存亡。惟天所命。不敢

不從若湯武是也雙峯饒氏曰。吏。君所命。天吏。天所命。君所命者。可以刑人殺人。凡有罪者。得而刑殺之。天所命者。可以征人伐人。凡暴亂之國。皆得而征伐之。○此章言能行王政。則寇戎爲父子。不行王政。則赤子爲仇讎雙峯饒氏曰。無敵於天下一句。乃是此章之大旨。蓋能行王者之政。則可以與王者之治。當時諸侯不得民心。惟務侵人土地。故孟子教之。但行王政以恤其民。使吾國之民。仰之若父母。則天下之民。亦仰之若父母矣。如此。則東征西伐。何向不服。不然。吾國之民亦仇敵也。況鄰國乎。○新安陳氏曰。欲除後世過取以奉其私之弊。而一行之以先王之法。皆所以遏人欲擴天理也

○孟子曰。人皆有不忍人之心

天地以生物爲心。而所生之物。因各得夫音扶天地生物之心以爲心。所以人皆有不忍人之心也朱子曰。無天地生物之心。

則沒這身。纔有這血氣之身便具天地生物之心矣。

○天地以生物爲心。天包著地。別無所作爲。只是生物而已。譬如飯甑蒸飯。從裏面蒸上。到上面又下來。只管在裏面袞。便蒸得熟。天地即是包得許多氣在這裏無出處。袞一番便生一番物。所謂爲心者。豈切切然做。似磨子相似。只會磨出這物事。

○雙峯饒氏曰。人心慈愛惻怛。纔見人便發將出來。更忍不住。所以謂之不忍人之心。仁之爲德。在天地則爲生物之心。在人則爲不忍人之心。天地能生物。人不能生物。但是愛人之心。即是生物之心。程子云惻隱之心人之生道也。正此之謂。

○西山眞氏曰。天地造化無他作爲。惟以生物爲事。觀夫春夏秋冬。往古來今。生意周流。何嘗一息間斷。天地之心於此可見。萬物從天地生意中出。故物物皆具此理。何況人爲最靈。宜乎皆有不忍人之心也。

○新安陳氏曰。不忍即是仁。忍則非仁。性中有此仁。發出來便是不忍人之心。所以後面提起所以謂人皆有不忍人之心者。便指出惻隱之心以當之。見孺子將入井而惻隱者何也。蓋不忍見此子之如此也。若見此而不動心。則頑忍非人矣。天地之大德曰生。人得天地之德曰好生。好生之德即所謂得天地生物之心以爲心也

先王有不忍人之心。斯有不忍人之政矣以不忍人之心。行不忍人之政。治天下可運之掌上

言衆人雖有不忍人之心。然物欲害之。存焉者寡故不能察識而推之政事之間。惟聖人全體此心。仁之體隨感而應。仁之用故其所行無非不忍人之政也雙峯饒氏曰。斯猶即也。聖人之心。無物欲之蔽纔有不忍人之心。即有不忍人之政。不待充廣而後能也。若衆人。則須待充廣○西山眞氏曰。人有是心而私欲間斷之。故不能達之於用。惟聖人全體此心。私欲不雜。故有此仁心。便有此仁政。自然流出更無壅遏。天下雖大。運以此心而有餘矣

所以謂人皆有不忍人之心者。今人乍見孺子。將入於井。皆有怵惕惻隱之心。非所以內交於孺子之父母也。非所

以要譽於鄉黨朋友也非惡其聲而然也怵音黜內讀爲納要平聲惡去聲下同

乍猶忽也怵惕驚動貌惻傷之切也隱痛之深也此即所謂不忍人之心也慶源輔氏曰怵惕心驚懼而起念之意緣卒乍而見故心驚懼而動也惻隱由傷深而痛深自淺而深皆所以名狀不忍人之心可謂善形容矣內結要求聲名也言乍見之時便有此心隨見而發非由此三者而然也程子曰滿腔苦江反子是惻隱之心朱子曰腔子猶言軀殼耳滿腔子只是言充塞周徧本來如此是就人身上指出理充塞處最爲親切若於此見得則萬物一體更無內外之別若見不得卻去腔子外尋則莽莽蕩蕩無交涉矣又曰腔子身裏也言滿身裏皆惻隱之心在腔子裏亦只云心在身裏滿這箇軀殼都是惻隱之心纔觸著便是這箇物事出來大感則大應小感則小應○勉齋黃氏曰陵

孟子集註大全卷三 三大

陽李氏。謂腔子。指人身言。天地間充塞。上下。渾然生物之意。無有空處。人得此以爲心。則亦四體百骸。充塞徧滿。無非此惻隱之心。觸處卽是。無有欠缺也。此說極是

謝氏曰。人須是識其眞心。方乍見孺子入井之時。其心怵惕。乃眞心也。非思而得。非勉而中。去聲天理之自然也。內交要譽。惡其聲而然。卽人欲之私矣

朱子曰。方乍見孺子時。也著手脚不得。縱有許多私意。也未暇思量到。問。心所發處不一。便說惻隱如何。曰。惻隱之心。渾身皆是。無處不發見。如見赤子有惻隱之心。見一蟻亦豈無此心○如孺子入井。如何不推得其他底出來。只推得惻隱之心出來。蓋理各有路。如做得穿窬底事。如何令人不羞惡。偶遇一人衣冠而揖我。我便亦揖他。如何不恭敬。事有是非。必辨別其是非。試看是甚麽去感得他何處。一般出來○惡其聲。是惡被不救人之名○西山眞氏曰。孺子未有所知。而將入于井。乍見之者。無問賢愚。皆有傷痛之心。方此心驟發之時。非欲以此內交。非欲以此干譽。非欲以避不仁之名也。倉卒之間。無安排矯飾。而天機

自動。此所謂真心也○雲峯胡氏曰集註與謝氏皆看得乍見二字緊。蓋惟倉卒忽然而見之時。此心便隨所見而發。正是本心發見處。若既見之後。稍涉安排商略。便非本心矣

由是觀之。無惻隱之心非人也。無羞惡之心非人也。無辭讓之心非人也。無是非之心非人也。惡去聲下同

羞恥己之不善也。惡憎人之不善也。辭解使去己也。讓推吐雷反以與人也。是知其善而以爲是也。非知其惡而以爲非也。人之所以爲心。不外乎是四者。故因論惻隱而悉數上聲之。言人若無此。則不得謂之人。所以明其必有也問上蔡見明道先生。舉史文成誦。明道謂其玩物喪志。上蔡汗流浹背。面發赤色。明道云。此便是惻隱之心。公且道上蔡聞得過失。恁地慚惶。自是羞惡之心。如何却說道見得惻隱之心。久之。朱子曰。惟是有惻

隱之心方會動若無惻隱之心卻不會動惟是先動方始有羞惡方始有恭敬有是非動處便是羞惡不會動卻不成人若不從動處發出所謂羞惡者非羞惡所謂恭敬者非恭敬是非者非是非天地生生之理這些動意未嘗止息看如何牿亡亦未嘗盡消滅自是有時而動學者只怕間斷了○羞惡辭讓是非雖與惻隱並說但此三者皆是自惻隱中發說來因有惻隱後方有此三者惻隱比三者又較大○或問孟子專論不忍人之心而後乃及乎四端何也曰不忍之心即惻隱之謂也性之德爲仁義禮智而一以包三者仁也情之發爲四端而一以貫三者惻隱也然則其言之安得無先後之別耶○慶源輔氏曰人之所以爲心雖不外是四者然仁則又貫乎三者之中故此因論惻隱而悉數之也至於言人若無此心則非人也者所以明其必有而使人知反求之於己也○西山真氏曰孟子始言惻隱之心至此則兼羞惡辭讓是非而言者蓋仁爲衆善之長有惻隱則三者從之矣惻隱不存三者亦何有哉然賦形爲人孰無此心苟無此心則非人矣所謂無者豈其固然哉私欲蔽塞而失其本真耳○莆田王氏曰由是觀之是字指孺子入井一事說論惻隱便引箇羞惡辭

讓是非之心出來

惻隱之心，仁之端也；羞惡之心，義之端也；辭讓之心，禮之端也；是非之心，知之端也。

惻隱羞惡辭讓是非，情也。仁義禮知，性也。心，統性情者也。

朱子曰：性者心之理，情者心之用，心者性情之主。○性是靜，情是動，心兼動靜而言。統如統兵之統，心有以主宰之也。動靜皆主宰，非是靜時無所主，及至動時方有主宰也。○新安陳氏曰：性情字皆從心，心涵養此性，心統性也；心節制此情，心統情也。性如在營之軍，情如臨陣之軍，皆將實統之。心統性情，當以是觀焉。又曰：此六字橫渠語。

端，緒音序也。

潛室陳氏曰：端者端倪也，物之緒也。譬之繭絲，外有一條緒，便知得內有一團絲。若其無絲在內，則緒何由而見於外。○莆田黃氏曰：註謂端首也，疏謂端本也，集註以爲緒也。如繰絲然，先尋其緒，則千絲萬絲續續而上。

因其情之發，而性之本然可得而見，

猶有物在中而緒見形甸反於外也問四端之端。集註以爲端緒。向見蔡季通說端乃是尾。如何。朱子曰。以體用言之。有體而後有用。故端亦可謂之尾。若以始終言之。則四端是始發處。故亦可以端緒言之。二者各有所指。自不相礙也。○問孟子說仁義禮智。義在第二。太極圖以義配利。則在第三。曰。仁義禮智。猶言東西南北。元亨利貞。猶言東南西北。一箇是對說。一箇是從一邊說起。○問元亨利貞自有次第。仁義禮智因感而發。則無次第。曰。發時無次第。生時自有次第。○四端八箇字。每字是一意。惻是方惻然有此念起。隱是惻然後隱痛。比惻爲深。羞者羞己之惡。惡者惡人之惡。辭者辭己之物。讓者推與他人。是非自是兩樣分明。但仁是總名。若說仁義。便如陰陽。若說四端。便如四時。若分四端八字。便如八節。○惻隱自是情。仁自是性。性即是這道理。仁本難說。中間却是愛之理。發出來方有惻隱。義却是羞惡之理。發出來方有羞惡。禮却是辭遜之理。發出來方有辭遜。智却是是非之理。發出來方有是非。仁義禮智。是未發底道理。惻隱羞惡辭遜是非。是已發底端倪。如桃仁杏仁是仁。到得萌芽。却是惻隱。又曰。仁義禮智本體自無形影。要捉摸不著。

只得將他發動處看。却自見得。程子云。以其惻隱。知其有仁。此八字說得最親切分明。也不道惻隱便是仁。又不道掉了惻隱。别取一箇物事說仁。○惻隱羞惡。多是因逆其理而見。惟有所可傷。這裏惻隱之端便動。惟有所可惡。這裏羞惡之端便動。若是事親從兄。又是自然順處見之。○一心之中。仁義禮智。各有界限。而其性情體用。又各自有分别。須是見得分明。然後就此四者之中。又自見得仁義兩字。是箇大界限。如天地造化。四序流行。而其實不過於一陰一陽而已。仁字是箇生底意思。通貫周流於四者之中。仁固仁之本體。義則仁之斷制。禮則仁之節文。智則仁之分别也。正如春之生氣。貫徹四時。春則生之生也。夏則生之長也。秋則生之收也。冬則生之藏也。○北溪陳氏曰。四端之說。是說外面可見底。以驗其中之所有。惟是有四者之體。故四者端緒自然發見於外。○潛室陳氏曰。性是太極渾然之全體。本不可以名言。孟子時異端蠭起。往往以性爲不善。孟子苟但曰渾然本體。則恐爲無星之秤。無寸之尺。而終不足以曉天下。於是别而言之。界爲四破。而四端之說。於是乎立。蓋四端之未發也。性雖寂然不動。而其中自有條理。自有間架。不是籠統都是一物。所以外邊纔動其中便應如赤子之事感則仁之理便應而惻隱之心形如蹴爾嘑爾之事感則義之理便應而羞惡之心形如過朝廷過宗廟之事感則禮之理便應而恭敬之心形如姸醜美惡之事感則智之理便應而是非之心形蓋由其中間衆理渾然各各分明故外邊所遇隨感隨應析而四之以示學者使知渾然全體之中粲然有條如此則性之善可知矣然四端之未發也渾然全體之理無聲臭之可言無形象之可見何以知其粲然有條如此蓋是理之可驗乃依然就他發處驗得凡物必有本根而後有枝葉見其枝葉則知其本根性之理雖無形而端緒之發則可驗○雙峯饒氏曰孟子論性唯是這一章說得最分曉

人之有是四端也猶其有四體也有是四端而自謂不能者自賊者也謂其君不能者賊其君者也

四體四肢人之所必有者也自謂不能者物欲蔽之耳

凡有四端於我者知皆擴而充之矣若火之始然泉之始

達。苟能充之，足以保四海；苟不充之，不足以事父母。擴音廓

擴，推廣之意。充，滿也。四端在我，隨處發見。見，形甸反。知皆即此推廣而充滿其本然之量，量去聲。則其日新又新，將有不能自已者矣。能由此而遂充之，則四海雖遠，亦吾度內無難保者；不能充之，則雖事之至近而不能矣。

朱子曰：人之一心，在外者要收入來，如求放心章是也；在內者又要推出去，此章是也。孟子一部書，皆是此意。大抵一收一放，一闔一闢，道理森然。○問：推與充字。曰：推是從這裏推將去，如老吾老以及人之老，幼吾幼以及人之幼，到得充，則填得來滿了。如注水相似，推是注水下去，充則注得器滿了。蓋仁義之性，本自可以充塞天地，若自不能充廣，則無緣得這殼子滿，只是空殼子。○問：知字是重字，還是輕字？曰：不能擴充者，正爲不知，都只是冷過了。若能知而擴充，其勢甚順，如乘快馬放下水船相似。○問：兩說充字未曉。曰：上只說知皆擴而充之，只說知得

了。要推廣。以充滿此心之量。下云苟能充之。足以保四海。是能充滿此心之量。上帶知皆擴字說。下就能充滿說。惟擴而後能充。能充則不必說擴矣○此心之量。本足以包括天地。兼利萬物。只是人自不能充滿其量。所以推不去。或能推之於一家而不能推之於一國。或能推之於一國而不足以及天下。此皆是未足以盡其本然之量。須是充滿其量。自然足以保四海○雙峯饒氏曰。集註即此推廣是釋擴字。滿其本然之量是釋充字。自親親而仁民而愛物。推至於無一物之不愛。是充仁之量。自一事之得宜。推至於無一事之不得宜。是充義之量。禮智皆然。人能充廣。則四端之流行發達。常如火始然。泉始達。其勢方張而不可遏。便由此而可以燎原赴海。若不能充廣。則如火始然而即滅。泉始達而即壅。便只恁地休了。所以集註云日新又新。新字正是發明二始字之意。問四端衆人皆有。若擴充似非衆人所能。曰。知皆擴而充之。其緊要在知字。皆字。衆人之中。若有能知所以擴而充之。又於四海皆能擴而充之。則便是人中之君子。但患人不知不爲耳○張氏彭老曰。朱子云。若以始終言之。則四端是始發處。端訓始。字尤切。如發端履端開端之類。皆始也。孟子既言之。凡有四端。若火始然。泉始達。始然。便是火之端。始達。便是泉之端。惻隱羞惡。便是仁義之端。此心始動。乃是情。便可爲善處。是心也。人皆有之。然不能無智愚之異。由充與不能充而已。如乍見孺子將入井。看是何等人。皆有惻隱之心。此所謂仁之端。苟能因此廣而充之。其仁將不可勝用。不能充廣。天理纔動。人欲便萌。於是納交等心生。循是而人欲日長。天理日消。而仁之端斬然矣。此自謂不能者也。始於充與不能充之分。終乃天壤隔焉。○雲峯胡氏曰。集註於盡心曰。盡其心之量。此則曰充滿其本然之量。須看朱子如何下一量字。蓋體無所不具。用無所不周。此心之量。本如是其大也。知性。則有以盡此心本然之量。知此性之發而擴充之。則有以滿此心本然之量

○此章所論人之性情。心之體用。本然全具。而各有條理如此。學者於此反求默識而擴充之。則天之所以與我者。可以無不盡矣

慶源輔氏曰。集註反求默識者。格物致知窮理之事也。擴充之者。誠意正心力行之事也。既能窮理。又能力行。則天之所以予我仁義禮智之性。可以各各充滿其量。而無遺

慊矣。前言日新又新，將有不能自已。所以言其推廣之意於其始也。此言天之所以與我者，可以無不盡矣。所以言充滿於其後之意也。○程子曰：人皆有是心，惟君子爲能擴而充之。不能然者，皆自棄也。然其充與不充，亦在我而已矣。雲峯胡氏曰：性者，心之體。其未發也，本然至具。情者，心之用。其初發也，各有條理。反求默識，知之事。擴充，行之事。至於天之與我者無不盡，即是盡心。而知之無不盡，盡性。而行之無不盡也。又曰：四端不言信者，既有誠心爲四端，則信在其中矣。愚按：四端之信，猶五行之土。無定位，無成名，無專氣。而水火金木，無不待是以生者。故土於四行無不在，於四時則寄王去聲焉。其理亦猶是也。朱子曰：四端不言信，如實是惻隱，實是羞惡，信便在其中。○土於四時各寄王十八日。或謂王於戊己，然季夏乃土之本宮，故尤王於夏末。月令載中央土者，以此。○潛室陳氏曰：五行無土位。位在四象之中。五常無信位。位在四端之中。○雲峯胡氏曰。按饒氏云。以四方論之。土無定位。無成名。無專氣。以五方論之。亦未嘗無定位成名專氣。不可執一看。愚見朱子之說。是就五方看方見得。試以河圖看之。五土居中。似有定位。然三八木位乎東。不可以西。一六水位乎北。不可以南。如中間五點。則自具五方。而於東西南北。無所不該。似有定位而實無定位也。一二三四。各因五而後成七八九六。故於四季各寄王十八日。木火金水。各專生長收藏之一氣。而各成生長收藏之一名。然無土皆不可。是則土無專氣而氣無所不貫。土無成名。而名無所不成。就四方看如此。就五方看亦如此。似不必分也。分看。則論土於四行之外。是猶論信於四端之外。合看。則土實在四行之中。而信在四端之中也。○新安陳氏曰。此章始專以不忍人之心言。繼因端之體四端。已驗惻隱之心。而悉及羞惡辭讓是非之心。貫四者一仁也。惟聖人能以是心行是政。安而行之者也。惟君子能知其本有是心而擴充之。勉而行之者也。若衆人。則不能識察。不能擴充。此心雖發。隨發隨泯。眞自棄也。又按人皆有不忍人之心。同此天理也。物欲害之。則天理之存焉者寡矣。見孺子而惻隱。天理也。內交之類。即人欲

矣四端能充不能充之分判於擴天理與徇人欲而已此章亦在於遏人欲擴天理也

○孟子曰矢人豈不仁於函人哉矢人惟恐不傷人函人惟恐傷人巫匠亦然故術不可不慎也

函甲也惻隱之心人皆有之是矢人之心本非不如函人之仁也巫者爲去聲人祈祝利人之生匠者作爲棺槨利人之死新安陳氏曰此只借以術之當擇說起引上人當擇仁而處之

孔子曰里仁爲美擇不處仁焉得智夫仁天之尊爵也人之安宅也莫之禦而不仁是不智也焉於虔反夫音扶

里有仁厚之俗者猶以爲美人擇所以自處上聲而不於仁安得爲智乎此孔子之言也新安陳氏曰孔子之意本言擇里孟子引之以

證。懌術。微有不同。集註於此。只以孟子之意。釋孔子之言。故與語註小異仁義禮智。皆天所與之良貴。而仁者天地生物之心。得之最先。而兼統四者。所謂元者善之長上聲也。故曰尊爵問仁天之尊爵。先生解曰。仁者天地生物之心。得之最先。如何是得之最先。朱子曰。人得那生底道理。所謂心生道也。有是心。斯有是形以生也。○新安陳氏曰。元者善之長也。此句出易乾卦文言。引以爲證。元者生意之始。爲亨利貞之長在人則爲本心全體之德。有天理自然之安。無人欲陷溺之危。人當常在其中。而不可須臾離去聲者也。故曰安宅。此又孟子釋孔子之意。以爲仁道之大如此。而自不爲之。豈非不智之甚乎慶源輔氏曰。五性皆人心之德。而仁則周貫乎四者之中。故爲本心全體之德。天理有則而不流。故有自然之安。人欲橫流而無止。故有汩溺之危。克盡人欲。純是天理。方始是仁。此所以有安而無危也。人當常常處其中而不可須臾離。即所謂依於仁。造次必於是。顚沛必於是之意。此聖門學者。必以求仁爲先務也○西山眞氏曰。仁乃我所自有。苟欲爲之。誰能止者。乃甘心於不仁。豈非不智乎。故仁智二者常相須焉。不仁斯不智矣。下文言之。不智斯不仁矣。此是也

不仁不智。無禮無義。人役也。人役而恥爲役。由弓人而恥爲弓。矢人而恥爲矢也。由與猶同

以不仁。故不智。不智。故不知禮義之所在。慶源輔氏曰。不仁則頑然不覺。故不智。不智則憒然無知。故不知禮義所在

如恥之。莫如爲仁。

此亦因人愧恥之心。而引之使志於仁也。不言智禮義者。仁該全體。能爲仁。則三者在其中矣

仁者如射射者正己而後發發而不中不怨勝己者反求諸己而已矣中去聲

爲仁由己而由人乎哉雙峯饒氏曰此上三四章皆是爲當時君大夫言之此章與仁則榮二章之意同皆是教時君因恥辱而勉於仁言不能行仁則既無尊爵之可貴又無安宅之可居安富尊榮皆無之而爲人役不免焉則不當歸怨於人但當反求諸己已能爲仁大國安能役之此役字即小國役大國楚六千里爲讎人役之役〇新安陳氏曰此章以尊爵安宅論仁其理甚精微勉人爲仁其意甚切至既言莫之禦而不仁又言反求諸己皆言爲仁由己其機在我不在人也仁固包義禮智然人所以不爲仁者由於是非之心不明與羞惡之心不正耳故孟子先言是不智也欲人以是非之智而擇爲仁之術繼言如恥之欲人以羞惡之義而決爲仁之機也

〇孟子曰子路人告之以有過則喜

喜其得聞而改之。其勇於自修如此。周子曰。仲由喜聞過。令名無窮焉。今人有過。不喜人規。如諱疾而忌醫。寧滅其身而無悟也。噫。程子曰。子路人告之以有過則喜。亦可謂百世之師矣。南軒張氏曰。聞過則喜。非能克其驕吝者不能。驕則自以爲善。而惡人議己。吝則安其故常。而不能從人。子路用力於克己。其功深矣。○慶源輔氏曰。人受天地之中以生。本自無過。所以有過者。非出於氣稟之偏。則由乎物欲之誘。人能知而改之。則可以復於本然之善。不知。則其過愈深。將陷溺焉。而失其所以爲人矣。是豈可不懼哉。人有告我以過。我因得而改之以復於善。則又豈可不以爲喜乎。然非子路之勇於自修。則亦不能然也。○新安陳氏曰。程子深賛子路。欲學者師之以修身補過也。

禹聞善言則拜

書曰。禹拜昌言。蓋不待有過。而能屈己以受天下之善也慶雲輔氏曰。子路賢者也。故不能無過。但勇於自修是以喜於得聞而改之。禹則聖人也。其心純是天理本然之善。故不待其有過。但一聞善言。則至誠屈己。拜而受之

大舜有大焉。善與人同。舍己從人。樂取於人以爲善舍上聲樂音洛

言舜之所爲。又有大於禹與子路者。善與人同。公天下之善而不爲私也。己未善。則無所係吝。解舍字而舍以從人。人有善。則不待勉強。上聲○解樂字而取之於己。此善與人同之目也程子曰。樂取於人爲善。便是與人爲善乃公也○問善與人同。朱子曰。善者天下之公理。本無在己在人之別。但人有身。不能無私於己者。故有物我之分焉。惟舜之心。無一毫有我之私。是以能公天下之善以爲善。而不知其孰爲在己。孰爲在人。所謂善與人同也。舍己從人。言其不先立己。而虛心

以聽乎天下之公。蓋不知善之在已也。樂取於人以爲善。言其見人之善。則至誠樂取而行之於身。蓋不知善之在人也。此二者。善與人同之目也。然本一事。特交互言之。以見聖人之心表裏無間如此耳○大舜樂取諸人以爲善。是成已之善。是與人爲善。是著人之善○慶源輔氏曰。禹聞善言則拜。聞之者禹也。言之者人也。以我之聞。聞彼之善。拜以受之。猶有人已之分也。至於舜則善與人同耳。善與人同者。蓋善乃天下之公。非人已所得而私者。故曰公天下之善而不爲私也○雙峯饒氏曰。舜之稱堯。方以舍已從人。爲惟帝時克。聖人雖生知。而不自以爲生知。常虚心以受人之善。已之所爲。偶有未盡。而人之所見。有善於已。即舍而從之。無一毫執吝之意。乃所以見聖人之無我。而非人所及

自耕稼陶漁。以至爲帝。無非取於人者

舜之側微。耕于歷山。陶于河濵。漁于雷澤史記五帝紀。舜耕歷山。歷山之人皆讓畔。漁雷澤。雷澤之人皆讓居。陶河濵。河濵器皆不苦窳。病也一年所居成聚。二年成邑。三年成都。

歷山，在河東。雷澤，夏兗州，今屬濟陰。河濱，濟陰定陶西南。

取諸人以爲善，是與人爲善者也。故君子莫大乎與人爲善。

與，猶許也，助也。取彼之善而爲之於我，則彼益勸於爲善矣，是我助其爲善也。能使天下之人皆勸於爲善，君子之善，孰大於此。慶源輔氏曰：舜之取人以爲善，初未嘗有助人爲善之意也。孟子推說其事，故以爲取諸人以爲善，是乃助人之爲善也。因吾取人之善以爲善，而使天下之人皆勸於爲善，則是聖人成己成物之事。故曰君子之善，孰大於此。○此章言聖賢樂音洛善之誠，初無彼此之間。去聲故其在人者有以裕於己，在己者有以及於人。朱子曰：禹聞善言則拜，猶著意做。舜與人同，是自然氣象。聖人之拜，固出於誠意，然拜是容貌間，未見得行不行。若舜則眞見於行事處。已未善則舍已之未善而從人之善。人有善則取人之善而爲已之善。人樂於見取。便是許助他爲善也○慶源輔氏曰。集註所謂聖賢。兼子路禹舜言之。三人雖淺深大小不同。其樂善之誠。皆無彼此之間。末二句。却單說舜○新安陳氏曰。舜事優於禹。禹事優於子路。然學者之希賢希聖。未有無其序者。常人徇欲背理。諱過飾非。視子路之心。已相背馳。何敢言舜禹事。必先忘私克已。然後能至公而自然無私。故必如子路之克已私。始漸能如聖人之與人爲公耳○新安倪氏曰。語録云。三者本意只是取人但有淺深。而與人爲善。乃是孟子再疊一意以發明之。即此條以證集註之說。則是三人皆有樂善之誠。子路樂於聞人告之以有過。禹樂於聞人之善言而拜。舜樂取人以爲善。雖有淺深。是皆在人者有以裕於已也。末一句所謂在已者有以及於人。乃是申明孟子再疊之意耳。輔氏謂末二句皆單說舜。竊恐未然

○孟子曰。伯夷非其君不事。非其友不友。不立於惡人之朝。不與惡人言。立於惡人之朝。與惡人言。如以朝衣朝冠

坐於塗炭。推惡惡之心。思與鄉人立。其冠不正。望望然去
之。若將浼焉。是故諸侯雖有善其辭命而至者。不受也。不
受也者。是亦不屑就已。朝音潮。惡惡上去聲。下如字。浼莫罪反
塗。泥也。鄉人。鄉里之常人也。望望。去而不顧之貌。浼。汙
去聲也。屑。趙氏曰。潔也。說文曰。動作切切也。不屑就。言不
以就之爲潔。而切切於是也。合趙氏說文二說以解一屑字。已。語助辭
朱子曰。世之所謂清者。不就惡人耳。若善辭令而來者。
固有時而就之。惟伯夷不然。此其所以爲聖之清也。柳
下惠不屑之意亦然。○新安陳氏曰。此言
伯夷之清。嚴於惡惡。而不輕與人羣也
柳下惠。不羞汙君。不卑小官。進不隱賢。必以其道。遺佚而
不怨。阨窮而不憫。故曰。爾爲爾。我爲我。雖袒裼裸裎於我

側爾焉能浼我哉故由由然與之偕而不自失焉援而止之而止援而止之而止者是亦不屑去已佚音逸袒音但裼音錫裸魯果反裎音程焉能之焉於虔反

柳下惠魯大夫展禽居柳下而謚惠也不隱賢不枉道也遺佚放棄也阨困也憫憂也爾爲爾至焉能浼我哉惠之言也袒裼露臂也裸裎露身也由由自得之貌偕並處上聲也不自失不失其正也援音爰而止之而止者言欲去而可留也朱子曰進不隱賢便是必以其道人有所見不肯發出尚有所藏便是枉道○問集註謂不隱賢不枉道也疑與下文必以其道意相重曰兩句相承只作一句讀文勢然也○所以不解作不蔽賢謂其下文云必以其道若作蔽賢說則下文不同矣○不隱賢謂不隱避其賢如巳當廉却以利自汙

已當勇。却以怯自處之類。乃是隱賢是枉道也○雙峯饒氏曰。他人不羞汙君。不卑小官。必至於苟進。而柳下惠則不隱賢。他人見袒裼裸裎而與之偕。則必至於流。而柳下惠則不自失。此其所以爲聖人之和。而異乎常人之和也○新安陳氏曰。此言惠之和。寬以處衆。而不輕與人絶也

孟子曰。伯夷隘。柳下惠不恭。隘與不恭。君子不由也

隘。狹窄側格反也。不恭。簡慢也。夷惠之行。去聲固皆造七到反乎至極之地。然既有所偏。則不能無弊。故不可由也朱子曰。伯夷既清。必有隘處。柳下惠既和。必有不恭處。道理自是如此。孟子恐後人以隘爲清。以不恭爲和。故曰。隘與不恭。君子不由也○問如伯夷之清。而不念舊惡。柳下惠之和。而不以三公易其介。此其所以爲聖之清。聖之和也。但其流弊。則有隘與不恭之失。曰。這也是諸先生恐傷觸二子。所以說流弊。今以聖人觀二子。則二子多有欠闕處。纔有欠闕處。便有弊。所以孟子直說他隘與不恭。不曾說末流如此。如不念舊惡。不以三公易其

介。固是清和好處。然十分只救得一分。救不得那九分。清和之偏處了○問不恭是處已。是待人。曰。是待人如此。其心玩世。視人如無也○清和皆是一偏。學之便有隘不恭處。使懦夫學和。愈不恭。鄙夫學清。愈隘矣。可爲百世師。謂能使薄者寬。鄙者敦。頑者廉。懦者立。君子不由。不由其隘與不恭也○夷隘惠不恭。不必言效之而不至者。其弊如此。只二子所爲已有弊矣○雲峯胡氏曰。道惟中則無弊。夷惠不合乎中庸之道。故君子所不由。夫子之道。大中至正之準。故孟子所願學○新安陳氏曰。孟子一書。言夷惠者不一。以百世之師稱之。以聖之清和許之。此章則謂其隘不恭。似若相反。蓋孟子實欲人法夷惠之得。又恐人不知戒夷惠之失。其憂學者至矣。呂伯恭曰。學伯夷者。未必得其清。而先得其隘。學惠者。未必得其和。而先得其不恭。大抵清之極。易至於隘。和之極。易至於不恭。學之者。當法其清和之得。而戒其隘不恭之失可也

孟子集註大全卷之三

孟子集註大全卷之四

公孫丑章句下

凡十四章。自第二章以下。記孟子出處上聲行實爲詳

孟子曰。天時不如地利。地利不如人和

天時。謂時日支干孤虛王相王去聲之屬也。蔡氏曰。時。四時也。日。日辰也。史記法。六甲孤虛法。甲子旬戌亥爲孤。辰巳爲虛。後五甲倣此。如今人以甲子旬無戌亥爲空亡。是以空亡爲孤也。辰巳與戌亥對。辰巳爲虛。王相。如東方木。旺相於卯之類。○慶源輔氏曰。時。十二時。日。十日。支。十二支。干。十干也。○雙峯饒氏曰。此大槩以五行衰旺言之。五行有孤虛時。有旺相時。春屬木。甲乙木生丙丁火。便是木旺而火相。旺字即是王字。相。王之次也。金到這裏衰。所以孤。孤者。無輔助之意。如今說四廢。然水爲母。木爲子。子實則母虛。水到此所以虛。或問此說時日。或是方所。曰。二者一般。一箇是橫。一箇是直。所以天德月德日

亦有天德月德方。大意如此。其間又自有細密處地利。險阻城池之固也。人和。得民心之和也立兩句爲柱。下文分兩邊自解之

三里之城。七里之郭。環而攻之而不勝。夫環而攻之。必有得天時者矣。然而不勝者。是天時不如地利也夫音扶

三里七里。城郭之小者。郭。外城。環。圍也。言四面攻圍。曠日持久。必有值天時之善者

城非不高也。池非不深也。兵革非不堅利也。米粟非不多也。委而去之。是地利不如人和也

革。甲也。粟。穀也。委。棄也。言不得民心。民不爲去聲守也趙氏曰。古甲以革爲之。故函人爲攻皮之工。後世始用金曰鎧。○雙峯饒氏曰。非謂可以全無天時地利。但不如人

和爾。用兵也要天時地利。但人和是本。人心不和。雖有天時地利。亦不可取勝。况時不時屬天。利不利屬地。人心和不和。則在我而已。在天地者難必。在我者可恃

故曰。域民不以封疆之界。固國不以山谿之險。威天下不以兵革之利。得道者多助。失道者寡助。寡助之至。親戚畔之。多助之至。天下順之

域界限也 南軒張氏曰。得道者。順乎理而已。舉措順理。則人心悅服矣。先王之所以致人和者在此。而極夫多助之效。至於天下順之。其王也孰禦。一失道。則違拂人心。心之所睽。雖親亦踈也。不亦孤且殆哉。雖有高城深池。誰與爲守。○雙峯饒氏曰。緊要在得道二字上。○新安陳氏曰。封疆山谿兵革。皆末也。不以。不全以此也。其本在得道而已

以天下之所順。攻親戚之所畔。故君子有不戰。戰必勝矣

言不戰則已，戰則必勝。○尹氏曰：言得天下者，凡以得民心而已。新安陳氏曰：此章言用兵在得人心，得人心在得道。得道以得人心，則地利之險人爲之守，天時之善人爲之乘。先王之守國家、制天下，本末具舉如此，固以得道得人心爲本，而亦不廢天時地利之末。孟子見當時用兵者惟以天時地利爲務，而不知以得道得人心爲本，故發此論。

○孟子將朝王，王使人來曰：「寡人如就見者也，有寒疾，不可以風。朝將視朝，不識可使寡人得見乎？」對曰：「不幸而有疾，不能造朝。」章内朝並音潮，唯朝將之朝如字。造，七到反，下同。

王，齊王也。孟子本將朝王，王不知而託疾以召孟子，故孟子亦以疾辭也。問：莫是齊王不合託疾否？朱子曰：未論託疾，孟子之意只是說他不合來召。爲其賓師，有事則王自來見，或自往見。若王召之，則有自尊之意，故不往見。在他國時，諸侯無越境之理，只得以幣來聘。故賢者受其幣而往見之。答陳代。如不待其招而往何哉。此以在他國而言。答萬章。天子不召師而況諸侯乎。此以在其國而言。○孟子於此。處賓師之位。未嘗受祿。非齊王所得臣也。王不能見而乃召之。旣失禮矣。其託疾又不誠。若何而可往哉。○新安陳氏曰。王託疾以召。孟子亦託疾以辭。欲其稱也。與孔子亦瞰陽貨之亡同意

明日出弔於東郭氏。公孫丑曰。昔者辭以病。今日弔。或者不可乎。曰。昔者疾。今日愈。如之何不弔。

東郭氏。齊大夫家也。昔者。昨日也。或者。疑辭。辭疾而出弔。與孔子不見孺悲取瑟而歌同意。○慶源輔氏曰。孔子不見。然又取瑟而歌。使之知其非疾。所以警教孺悲也。孟子以疾辭齊王而不往朝。然又出弔東郭。而使之知其非疾者。所以警教齊王也。此皆聖賢至誠應物。而得乎時中之義也。

王使人問疾。醫來。孟仲子對曰。昔者有王命。有采薪之憂。不能造朝。今病小愈。趨造於朝。我不識能至否乎。使數人要於路。曰。請必無歸而造於朝。要平聲

孟仲子。趙氏以爲孟子之從去聲昆弟。學於孟子者也。采薪之憂。言病不能采薪。謙辭也。仲子權辭以對。又使人要孟子。令平聲勿歸而造朝。以實已言。新安陳氏曰。王先詐疾以召。意本不誠。今問疾醫來。虛文美觀。意亦非誠也。仲子遂權對促朝。

不得已而之景丑氏宿焉。景子曰。內則父子。外則君臣。人之大倫也。父子主恩。君臣主敬。丑見王之敬子也。未見所以敬王也。曰。惡。是何言也。齊人無以仁義與王言者。豈以

仁義爲不美也。其心曰。是何足與言仁義也云爾。則不敬莫大乎是。我非堯舜之道。不敢以陳於王前。故齊人莫如我敬王也。惡平聲下同

景丑氏。齊大夫家也。景子。景丑也。惡。歎辭也。景丑所言。敬之小者也。孟子所言。敬之大者也。慶源輔氏曰。丑之說。擎跽曲拳。奔走承順之敬。敬君以貌。世俗之所知。故曰敬之小。孟子所言。陳善閉邪。致君堯舜之敬。敬君以心。聖賢之所行。故曰敬之大。○西山真氏曰。景子但知聞命奔走爲敬其君。不知以堯舜之道告其君。僕隸之臣。唯唯承命。外若敬其君。然心實薄之。曰。是何足與言仁義。此不敬之大者也。

景子曰。否。非此之謂也。禮曰。父召無諾。君命召不俟駕。固將朝也。聞王命而遂不果。宜與夫禮若不相似然。夫音扶下同

禮曰。父命呼。唯（以水反）而不諾。又曰。君命召。在官不俟屨。（官謂朝內）在外不俟車。（並出禮記玉藻篇）言孟子本欲朝王。而聞命中止。似與此禮之意不同也

曰。豈謂是與。曾子曰。晉楚之富。不可及也。彼以其富。我以吾仁。彼以其爵。我以吾義。吾何慊乎哉。夫豈不義而曾子言之。是或一道也。天下有達尊三。爵一。齒一。德一。朝廷莫如爵。鄉黨莫如齒。輔世長民莫如德。惡得有其一。以慢其二哉。（與平聲 慊口簟反 長上聲）

慊恨也。少也。或作嗛字。書以爲口銜物也。然則慊亦但爲心有所銜之義。其爲快爲足。爲恨爲少。則因其事而

所銜有不同耳。孟子言我之意。非如景子之所言者。因引曾子之言而云。夫此豈是不義而曾子肯以爲言。是或別有一種（上聲）道理也。達。通也。蓋通天下之所尊有此三者。曾子之說。蓋以德言之也。今齊王但有爵耳。安得以此慢於齒德乎。

朱子曰。達尊之說。達。通也。三者不相值。則各伸其尊而無所屈。一或相值。則通視其重之所在而致隆焉。故朝廷之上。以伊周之忠聖耆老。而祗奉嗣王。左右孺子。不敢以其齒德加焉。至論輔世長民之任。則太甲成王固拜手稽首於伊周之前矣。其迭爲屈伸以致崇極之義。不異於孟子之言也。故曰通視其重之所在而致隆焉。惟可與權者知之。爵也。齒也。蓋有偶然而得之者。是以其尊施於朝廷者。則不及於鄉黨。施於鄉黨者。則不及於朝廷。而人之敬之也。亦或以貌而不以心。惟德得於心。充於身。刑於家。推於鄉黨而達於朝廷者也。曾子曰。彼以其富。其爵。我以吾義。吾仁。子思曰。事之云乎。豈曰友之云乎。孟子曰。

惡得有其一以慢其二哉。師弟子間。意見之相合固如此。○雙峯饒氏曰。景子之言。是人臣事君之常。孟子之言。是人君尊賢之道。○東陽許氏曰。仁者。循理樂天。安貧守分。故不知彼之富。義者。審度事宜。進退有制。故不羨彼之爵。富只在彼。爵可加我。故用仁義字不同

故將大有爲之君。必有所不召之臣。欲有謀焉則就之。其尊德樂道。不如是不足與有爲也。樂音洛

大有爲之君。大有作爲非常之君也。程子曰。古之人所以必待人君致敬盡禮而後往者。非欲自爲尊大也。爲去聲是故耳。雙峯饒氏曰。不如是。指謀焉則就之

故湯之於伊尹。學焉而後臣之。故不勞而王。桓公之於管仲。學焉而後臣之。故不勞而霸

先從受學。師之也。後以爲臣。任之也。雙峯饒氏曰。何處見得學而後臣。蓋學。師之。臣。相之也。觀尹之辭。無所遜於湯。桓之於管。一則曰仲父。二則曰仲父。亦可見師之之意

今天下地醜德齊。莫能相尚。無他。好臣其所教。而不好臣其所受教好去聲

醜。類也。尚。過也。所教。謂聽從於已。可役使者也。所受教。謂已之所從學者也

湯之於伊尹。桓公之於管仲。則不敢召。管仲且猶不可召。而況不爲管仲者乎

不爲管仲。孟子自謂也慶源輔氏曰。不爲管仲。孟子到此不得已而直言之。不如是。則公孫丑之徒。終不足以知此義也

范氏曰。孟子之於齊。處上聲賓師之位。

非當仕有官職者。故其言如此時問賔師如何。朱子曰。當有所謂客卿是也。大槩尊禮之而不居職任事。但召之則不往○新安陳氏曰。若當仕有官職。乃可以其官召之耳○此章見賔師不以趨走承順爲恭而以責難陳善爲敬新安陳氏曰。恭見於外貌者。故於趨走承順言之。敬存於中心者。故於責難陳善言之人君不以崇高富貴爲重而以貴德尊士爲賢。則上下交而德業成矣

南軒張氏曰。孔子膰肉不至而去魯。不知者以爲爲肉。知者以爲爲無禮。皆非知孔子者。孟子不朝而出弔。不知者。或以爲要君。知者。則以爲太甚矣。公孫仲子以門人近屬。猶不克知。何怪於景丑乎。將朝禮也。聞王託疾之言而不往。義也。明日出弔。欲王深惟其故。取瑟意也。使仲子知孟子之心。則告之曰昔者疾。今日愈而出弔矣。豈不正大。而何必爲是紛紛哉。王託疾要賢。邪志也。孟子方引以當道。可徇其邪志乎。孟子知人皆可爲堯舜。故以堯舜事望王。若以僕僕共命爲敬。則僕妾服役之事耳。孟子於公孫仲子。告之不詳。二子學者也。欲其

深省而自識。於景子、陳義著明如此。景子大夫也。庶幾其有以啓悟王心焉。初不可召而後爲卿於齊。何也。王始不能如湯之於伊尹。猶望其感悟於終也。賢者伸縮變化。皆有深意存焉○慶源輔氏曰。天地交而後萬物遂。上下交而後德業成。此自然之理也。世衰道微。君不知下賢。惟知恃勢以驕賢者。下不知自重。惟知自屈以諂時君。上日驕而下日諂。上下之情。扞格而不接。德之與業。渙散而無成。天下日趨於亂。而世俗猶以孟子爲迂闊。亦可悲矣○新安陳氏曰。上下之交。惟不苟合。然後可合耳

○陳臻問曰。前日於齊。王餽兼金一百而不受。於宋餽七十鎰而受。於薛餽五十鎰而受。前日之不受是。則今日之受非也。今日之受是。則前日之不受非也。夫子必居一於此矣

陳臻。孟子弟子。兼金。好金也。其價兼倍於常者。一百。百

鎰音逸也

孟子曰。皆是也

皆適於義也慶源輔氏曰。陳臻則就事迹校量。孟子則以義理斷制

當在宋也。予將有遠行。行者必以贐。辭曰。餽贐。予何爲不受贐徐刃反

贐。送行者之禮也

當在薛也。予有戒心。辭曰。聞戒。故爲兵餽之。予何爲不受爲兵之爲去聲

時人有欲害孟子者。孟子設兵以戒備之。薛君以金餽孟子。爲兵備。辭曰。聞子之有戒心也有其辭則義可受矣

若於齊則未有處也無處而餽之是貨之也焉有君子而可以貨取乎焉於虔反

無遠行戒心之事是未有所處上聲也未有所處則無辭而義不可受矣

取猶致也朱子曰取是羅致之意輕受之便是被他以貨賄籠絡了問處字是處物爲義之處否曰是○南軒張氏曰人於不當受而受其動於物固也當受不受亦是爲物所動何則以其蔽於物而見物之大也聖賢從容不迫惟義之安外物何有焉物有大小義之所在一耳○新安陳氏曰孟子辭受從容惟義之安陳臻欲辭則皆辭受則皆受而不知隨事以酌其義固哉○尹氏曰言君子之辭受取予通作與惟當去聲於理而已慶源輔氏曰孟子於此無予尹氏併予言之者學者觀此非特可知辭與取之義亦可知所予矣

○孟子之平陸謂其大夫曰子之持戟之士一日而三失

伍則去之否乎曰不待三去上聲

平陸齊下邑也大夫邑宰也戟有枝兵也士戰士也伍行音杭列也去之殺之也

然則子之失伍也亦多矣凶年饑歲子之民老羸轉於溝壑壯者散而之四方者幾千人矣曰此非距心之所得為也幾上聲

子之失伍言其失職猶士之失伍也距心大夫名對言此乃王之大政使然非我所得專為也雙峯饒氏曰凶年說得闊如水旱疾疫之類饑歲只是五穀不熟

曰今有受人之牛羊而為之牧之者則必為之求牧與芻

矣。求牧與芻而不得。則反諸其人乎。抑亦立而視其死與。曰。此則距心之罪也。爲去聲。死與之與平聲。

牧之。養之也。牧。牧地也。芻。草也。孟子言若不得自專。何不致其事而去。

他日見於王曰。王之爲都者。臣知五人焉。知其罪者。惟孔距心。爲王誦之。王曰。此則寡人之罪也。見音現。爲王之爲去聲。

爲都。治邑也。邑有先君之廟曰都。左傳。莊公二十八年。築郿。非都也。凡邑有宗廟先君之主。曰都。無曰邑。邑曰築。都曰城。周禮。四縣爲都。四井爲邑。然宗廟所在。雖邑曰都。尊之也。孔。大夫姓也。爲王誦其語。所以風去聲曉王也。○陳氏曰。陳氏名暘。字晉之。三山人。孟子一言。而齊之君臣舉知其罪。固足以興邦矣。然而齊卒不得爲善國者。豈非說音悅而不繹。從而不改故邪慶源輔氏曰。孟子一言。而齊之君臣舉知其罪者。理明辭達。長於譬喻。而能感發於人故也。然齊之君臣。雖知其罪而終不能改繹者。志小氣輕。志小則易足。蓋原不曾有大底規模。氣輕則多率。多率。則凡事說過便休。都無那自訟自責之意。如此。則何緣會改○雲峯胡氏曰。齊之君臣。一時聞孟子之言。皆知其罪。天理之作明也。終於不改。人欲錮之也

○孟子謂蚳鼃曰。子之辭靈丘而請士師。似也。爲其可以言也。今既數月矣。未可以言與蚳音遲鼃烏化反爲去聲與平聲

蚳鼃。齊大夫也。靈丘。齊下邑。似也。言所爲近似有理。可以言。謂士師近王。得以諫刑罰之不中去聲者

蚳鼃諫於王而不用。致爲臣而去

致猶還也

齊人曰所以爲蚳鼃則善矣所以自爲則吾不知也爲去聲

譏孟子道不行而不能去也

公都子以告

公都子孟子弟子也

曰吾聞之也有官守者不得其職則去有言責者不得其言則去我無官守我無言責也則吾進退豈不綽綽然有餘裕哉

官守以官爲守者言責以言爲責者綽綽寬貌裕寬意也孟子居賓師之位未嘗受祿故其進退之際寬裕如

此南軒張氏曰。孟子異乎蚳鼃。故得從容不迫。陳善閉邪。以俟王之改。可徐處乎進退之宜也。然卒致爲臣而歸。誠意備至。啓告曲盡。而王終莫悟。則有去之而已。然三宿出晝。猶庶幾王之改。終從容不迫也。豈悻悻者能識之〇慶源輔氏曰。距心有官守。蚳鼃有言責。鼃雖未自以爲罪。然諫不行能去。距心雖知其罪。然如是而止。不聞其能去也。鼃賢於距心矣〇雙峯饒氏曰。餘裕是寬緩不迫之意。賓師從容規諷。以漸而入。如今朋友相似。少焉不入亦當去。但寬得些子。不如那有官守言責者。恁地逼迫。不得其職。不得其言。則目下便著休。或疑孔子不脫冕而行。與孟子之說不同。曰。正是一般。蓋孔子有去志久矣。但去得不恁地逼迫。後來膰肉不至。方不脫冕而行。且如衛靈公可謂無道。然亦以賓禮待孔子。故孔子在衛極多時。後來却因問陳。明日遂行。亦是久有去志。因此遂行耳。尹氏曰。進退久速當去聲於理而已雲峯胡氏曰。集註前引尹氏言君子之辭受取予。唯當於理而已。此又引其言曰。進退久速。當於理而已。蓋天理人欲之幾。最不可不辨。當辭而辭是天理。受即非矣。可久而久是天理。速即非矣。如此則當於理。不如此則涉於欲。故惟聖

人能審其幾焉

○孟子爲卿於齊。出弔於滕。王使蓋大夫王驩爲輔行。王驩朝暮見。反齊滕之路。未嘗與之言行事也蓋古盍反見音現

蓋。齊下邑也。王驩。王嬖臣也。輔行。副使去聲下同也。反。往而還也。行事。使事也慶源輔氏曰。使事。謂弔祭之禮。邦交之儀。凡禮文制數皆是

公孫丑曰。齊卿之位。不爲小矣。齊滕之路。不爲近矣。反之而未嘗與言行事。何也。曰。夫既或治之。予何言哉夫音扶

王驩蓋攝卿以行。故曰齊卿。夫既或治之。言有司已治之矣。孟子之待小人。不惡而嚴如此南軒張氏曰。孟子雖爲卿而實賓師也。則夫禮文制數。固可付之於有司。是王驩雖曰輔行。然齊王之意。特欲藉孟子以爲重。有司之事。不敢以煩。

而驩則行之也。孟子特統其大綱於上。而驩則共其事於下。若驩於事上之禮有失。邦交之儀有曠。則孟子固不免有言。以正其事之失也。彼既或治之。未見有可正之事。則亦烏用有言哉○慶源輔氏曰。夫既或治之。正答公孫丑未嘗與之言行事一句。孟子言使事。有司既已治之而得其宜矣。自不須更與王驩言也。只此句。便見孟子之待小人。不惡而嚴之意。使有司不能治其事。於禮儀制數。有曠闕不齊整處。而孟子固不與驩言而正之。則非所謂不惡矣。今有司既已能治辦其事而猶與之言。則便有徇之之意。而不可謂之嚴矣。然自常情觀之。孟子之不與驩言。不以爲惡之。而不欲與之言。則以爲易之。而不足與之言矣。夫惡之而不欲與之言則隘。易之而不足與之言則忽。隘與忽。孟子無是心也。但言有司既已能治辦其事。而不與之言。則亦是順理之事。而其中自有不惡而嚴之意耳。故愚嘗謂君子之待小人。有正已而無屈意。有容德而無過禮。惡惡之心雖不能無。然亦不爲已甚之疾也○新安陳氏曰。君子以遠小人。不惡而嚴。易遯卦大象傳文。孟子於王驩不欲與言。於弔公行子亦可見。今荅丑不過平平說。所以不與言之意。未始及也。蓋欲使丑自悟耳○治之。朱子以

爲有司。南軒以爲驩。正是治之者

○孟子自齊葬於魯。反於齊。止於嬴。充虞請曰。前日不知虞之不肖。使虞敦匠事。嚴。虞不敢請。今願竊有請也。木若以美然

孟子仕於齊。喪(去聲)母。歸葬於魯。嬴齊南邑。充虞孟子弟子。嘗董治作棺之事者也。嚴急也。木棺木也。以已通。以美太美也

曰。古者棺椁無度。中古棺七寸。椁稱之。自天子達於庶人。非直爲觀美也。然後盡於人心(稱去聲)

度。厚薄尺寸也。中古周公制禮時也。椁稱之與棺相稱

也。欲其堅厚久遠。非特爲人觀視之美而已直。但也○慶源輔氏曰。人子之喪親。所以爲之棺椁者。蓋欲其堅厚以歷久遠而已。非是欲爲人觀視之美也。蓋必如此。然後於人心爲盡耳。盡於人心此一句。須當自體之。若後世之厚葬。却只是欲爲人觀美之故也○古者棺椁無度。想只是過於厚。觀易喪葬取之大過可見。至周公制禮時。始爲七寸之制也。棺七寸。則椁亦七寸也○雙峯饒氏曰。周七寸。只如今四寸許

不得不可以爲悅。無財不可以爲悅。得之爲有財。古之人皆用之。吾何爲獨不然

不得。謂法制所不當得。得之爲有財。言得之而又爲有財也。或曰。爲。當作而慶源輔氏曰。不得。得之。泛說葬禮如重累之數。牆翣之飾。旣有定制則不可得以爲悅。非獨指棺椁而言也

且比化者。無使土親膚。於人心獨無恔乎（比必二反　恔音效）

比。猶爲（去聲　下同）也。化者。死者也。恔。快也。言爲死者不使土親近其肌膚。於人子之心。豈不快然無所恨乎

吾聞之也。君子不以天下儉其親

送終之禮。所當得爲而不自盡。是爲（去聲）天下愛惜此物。而薄於吾親也

問不以天下儉其親。朱子曰。以。猶爲也。不爲天下惜棺椁之費。而儉於其親也。王氏中說記太原府君之言。一布被二十年不易。曰無爲費天下也。文意畧與此同。○呂氏曰。註云所當得爲而不自盡。則便是倒行逆施。不順理底。於所厚者薄。則無所不薄矣。墨子之葬。以薄爲道者。即是此意。○新安陳氏曰。此章當味盡於人心。及悅與恔字。人子事親。至葬而終。凡附於身與棺。必誠必信。勿之有悔焉。蓋不如是。無以盡於吾心。不爲悅。不爲恔也。必悅且恔。然後於心爲盡。不得爲而借爲。與可爲而不爲。皆非盡於人心

曰不得不可以爲悅。則制不得爲者。決不敢過。曰得之有財。何獨不然。則力所能爲者。亦何忍於不及。厚所當厚而不儉於親。無非天理也。盡於人心。盡天理而已矣

○沈同以其私問曰。燕可伐與。孟子曰。可。子噲不得與人燕。子之不得受燕於子噲。有仕於此而子悅之。不告於王。而私與之吾子之祿爵。夫士也。亦無王命。而私受之於子。則可乎。何以異於是伐與之與平聲下伐與殺與同夫音扶

沈同。齊臣。以私問。非王命也。子噲子之事。見形甸反下一節解見音同前篇。諸侯土地人民。受之天子。傳之先君。私以與人。則與者受者皆有罪也。仕。爲官也。士。卽從仕之人也慶源輔氏曰。沈同問燕可伐否耳。固不問以齊伐燕爲如何也。若是以王命來問。孟子必當詳告之。不但曰可而已

也○註云與者受者皆有罪。謂不由其道。妄取妄予。如子噲子之之徒者。由其道。則三聖之授受。乃先天而天弗違之事。不可以罪言也

齊人伐燕。或問曰。勸齊伐燕有諸。曰。未也。沈同問燕可伐與。吾應之曰可。彼然而伐之也。彼如曰孰可以伐之。則將應之曰。爲天吏則可以伐之。今有殺人者。或問之曰。人可殺與。則將應之曰可。彼如曰孰可以殺之。則將應之曰。爲士師則可以殺之。今以燕伐燕。何爲勸之哉

天吏。解見上篇。言齊無道。與燕無異。如以燕伐燕也。史記亦謂孟子勸齊伐燕。蓋傳聞此說之誤○楊氏曰。燕固可伐矣。故孟子曰可。使齊王能誅其君。弔其民。何不

可之有。乃殺其父兄。虜其子弟。而後燕人畔之。乃以是歸咎孟子之言。則誤矣朱子曰。孟子言伐燕處有四。燕父子君臣如此。固有可伐之理。然孟子不曾教齊不伐。亦不曾教齊必伐。但曰惟天吏則可以伐之。○或謂孟子於沈同之問。曷爲不盡其辭以告之。曰。沈同固非能伐燕者。且其以私來問。又不言齊之將伐燕也。則直以可伐之理告之足矣。若遂探其情而預設辭以伐之。則是猜防險詖之私爾。豈所謂聖賢之心哉。且齊雖無道。若能拯燕之遺民於水火之中。而無殺戮繫累之暴。則其伐之也。亦何爲而不可哉。○雙峯饒氏曰。惟士師則可以殺有罪之人。泛泛如何可以擅殺。惟天吏可以伐無道之國。諸侯如何可以擅相征伐。天吏。天所命者。士師。君所命者。天吏以其有道。故天命之征伐。如湯武是也。沈同安曉此理。但知人之可伐。而不知己之不可伐人

○燕人畔。王曰。吾甚慙於孟子

齊破燕後二年。燕人共立太子平爲王平即昭王

陳賈曰王無患焉王自以爲與周公孰仁且智王曰惡是何言也曰周公使管叔監殷管叔以殷畔知而使之是不仁也不知而使之是不智也仁智周公未之盡也而況於王乎賈請見而解之惡監皆平聲

陳賈齊大夫也管叔名鮮武王弟周公兄也武王勝商殺紂立紂子武庚而使管叔與弟蔡叔霍叔監其國武王崩成王幼周公攝政管叔與武庚畔周公討而誅之

見孟子問曰周公何人也曰古聖人也曰使管叔監殷管叔以殷畔也有諸曰然曰周公知其將畔而使之與曰不知也然則聖人且有過與曰周公弟也管叔兄也周公之

過不亦宜乎

言周公乃管叔之弟。管叔乃周公之兄。然則周公不知管叔之將畔而使之。其過有所不免矣。或曰。周公之處（上聲下同）管叔。不如舜之處象。何也。游氏曰。象之惡已著。而其志不過富貴而已。故舜得以是而全之。若管叔之惡則未著。而其志其才。皆非象比也。周公詎忍逆探（平聲）其兄之惡而棄之邪。周公愛兄。宜無不盡者。管叔之事。聖人之不幸也。舜誠信而喜象。周公誠信而任管叔。此天理人倫之至。其用心一也（程子曰。象憂亦憂。象喜亦喜。蓋天理人情。於是爲至。舜之於象。周公之於管叔。其用心一也。夫管叔未嘗有惡也。使周公逆知其將畔。果何心哉。惟管叔之畔。非周公所能知。則其過有所不免矣。故孟子曰。周公之過。不亦宜乎○問周公誅管叔。自公義言之。其心固正大直截。自私恩言之。其情終有不自滿處。所以孟子謂周公之過。不亦宜乎者以此。朱子曰。周公豈得已爲此哉。莫到恁地較好。胡氏云。象得罪於舜。故封之。管蔡流言。將危周公。以閒王室。得罪於天下。故誅之。非周公誅之。天下之所當誅。周公豈得而私之哉。舜處其常。周公處其變。此聖人所以同歸於道也○慶源輔氏曰。周公不忍料兄之惡而使之。故不免有過。是以孟子亦言周公之過。不亦宜乎。不說周公無過也○雲峯胡氏曰。詎忍逆探其兄之惡而棄之。此一句。最見得周公之用心。舜之心。誠信而喜象。不忍逆以其弟爲詐。舜爲兄之道盡矣。周公之心。誠信而任管叔。不忍逆以其兄爲畔。周公爲弟之道盡矣。故曰。此天理人倫之至。人倫即是天理。特分而言之。天理其自然者。人倫其當然者爾

且古之君子。過則改之。今之君子。過則順之。古之君子其過也。如日月之食。民皆見之。及其更也。民皆仰之。今之君

子豈徒順之，又從而爲之辭。更平聲

順，猶遂也。更，改也。辭，辯也。更之則無損於明，故民仰之。順而爲之辭，則其過愈深矣。責賈不能勉其君以遷善改過，而教之以遂非文去聲過也。新安陳氏曰：孟子窺賈爲君文過之心，於不言之表而責之。○林氏曰：齊王慙於孟子，蓋羞惡去聲之心，有不能自已者。使其臣有能因是心而將順之，則義不可勝平聲用矣。而陳賈鄙夫，方且爲去聲之曲爲辯說，而沮在呂反其遷善改過之心，長上聲其飾非拒諫之惡，故孟子深責之。然此書記事散出，而無先後之次，故其說必參考而後通。若以第二篇十章齊人伐燕勝之章，十一章齊人伐燕取之章置之前章之後。此章之前。則孟子之意。不待論說而自明矣南軒張氏曰。周公於管叔。親愛之而不知其將畔。其過也宜矣。賈爲君文過。過之中又生過焉○汪氏曰。已富貴而兄弟無位。仁者弗爲也。兄弟惡未萌而以惡逆之。智者弗爲也。自陳賈觀之。以周公爲仁智未之盡。由君子觀之。周公實仁且智者也。不期以畔。而卒至於畔。不免於過。乃所遭之不幸也。及其畔也。不以私恩害公義。誅之以安宗社天下。是於過爲能改矣。其不得已而行權也

○孟子致爲臣而歸

孟子久於齊而道不行。故去也

王就見孟子曰。前日願見而不可得。得侍同朝甚喜。今又棄寡人而歸。不識可以繼此而得見乎。對曰。不敢請耳。固所願也朝音潮

新安陳氏曰。謙言得侍賢者。同朝者皆甚喜

他日。王謂時子曰。我欲中國而授孟子室。養弟子以萬鍾。使諸大夫國人皆有所矜式。子盍爲我言之爲去聲

時子。齊臣也。中國。當國之中也。萬鍾。穀祿之數也。鍾量去聲名。受六斛四斗。矜。敬也。式。法也。盍。何不也趙氏曰。四豆爲區。區受斗六升。四區爲釜。釜受六斗四升。十釜爲鍾。受六斛四斗

時子因陳子而以告孟子。陳子以時子之言告孟子

陳子即陳臻也

孟子曰。然。夫時子惡知其不可也。如使予欲富。辭十萬而受萬。是爲欲富乎夫音扶惡平聲

孟子旣以道不行而去。則其義不可以復（扶又反）留。而時子不知。則又有難顯言者。故但言設使我欲富。則我前日爲卿。嘗辭十萬之祿。今乃受此萬鍾之饋。是我雖欲富。亦不爲此也（況本非欲富乎○慶源輔氏曰。齊王告時子。是就人欲中計較。孟子之意。道合則從。不合則去。惡用是多端爲哉○註云孟子有難顯言者。顯言之。則訐揚齊王之失。而有戾於我固所願之仁）

季孫曰。異哉子叔疑。使已爲政。不用。則亦已矣。又使其子弟爲卿。人亦孰不欲富貴。而獨於富貴之中。有私龍斷焉（龍音壟）

此孟子引季孫之語也。季孫子叔疑。不知何時人。龍斷岡壟之斷而高也。義見（形甸反）下文。蓋子叔疑者嘗不用。

而使其子弟爲卿。季孫譏其既不得於此。而又欲求得於彼。如下文賤丈夫登龍斷者之所爲也。孟子引此以明道既不行。復扶又反受其祿則無以異此矣慶源輔氏曰。舉季孫所譏子叔疑之事。以見我不敢做此之意。辭祿而受饋。雖多寡之不同。畢竟是既不得於此。而又求得於彼也

古之爲市者。以其所有易其所無者。有司者治之耳。有賤丈夫焉。必求龍斷而登之。以左右望而罔市利。人皆以爲賤。故從而征之。征商自此賤丈夫始矣

孟子釋龍斷之說如此。治之。謂治其爭訟。左右望者。欲得此而又取彼也。罔。謂罔羅取之也。雙峯饒氏曰。左右望。是欲全得之。萬一不得於此。亦可得於彼。不得於此。是譬喻辭十萬。得於彼。是譬喻受萬從而征之。謂人惡

去聲其專利故就征其稅後世緣此遂征商人也慶源輔氏曰文王關譏不征是二代之初皆如此○新安陳氏曰孟子有引喻以終之而不復說上正意者此章之類是也

○程子曰齊王所以處上聲孟子者未爲不可孟子亦非不肯爲國人矜式者但齊王實非欲尊孟子乃欲以利誘之故孟子拒而不受新安陳氏曰齊王固不得待孟子之道尤爲不知孟子之心

○孟子去齊宿於晝晝如字或曰當作畫音獲下同

晝齊西南近邑也

有欲爲王留行者坐而言不應隱几而臥爲去聲下同隱於反

隱憑也客坐而言孟子不應而臥也

客不悅曰弟子齊宿而後敢言夫子臥而不聽請勿復敢

見矣。曰。坐。我明語子。昔者魯繆公無人乎子思之側。則不能安子思。泄柳申詳無人乎繆公之側。則不能安其身。齊側皆反。復扶又反。語去聲。

齊宿齊戒越宿也。繆音穆公尊禮子思。常使人候伺音司道去聲達誠意於其側。乃能安而留之也。泄柳魯人。申詳子張之子也。繆公尊之不如子思。然二子義不苟容。非有賢者在其君之左右。維持調護之。則亦不能安其身矣。

問泄柳申詳無人乎繆公之側則不能安其身。二子之賢其心固如是乎。朱子曰。非謂二子之心倚君側之人也。語其勢則然耳。若二子之心如此則與世之垢面汙行而事君側便嬖之人者。何以異乎○慶源輔氏曰。繆公好賢之切。惟恐自不當其意者。常使人道達誠意。乃能安而留之。泄柳嘗閉門以避繆公。不苟合可見。申詳見禮記。與泄柳並稱。其賢可知。繆公待子思。恐子思不察己之誠也。二子非有賢者調護之。則又恐君不察己之誠也。德若子思。則自有此慮。若只及得二子。則自處又當如此。下此則苟容以徇君者也

子爲長者慮。而不及子思。子絕長者乎。長者絕子乎長上聲

長者。孟子自稱也。言齊王不使子來。而子自欲爲爲去聲。下以爲同王留我。是所以爲我謀者。不及繆公留子思之事。而先絕我也。我之卧而不應。豈爲先絕子乎慶源輔氏曰。孟子之自處不在子思之下。故意或人之爲我謀。不及繆公留子思之事也。蓋有欲爲王留行者。雖有愛賢之意。而不知待賢者之禮。故孟子告之如此。○新安倪氏曰。孟子之於齊。齊王既不能如繆公之待子思。固無以安孟子矣。次焉而齊之羣臣。又無賢者爲之維持調護。孟子亦豈能安其身哉。孟子之德。無愧子思。齊王如繆公之待子思。宜也。故末又以不及子思爲言。泄柳申詳之事。姑引以言齊之無賢臣耳

○孟子去齊。尹士語人曰。不識王之不可以爲湯武則是不明也。識其不可然且至。則是干澤也。千里而見王。不遇故去。三宿而後出晝。是何濡滯也。士則玆不悅

尹士齊人也。干求也。澤恩澤也。濡滯遲留也

高子以告

高子。亦齊人。孟子弟子也

曰夫尹士惡知予哉。千里而見王。是予所欲也。不遇故去豈予所欲哉。予不得已也夫音扶下同惡平聲

見王。欲以行道也。今道不行。故不得已而去。非本欲如此也

子三宿而出晝於予心猶以爲速王庶幾改之王如改諸則必反予

所改必指一事而言然今不可考矣

夫出晝而王不予追也予然後浩然有歸志予雖然豈舍王哉王由足用爲善王如用予則豈徒齊民安天下之民舉安王庶幾改之予日望之

浩然如水之流不可止也楊氏曰齊王天資朴實如好勇好貨好色好世俗之樂皆以直告而不隱於孟子故足以爲善若乃其心不然而謬爲大言以欺人是人終不可與入堯舜之道矣何善之能爲

予豈若是小丈夫然哉。諫於其君而不受則怒，悻悻然見於其面，去則窮日之力而後宿哉。悻，形頂反。見，音現。

悻悻，怒意也。窮，盡也。

尹士聞之曰：士誠小人也。

此章見聖賢行道濟時汲汲之本心，愛君澤民惓惓音權之餘意。慶源輔氏曰：集註本心，謂其初本欲如此也。餘意，則後來不得已之意耳。詳玩此兩句，便可見聖賢之心。千里見王，王如用予，豈特齊民安，天下之民舉安。此其行道濟時汲汲之本心。三宿出晝，王庶幾改之，予日望之。此其愛君澤民惓惓之餘意。李氏曰：於此見君子憂則違之之情，而荷何可反蕢者所以爲果也。易乾卦文言：樂則行之，憂則違之。○朱子曰：孟子與荷蕢，皆是憂則違之。但荷蕢者果於去，不若孟子之遲遲吾行，蓋得時行道者，聖人之本心；不遇而去者。

聖人之不得已。此與孔子去魯之心同。蓋聖賢憂世濟時之誠心。非若荷蕢之果於去也○南軒張氏曰。齊王資雖鈍而不敏。然異夫飾非矯情以自欺欺人者。故孟子有望焉。以爲王如用予。天下舉安。蓋其安天下之道。已素定於胷中。而其本則在於格君心。故拳拳望王之改之也。若夫諫而不用。去則窮日而後宿者。是私意所發。其諫也固無誠意之感。其去也又無忠厚之氣。眞小丈夫哉○雙峯饒氏曰。方其來也。只望齊王能行其道。及其去也。又望王能改過。此聖賢仁厚之意。蓋決然去者義也。欲去不去者。仁也。李氏所以說憂則違之之情。憂只是不樂違去也。當看情字○雲峯胡氏曰。孟子憂則違之。若與荷蕢同。而其憂則違之之情。與荷蕢之恝然忘情者大不同也○新安陳氏曰。孟子所歷。如滕文雖慕道。然國微弱。道必難行。其次如魯沮於臧倉。又必不行。大國。齊梁也。梁惠不足與有行。襄尤劣矣。庶幾焉者其齊宣乎。齊有易以安天下之勢。孟子又有安天下之道。王天資誠朴。若可與有行者。所以拳拳望之有不能自已焉。於此終不遇合。則孟子之道。知其不行矣

○孟子去齊。充虞路問曰。夫子若有不豫色然。前日虞聞

諸夫子曰。君子不怨天。不尤人

路問。於路中問也。豫。悅也。尤。過也。此二句實孔子之言蓋孟子嘗稱之以教人耳

曰。彼一時此一時也

彼。前日。此。今日（新安陳氏曰。前日言不怨尤之時。與今日所遇之時不同）

五百年必有王者興。其間必有名世者

自堯舜至湯。自湯至文武。皆五百餘年而聖人出。名世。謂其人德業聞（去聲）望。可名於一世者。爲之輔佐。若皐陶稷。契（私列反）伊尹。萊朱。太公望。散（素亶反）宜生之屬

由周而來。七百有餘歲矣。以其數則過矣。以其時考之則

可矣

周謂文武之間。數謂五百年之期。時謂亂極思治去聲。可以有爲之日。於是而不得一有所爲。此孟子所以不能無不豫也

夫天未欲平治天下也。如欲平治天下。當今之世。舍我其誰也。吾何爲不豫哉夫音扶舍上聲

言當此之時。而使我不遇於齊。是天未欲平治天下也。然天意未可知。而其具又在我。我何爲不豫哉新安陳氏曰。天意或欲平治天下亦未可知。其具。謂能平治天下之道也然則孟子雖若有不豫然者。而實未嘗不豫也。蓋聖賢憂世之志。樂音洛天之誠。有

並行而不悖者。於此見矣朱子曰。或問文中子曰。聖人有憂乎。曰天下皆憂。吾獨得不憂。又曰樂天知命。吾何憂。若孟子不忘天下之憂。而亦不害其樂天知命之樂。其庶幾乎○慶源輔氏曰。不能無不豫。憂世之志也。實未嘗不豫。樂天之誠也。憂樂自常情觀之。則相反。自聖賢言之。則並行而不悖也○自五百年至則可矣觀之。則孟子不能無不豫然也。自夫天未欲平治以下觀之。則孟子實未嘗不豫也○雙峯饒氏曰。孟子到此亦末如之何。所以只得歸之天

○孟子去齊。居休。公孫丑問曰。仕而不受祿。古之道乎

休。地名

曰。非也。於崇。吾得見王。退而有去志。不欲變。故不受也

崇亦地名。孟子始見齊王。必有所不合新安陳氏曰。道不行於齊。其幾已先見乎此故有去志。變謂變其去志

繼而有師命不可以請久於齊非我志也

師命師旅之命也國既被兵難請去也新安陳氏曰恐只是因師旅之事而戒嚴耳○孔氏曰仕而受祿禮也不受齊祿義也義之所在禮有時而變公孫丑欲以一端裁之不亦誤乎南軒張氏曰孟子之去齊三宿出晝猶以爲速而謂初見已有去志久於齊非我志何也蓋孟子雖庶幾齊王之可與有爲而可去之幾未嘗不先覺也初見察王之情必有不能受者又以其質亦有可取故不受其祿姑留以觀其感悟與否也初志雖欲去而猶有望焉豈徒爲苟留也哉此篇載孟子於齊始終去就久速之義甚備學者所宜深究也○慶源輔氏曰禮則有常義則有權如君命召不俟駕禮也有不召之臣便是義孔氏謂仕而受祿禮也不受齊祿義也說得自好○雙峯饒氏曰有見行可之仕有際可之仕有公養之仕孟子當時見王於崇便有不合處難於委質爲臣所以止爲際可之仕見行可者見這道理漸可行也孟子自崇既退之後未

孟子集註大全卷十四 二十四

見其道之可行。所以終於不受祿。○新安陳氏曰不受卿祿。此孟子最高處。其超然不屈。進退餘裕。本全在此。一受其祿。則爲祿所縻。是爲祿而仕耳。十萬之祿。脫屣而去。齊王猶欲以萬鍾縻之。豈知孟子者。吾意戰國之世。高節如許。惟孟子一人而已。庶幾焉者。其曾仲連乎

孟子集註大全卷之四

孟子集註大全卷之五

滕文公章句上

凡五章

滕文公爲世子將之楚過宋而見孟子

世子太子也

孟子道性善言必稱堯舜

道言也性者人所禀於天以生之理也渾上聲然至善未嘗有惡人與堯舜初無少異但衆人汨音骨於私欲而失之堯舜則無私欲之蔽而能充其性爾新安陳氏曰四端章雖言性情之理而性字未說出性字始見於此而詳見告子盡心篇充其性即擴而充之之充故孟子與世

子言。每道性善。而必稱堯舜以實之。欲其知仁義不假外求。聖人可學而至。而不懈居隘反於用力也。新安陳氏曰。集註已包後面成覸等三說之意。門人不能悉記其辭。而撮其大旨如此。慶源輔氏曰。朱子既斷孟子之書。以爲孟子自著。則似此處皆當改。此是後來不曾改得。程子曰。性卽理也。天下之理。原其所自。未有不善。喜怒哀樂音洛未發。何嘗不善。發而中節。卽無往而不善。發不中節。然後爲不善。故凡言善惡。皆先善而後惡。言吉凶。皆先吉而後凶。言是非。皆先是而後非。問孔子言性與天道不可得而聞。孟子乃開口便說性善。是如何。朱子曰。孟子也只是大槩說性善。至於性之所以善處。也少說。須是如說一陰一陽之謂道。繼之者善也。成之者性也。方是說性與天道耳。○易言繼善。是指未生之前。孟子言性善。是指已生之後。雖曰已生。然其本體初不相離也。○孟子見滕文公，便道性善，他欲人先知得一箇本原，則爲善必力，去惡必勇。○伊川謂性即理也一句，直自孔子後，惟伊川說得盡。這一句便是于萬世說性之根基。理是箇公共底物事，不解會不善。人做不是，自是失了性，却不是壞了著修。又曰：未發之前，氣不用事，所以有善而無惡。○性善者，以理言之；稱堯舜者，質其事以實之，所以互相發也。其意蓋曰：知性善，則知堯舜之必可爲矣；知堯舜之可爲，則其於性善也，信之益篤，而守之益固矣。○問：性善之性與堯舜性之之性如何？曰：性善之性實，性之之性虛。性之只是合下稟得，自下便將來受用。○性善，故人皆可爲堯舜；必稱堯舜，所以驗性善之實。○問：人未能便至於堯舜，而孟子言必稱之，何也？曰：道性善與稱堯舜二句正相表裏。蓋人之不至於堯舜者，是他力量不至，固無可柰何。然人須當以堯舜爲法，人到得堯舜地位，方做得一箇人，無所欠闕，然也只是本分事，這便是止於至善。○問：孟子道性善，看來孟子言赤子將入井，有怵惕惻隱之心，此只就情上見；如言孩提之童無不愛其親，亦只是就情上說。曰：未發時，怵惕惻隱與孩提愛親之心皆在裏面了，少間發出來，即是未發底物事。靜也只是這物事動也只是這物事。如孟子所說。正要人於發動處。見得是這物事。即是静時所養底物事。静時若存守得這物事。則日用流行。即是這物事。而今學者。且要識得動静只是一箇物事。○問孟子道性善。蓋謂性無有不善也。明道乃以爲善固性也。然惡亦不可不謂之性。其義如何。潛室陳氏曰。纔識氣質之性。即善惡方各有著落。不然。則惡從何處生。以孟子說未備。故程門發此義。孟子專說義理之性。則惡無所歸。是論性不論氣。孟子之說爲未備。專說氣稟。則善爲無別。是論氣不論性。諸子之論。所以不明夫本也。程子兼氣質論性。○雲峯胡氏曰。孔子亦嘗說性善。曰繼之者善。成之者性。但善字從造化發育處說。不從人生稟受處說。子思曰。天命之謂性。率性之謂道。正是從源頭說。性之本善。但不露出一善字。性善之論。自孟子始發之。集註釋性者。人稟於天以生之理也。此一句便關倒告子所謂生之謂性。蓋生不是性。生之理是性。天地間豈有不好底道理。故曰渾然至善。未嘗有惡。古今只是一箇道理。故曰人與堯舜初無少異。孟子道性善。言其理也。稱堯舜以實之。言其事也。天下無理外之事。能爲堯舜所爲之事。便是不失吾所得以生之理。然而人不能皆堯舜者。氣質之拘。物欲之蔽也。集註言物欲不言氣質。蓋以孟子不曾說到氣質之性。故但據孟子之意言之。程子曰。性善二字。孟子擴前聖之所未發。而有功於聖門。愚亦敢曰。性即理也一句。程子擴前聖所未發。而有功於孟子。○新安陳氏曰。性善是虛說其理。稱堯舜是指能盡性之人以實其說。如朱子著小學書。列立教明倫於前。盡是說其理。列實立教實明倫於後。並是實有是人。實有是事。以實前面之說。此之謂實之。何以驗人性之善哉。觀堯舜能盡其性。而爲大聖人。則可以知同有是性者之皆可以爲聖人。而不懈於學聖人矣。所以言性善而必稱堯舜以實之歟

世子自楚反復見孟子。孟子曰。世子疑吾言乎。夫道一而已矣。復扶又反 夫音扶

時人不知性之本善。而以聖賢爲不可企及。故世子於孟子之言。不能無疑。而復來求見。蓋恐別有卑近易去聲

行之說也。孟子知之。故但告之如此。以明古今聖愚本同一性。前言已盡。無復扶又反下同有他說也朱子曰。當戰國之時。聖學不明。天下之人。但知功利之可求。而不知己性之本善。聖賢之可學。聞是說者。非惟不信。往往亦不復致疑於其間。若文公。則雖未能盡信。而已能有所疑矣。是其可與進道之萌芽也。故孟子於其去而復來。迎而謂之曰。世子疑吾言乎。而又告之曰。夫道一而已矣。蓋古今聖愚。同此一性。則天下固不容有二道。但在篤信力行。則天下之理。雖有至難。猶必可至。況善乃人之所本有。而爲之不難乎。○雲峰胡氏曰。按饒氏謂道一而已矣。與性一而已矣不同。性以所稟言之。道以所由言之。集註此處說得性字稍重。愚謂集註不曰同一道。而曰同一性者。蓋推本而言。欲自上文性善說來。性之外也無所謂道。同此性即同此道。又何疑焉。

成覸謂齊景公曰。彼丈夫也。我丈夫也。吾何畏彼哉。顏淵曰。舜何人也。予何人也。有爲者亦若是。公明儀曰。文王我

師也。周公豈欺我哉。覸古莧反

成覸。人姓名。彼。謂聖賢也。有爲者亦若是。言人能有爲。則皆如舜也。公明。姓。儀。名。魯賢人也。文王我師也。蓋周公之言。公明儀亦以文王爲必可師。故誦周公之言而歎其不我欺也。孟子旣告世子以道無二致。而復引此三言以明之。欲世子篤信力行。以師聖賢。不當復求他說也。朱子曰。孟子引三段說話。教人如此發憤勇猛向前。日用之間。不得存留一毫人欲之私在這裏。此外更無别法。若如此有箇奮迅興起處。方有田地可下工夫。不然。則是畫脂鏤冰。無眞實得力處。○雲峰胡氏曰。性之本善。堯舜無異於人。人自異於堯舜行之不力。

今滕絶長補短。將五十里也。猶可以爲善國。書曰。若藥不

瞑眩。厥疾不瘳。（瞑莫甸反 眩音縣）

絶。猶截也。書。商書說（音悅）命篇。瞑眩。憒（古對反）亂。言滕國雖小。猶足爲治。（去聲）但恐安於卑近。不能自克。則不足以去（上聲）惡而爲善也。（朱子曰。滕小不過如今一鄉。孟子只說可爲善國。終不成以告齊梁之君者告之。○人要爲聖賢。須是猛起。如服瞑眩之藥。以除浚痼之疾。直是不可悠悠。○蔡氏曰。方言云。飲藥而毒。海岱之間。謂之瞑眩。○勉齋黃氏曰。歷引三人之言。所以釋滕文之疑。終以藥瞑眩。所以厲其志。○雙峰饒氏曰。前而文公再去見孟子時。是疑其資禀凡下。不可以為堯舜。故孟子以成覸以下三說答之。末後孟子恐文公又自疑其土地狹小。故以瞑眩之說告之。文公後來。也能問喪禮。問經界。亦足見其有爲處。）○愚按孟子之言性善。始見（形甸反）於此。而詳具於告子之篇。然默識（如字）而旁通之。則七篇之中。無非此理。其所以擴前聖之未發而有功於聖人之門。程子之言信矣。西山真氏曰。七篇之中無非此理者。如言仁義。言四端。蓋其大者。至於因齊王之愛牛而勸之以行王政。亦因其性善而引之當道也。以此推之。他可識矣。○新安陳氏曰。林氏於下章言喪禮處。謂可驗人性之善。亦當以此意類推之

○滕定公薨。世子謂然友曰。昔者孟子嘗與我言於宋。於心終不忘。今也不幸至於大故。吾欲使子問於孟子。然後行事

定公。文公父也。然友。世子之傅也。大故。大喪也。事。謂喪禮

然友之鄒。問於孟子。孟子曰。不亦善乎。親喪固所自盡也。曾子曰。生事之以禮。死葬之以禮。祭之以禮。可謂孝矣。諸

侯之禮吾未之學也。雖然吾嘗聞之矣。三年之喪。齊疏之服。飦粥之食。自天子達於庶人。三代共之。齊音資疏所居反飦諸延反

當時諸侯莫能行古喪禮。而文公獨能以此爲問。故孟子善之。又言父母之喪。固人子之心所自盡者。蓋悲哀之情痛疾之意。非自外至。宜乎文公於此有所不能自已也。但所引曾子之言。本孔子告樊遲者。豈曾子嘗誦之以告其門人歟。三年之喪者。子生三年然後免於父母之懷。故父母之喪必以三年也。齊衣下縫音逢也。不緝七入反曰斬衰。音催下同緝之。曰齊衰。疏麤也。麤布也。飦糜也。喪禮。三日始食粥。既葬乃疏食。音嗣○記喪大記。君之喪。子大夫公子衆士。皆

三日不食。子大夫公子食粥。士疏食水飲。夫人世婦諸妻。皆疏食水飲。大夫之喪。主人室老子姓皆食粥。衆士疏食水飲。室老。其貴臣也。衆士。謂衆臣。妻妾疏食水飲。士亦如之。既葬。主人疏食水飲。不食菜果。婦人亦如之。君大夫士一也。練而食菜果。祥而食肉。

此古今貴賤通行之禮也。

朱子曰。孟子說制度。皆舉其綱而已。如田之十一。喪之自天子達之類。○孟子答滕文公喪禮。不說到細碎上。只說齊疏之服。飦粥之食。自天子達於庶人。這二項便是大原大本。自盡其心。喪禮之大本也。三年。齊疏。飦粥。喪禮之大經也。孟子生戰國。不得見先王全經矣。然其學得孔氏之正傳。而於文武之道識其大者。故其考論制度。雖若䟽闊。而於大本大經之際。則有不可得而亂者。以是爲主。而酌乎人情世變以文之。則禮雖先王未之有。亦可以義起矣。後世議禮者不明乎此。故常以其度數節文之小不備而不敢爲。卒以就乎大不備而後已。此劉向所以深嘆之也。然無孟子之學而强爲之。如叔孫通曹褒之流。是又不免乎私意之鑿而已矣。○趙氏曰。自天子達於庶人。是無貴賤之别。三代共之。是無古今之異然友反命。定爲三年之喪。父兄百官皆不欲。曰。吾宗國魯先君莫之行。吾先君亦莫之行也。至於子之身而反之。不可。且志曰。喪祭從先祖。曰。吾有所受之也。

父兄。同姓老臣也。滕與魯俱文王之後。而魯祖周公爲長。上聲兄弟宗之。故滕謂魯爲宗國也。然謂二國不行三年之喪者。乃其後世之失。非周公之法本然也。志。記也。引志之言而釋其意。以爲所以如此者。蓋爲去聲上世以來有所傳受。雖或不同。不可改也。然志所言本謂先王之世。舊俗所傳禮文小異。而可以通行者耳。不謂後世失禮之甚者也。朱子曰。古宗國。如周公兄弟之爲諸侯者。則皆以魯國爲宗。至戰國時。滕猶稱魯爲宗國也。○南軒張氏曰。考滕世子問孟子之辭。則三年之喪。其廢也久矣。其在周之末世乎。故曰吾宗國魯先君莫之行。吾先君亦莫之行也。又曰喪祭從先祖。吾有所受之也。然則其廢也久矣。世之治亂。此豈非其根柢耶。

謂然友曰。吾他日。未嘗學問。好馳馬試劒。今也父兄百官不我足也。恐其不能盡於大事。子爲我問孟子。然友復之鄒問孟子。孟子曰。然。不可以他求者也。孔子曰。君薨聽於冢宰。歠粥面深墨。即位而哭。百官有司莫敢不哀。先之也。上有好者。下必有甚焉者矣。君子之德風也。小人之德草也。草尚之風必偃。是在世子。好爲皆去聲。復扶又反。歠川悅反

不我足。謂不以我滿足其意也。然者。然其不我足之言。

不可他求者，言當責之於己。冢宰，六卿之長上聲也。歠，飲也。深墨，甚黑色也。即，就也。尚，加也。論語作上，古字通也。偃，伏也。必偃以上皆孔子語。孟子言但在世子自盡其哀而已。慶源輔氏曰：當責之於己，是應前面固所自盡之說。在世子自盡其哀，是應上句不可他求之意。○雙峯饒氏曰：君薨，君字統天子諸侯而言。聽於冢宰，是國家政事皆聽命於冢宰，非聽政聽訟之謂。

然。友反命。世子曰：然，是誠在我。五月居廬，未有命戒。百官族人可謂曰知。及至葬，四方來觀之，顏色之戚，哭泣之哀，弔者大悅。

諸侯五月而葬，未葬，居倚廬於中門之外，居喪不言，故未有命令教戒也。左傳隱公元年：天子七月而葬，同軌畢至。言同軌以別四夷之國。諸侯五月。同盟至。同在方嶽之盟大夫三月。同位至。士踰月。外姻至。此言赴弔各以遠近爲差。因爲葬節〇禮記喪大記。父母之喪。居倚廬不塗。寢苫枕凷。非喪事不言。可謂曰知。疑有闕誤。或曰皆謂世子之知禮也慶源輔氏曰。可。當作皆。如作可。不成文理〇林氏曰。孟子之時。喪禮既壞。然三年之喪。惻隱之心。痛疾之意。出於人心之所固有者。初未嘗亡也。惟其溺於流俗之弊。是以喪去聲其良心而不自知耳。文公見孟子而聞性善堯舜之說。則固有以啓發其良心矣。是以至此而哀痛之誠心發焉。及其父兄百官皆不欲行。則亦反躬自責。悼其前行去聲之不足以取信。而不敢有非其父兄百官之心。雖其資質有過人者。而學問之力。亦不可誣也。及其斷丁亂反然行之。而遠近見聞。無不悅服。則以人心之所同然者。自我發之。而彼之心悅誠服。亦有所不期然而然者。人性之善。豈不信哉。西山眞氏曰。三年之喪。自唐虞三代未有改者。春秋之世此禮廢墜。於是宰予欲短喪。而孔子責其不仁。子思亦謂自朞以下。貴賤有殊。父母之喪。則一而已。方滕文用孟子言。欲行此禮。父兄百官。譁然爭之。及違衆而行。又以爲知禮何耶。蓋以爲不可行者。蹈常襲故之陋見。而以爲知禮者。秉彝好德之良心也。世降教失。雖以東魯文獻之邦。猶不能行。何怪於滕之父兄乎。然文公一以身先之。則幡然而悟。天理之在人心者。固不可泯也。○雲峯胡氏曰。前章論性善。此章自是論三年之喪。集註引林氏說。首尾之舉性善而言者。蓋喪制。人子之心所自盡者。最可見人性之本善處。文公自悔其前日未嘗學問。而一旦力行其所聞於孟子者。是孟子一開發之際。而文公之性善見矣。及其行之。而遠近見聞。莫不悅服。是文公一感發之頃。而遠近之人。性善皆見矣。於是孟可信人性之無有不善。而堯舜之眞可爲也

○滕文公問爲國

文公以禮聘孟子。故孟子至滕。而文公問之 慶源輔氏曰。前云使然友問。後云使畢戰問。但此言滕文公問。則知是文公親問孟子也。蓋文公既卽位。固不可越國往見孟子。則必是以禮聘孟子至滕。而文公問之也

孟子曰。民事不可緩也。詩云。晝爾于茅。宵爾索綯。亟其乘屋。其始播百穀 綯音陶 亟紀力反

民事。謂農事。詩豳風七月之篇。于往取也。綯。絞也 古巧反 亟。急也。乘。升也。播。布也。言農事至重。人君不可以爲緩而忽之。故引詩言治屋之急如此者。蓋以來春將復 扶又反 始播百穀。而不暇爲此也 慶源輔氏曰。詩言民之趨於農功。自然如此其亟。孟

子引之以證民事不可緩之說。然熟玩之。便見得民事眞不可緩之意。人君者。若能眞知民事之不可緩。則於爲國也思過半矣。

民之爲道也。有恒產者有恒心。無恒產者無恒心。苟無恒心。放辟邪侈。無不爲已。及陷乎罪。然後從而刑之。是罔民也。焉有仁人在位罔民而可爲也。音義並見前篇是故賢君必恭儉禮下。取於民有制

恭則能以禮接下。儉則能取民以制。趙氏曰。禮下。所以開世祿及學校之事也。取民以制。所以開制民常產及貢助徹之法也

陽虎曰。爲富不仁矣。爲仁不富矣

陽虎。陽貨。魯季氏家臣也。天理人欲。不容並立。虎之言

此。恐爲仁之害於富也。孟子引之。恐爲富之害於仁也。君子小人。每相反而已矣。慶源輔氏曰。先儒多以爲孟子不以人廢言。集註則以爲言雖同。而所取各異。其說尤的當

夏后氏五十而貢。殷人七十而助。周人百畝而徹。其實皆什一也。徹者。徹也。助者。藉也。徹敕列反 藉子夜反

此以下。乃言制民常產。與其取之之制也。夏時。一夫受田五十畝。而每夫計其五畝之入以爲貢。商人始爲井田之制。以六百三十畝之地。畫爲九區。區七十畝。中爲公田。其外八家各授一區。但借其力以助耕公田。而不復扶又反稅其私田。所謂助而不稅周時。一夫受田百畝。鄉遂用

貢法。十夫有溝。周禮夏官司徒遂人。凡治野。夫間有遂。遂上有徑。十夫有溝。溝上有畛。百夫有洫。洫上有涂。千夫有澮。澮上有道。萬夫有川。川上有路。以達於畿

都鄙用助法。八家同井。周禮冬官考工記。匠人爲溝洫。九夫爲井。井間廣四尺。深四尺。謂之溝。方十里爲成。成間廣八尺。深八尺。謂之洫。方百里爲同。同間。廣二尋。深二仞。謂之澮。此畿內采地之制。九夫爲井。井方一里。九夫所治之田也

耕則通力而作。收則計畝而分。故謂之徹。朱子曰。此亦不可詳知。但因洛陽議論中通徹而耕之說推之耳。或但耕則通力而耕。收則各得其畝。亦未可知也。其實皆什一者。貢法皆以十分扶問反下同之一爲常數。惟助法乃是九一。慶源輔氏曰。此以文王治岐。耕者九一。及下文請野九一而助。知其然也而商制不可考。周制則公田百畝。中以二十畝爲廬舍。新安陳氏曰。二十畝分爲八家。家各二畝半以爲治田時所居。所謂二畝半在田是也一夫所耕公田。實計十

畝。通私田百畝。爲十一分而取其一。蓋又輕於十一矣

前漢食貨志。理民之道。地著爲本。地著。謂安土 故必建步立晦。正其經界。六尺爲步。步百爲晦。晦百爲夫。夫三爲屋。屋三爲井。井方一里。是爲九夫。八家共之。各受私田百畝。公田十晦。是爲八百八十晦。餘二十晦以爲廬舍。出入相友。守望相助。疾病相救。民是以和睦。而教化齊同力役生產。可得而平也。民受田。上田夫百晦。中田夫二百晦。下田夫三百晦。歲耕種者爲不易。上田休一歲者爲一易。中田休二歲者爲再易。下田三歲更耕之。自爰其處。更。互也。爰。於也。農民戶人已受田。其家衆男爲餘夫。亦以口受田如比。比。例也 士工商家受田。五口乃當農夫一人。此謂平土可以爲法者也。若山林藪澤原陵淳鹵之地。淳。盡也。舄鹵之田。不生五穀 各以肥磽多少爲差。民年二十受田。六十歸田。在野曰廬。在邑曰里

竊料商制。亦當似此。而以十四畝爲廬舍。一夫實耕公田七畝。是亦不過十一也。

徹。通也。均也。藉。借也

朱子曰。嘗疑孟子所謂夏后氏五十而貢。殷人七十而助。周人百畝

而徹。恐不解如此。先王疆理天下之初。做許多畝會溝洫之類。大段是費人力了。若是自五十而增爲七十。自七十而增爲百畝。則田間許多疆理。都合更改。恐無是理。孟子當時。未必親見。只是傳聞如此。恐亦難盡信也

○問所言井地之法。以周禮諸說考之。亦未有悉合者何也。曰。吾於前章。固已論之矣。大抵孟子之言。雖曰推本三代之遺制。然常舉其大。而不必盡於其細也。師其意。而不泥於文也。蓋其疏通簡易。自成一家。乃經綸之活法。而豈拘儒曲士。牽制文義者之所能知哉。曰。三代受田多少之不同何也。曰。張子嘗言之矣。陳氏徐氏亦有說焉。然皆若有可疑者。蓋田制既定。則其溝涂畛域。亦有一定而不可易者。今乃易代更制。每有增加。則其勞民動衆。廢壞已成之業。使民不得服先疇之田畝。其煩擾亦已甚矣。不知孟子之言。其所以若此者果何耶。陳氏云。夏時洪水方平。可耕之地少。至商而寢廣。周而大備也。徐氏云。古者民約。故田少而用足。後世彌文而用廣。故授田之際。隨時而加焉。○南軒張氏曰。楊氏云。徹者徹也。兼貢助而通力也。故孟子曰。請野九一而助。國中什一使自賦。八家皆私百畝。其中爲公田。所謂九一而助也。國中什一使自賦。則用貢法矣。此周人所以

爲徹也。鄭氏謂周制畿內用貢法。邦國用助法。有得於此歟

龍子曰。治地莫善於助。莫不善於貢。貢者校數歲之中以爲常。樂歲粒米狼戾。多取之而不爲虐。則寡取之。凶年糞其田而不足。則必取盈焉。爲民父母。使民盻盻然。將終歲勤動。不得以養其父母。又稱貸而益之。使老稚轉乎溝壑。惡在其爲民父母也。樂音洛。盻五禮反。從目從兮。或音普莧反者非。養去聲。惡平聲

龍子古賢人。狼戾猶狼藉。言多也。糞壅也。壅於用反盈滿也。盻禮韻胡計吾計二反謂盻音五禮反誤恨視也。勤動勞苦也。稱舉也。貸他代反借也。取物於人而出息以償之也。益之以足取盈之數也。稚幼子也。問貢法大禹之遺制。而其不善若此。何也。朱子曰。藾氏林氏嘗言之矣。藾

氏曰。作法必始於粗。終於精。古之不爲此。非不智也。勢未及也。方其未有貢也。以貢爲善矣。及其既貢。而後知其有不善也。林氏曰。禹貢之法。九州之賦。有錯出於他等者。不以爲歲之常數。又因遊豫。則視其豐凶而補助之。周制鄉遂用貢法。亦有司稼之官。巡野觀稼。視年之上下。以出斂法。則其弊未至如龍子之言。乃當時諸侯用貢法之弊耳。○雙峰饒氏曰。稱貸而益之。如常年五石納官。凶年折了。只納四石。而公家必取盈五石之數。則又貸他人一石。來湊納以足其數。此所以見貢法之害

夫世祿滕固行之矣夫音扶

孟子嘗言文王治岐。耕者九一。仕者世祿。二者王政之本也。今世祿滕已行之。惟助法未行。故取於民者無制耳。蓋世祿者授之土田。使之食其公田之入。實與助法相爲表裏。所以使君子小人。各有定業。而上下相安者

也。故下文遂言助法

詩云雨我公田遂及我私惟助爲有公田由此觀之雖周亦助也。雨于付反

詩小雅大田之篇。雨降雨如字也。言願天雨於公田而遂及私田先公而後私也。當時助法盡廢典籍不存惟有此詩可見周亦用助故引之也。朱子曰考之周禮行助法處有公田。行貢法處無公田。孟子也不曾見周禮只據詩裏說。用詩意帶將去。後面說鄉田同井出入相友守望相助疾病相扶持。井九百畝其中爲公田八家皆私百畝同養公田說井田只說得這幾句是多少好這也是大原大本處却不理會細碎

設爲庠序學校以敎之庠者養也校者敎也序者射也夏

曰校殷曰序周曰庠學則三代共之皆所以明人倫也人倫明於上小民親於下

庠以養老爲義校以教民爲義序以習射爲義皆鄉學也學國學也共之無異名也倫序也父子有親君臣有義夫婦有別長幼有序朋友有信此人之大倫也庠序學校皆以明此而已

問鄉學如何朱子曰皆是農隙而學曰孰與教之曰鄉大夫有德行而致其仕者教之○慶源輔氏曰鄉學有異名國學無異名然其明人倫以教之之事則同也○雙峯饒氏曰孟子教時君行仁政只是教與養兩事井田以養之學校以教之告齊王滕公皆如此小民親於下者蓋百姓不親五品不遜所以教以人倫使之君與臣自相親父與子自相親長與幼自相親非尊君親上之親○問夫婦有別如何相親曰夫婦無別則相瀆瀆便相離了

有王者起。必來取法。是爲王者師也。

滕國褊俾淺反小。雖行仁政。未必能興王業。然爲王者師則雖不有天下。而其澤亦足以及天下矣。聖賢至公無我之心。於此可見。朱子曰。孟子語滕文。只說有王者起必來取法。不曾說便可以王。是亦要大國方做得

詩云。周雖舊邦。其命維新。文王之謂也。子力行之。亦以新子之國。

詩。大雅文王之篇。言周雖后稷以來。舊爲諸侯。其受天命而有天下。則自文王始也。子。指文公。諸侯未踰年之稱也。左傳僖公九年春。宋桓公卒未葬。而襄公會諸侯故曰子。凡在喪。王曰小童。公侯曰子。子者。繼父之

辭。春秋例。凡公侯卒未越一年而有王事。皆稱子也○雙峯饒氏曰。新其國。小大雖不同。可以爲善。便是新其國○東陽許氏曰。文公問爲國。孟子告以教養其民。有養然後可教。故先言分田制祿。而後及學校也。自民事不可緩至雖周亦助也。養之事。設爲庠序至小民親於下。教之事。下至新子之國。總言之。答文公者止此。下答畢戰。却只是言分田。蓋畢戰惟掌井田之事也

使畢戰問井地。孟子曰。子之君將行仁政。選擇而使子。子必勉之。夫仁政。必自經界始。經界不正。井地不均。穀祿不平。是故暴君汙吏。必慢其經界。經界既正。分田制祿可坐而定也。夫音扶

畢戰。滕臣。文公因孟子之言。而使畢戰主爲井地之事。故又使之來問其詳也。井地。即井田也。經界。謂治地分

田。經畫其溝塗封植之界也。雙峯饒氏曰。溝塗封植之界。經綿錯綜。直者爲經。橫者爲緯。只舉經字。有緯在其中。溝。溝洫之類。塗。道塗。封。土堠。植。種木爲界。此法不修。則田無定分。去聲而豪強得以兼并。去聲故井地有不均。賦無定法。而貪暴得以多取。故穀祿有不平。此欲行仁政者之所以必從此始。而暴君汙吏則必欲慢而廢之也。有以正之。則分田制祿可不勞而定矣。慶源輔氏曰。度孟子來滕不久便去。故使畢戰往問。○若有仁君欲行仁政。使彼此均平。田無多少之差。則必從經界之事做起。而暴君汙吏貪得務多。只知有我不知有民。只知爲己不知爲人者。則必欲慢而廢之也。凡事須是敬則能立。纔有慢心。事日趨於弊壞也

夫滕壤地褊小。將爲君子焉。將爲野人焉。無君子莫治野人。無野人莫養君子。夫音扶養去聲

言滕地雖小。然其間。亦必有爲君子而仕者。亦必有爲野人而耕者。是以分田制禄之法。不可偏廢也。[雙峯饒氏曰。分田制禄雖平說。然却相因。穀禄即井地中公田機其穀以爲禄。分田始可制禄○新安陳氏曰。分田以給野人。制禄以待君子]

請野九一而助。國中什一使自賦

此分田制禄之常法。所以治野人使養君子也。野。郊外都鄙之地也。九一而助。爲公田而行助法也。國中。郊門之內。鄉遂之地也。[周禮司徒鄉遂人百里內爲六鄉。外爲六遂。萬二千五百家爲鄉。六鄉七萬五千家。遂亦如之。遂人主六遂之地。自遠郊以達于畿。中有公邑。家邑。小都。大都焉。遂謂王國百里外也]田不井授。但爲溝洫。使什而自賦其一。蓋用貢法也。

周所謂徹法者蓋如此。以此推之。當時非惟助法不行

其貢亦不止什一矣朱子曰。國中行鄉遂之法。如五家爲比。五比爲閭。四閭爲族。五族爲黨。五黨爲州。又如五人爲伍。五伍爲兩。四兩爲卒。五卒爲旅。五旅爲師。五師爲軍。皆五五相連屬。所以行不得那九一之法。故只得什一使自賦。如都鄙卻行井牧之法。鄉遂之法次第。是一家出一人兵。且如五家爲比。比有一箇長了。井牧之法次第。是三十家方出得士十人。徒十人。○此等亦難考曉。須以周禮爲本。而參取孟子班固何休諸說訂之。庶幾可見髣髴。然恐終不能有定論。但不可不盡其異同耳。○慶源輔氏曰。都鄙用助法。則收公田所入以爲君子之祿。鄉遂用貢法。則使什自賦一以充國家所用。此周所謂徹法也。前云徹通也。均也。所以釋徹字之義。此則正言其法如此。○集註以其請野九一而助。則知助法之不行。又云國中什一使自賦。則當時之貢法。亦有強取其賦於什一之外者矣

卿以下。必有圭田。圭田五十畝

此世祿常制之外。又有圭田。所以厚君子也。圭潔也。所以奉祭祀也。不言世祿者滕已行之。但此未備耳

餘夫二十五畝

程子曰。一夫上父母下妻子以五口八口爲率。受田百畝。如有弟。是餘夫也。年十六。別受田二十五畝。俟其壯而有室。然後更受百畝之田。愚按此百畝常制之外。又有餘夫之田。以厚野人也

問卿大夫之圭田必有耕之者。豈亦有耕屬可耕乎。朱子曰。恐圭田只是給公田之在民者。大抵古者田祿皆是助法之公田充。而八家因爲之屬。如有田一成。有衆一旅是也。圭田恐亦如此。故王制云。夫圭田無征○雙峯饒氏曰。圭田。餘夫。亦是百畝中撥與他。半分則五十畝。四分則二十五畝。問各受田百畝。六十歲傳與其子。子養其父。但只是長子受父之田。次子便是餘夫。別請二

十五畝。若無子。則百畝納之官。曰。然。問人物繁庶。公家安得有許多田分授。曰。天地間只著得許多物事。少間人物過多。便自有乘除。亦理勢使之然也

死徙無出鄉。鄉田同井。出入相友。守望相助。疾病相扶持。則百姓親睦。

死。謂葬也。徙。謂徙其居也。同井者。八家也。友。猶伴也。守望。防寇盜也

方里而井。井九百畝。其中爲公田。八家皆私百畝。同養公田。公事畢。然後敢治私事。所以別野人也。養去聲別彼列反

此詳言井田形體之制。乃周之助法也。公田以爲君子之祿。而私田野人之所受。先公後私。所以別君子野人

之分去聲也。不言君子。據野人而言。省文耳。上言野及國中二法。此獨詳於治野者。國中貢法。當世已行。但取之過於什一爾。慶源輔氏曰。上既言助法之善。故此下遂言周之助法也。方里而井。井九百畝。其中爲公田。便是井田形體之制也

此其大畧也。若夫潤澤之。則在君與子矣。夫音扶

井地之法。諸侯皆去上聲其籍。此特其大畧而已。潤澤謂因時制宜。使合於人情。宜於土俗。而不失乎先王之意也。或問潤澤之說。雙峯饒氏曰。前面說底。是箇硬局子。到這裏。須是要會變通。使合人情。宜土俗可也。潤澤非文飾之謂。乃是和軟底意思。不全是硬局子。溫潤滑澤。方可行得。此朱子善於形容孟子用心處。○呂氏曰。子張子橫渠慨然有意三代之治。去聲下言治同論治人先

務。未始不以經界爲急。講求法制。粲然備具。要平聲之可以行於今。如有用我者。舉而措之耳。嘗曰。仁政必自經界始。貧富不均。教養無法。雖欲言治。皆苟而已。世之病難行者。未始不以亟奪富人之田爲辭。然玆法之行。悅之者衆。苟處上聲之有術。期以數年。不刑一人而可復。所病者特上之未行耳。乃言曰。縱不能行之天下。猶可驗之一鄉。方與學者議古之法。買田一方。畫爲數井。上不失公家之賦役。退以其私正經界。分宅里。立斂去聲法。廣儲蓄。興學校。成禮俗。救菑與災通。恤患。厚本抑末。足以推先王之遺法。明當今之可行。有志未就而卒。○愚按喪禮經界兩章。見孟子之學。識其大者。是以雖當禮法廢壞之後。制度節文。不可復扶又反考。新安陳氏曰。喪禮有節文。經界之法有制度。二者皆廢壞。故不可詳考而能因畧以致詳。推舊而爲新。不屑屑於既往之迹。而能合乎先王之意。眞可謂命世亞聖之才矣南軒張氏曰。井田王政之本。而經界又井田之本也。大要在分田制祿二事而已。田得其分。則小民安其業。祿得其制。則君子賴其養。上下相須而各宜焉。治之所由興也。人皆知商鞅廢井田。開阡陌。考孟子之言。則井田之廢久矣。蓋孟子時。井田之法雖廢。而井田之名猶在。暴君雖去其籍。猶不敢易其名也。至鞅始蕩然一泯其迹。而掃除其阡陌。併與其名亡之矣。○雙峯饒氏曰。井田之法。黄帝開端便做成了。如何改得。商人七十畝。周人如何便更百畝。至於溝洫塗畛。亦非一朝一夕所能成。朱子亦嘗疑之。王制與周禮已不同。孟子多是臆度言之。井田可行於中原平曠之地。若是地勢高低。如何可井。恐江南是用貢法。阡陌是田間路。古人車制。一車闊六尺有餘。兩旁又翼之以人。占田太多。商君欲富國。所以鑿開阡陌爲田。前此諸侯欲富其國。井田大綱已自廢了。商君則索性壞却

○有爲神農之言者許行自楚之滕。踵門而告文公曰。遠方之人聞君行仁政。願受一廛而爲氓。文公與之處。其徒數十人。皆衣褐。捆屨織席以爲食。衣去聲捆音閫

神農炎帝神農氏。始爲耒耜教民稼穡者也。爲其言者。史遷所謂農家者流也。前漢藝文志。農家者流。蓋出於農稷之官。播百穀。勸耕桑以足衣食許姓。行名也。踵門。足至門也。仁政。上章所言井地之法也。廛。民所居也。氓。野人之稱。褐。毛布。賤者之服也。捆。扣椓竹角反之欲其堅也。以爲食。賣以供食也。程子曰。許

行所謂神農之言乃後世稱述上古之事失其義理者耳。猶陰陽醫方稱黃帝之說也

問許行爲神農之言。而有君臣並耕市不二價之說何耶。朱子曰。程子之言盡矣。然以易考之。二者皆神農之所爲也。當時民淳事簡。容或有如許行之說者。及乎世變風移。至於唐虞之際。則雖神農復生。亦當隨時以立政。而不容固守其舊矣。況許行之妄。乃欲以是而行於戰國之時乎○慶源輔氏曰。陰陽醫方所稱黃帝之說。如素問靈樞之類是也。使眞有神農黃帝之說傳於世。孔孟豈得而不稱述之哉○新安陳氏曰。後世小道。必推古聖賢爲宗。以求取信於世故也。

陳良之徒陳相。與其弟辛。負耒耜而自宋之滕。曰。聞君行聖人之政。是亦聖人也。願爲聖人氓

陳良楚之儒者。耜所以起土。耒其柄也。

陳相見許行而大悅。盡棄其學而學焉。陳相見孟子。道許

行之言曰：滕君則誠賢君也，雖然，未聞道也。賢者與民並耕而食，饔飧而治。今也滕有倉廩府庫，則是厲民而以自養也，惡得賢？饔音雍。飧音孫。惡，平聲。

饔飧，熟食也。朝曰饔，夕曰飧。言當自炊爨七亂反以爲食，而兼治民事也。厲，病也。許行此言，蓋欲陰壞音怪孟子分別必列反君子小人之法。

孟子曰：許子必種粟而後食乎？曰：然。許子必織布而後衣乎？曰：否，許子衣褐。許子冠乎？曰：冠。曰：奚冠？曰：冠素。曰：自織之與？曰：否，以粟易之。曰：許子奚爲不自織？曰：害於耕。曰：許子以釜甑爨，以鐵耕乎？曰：然。自爲之與？曰：否，以粟易之。衣去

聲與平聲

釜所以煮甑所以炊爨然火也鐵耜屬也此語八反皆孟子問而陳相對也

以粟易械器者不爲厲陶冶陶冶亦以其械器易粟者豈爲厲農夫哉且許子何不爲陶冶舍皆取諸其宮中而用之何爲紛紛然與百工交易何許子之不憚煩曰百工之事固不可耕且爲也舍去聲

此孟子言而陳相對也械下戒反器釜甑之屬也陶爲甑者冶爲釜鐵者新安陳氏曰厲陶冶厲農夫之說乃是因行厲民自養之言承其厲字而明辯以闢之○雲峯胡氏曰樊遲欲學稼孔子斥之曰吾不如老農直謂其所學者小人之事而舉大人之事以答

之。孟子闢許行。即此意也。但遲之志陋。不過欲自學之。許之學僻。欲以治國家。此孟子所以深闢之也

舍止也。或讀屬音燭上句。舍謂作陶冶之處也

然則治天下。獨可耕且爲與。有大人之事。有小人之事。且一人之身。而百工之所爲備。如必自爲而後用之。是率天下而路也。故曰。或勞心。或勞力。勞心者治人。勞力者治於人。治於人者食人。治人者食於人。天下之通義也與平聲食音嗣

此以下皆孟子言也。新安陳氏曰。百工之事。不可耕且爲。此亦陳相對得理明處。故孟子即此二句以難之。百工之事。尚不可耕且爲。而治天下國家。乃可耕且爲與路。謂奔走道路無時休息也。治於人者。見治於人也。食人者。出賦稅以給公上也。食於人者。見食於人也。此四句皆古語。而孟

子引之也。首有故曰字。知其爲古語君子無小人則飢。小人無君子則亂。以此相易。正猶農夫陶冶以粟與械器相易。乃所以相濟。而非所以相病也。治天下者。豈必耕且爲哉南軒張氏曰。滕文亦可謂賢君矣。而不克終用孟子之說。寂然無聞於後。意者許行之言有以奪之也。聽治於人者。出力以食其上。而治人者享其食焉。此理天實爲之。萬世所共由者。故曰天下之通義也。如許行之說。則昧天理之當然。務小惠以妨大德。昵私情以妨正體。卒歸於不可行耳

當堯之時。天下猶未平。洪水橫流。氾濫於天下。草木暢茂。禽獸繁殖。五穀不登。禽獸偪人。獸蹄鳥跡之道。交於中國。堯獨憂之。舉舜而敷治焉。舜使益掌火。益烈山澤而焚之。禽獸逃匿。禹疏九河。瀹濟漯而注諸海。決汝漢。排淮泗而

注之江。然後中國可得而食也。當是時也。禹八年於外。三過其門而不入。雖欲耕得乎。瀹音藥濟子禮反漯他合反

天下猶未平者。洪荒之世。生民之害多矣。聖人迭興。漸次除治。至此尚未盡平也。洪。大也。横流。不由其道而散溢妄行也。氾濫。横流之貌。暢茂。長上聲盛也。繁植。衆多也。五穀。稻黍稷麥菽也。登。成熟也。道。路也。獸蹄鳥跡交於中國。言禽獸多也。敷。布也。益。舜臣名。烈。熾也。禽獸逃匿。然後禹得施治水之功。疏。通也。分也。九河。曰徒駭。曰太史。曰馬頰。曰覆釜。曰胡蘇。曰簡。曰潔。曰鉤盤。曰鬲音隔津。

新安倪氏曰。蔡氏書傳云。按爾雅九河。一曰徒駭。二曰太史。三曰馬頰。四曰覆釜。五曰胡蘇。六曰簡潔。七曰鉤

盤。八曰鬲津。其一則河之經流也。先儒不知河之經流。遂分簡潔爲二。此與集註小異。書傳經。朱子晚年訂正。當以爲定也

瀹亦疏通之意。濟漯二水名。決排皆去上聲其壅塞也。汝漢淮泗亦皆水名也。據禹貢及今水路。惟漢水入江耳。汝泗則入淮。而淮自入海。此謂四水皆入於江。記者之誤也。朱子曰。決汝漢。排淮泗。而注之江。此但取其字數足以對偶而云爾。只是行文之失。無害於義理。不必曲爲之說也○新安陳氏曰。堯獨憂之。所憂者大。舉舜禹益而用之。所憂在此。何暇於並耕。雖欲耕得乎。是提掇耕事。以照應前獨可耕且爲與一句

后稷教民稼穡。樹藝五穀。五穀熟而民人育。人之有道也。飽食煖衣。逸居而無教。則近於禽獸。聖人有憂之。使契爲司徒。教以人倫。父子有親。君臣有義。夫婦有別。長幼有序。

朋友有信。放勲曰：勞之來之，匡之直之，輔之翼之，使自得之，又從而振德之。聖人之憂民如此，而暇耕乎？契音薛。別，彼列反。長，放皆上聲。勞、來，去聲。

言水土平，然後得以教稼穡；衣食足，然後得以施教化。后稷，官名。棄爲之。然言教民，則亦非並耕矣。樹，亦種也。藝，殖也。契，亦舜臣名也。司徒，官名也。人之有道，言其皆有秉彝之性也。然無教，則亦放逸怠惰而失之，故聖人設官而教以人倫，亦因其固有者而道去聲之耳。書曰：「天叙有典，勑我五典五惇哉。」此之謂也。慶源輔氏曰：集註舉書以爲證者，天叙，即所謂固有也；勑而厚之，即所謂道之也。〇新安陳氏曰：典者，人道之常，天所次序，本有此典也。勑，正也。我謂君也。五典。即父子至朋友五者是也。惇。厚也。勑正自我。即天敘之本然者而品節之。然後有典。别而爲五典。而五者皆惇厚也。惇典。如言厚人倫放勳本史臣贊堯之辭孟子因以爲堯號也。德猶惠也。堯言勞如字者勞之。來如字者來之。邪者正之。枉者直之。輔以立之。翼以行之。使自得其性矣。又從而提撕警覺解振字以加惠焉。不使其放逸怠惰而或失之。蓋命契之辭也問振德是施惠否。朱子曰。是。然不是財惠之惠。只是施之以教化。上文匡直輔翼等事是也。彼既自得之。又從而教之〇慶源輔氏曰。勞者勞之。來者來之。所以安其生也。邪者正之。枉者直之。所以正其德也。輔以立之。翼以行之。所以助其行也。自得。謂自得其性也。振。謂提撕警省也。此乃大學新民之功也〇新安陳氏曰。聖人有憂之。又言堯所憂者大。使契爲司徒以教民。所憂在此。何暇於並耕聖人之憂民如此。而暇耕乎。是再提掇耕事以照應獨可耕且爲與一句

堯以不得舜爲己憂舜以不得禹皐陶爲己憂夫以百畝之不易爲己憂者農夫也夫音扶易去聲

易治也堯舜之憂民非事事而憂之也急先務而已所以憂民者其大如此則不惟不暇耕而亦不必耕矣

慶源輔氏曰舉農者之所憂以並堯舜之憂見其小大廣狹之不倫則不暇耕與不必耕可知矣○新安陳氏曰按上文三憂字而又發明出三憂字在三句中聖人之憂在不得聖賢而用之得而用之則足以釋己之憂矣此集註所謂急先務也聖人所以憂民者其大如此若農夫之憂憂之小者耳許行又欲聖人憂百畝之憂可乎

分人以財謂之惠教人以善謂之忠爲天下得人者謂之仁是故以天下與人易爲天下得人難爲易並去聲

分人以財小惠而已教人以善雖有愛民之實然其所

及亦有限人者對已而言而難久教之者僅已耳惟若堯之得舜舜之得禹皐陶乃所謂爲天下得人者而其恩惠廣大應惠字句教化無窮矣應忠字句此所以爲仁也仁字可包惠字忠字○慶源輔氏曰以已之善而教人使人皆爲善則是有愛民之實矣然其所及亦止於吾力之所能與吾身之所及而已故有限而難久也○堯之得舜舜之得禹皐陶則能廣吾力之所能而俾其恩惠極於廣大繼吾身之所存而俾教化推於無窮矣然後可以謂之仁

孔子曰大哉堯之爲君惟天爲大惟堯則之蕩蕩乎民無能名焉君哉舜也巍巍乎有天下而不與焉堯舜之治天下豈無所用其心哉亦不用於耕耳與去聲

則法也蕩蕩廣大之貌君哉言盡君道也巍巍高大之

貌不與。猶言不相關。言其不以位爲樂音洛也新安陳氏曰。亦不用於耕耳。至此三提掇耕字以照應收結獨可耕且爲與一句。不特辯闢明白痛快。文法亦照顧得好。以上已辯倒許行之說。下文乃責陳相也

吾聞用夏變夷者。未聞變於夷者也。陳良楚產也。悅周公仲尼之道。北學於中國。北方之學者。未能或之先也。彼所謂豪傑之士也。子之兄弟事之數十年。師死而遂倍之

此以下責陳相倍音佩師而學許行也。夏。諸夏禮義之教也。變夷。變化蠻夷之人也。變於夷。反見變化於蠻夷之人也。產。生也。陳良生於楚。在中國之南。故北遊而學於中國也。先。過也。豪傑。才德出衆之稱。言其能自拔於流

俗也。倍與背同。言陳良用夏變夷，陳相變於夷也。慶源輔氏曰：陳良楚人，而北學於中國，則是用夏變夷。陳相素學於陳良，乃爲許行所變，則是變於夷也。

昔者孔子沒，三年之外，門人治任將歸，入揖於子貢，相嚮而哭，皆失聲，然後歸。子貢反，築室於場，獨居三年，然後歸。他日，子夏、子張、子游以有若似聖人，欲以所事孔子事之，彊曾子。曾子曰：不可。江漢以濯之，秋陽以暴之，皜皜乎不可尚已。任，平聲。彊，上聲。暴，蒲木反。皜，音果。

三年，古者爲去聲師心喪三年，若喪父而無服也。記檀弓：事師無犯無隱，左右就養無方，服勤至死，心喪三年。又云：孔子之喪，門人疑所服。子貢曰：昔者夫子之喪顏淵，若喪子而無服，喪子路亦然。請喪夫子若喪父而無服。任，擔都濫反也。場，冢上之壇場也。

有若似聖人。蓋其言行去聲氣象有似之者。如檀弓所記子游謂有子之言似夫子之類是也。記檀弓上。有子問於曾子曰。問喪於夫子乎。問。鄭讀爲聞。喪。去聲。謂仕失位去國也。曰。聞之矣。喪欲速貧。死欲速朽。有子曰。是非君子之言也。曾子曰。參也與子游聞之。有子曰。然。然則夫子有爲去聲言之也。曾子以斯言告於子游。子游曰。甚哉有子之言似夫子也。昔者夫子居於宋。見桓司馬自爲石椁。三年而不成。桓司馬。宋向戌之孫名魋。夫子曰。若是其靡也。死不如速朽之愈也。死之欲速朽。爲桓司馬言之也。南宮敬叔反敬叔。孟僖子之子。仲孫閱。蓋嘗失位去魯而得反。必載寶而朝。夫子曰。若是其貨也。喪不如速貧之愈也。喪之欲速貧。爲敬叔言之也。曾子以子游之言告於有子。有子曰。然。吾固曰非夫子之言也。曾子曰。子何以知之。有子曰。夫子制於中都。中都。魯邑名。孔子嘗爲之宰。爲民作制。四寸之棺。五寸之椁。以斯知不欲速朽也。昔者夫子失魯司寇。將之荆。將應聘於楚。蓋先之以子夏。又申之以冉有。以斯知不欲速貧也。所事孔子。所以事夫子之禮也。江漢水多。言濯之潔也。秋日爍烈。言暴之乾音干也。皜皜潔白貌。尚加也。言夫子道德明著。光輝潔白。非有若所能彷妃兩反彿音弗也。或曰。此三語者。孟子贊美曾子之辭也

今也南蠻鴃舌之人。非先王之道。子倍子之師而學之。亦異於曾子矣鴃亦作鶪古役反

鴃博勞也。惡聲之鳥。南蠻之聲似之。指許行也

吾聞出於幽谷遷於喬木者。未聞下喬木而入於幽谷者

小雅伐木之詩云。伐木丁丁。中耕反鳥鳴嚶嚶。出自幽谷遷于喬木。新安陳氏曰。譬陳相由高趨下。不如禽能舍下遷喬也

魯頌曰。戎狄是膺。荆舒是懲。周公方且膺之。子是之學。亦

爲不善變矣。

魯頌閟宮之篇也。膺擊也。荆楚本號也。舒國名。近楚者也。懲艾(音乂)也。今按此詩爲僖公之頌而孟子以周公言之。亦斷章取義也。(斷都管反截之使斷也。若自然判絕則徒管反。○新安陳氏曰。不善變謂變於夷也。)

從許子之道則市賈不貳國中無僞。雖使五尺之童適市莫之或欺。布帛長短同則賈相若。麻縷絲絮輕重同則賈相若。五穀多寡同則賈相若。屨大小同則賈相若。(賈音價下同)

陳相又言許子之道如此。蓋神農始爲市井故許行又託於神農而有是說也。五尺之童言幼小無知也。許行欲使市中所粥余六反之物皆不論精粗美惡但以長短輕重多寡大小爲價也。慶源輔氏曰。若不以精粗美惡言之。則無由説得通。此義未有人看得出。至集註而義始明。○雙峯饒氏曰。長短以丈尺言。輕重以權衡言。多寡以斗斛言。皆是比而同之。與共耕相似。便是齊物剖斗折衡而民不爭之説。凡託神農黄帝者。皆老氏之説也。

曰。夫物之不齊。物之情也。或相倍蓰。或相什伯。或相千萬。子比而同之。是亂天下也。巨屨小屨同賈。人豈爲之哉。從許子之道。相率而爲僞者也。惡能治國家。夫音扶。蓰音師。又山綺反。比必二反。惡平聲。

倍。一倍也。蓰。五倍也。什伯千萬。皆倍數也。比。次也。孟子言物之不齊。乃其自然之理。新安陳氏曰。情。實也。自然之理。即所謂物之實理也。

其有精粗。猶其有大小也。若大屨小屨同價。則人豈肯爲其大者哉。今不論精粗。使之同價。是使天下之人。皆不肯爲其精者。而競爲濫惡之物。以相欺耳。慶源輔氏曰。物之不齊。乃物之情。而實天之理也。物各付物。止於其所。吾何容心於其間哉。若強欲齊之。私意橫生。徒爲膠擾。而物終不可齊也。故莊周之齊物。強欲以理齊之。猶爲賊夫道。況乎許子遂欲一天下之物。而泯其一定之分。其蔽豈不甚哉。孟子應以物之不齊物之情也。斯言足以發明天理之大。不但可以闢許行。而莊周之說。併可坐見其偏矣。○東陽許氏曰。此章孟子曰以下三大節。自許子必種粟而後食乎。至不用於耕耳。闢其假托神農之言。吾聞用夏變夷至不善變矣。責其倍師從許子之道。以下陳相之遁辭。故又闢其市價不貳之說。

○墨者夷之。因徐辟而求見孟子。孟子曰。吾固願見。今吾尚病。病愈。我且往見。夷子不來。辟音璧又音闢墨者治墨翟之道者。夷，姓。之，名。徐辟，孟子弟子。孟子稱疾，疑亦託辭以觀其意之誠否。雲峰胡氏曰：許行與民並耕之說，是欲以其君下同於庶民；墨子兼愛之說，是欲以其親泛同於衆人。皆非聖人之道而自爲一端，此孟子所以深闢之也。

他日又求見孟子。孟子曰：吾今則可以見矣。不直則道不見，我且直之。吾聞夷子墨者，墨之治喪也，以薄爲其道也。夷子思以易天下，豈以爲非是而不貴也？然而夷子葬其親厚，則是以所賤事親也。不見之見音現

又求見，則其意已誠矣。故因徐辟以質之如此。直，盡言以相正也。莊子曰：墨子生不歌，死無服，桐棺三寸而無椁。莊子天下篇：古人喪禮，貴賤有儀，上下有等。天子棺椁七重，諸侯五重，大夫三重，士再重。今墨子獨生不

歌。死不服。桐棺三寸而無椁以爲法式是墨之治喪。以薄爲道也。易天下謂移易天下之風俗也。夷子學於墨氏而不從其教。其心必有所不安者。故孟子因以詰克乙反之問夷之請見而孟子終不見之何也。朱子曰。孟子雖以闢邪說爲已任。然不過講明其說。傳之當世。使聞者有以發悟於心而自得之耳。固不輕接其人。交口競辯。以屈吾道之尊也。譬如蠻夷寇賊之害。聖人固欲去之。然豈肯被甲執兵而親與之角哉○慶源輔氏曰。夷子雖師墨氏之教。至於葬親之時。天理自然發動。有不得如其師之說者。故不用其制而凡事從厚也。此於人情固宜有之。故孟子因舉此一事以詰之。而下文又舉喪葬之說以發其意。此正夷子之天理一點明處也

徐子以告夷子。夷子曰。儒者之道。古之人若保赤子。此言何謂也。之則以爲愛無差等。施由親始。徐子以告孟子。孟

子曰。夫夷子。信以爲人之親其兄之子。爲若親其鄰之赤子乎。彼有取爾也。赤子匍匐將入井。非赤子之罪也。且天之生物也。使之一本。而夷子二本。故也夫音扶下同。匍音蒲匐蒲北反若保赤子。周書康誥篇文。此儒者之言也。夷子引之。蓋欲援音爰儒而入於墨。慶源輔氏曰。夷子蓋以儒者若保赤子。是愛他人子如愛我之赤子。有似於墨子愛無差等之說。故謂其欲引儒家入墨教中去以拒孟子之非己。又曰愛無差楚宜反等。施由親始。則推吐灰反墨而附於儒。新安陳氏曰。之又曰墨氏兼愛之學。愛其親與愛外人無差等之殊。但施則自親始耳。施由親始一向。髣髴竊取儒家立愛自親始之意。是推墨氏而依附於儒家也以釋己所以厚葬其親之意。皆所謂遁辭也。新安陳氏曰。理屈辭窮。強爲此說以自逃遁也孟子言人之愛其兄子。與鄰之子本有差等。書之取譬。本爲去聲小民無知而犯法。如赤子無知而入井耳。慶源輔氏曰。彼有取爾也一句。先儒說皆不明白。今斷以爲書之取譬。方說得通。蓋非謂愛凡人之赤子。與兄弟之子一般也。言兄弟之子而不言己子者。蓋兄弟之子。卽與己之子無異也且人物之生。必各本於父母而無二。乃自然之理。若天使之然也。故其愛由此立。而推以及人。自有差等。今如夷子之言。則是視其父母本無異於路人。但其施之之序。姑自此始耳。非二本而何哉。然於先後之間。猶知所擇。則又本心之明。有終不得而息者。此其所以卒能受命而自覺其非也問愛無差等。夷子既知此說。便當一親疏合貴賤方得。今却曰施由親始。則是又將親疏對待而言。豈非吾之愛又有差等也哉。其辭抵牾。信乎其遁而窮矣。朱子曰。夷之所說愛無差等。此其大病。其言施由親始。雖若粗有差別。然亦是施此無差等之愛耳。故孟子但責其二本。而不論其下句之自相矛盾也。夷之所以卒能感動而自知其非。蓋因下文極言非爲人泚之心。有以切中其病耳。此是緊要處。當著眼目。○施由親始一句。乃是夷子臨時撰出來湊孟子。却不知愛無差等一句。已自不是了。他所謂施由親始。便是把愛無差等之心施之。然把愛人之心推來愛親。是甚道理。○人之有愛。本由親立。推而及物。自有等級。今夷子先以愛無差等。而施之則由親始。此夷子所以二本。○事他人之親。如已之親。則是兩箇一樣重了。如一木有兩根也。○愛無差等。何止二本。蓋千萬本也。○問夷子學於墨矣。而必推其說以求合於儒何也。曰。天下之理。其本有正而無邪。其始有順而無逆。故天下之勢。正而順者常重。而無待於外。邪而逆者常輕。而不得不資諸人。此理勢之必然也。胡不以近世之佛學觀之。吾所以拒彼者至矣。彼未嘗不求自附於吾儒。蓋不如是。則尤反側而無以自安也。其理之悖。說之窮。於此亦可槩見。惜世無孟子。無能因其所明以誘之者。是以卒於漂蕩而不反也。○慶源輔氏曰。書曰立愛惟親。記曰立愛自親始。蓋愛必始於愛親。因事親以立其愛。即所謂孝弟爲仁之本也。然後推以及民及物。自有差等輕重。此仁義所以相爲用也。夷子雖陷於墨教。而其天理一點之明。終有不可息滅者。此蓋秉彝之心也。故其先親後疎之際。猶知所擇。而不至於逆施。故孟子之言。得因所明而入之。夷子亦得因其明而受之也○雙峯饒氏曰。夷之引若保赤子來證愛無差等。孟子謂其差認了此句意。彼有取爾也。是證周書別有所取譬也。下二句却解周書本意。又曰。一本便有厚薄。如木然。根幹枝葉。自有大小次第。二本則天下皆是父母。無分根幹枝葉了。蓋親親而仁民。仁民而愛物。各有差等不同。夷子不識以爲愛無差等○雲峰胡氏曰。本文云使之一本。而集註以自然之理釋之。蓋纔謂之使。便似涉於人爲。今曰天使之。則莫之爲而爲。故人物之生。萬有不齊。無不一本而生者。若使之然。莫非自然。是之謂天。夷子二本非天矣。集註後節釋掩之誠是也。以爲若所當然。正與此自然二字相應。蓋凡人事之所當然者。即本於天理之自然者也

蓋上世嘗有不葬其親者。其親死。則舉而委之於壑。他日

過之。狐狸食之。蠅蚋姑嘬之。其顙有泚。睨而不視。夫泚也。非爲人泚。中心達於面目。蓋歸反虆梩而掩之。掩之誠是也。則孝子仁人之掩其親。亦必有道矣。蚋音汭嘬楚怪反泚七禮反睨音詣爲去聲虆力追反梩力知反

因夷子厚葬其親而言此。以深明一本之意。上世。謂太古也。委。棄也。壑。山水所趨也。蚋。蚊屬。姑。語助聲。或曰螻蛄音婁也。嘬。攢徂官反共食之也。顙。額也。泚。泚然汗出之貌。睨。邪視也。視。正視也。不能不視。而又不忍正視。哀痛迫切。不能爲心之甚也。非爲人泚。言非爲他人見之而然也。所謂一本者。於此見之。尤爲親切。蓋惟至親故如

此。在他人。則雖有不忍之心。而其哀痛迫切不至若此之甚矣。反。覆也。虆。土籠盧紅反也。梩。土轝音預也。於是歸而掩覆敷救反其親之尸。此葬埋之禮所由起也。此掩其親者若所當然。則孝子仁人所以掩其親者必有其道。而不以薄爲貴矣

慶源輔氏曰。此又孟子畧其遁辭。而專以其良心之發。有不容已處。深明夫惟一本。故其於親之喪。哀痛迫切。非他人之所可得同者。而因以見先王所制葬埋之禮。必誠必信。勿之有悔者。固皆自然之理。而墨子二本薄葬之說。爲杜撰妄作而不可行也。○雙峯饒氏曰。厚葬其親。發於其心之不能自已。這便是夷子求見孟子之萌芽。孟子就舉上世不葬其親之說。亦見得發於不容已。蓋上世不葬其親。這一人於心有所不安。却掩之。葬親之事自此始。若以爲掩得是。則孝子仁人之掩其親。亦必自有箇道理。以此觀之。則厚葬其親。自有不容已者。葬其親厚。則愛無差等之說。不攻自破矣。集註若所當然四字。說掩之誠是

一句佳

徐子以告夷子夷子憮然爲間曰命之矣憮音武間如字

憮然茫然自失之貌爲間者有頃之間也命猶教也言孟子已教我矣朱子曰之字夷子名若作虛字不成句法蓋因其本心之明以攻其所學之蔽是以吾之言易去聲下同入而彼之惑易解也慶源輔氏曰孟子因夷之本心之明而入之得易納約自牖之義〇雲峯胡氏曰夷子之學墨非也而葬其親厚此一厚字猶是夷子行得是處愛無差等施由親始夷子之所言非也然此一始字猶是夷子說得是處所以可因其本心之明而教之也〇新安陳氏曰驗人性之本善於此章尤可見焉

孟子集註大全卷之五

孟子集註大全卷之六

滕文公章句下

凡十章勿軒熊氏曰七章言出處之道。二章言仁政。一章言異端

陳代曰。不見諸侯宜若小然。今一見之。大則以王。小則以霸。且志曰。枉尺而直尋宜若可爲也王去聲

陳代孟子弟子也。小謂小節也。枉屈也。直伸也。八尺曰尋。枉尺直尋猶屈己一見諸侯而可以致王霸。所屈者小。所伸者大也南軒張氏曰。謂屈巳事小。王霸爲大。此自春秋以來。風俗習於霸者計較功利之說而有是言○新安陳氏曰。孟子平生以不見諸侯自守。故以此爲問

孟子曰。昔齊景公田。招虞人以旌。不至。將殺之。志士不忘

在溝壑。勇士不忘喪其元。孔子奚取焉。取非其招不往也。如不待其招而往。何哉。喪去聲

田獵也。虞人。守苑囿之吏也。招大夫以旌。招虞人以皮冠。左傳景公將殺虞人。虞人辭曰。臣不見皮冠。故不敢進 元首也。志士固窮。常念死無棺槨。棄溝壑而不恨。勇士輕生。常念戰鬭而死。喪其首而不顧也。此二句。乃孔子歎美虞人之言。夫音扶虞人招之不以其物。尚守死而不往。況君子豈可不待其招而自往見之邪。此以上是掌反告之以不可往見之意

朱子曰。不忘二字是活句。須向這裏參取。若果識得此意。辨得此心。則無入而不自得。而彼之權勢威力。亦皆無所施矣。○南軒張氏曰。虞人守官。義不敢往。義有重於死故也。使一有畏死之心。應非其招。則見利忘義矣。

自常情觀之。必重一死。而以非其招爲細事。不知義之所在。事無巨細。苟愛一身之死。而聽天命之正。則凡可以避死者無不爲。而弑父與君之所由生也。克虞人之心。行一不義而得天下不爲之心也。人紀之所由立也。是以夫子取之

且夫枉尺而直尋者。以利言也。如以利。則枉尋直尺而利亦可爲與。夫音扶與平聲

此以下。正其所稱枉尺直尋之非。夫所謂枉小而所伸者大。則爲之者計其利耳。一有計利之心。則雖枉多伸少而有利。亦將爲之邪。甚言其不可也和靖尹氏曰。有枉尺而直尋之心。則亦必至於枉尋而直尺矣。○朱子曰。援天下以道。若枉己便已枉道。則是已失援天下之具矣。更說甚事。自家身既已壞了。如何直人。天下事。不可顧利害。凡人做事。多要趨利避害。不知纔有利。必有害。吾雖處得十

分利。有害隨在背後。不如且在理上求之。○慶源輔氏曰。人一有計利之心。則惟利是務。始猶有枉小直大之辨。浸浸不已。其終併大小皆不復計。不至滅天理。壞人紀。不止也。孟子所以極其流而言之

昔者趙簡子使王良與嬖奚乘。終日而不獲一禽。嬖奚反命曰。天下之賤工也。或以告王良。良曰。請復之。彊而後可。一朝而獲十禽。嬖奚反命曰。天下之良工也。簡子曰。我使掌與女乘。謂王良。良不可。曰。吾爲之範我馳驅。終日不獲一。爲之詭遇。一朝而獲十。詩云。不失其馳。舍矢如破。我不貫與小人乘。請辭。乘去聲彊上聲女音汝爲去聲舍上聲

趙簡子。晉大夫趙鞅也。於兩反王良。善御者也。嬖奚。簡子幸臣。與之乘。爲之御也。復扶又反之。再乘也。彊而後可。嬖

奚不肯彊之而後肯也。一朝自晨至食時也。掌專主也。範法度也。詭遇不正而與禽遇也。言奚不善射以法馳驅則不獲廢法詭遇而後中去聲下同也。詩小雅車攻之篇。言御者不失其馳驅之法而射者發矢皆中而力。今嬖奚不能也。貫習也。朱子曰。詭遇是做人不當做底。行險是做人不敢做底。○雙峯饒氏曰。射者是驅禽獸來迎而射之。此禽當中來。則可以正射。若來得不正。則或當左或當右以射之。御者自有法度。射者不過迎而射之。則不中非關御者事。詭遇是詭道以遇禽獸。射者不能迎而射之。而御者以詭遇則得中。非射者之能。乃御者之力也。又曰。前引虞人明不可往見之意。後引王良。明不可枉尺直尋之意

御者且羞與射者比。比而得禽獸雖若丘陵弗爲也。如枉道而從彼何也。且子過矣。枉己者未有能直人者也。比必二反

此阿黨也。若丘陵言多也南軒張氏曰。事無巨細。莫不有義利之兩端存焉。曰此而得禽獸雖若丘陵弗爲也。學者要當立此志。而後可以守身○或曰。居今之世。出處去就上聲不必一一中去聲節。欲其一一中節。則道不得行矣。楊氏曰。何其不自重也。枉己其能直人乎。古之人寧道之不行而不輕其去就。是以孔孟雖在春秋戰國之時。而進必以正。以至終不得行而死也。使不恤其去就而可以行道。孔孟當先爲之矣。孔孟豈不欲道之行哉

慶源輔氏曰。欲道之行。仁也。進必以正。義也。仁義並行而不悖。所以爲聖賢。○新安陳氏曰。楊雄謂孔子見陽貨爲詘身以信道。龜山謂雄非知孔子者。道外無身。身外無道。身詘矣而可以信道。吾未之信也。當即此意以讀孟子此章。竊謂陳代以不見諸侯爲小節。殊不知自君子觀之。守孰爲大。守身爲大。枉己從人。失身莫大焉。

不可以爲所屈者小也。枉己即是枉道。枉道决不能行道。所闕之大如此。而可視爲小節乎。戒枉尋直尺而徇利。遏人欲也。守義而不枉道。存天理也。不見諸侯凡三章。此章一也。此篇第七章公孫丑曰不見諸侯何義二也。萬章下篇第七章萬章曰敢問不見諸侯何義。三也。宜參觀之

○景春曰。公孫衍張儀豈不誠大丈夫哉。一怒而諸侯懼。安居而天下熄

景春人姓名。公孫衍張儀皆魏人。怒則說音稅諸侯使相攻伐。故諸侯懼也。新安陳氏曰二人皆破六國之從以爲衡者。熄。如火之熄滅。以兵猶火故也

孟子曰。是焉得爲大丈夫乎。子未學禮乎。丈夫之冠也。父命之。女子之嫁也。母命之。往送之門。戒之曰。往之女家。必

敬必戒無違夫子以順爲正者妾婦之道也焉於虔反冠去聲女家之女音汝

加冠於首曰冠去聲女家夫家也婦人內夫家以嫁爲歸也夫子夫也女子從人以順爲正道也蓋言二子阿諛苟容竊取權勢乃妾婦順從之道耳非丈夫之事也雙峯饒氏曰儀衍雖使得諸侯懼不過順其欲耳諸侯志在土地二人從而投其所好說之征伐以得土地不過妾婦之事爾丈夫且不可爲况大丈夫乎

居天下之廣居立天下之正位行天下之大道得志與民由之不得志獨行其道富貴不能淫貧賤不能移威武不能屈此之謂大丈夫

廣居仁也。正位禮也。大道義也　朱子曰。此心廓然無一毫私意。直與天地同量。這便是居天下之廣居。便是居仁。到得自家立身。更無些子不當於理。這便是立天下之正位。便是立於禮。及推而見於事。更無些子不合於義。此便是行天下之大道。便是由義。論上面兩句。則居廣居是體。立正位是用。論下面兩句。則立正位是體。行大道是用。要之能居天下之廣居。自然能立天下之正位。行天下之大道。○居字就心上說。立字就身上說。行字就施爲上說。又曰正位就處身上說。大道就處事上說。廣居是不狹隘。以天下爲一家。中國爲一人。何廣如之。正位大道。只是不偏曲。○雲峯胡氏曰。集註於三句雖平說。朱子廣居一句極重。仁者之心。以天地萬物爲一體。如廣居之內。何所不容。其所立所行。從可知矣

與民由之。推其所得於人也　由。謂與民共由此仁禮義也。所得。亦即此三者

獨行其道。守其所得於己也　道。即仁禮義之道

淫蕩其心也。移變其節也。屈挫其志也　趙氏曰。富貴則求得欲從。故易至蕩其心。貧賤則居約處困。故易至變其節。遇威武又易至隕

攫震懼。故多挫懾其志氣。○何叔京名鎬，昭武人。曰：戰國之時，聖賢道否，部鄙反。天下不復扶又反。見其德業之盛，但見姦巧之徒得志橫行，氣燄以念反。可畏，遂以爲大丈夫。不知由君子觀之，是乃妾婦之道耳，何足道哉。朱子曰：居廣居以下，惟集義養氣方到此地位。富貴不能淫，貧賤不能移，威武不能屈，以浩然之氣對蓄他，便能如此。○觀孟子答景春之問，直是痛快。三復令人胸次浩然，如濯江漢而暴秋陽也。○問大丈夫之說，其詳可得聞乎？朱子曰：廓然大公，心不狹隘，則所居者眞天下之廣居矣。履繩蹈矩，身不苟安，則所立者必天下之正位矣。秉彝循理，事不苟從，則所行者皆天下之大道矣。得志與民由之，則出而推此於人也。不得志獨行其道，則退而樂此於已也。如是，則富貴豈能誘而淫其心，貧賤豈能撓而移其志，威武豈能脅而屈其節哉。此其視衍、儀之以雎盱側媚得志於一時，眞可謂妾婦之爲，而所謂大丈夫者，其不在彼而在此也決矣。然此數言者，皆以居廣居、立正位、行大道爲主，而夫三言者。又以廣居爲主也○南軒張氏曰。公孫衍張儀。持合從連衡之說以動諸侯。景春徒見其言足以捭闔搖撼而遂以爲大丈夫。其說固爲陋矣。而孟子以行與儀比妾婦之道者。蓋事君以弼違爲義。不當狥其欲也。行與儀不知正救其心術。而徒揣其意之所欲爲以進其說此何以異於妾婦之道無違夫子以順爲正者乎。人受天地之中以生。與天地萬物本無有間。惟其私意自爲町畦而失其廣居。失其廣居。則遷奪流蕩。亦無以立於正位而行其大道矣。與民由之。與共由乎此也。雖不得志。此道未嘗不由於已也。不能淫。不能淫此。不能移。不能屈。不能移此屈此也。此者何也。廣居正位大道是也。蓋得乎己。而外物舉不足以貳之也。所謂大丈夫者蓋如此○雲峯胡氏曰。當時但見姦巧之人。氣焰可畏。豈知聖賢剛大浩然之氣哉

○周霄問曰。古之君子仕乎。孟子曰。仕。傳曰。孔子三月無君。則皇皇如也。出疆必載質。公明儀曰。古之人三月無君則弔傳直戀反質與贄同下同

周霄魏人。無君謂不得仕而事君也。皇皇如有求而弗得之意。記曰皇皇焉如有求而弗得出疆謂失位而去國也。質所執以見人者如士則執雉也。周禮春官。大宗伯以禽作六摯以等諸侯。孤執皮帛。卿執羔。大夫執鴈。士執雉。庶人執鶩。音木工商執雞。摯之爲言。至也。所執以自致也。亦作贄。皮帛者。束帛而表以爲之飾。皮。虎豹之皮。羔。小羊。取其群而不失其類。鴈。取其候時而行。雉。取其守介而死不失其節。鶩。取其不飛先。雞。取其守時而動。出疆載之者將以見所適國之君而事之也

三月無君則弔不以急乎

周霄問也。以已通太也。後章放上聲此

曰士之失位也猶諸侯之失國家也禮曰諸侯耕助以供粢盛夫人蠶繅以爲衣服犧牲不成粢盛不潔衣服不備

不敢以祭。惟士無田則亦不祭。牲殺器皿衣服不備不敢以祭則不敢以宴。亦不足弔乎。盛音成繰素刀反皿武永反

禮曰。諸侯爲籍秦昔反百畝冕而青紘。音宏躬秉耒以耕。而庶人助以終畝。收而藏之御廩。以供宗廟之粢盛。記祭義昔者天子爲籍千畝。冕而朱紘。纓也躬秉耒。諸侯爲籍百畝。冕而青紘。躬秉耒。以事天地山川社稷。先古以爲醴酪。粢音咨盛於是乎取之。敬之至也○周禮。天官甸師掌帥其屬。而耕耨王籍。以時入之。以共齍盛王以孟春躬耕帝籍。天子三推。三公五推。卿諸侯九推。庶人終于畝。籍之爲言借也。王一耕之而使庶人耘芋終之。齍盛祭祀所用穀也。粢。稷也。穀以稷爲長。在器曰盛○穀梁傳桓公十四年。夫子親耕以供粢盛。王后親蠶以供祭服。甸粟而內。三宮。三宮米而藏之御廩。甸。甸師。掌田之官也。三宮。三夫人也。宗廟之禮。君親割。夫人親舂之

使世婦蠶于公桑蠶室。奉繭古典反以示于君。遂獻于夫

人。夫人副褘音暉受之。繅三盆手。遂布于三宮世婦使繅以爲黼黻音斧弗文章。周禮冬官考工記曰。青與赤謂之文。赤與白謂之章。白與黑謂之黼。黑與青謂之黻。五采備謂之綉。而服以祀先王先公。記祭義。古者天子諸侯必有公桑蠶室。近川而爲之。及大昕之朝。君皮弁素積。卜三宮之夫人世婦之吉者。使入蠶于蠶室。大昕。季春朔日之朝也。諸侯三宮。半王后也。奉種浴于川。桑于公桑。風戾以食之。風戾之使露氣燥。乃以食蠶。蠶性惡濕。世婦卒蠶奉繭以示于君。遂獻繭於夫人。夫人曰。此所以爲君服與。平聲遂副褘而受之。副褘。王后之服。因少牢以禮之。及良日。夫人繅三盆手。三盆手者。三淹也。凡繅。每淹大總以手振之以出緒也。遂布于三宮夫人世婦之吉者。使繅。遂朱綠之。玄黃之。以爲黼黻文章。服既成。君服以祭先王先公。敬之至也。又曰。士有田則祭。無田則薦。記王制。大夫士宗廟之祭。有田則祭。無田則薦。庶人春薦韭。夏薦麥。秋薦黍。冬薦稻。有田者既祭又薦新。祭以首時。薦以仲月。黍稷曰粢。在器曰盛。牲殺。牲必特殺也。皿。眉永反所以覆敷救反器者慶源輔氏曰。此先王之制。必如是然後能自盡其心。至於不得奉祭祀。則神不容以自安。而人亦以爲弔焉。古人之重祭祀也如此〇雙峯饒氏曰。三月無君則弔。恐是爲士先有位後失位者言之。畢竟予爲士。則祭以士。子爲大夫。則祭以大夫。尋常有祭。一旦失位而不得祭。一年有四時之祭。若失位三月。便廢一祭。故可弔之。弔其不得祭。非弔其不得君也。古人重祭祀故如此。不然。則如何三月無君則弔

出疆必載質。何也

周霄問也

曰。士之仕也。猶農夫之耕也。農夫豈爲出疆。舍其耒耜哉。

曰。晉國亦仕國也。未嘗聞仕如此其急。仕如此其急也。君子之難仕。何也。曰。丈夫生而願爲之有室。女子生而願爲

之有家父母之心人皆有之不待父母之命媒妁之言鑽穴隙相窺踰墻相從則父母國人皆賤之古之人未嘗不欲仕也又惡不由其道不由其道而往者與鑽穴隙之類也爲去聲舍上聲妁音酌隙去逆反惡去聲

晉國解見形甸反首篇仕國謂君子遊宦之國霄意以孟子不見諸侯爲難仕故先問古之君子仕否然後言此以風去聲切之也男以女爲室女以男爲家妁亦媒也言爲父母者非不願其男女之有室家而亦惡其不由道蓋君子雖不潔身以亂倫而亦不狥利而忘義也慶源輔氏曰周霄亦頗有策士之風但孟子據道之極不爲其所動直述其義理以告之而已○士之仕猶男女之願有

室家者此正理也至於爲人男女而不待父毋之命媒妁之言鑽穴隙相窺踰墻相從則父母國人皆賤之爲士而仕者不循天理之正不俟人君之招屈已以徇利枉道以事君則爲聖賢之學皆賤之直與兒女子相窺相從者無異故君子之於仕未嘗潔身以亂倫而長往不顧亦未嘗徇利忘義而屈道以伸身也○雲峯胡氏曰集註末二句與論語解不仕無義處語意同而實有不同者論語是從不仕無義處說來故雖兩句而實一意孟子是從古之人未嘗不欲仕也又惡不由其道兩句說來故兩句自是兩意論語蓋謂夫子雖責隱者之不仕而義之一字雖仕亦有不可苟者故集註謂君子雖不亂倫不仕而其間亦非不義而仕故下一非字孟子謂旣不可不仕又惡不由其道故下一不字集註字字句句精審如此學者當如此看

○彭更問曰後車數十乘從者數百人以傳食於諸侯不以泰乎孟子曰非其道則一簞食不可受於人如其道則舜受堯之天下不以爲泰子以爲泰乎更平聲乘從皆去聲傳直戀反簞音

冊音食嗣

彭更，孟子弟子也。泰，侈也。新安陳氏曰：孟子歷聘，徒御衆多，食於諸國，故更以爲泰。

陋矣

曰：否。士無事而食，不可也。

言不以舜爲泰，但謂今之士無功而食人之食，則不可也。

曰：子不通功易事，以羨補不足，則農有餘粟，女有餘布。子如通之，則梓匠輪輿皆得食於子。於此有人焉，入則孝，出則悌，守先王之道，以待後之學者，而不得食於子。子何尊梓匠輪輿，而輕爲仁義者哉？羨，延面反。

通功易事，謂通人之功而交易其事。羨，餘也。有餘，言無所貿音茂易而積於無用也。梓人，匠人，木工也。輪人，輿人，車工也。新安陳氏曰：傳先王之道，雖未得行於當時，守先王之道，乃可以傳之來世，此其繼往聖、開來學，有功於吾道甚大。孟子蓋自謂也。

曰：「梓匠輪輿，其志將以求食也；君子之為道也，其志亦將以求食與？」曰：「子何以其志為哉？其有功於子，可食而食之矣。且子食志乎？食功乎？」曰：「食志。」與，平聲。可食而食、志食功之食，皆音嗣，下同。

孟子言自我而言，固不求食；自彼而言，凡有功者則當食音嗣之。南軒張氏曰：君子之志，固不在食，而為國者，知其有功，則當食之。夫王者之祿夫人，為有以賴其用而可祿耳，豈必以其志之欲而祿之哉？如以其志，是率天下而利也。

曰有人於此毁瓦畫墁其志將以求食也則子食之乎曰否曰然則子非食志也食功也墁武安反子食之食亦音嗣

墁墻壁之飾也毁瓦畫墁言無功而有害也既曰食功則以士爲無事而食者眞尊梓匠輪輿而輕爲仁義者矣雙峯饒氏曰當時功利之說盛不知聖道之有用見孟子所至之國時君稍見尊禮養其從者則以爲無事而食如王子墊問士何事不素餐兮皆是此意畢竟當時之君雖能養之而不能用之故時人有此疑然而當時諸侯尚知尊敬儒者如孔子之適衞孟子之仕齊皆有所養亦是先王之澤未泯○新安陳氏曰此章當與盡心上不素餐兮章參看君子居是國君用之則安富尊榮子弟從之則孝弟忠信縱未能爲當世開太平亦足以繼往聖之絶學而爲後世開太平其有功於道統者爲何如更等乃以無事而食議之抑何其無知也食志爲人上者不當言食功則功之大小輕重所當辨志可以觀人非所以食人專食志則志貪饕者皆得食

矣。食功而不審其大小輕重。則僅有功於器物者。得以加諸有功於吾道者矣

○萬章問曰。宋小國也。今將行王政。齊楚惡而伐之。則如之何。惡去聲

萬章孟子弟子。宋王偃嘗滅滕。伐薛。敗齊楚魏之兵。欲霸天下。疑卽此時也。史記宋世家。偃立爲君十一年。自立爲王。東敗齊。取五城。南敗楚。取地三百里。西敗魏軍。乃與齊魏爲敵國。盛血於韋囊。懸而射之。命曰射天。淫於酒婦人。群臣諫者輒射之。於是諸侯皆曰桀宋。宋其復爲紂所爲。不可不誅。告齊伐宋。王偃四十七年。齊湣王與魏楚伐宋。殺王偃。遂滅宋而三分其地

孟子曰。湯居亳。與葛爲鄰。葛伯放而不祀。湯使人問之曰。何爲不祀。曰。無以供犧牲也。湯使遺之牛羊。葛伯食之。又

不以祀。湯又使人問之曰。何爲不祀。曰。無以供粢盛也。湯使亳衆往爲之耕。老弱饋食。葛伯帥其民。要其有酒食黍稻者奪之。不授者殺之。有童子以黍肉餉。殺而奪之。書曰。葛伯仇餉。此之謂也。遺唯季反。盛音成。往爲之爲去聲。饋食、酒食之食音嗣。要平聲。餉式亮反。

葛國名。伯爵也。放而不祀。放縱無道。不祀先祖也。亳衆湯之民。其民。葛民也。授。與也。餉。亦饋也。書。商書仲虺許偉反之誥也。仇餉言與餉者爲仇也。朱子曰。書所謂葛伯仇餉。若非孟子之言。人孰知其曲折如此哉。

爲其殺是童子而征之。四海之内。皆曰。非富天下也。爲匹夫匹婦復讎也。爲去聲

非富天下。言湯之心。非以天下爲富而欲得之也

湯始征。自葛載。十一征而無敵於天下。東面而征。西夷怨。南面而征。北狄怨。曰。奚爲後我。民之望之。若大旱之望雨也。歸市者弗止。芸者不變。誅其君。弔其民。如時雨降。民大悅。書曰。徯我后。后來其無罰

載。亦始也。十一征。所征十一國也。餘已見形甸反前篇新安陳氏曰。此湯行王政而王之事也

有攸不爲臣。東征。綏厥士女。匪厥玄黃。紹我周王見休。惟臣附于大邑周。其君子。實玄黃于匪。以迎其君子。其小人。簞食壺漿。以迎其小人。救民於水火之中。取其殘而已矣

食音嗣

按周書武成篇載武王之言。孟子約其文如此。然其辭特與今書文不類。今姑依此文解之。有所不爲臣。謂助紂爲惡而不爲周臣者。匪。與篚同。玄黃幣也。紹繼也。猶言事也。言其士女以匪盛音成玄黃之幣。迎武王而事之也。商人而曰我周王。猶商書所謂我后也。休美也。言武王能順天休命。而事之者皆見休也。臣附歸服也。孟子又釋其意。言商人聞周師之來。各以其類相迎者。以武王能救民於水火之中。取其殘民者誅之而不爲暴虐耳。君子。謂在位之人。小人。謂細民也

太誓曰。我武惟揚。侵于之疆。則取于殘。殺伐用張。于湯有光

太誓周書也。今書文亦小異。言武王威武奮揚。侵彼紂之疆界。取其殘賊。而殺伐之功。因以張大。比於湯之伐桀。又有光焉。引此以證上文取其殘之義。新安陳氏曰。此武王行王政而王之事也

不行王政云爾。苟行王政。四海之內。皆舉首而望之。欲以爲君。齊楚雖大。何畏焉

宋實不能行王 政。後果爲齊所滅。王偃走死。○尹氏曰。爲國者。能自治而得民心。則天下皆將歸往之。恨其征

伐之不早也。尚何彊國之足畏哉。苟不自治。而以強弱之勢言之。是可畏而已矣慶源輔氏曰。尹氏說盡後世爲國而不自彊。但以彊大爲畏者之病。誠能反是道而求之於已。則知仁者之果無敵。而帝王之道。是誠在我而已○問趙氏註修德無小。暴慢無彊。晁補之曰。修德無小。能修德。則小可大。暴慢無彊。遇修德。則彊必弱

○孟子謂戴不勝曰。子欲子之王之善與。我明告子。有楚大夫於此。欲其子之齊語也。則使齊人傅諸。使楚人傅諸。曰。使齊人傅之。曰。一齊人傅之。衆楚人咻之。雖日撻而求其齊也。不可得矣。引而置之莊嶽之間。數年。雖日撻而求其楚。亦不可得矣與平聲咻音休

戴不勝。宋臣也。齊語。齊人語也。傅。教也。咻。讙也。齊。齊語

也。莊嶽齊街里名也。楚楚語也。此先設譬以曉之也子謂薛居州善士也。使之居於王所。在於王所者。長幼卑尊皆薛居州也。王誰與爲不善。在王所者長幼卑尊皆非薛居州也。王誰與爲善。一薛居州。獨如宋王何。長上聲

居州。亦宋臣。言小人衆而君子獨。無以成正君之功。南軒張氏曰。衆君子之間。置一小人。猶足以蔽主而敗顛。一君子而遇衆小人。且不能安其身。如正君何。格君之任有孟子。而戴不勝不知。他尚何望焉。○慶源輔氏曰。古之大臣欲正其君者。豈特取辦於一人而已哉。必也兼收並蓄。旁求廣取。使忠賢之士。畢集於朝。在君之左右前後者。無非正人端士。然後可以薰陶漸染。以變化其氣質。成就其德性。是豈獨欲趣事赴功而已哉。○雲峯胡氏曰。此篇言宋事者三章。正好通看。前章謂宋不行王政。後章不能什一去關市之征。見得實不能存王政。此章言小人衆而君子獨。見宋之所以不能行王政

也

○公孫丑問曰。不見諸侯。何義。孟子曰。古者不爲臣不見

不爲臣。謂未仕於其國者也。此不見諸侯之義也

段干木。踰垣而辟之。泄柳。閉門而不內。是皆已甚。迫。斯可以見矣辟去聲內與納同

段干木。魏文侯時人。泄柳。魯繆音目公時人。文侯繆公。欲見此二人。而二人不肯見之。蓋未爲臣也。已甚。過甚也。迫。謂求見之切也。慶源輔氏曰。士固當守義而不往見國君。如二君屈己求見。意已誠切。聖賢處此。必將出見。今拒絕之如此。則過甚而非義矣

陽貨欲見孔子。而惡無禮。大夫有賜於士。不得受於其家。

則往拜其門。陽貨瞰孔子之亡也。而饋孔子蒸豚。孔子亦瞰其亡也。而往拜之。當是時。陽貨先。豈得不見。欲見之見音現。惡去聲。瞰音勘。

此又引孔子之事。以明可見之節也。欲見孔子。欲召孔子來見己也。惡無禮。畏人以己爲無禮也。受於其家。對使去聲人拜受於家也。其門。大夫之門也。瞰。窺也。陽貨於魯爲大夫。孔子爲士。故以此物及其不在而饋之。欲其來拜而見之也。先。謂先來加禮也。慶源輔氏曰。陽貨欲見孔子而惡無禮。雖小人。秉彝不可殄。貨既先來加禮於己。則己烏得而不答之。然貨之意則非誠矣。故但往答其禮而不欲見其人。是亦不屑之教誨也。天地之施與萬物者。豈有差忒哉。○新安陳氏曰。往答其禮。禮也。不欲見其人。義也

曾子曰脅肩諂笑病于夏畦子路曰未同而言觀其色赧赧然非由之所知也由是觀之則君子之所養可知已矣脅虛業反赧奴簡反

脅肩竦音悚體諂笑彊上聲下同笑皆小人側媚之態也病勞也夏畦夏月治畦之人也言爲此者其勞過於夏畦之人也未同而言與人未合而彊與之言也赧赧慙而面赤之貌由子路名言非己所知甚惡去聲之之辭也孟子言由此二言觀之則二子之所養可知必不肯不俟其禮之至而輒往見之也南軒張氏曰若不當往見而往見是苟賤以求合與脅肩諂笑未同而言者何以異慶源輔氏曰曾子重厚篤實故視小人側媚之態如病于夏畦之人而深憐之子路剛

勇果決。故以未同而言赧赧其色者，爲非己所知而深
惡之。二子所守如此。雖各因其資質，然亦是學力所就
也。
○此章言聖人禮義之中正，過之者傷於迫切而不
洪，不及者淪於汚音烏賤而不恥。汪氏廷直曰：君子所養貴乎中而已。大剛則至
於絕物，大柔則至於喪己。干木、泄柳，太剛者也；曾路所
譏，太柔者也。孔子於貨之饋而往拜，則與太剛者異矣。
拜之必瞷其亡，則與太柔者異矣。所以無可無不可而
爲聖之時也。孟子前言二子之所行，以明其過；後述曾
路之所言，以明其不及。中舉孔子事，以明聖人之用中。
然則孟子之不見諸侯，守其分義之中而已。○慶源輔
氏曰：孔子之事，禮義之中正也。差以毫釐，則失之矣。干
木、泄柳，則過乎禮義之中正矣，故傷於迫切而不洪。曾
子、子路之所言，則不及乎禮義之中正者，故淪於汚賤
而可恥。此君子之行己，所以戰戰兢兢，而唯恐有過不
及之失也。然與其汚賤之可恥，寧失於迫切而不洪。段
干、泄柳，猶爲狷者也。○雙峯饒氏曰：觀陽貨事，則不特
諸侯不可見；觀曾子、子路之言，則不特不可往見，雖平
交之人，亦不可彊與之言。蓋物不可以苟合。○雲峯胡

氏曰士尚志傷於迫切者量雖未洪猶不失爲志之高淪於汚賤者其志甚卑無足道矣

○戴盈之曰什一去關市之征今茲未能請輕之以待来年然後已何如去上聲

盈之亦宋大夫也什一井田之法也關市之征商賈音古之稅也已止也

孟子曰今有人日攘其鄰之雞者或告之曰是非君子之道曰請損之月攘一雞以待来年然後已攘如羊反

攘物自来而取之也損減也

如知其非義斯速已矣何待来年

知義理之不可而不能速改與月攘一雞何以異哉南軒

張氏曰。君子之遠不義也如惡惡臭。其不敢邇也。如探湯。其不敢須臾寧也。如坐塗炭。而其徙義也。如饑渴之於飲食。蓋見之之明。而决之之勇。以爲不如是。則不足以自拔而自新也。士之持身。於改過遷善之際。而爲盈之之說。則將終身汩沒於過失之中。人臣之謀國。於革弊復古之事。而爲盈之之說。則終陷於因循苟且之域。故自修身至於治國。知仁勇之三德。缺一不可也。知以知之。仁以行之。勇以决之。可不務哉。○慶源輔氏曰。天下事。只有義利兩端。纔出義。便以利言也。焉有兩存之理。若知義理之不可。而猶有吝惜之意。不肯速改。則亦終歸於悠悠。必不能自拔而日新矣。○新安陳氏曰。請輕之。如减日攘爲月攘。不知其非義。不智也。知其非義而不速改。不勇也。不智之罪小。不勇之罪大

○公都子曰。外人皆稱夫子好辯。敢問何也。孟子曰。予豈好辯哉。予不得已也。天下之生久矣。一治一亂好去聲下同治去聲

生謂生民也。一治一亂。氣化盛衰。人事得失。反覆相尋。

理之常也　徽菴程氏曰。氣化在天者有盛有衰。盛焉而治。衰焉而亂也。事理在人者有得有失。得焉而治。失焉而亂也。治不生於治而生於亂。亂不生於亂而生於治。治如環無端。此理之常。固無足怪。所貴乎聖賢之生斯世。亦惟以理御氣。庶幾反失而得。反衰而盛。反亂而歸於治焉耳。○雲峯胡氏曰。古今一治一亂。只是氣化人事。反覆相尋於無窮。或氣化有盛衰。而人事之得失於是乎生。或人事有得失。而氣化之盛衰於是乎轉。反覆相尋。皆理之常也。○新安陳氏曰。學者當深察孟子所以不得已之心。下文詳之。章末又申言此二句以結之。豈惟孟子。凡聖賢出而任三才扶三綱。皆不得而已也。一治一亂。乃此章綱領。下文節節照應之。

當堯之時。水逆行。氾濫於中國。蛇龍居之。民無所定。下者爲巢。上者爲營窟。書曰。洚水警余。洚水者。洪水也。　洚音降。又胡貢、胡工二反。

水逆行。下流壅塞。故水倒流而旁溢也。下。下地。上。高地。

也。營窟穴處上聲也。書虞書大禹謨也。洚水洚胡貢反洞無涯之水也。警戒也。此一亂也。慶源輔氏曰。此一亂純由乎氣化也○雲峯胡氏曰。自開闢至于堯之時。不知幾治亂。斷自堯起。有徵也。洚水自繫乎氣化。而曰警余。未嘗不及而求諸人事也。所以此一亂。即轉而爲一治也

使禹治之。禹掘地而注之海。驅蛇龍而放之菹。水由地中行。江淮河漢是也。險阻既遠。鳥獸之害人者消。然後人得平土而居之。菹側魚反

掘地。掘去上聲壅塞也。菹。澤生草者也。地中。兩涯之間也。險阻。謂水之氾濫也。遠。去也。消。除也。此一治也。慶源輔氏曰。此一治。氣化人事相參者也。夫人與鳥獸相爲多寡。蓋同稟於氣故也。繁氣盛。則正氣衰。正氣多。則繁氣少。聖

人於其間有造化之用。亦時焉而已。○新安陳氏曰。洪水乃治世之一亂。禹及其亂而治之。此禹之不得已於有爲者也。

堯舜既沒。聖人之道衰。暴君代作。壞宫室以爲汙池。民無所安息。棄田以爲園囿。使民不得衣食。邪說暴行又作。園囿汙池沛澤多。而禽獸至。及紂之身。天下又大亂。壞音怪行去聲下同沛蒲内反

暴君謂夏太康孔甲履癸商武乙之類也。宫室民居也。沛草木之所生也。澤水所鍾也。自堯舜没至此。治亂非一。及紂而又一大亂也。慶源輔氏曰此一亂。氣化人事相符者也。自堯舜没。其間夏太康至商武乙等。暴君不一。難以類數。至紂而大敗極亂而無以復加矣。故直推至紂時言之。想見夏桀之時亦

未必有飛廉等惡人。與夫虎豹犀象之害也○雙峯饒氏曰。暴行。即上面壞宫室。棄田宅也。暴行通上下而言。必有邪説糊塗了箇理義。然後暴行始作

周公相武王。誅紂伐奄。三年討其君。驅飛廉於海隅而戮之。滅國者五十。驅虎豹犀象而遠之。天下大悦。書曰。丕顯哉文王謨。丕承哉武王烈。佑啓我後人。咸以正無缺相去聲奄平聲

奄東方之國。助紂爲虐者也。鄭晉昭曰。奄字書作郼。古通用。衣檢衣廉二反。説文衣檢反。註周公所誅奄國飛廉紂幸臣也。五十國。皆紂黨虐民者也。書周書君牙之篇。丕。大也。顯。明也。謨。謀也。承。繼也。烈。光也。佑。助也。啓。開也。缺。壞也。此一治也慶源輔氏曰。此一治。又氣化人事相

參者也。舉書言文王武王謀謨之大。功業之光。所以佑助開迪夫後人者。莫非正大之道。周全盡美。而無一毫缺壞之失也。蓋正可爲也。無缺爲難。無缺。謂禮樂刑政。四達而不悖。三千三百之儀。與至誠無倚之道。並立而不偏。凡所以正德利用厚生之具。無一之不備。防僞禁邪正慝之法。無一之或隳。夫然後可以爲無缺。至春秋時。則道墜於地。而無復有存者矣。○趙氏曰。按奄國在淮夷之北。飛廉善走。以材力事紂。周武王伐紂。并殺之○新安陳氏曰。商末大亂。武王周公。反其亂而治之。此武王周公之不得已於有爲者也

世衰道微。邪說暴行有作。臣弑其君者有之。子弑其父者有之有作之有讀爲又古字通用

此周室東遷之後。又一亂也慶源輔氏曰。此一亂。又氣化人事相符者也。前乎此者。雖曰世亂。然但禽獸繁殖。有以戕民之生。而猶未至賊人之性。至此以後。則遂至傷壞人倫。將使人盡爲禽獸之歸。其禍又慘矣。此一亂又甚於前日。是亦氣化人事之使然也

孔子懼。作春秋。春秋。天子之事也。是故孔子曰。知我者其惟春秋乎。罪我者。其惟春秋乎。

胡氏曰。胡氏。名安國。字康侯。建安人 仲尼作春秋以寓王法。惇典庸禮。命德討罪。其大要皆天子之事也。新安倪氏曰。書皐陶謨篇云。天敘有典。勑我五典五惇哉。天秩有禮。自我五禮有庸哉。同寅協恭和衷哉。天命有德。五服五章哉。天討有罪。五刑五用哉。政事懋哉懋哉。書言天子治天下之事。孔子作春秋。其大旨正以明此治天下之事而爲後世法也○惇典之惇。集註避宋光宗諱而以厚字代之 知孔子者。謂此書之作。遏人欲於橫流。存天理於既滅。爲去聲後世慮至深遠也。罪孔子者以謂無其位而託二百四十二年南面之權。使亂臣賊子。禁其欲而不得肆。則戚矣。愚謂孔子作春秋以討亂賊。則致治之法。垂於萬世。是亦一治也問孔子作春秋。特載之空言。亂賊何緣便懼。恐未足以爲一治。朱子曰。非說當時便一治。只是存得箇治法。使道理光明燦爛。有能舉而行之。爲治不難。當時史書掌於史官。想人不得見。孔子取而筆削之。而其義大明。孔子亦何嘗有意用某字使人知勸。用某字使人知懼。有甚微詞奧義。使人曉不得。足以褒貶榮辱人來。不過如今之史書。直書其事。善惡瞭然在目。觀者知所勸懲。故亂臣賊子。有所懼而不敢犯耳○慶源輔氏曰。此一治。又純乎人事者也。雖氣化不應。而不使孔子得位。以撥亂而反之正。然討亂賊。垂治法。其功又大於舜禹矣○潛室陳氏曰。此謂聖人以王法繩諸侯。所褒所貶。皆是奉行王法。此聖人大用。非孟子不能知。胡氏發明備矣○雲峯胡氏曰。集註前言禹與周公之功。曰此一治也。此當時之治也。此言孔子春秋之功。曰此亦一治也。萬世之治也○新安陳氏曰。孔子雖不能興治道於當時。而能垂治法於後世。蓋在當時。倫紀亂矣。孔子欲反其亂而治之。此孔子之不得已於有言者也聖王不作。諸侯放恣。處士橫議。楊朱墨翟之言盈天下。天下之言。不歸楊則歸墨。楊氏爲我。是無君也。墨氏兼愛。是無父也。無父無君。是禽獸也。公明儀曰。庖有肥肉。廄有肥馬。民有饑色。野有餓莩。此率獸而食人也。楊墨之道不息。孔子之道不著。是邪說誣民。充塞仁義也。仁義充塞。則率獸食人。人將相食。橫爲皆去聲莩皮表反

楊朱但知愛身。而不復扶又反知有致身之義。故無君。墨子愛無差楚宜反等。而視其至親無異衆人。故無父。無父無君。則人道滅絶。是亦禽獸而已。公明儀之言。義見形甸反首篇。充塞仁義。謂邪說徧滿。妨於仁義也。雲峯胡氏曰。不中。則

曰橫議。不正。則曰邪說

孟子引儀之言以明楊墨道行。則人皆無父無君以陷於禽獸。而大亂將起。是亦率獸食人而人又相食也。此又一亂也

朱子曰。楊墨只是差些子。其末流遂至於無父無君。蓋楊氏見世人營營於名利。埋沒其身而不自知。故獨潔其身以自高。如荷蕢接輿之徒是也。然使人皆如此潔身而自高。則天下事教誰理會。此便是無君也。墨氏見世間人。自私自利。不能及人。故欲兼天下之人而盡愛之。然不知有一患難。則君親則當先救之。在他人則後救之。若不分先後。則是待君親猶他人也。此便是無父。此二者之所以爲禽獸也○楊朱乃老子弟子。其學專於爲已。列子云。伯成子高。拔一毛而利天下不爲。其言曰。一毛安能利天下。使人人不拔一毛。不利天下。則天下自治矣○問墨氏兼愛。何遽至於無父。曰。人也只孝得一箇父母。那愛得許多。能養其父母無缺。則已難矣。想得他之所以養父母者。粗衣糲食。必不能堪。蓋他既欲兼愛。則愛父母必疏。其孝不周至。非無父而何哉。墨子尚儉惡樂。所以說里號朝歌。墨子回車。想得是箇澹泊枯槁

底人。其事父母也可想見。○問率獸食人。亦深探其弊而極言之。非眞有此事。曰。不然。即他之道。便能如此。楊氏自是箇退步。愛身不理會事底人。墨氏兼愛。又弄得没合殺。使天下倀倀然。必至於大亂。而後已。非率獸食人而何。如東晉之清談。此便是楊氏之學。即老莊之道。少間百事廢弛。遂啓夷狄亂華。其禍豈不慘於洪水猛獸之害。又如梁武帝事佛。至於社稷丘墟。亦其驗也。○慶源輔氏曰。此一亂。又氣化人事相符者也。聖人之道非不愛身也。然有致身事君之義。有殺身成仁之時。故不至於無君。非不愛物也。然親親而仁民。仁民而愛物。有自然之序。故不至於無父。無君無父。則人道滅絶。又將視弑父與君。而冥然不覺矣。是則人而反與禽獸無異也。故引公明儀之說。以言楊墨道行。則人皆無父無君。安爲戕賊。以陷於禽獸。而大亂將起。是亦與公明儀所謂率獸食人。人將相食者類矣。楊墨之道不息。則邪說誣民。孔子之道不著。則充塞仁義也。此四句只是說天理人欲不並立而已。所謂邪說偏滿。妨於仁義者。是解邪說誣民充塞仁義兩句也。以偏滿字解充字。以妨字解塞字。但不曾解誣民兩字耳。其實謂邪說誣罔天下之人。其勢至於充盛。窒塞人心固有之仁義。使不能發也。夫仁義具於人心。而爲邪說所誣而充塞之。使不能達於外。況能擴充之。以全其量乎○西山眞氏曰。楊朱自一身之外。截然不恤。故其迹似乎義。墨翟於親疎之間。無乎不愛。故其迹似乎仁。殊不知天下之理本一而分則殊。故君子親親而仁民。仁民而愛物。心無不溥而其施有序。心無不溥。則非爲我矣。其施有序。則非兼愛矣。楊朱專於爲我。則昧乎理之一。墨翟一於兼愛。則昧乎分之殊。若是而曰仁義。乃所以賊乎仁義也○雙峯饒氏曰。墨氏無父之教。便充塞了仁。楊氏無君之教。便充塞了義。有仁義則天下治。無仁義則天下亂。今仁義既充塞。則亂將起而率獸食人。人又將相食矣

吾爲此懼。閑先聖之道。距楊墨。放淫辭。邪說者不得作。作於其心。害於其事。作於其事。害於其政。聖人復起。不易吾言矣 爲去聲。復扶又反

閑。衛也。放。驅而遠去聲之也。作。起也。事。所行。政。大體也 西山

眞氏曰。事者政之目。政者事之綱。○雙峯饒氏曰。無父無君。乃楊墨之見於行事者。少焉充塞仁義而至於率獸食人。是害於其政了。孟子雖不得志於時。然楊墨之害自是滅息。而君臣父子之道賴以不墜。是亦一治也。此乃孟子所以不得已而有言也。○慶源輔氏曰。此一治又純乎人事也。雖氣化不應。孟子亦不得志於時。然因其言而異端滅息。吾道至今得以不墜。此孟氏之功。所以不在禹下而亞於孔子也。○雲峯胡氏曰。前云此一治也。周公之功與禹同。此云是亦一治也。孟子之功與夫子同。程子曰。楊墨之害甚於申韓。佛老之害甚於楊墨。此就當時之異端言。蓋楊氏爲去聲下同我疑於義。墨氏兼愛疑於仁。申韓則淺陋易去聲見。史記申不害故鄭之賤臣。學本於黃老而主刑名。著書二篇號曰申子。○韓非者。韓之諸公子也。喜刑名法術之學。而其歸本於黃老。善著書。與李斯俱事荀卿。斯自以爲不如非。故孟子止闢楊墨。爲其惑世之甚也。

佛氏之言近理。又非楊墨之比。所以爲害尤甚。問墨氏兼愛疑於仁。此易見。楊氏爲我。何以疑於義。朱子曰。楊朱看來不似義。他全是老子之學。只是箇逍遥物外。僅足其身不屑世務之人。只是他自愛其身。界限齊整。不相侵越。微似義耳。然終不似也。又曰。楊墨只是硬恁地做佛氏。最有精微動得人處。○雙峯饒氏曰。前言生於其心。害於其政。發於其政。害於其事。此言作於其心。害於其事。作於其事。害於其政。亦各有意。前言畢竟政是大體。事是小節。今既生於其心。則必害於大體。旣害於大體。則少焉於那小節都壞了

昔者禹抑洪水而天下平。周公兼夷狄驅猛獸而百姓寧。孔子成春秋而亂臣賊子懼

抑。止也。兼。幷去聲之也。總結上文也。西山真氏曰。三聖事雖不同。而其救天下之患。立生民之極。則一也

詩云戎狄是膺荊舒是懲則莫我敢承無父無君是周公所膺也

說見（形甸反下解見音同）上篇承當也（雙峯饒氏曰孟子所以引戎狄荊舒者以楊墨乃夷狄之教也）

我亦欲正人心息邪說詎詖行放淫辭以承三聖者豈好辯哉予不得已也（行好皆去聲）

詖淫解見前篇辭者說之詳也承繼也三聖禹周公孔子也蓋邪說橫流壞（音恠）人心術甚於洪水猛獸之災慘於夷狄簒弑之禍故孟子深懼而力救之再言豈好辯哉予不得已也所以深致意焉然非知道之君子孰能

眞知其所以不得已之故哉朱子曰。當時如縱橫刑名之徒。孟子都不管他。蓋他只害得箇麤底。若楊墨。則害了人心。須著與之辯也。然孟子於當時。只在私下恁地說。所謂楊墨之徒也。未怕他。到後世。却因其言而知聖人之道爲是。知異端之學爲非。乃是孟子有功於後世耳○問孟子欲息邪距詖而必以正人心爲先。何也。曰此探本之言也。以聖道不明。人心不正。而邪說得以乘間入之也。曰。然則亦明聖道以正人心而已。何必爲此紛紛而涉好辯之嫌乎。曰邪說旣入。則人心益以不正。聖道益以不明矣。此又其末之不可不理者也。故孟子道性善。稱堯舜。必使天下曉然知仁義之所在者。此所以正人心而爲息邪距詖之本也。排爲我。斥兼愛。必使天下曉然知邪詖之不可由者。此所以息邪距詖而爲正人心之用也。蓋其體用不偏。首尾相應如此。然後足以撥亂世而反之正。此所以雖得其本。而不免於多言也。然豈其心之所好哉。亦畏天命。悲人窮。不得已而然耳。昔湯伐桀。曰予畏上帝。不敢不正。武王伐紂。曰予弗順天。厥罪惟鈞。夫豈好戰哉。孟子之心。亦若此而已矣。豈得以好辯之小嫌。而遂輟不言哉○慶源輔氏曰。重言豈好辯哉。予不得已也。

此又深致其意者。欲人之察其心。而知邪說之眞可畏也○問邪說詖行如何分。雙峯饒氏曰。說旣邪辟。其行必偏詖。其辭愈見淫蕩。詖行淫辭。自邪說上來。放者。放廢距絕○雲峯胡氏曰。洪水猛獸之災由氣化。夷狄篡弑之禍由人事。邪說爲人心之害。則有甚於此者矣。人之本心。未嘗不正。爲邪說所害。易淪胥於不正。故孟子之辯。拳拳欲正人心。其仕也。亦必先於正君心○新安陳氏曰。洪水猛獸。夷狄篡弑。皆災禍之害人身者。惟有於一時。若邪說。乃災禍之害人心者。且流於無窮。而爲害尤甚慘。此孟子所以不得已而深排力救之也

能言距楊墨者。聖人之徒也

言苟有能爲此距楊墨之說者。則其所趨正矣。雖未必知道。是亦聖人之徒也。孟子旣答公都子之問。而意有未盡。故復扶又反言此。蓋邪說害正。人人得而攻之。不必聖賢。如春秋之法。亂臣賊子。人人得而誅之。不必士師

也慶源輔氏曰。此義自朱子發之。若朱子。則眞可謂以道自任者。故言此以詔天下。使天下人人存此心。則異端之說。將無所容。而聖人之道。不復有蔽蝕之者矣。豈小補哉○孟子意謂自今以後。不待有知道者。眞能息滅楊墨之害。然後可以繼聖人之事。但能爲說以距。則是亦聖人之徒矣。此可見自任之重。而望人之切也○西山眞氏曰。所以勉天下學者。皆以闢異端扶王道爲心。庶幾生人之類。不淪胥於禽獸也

聖人救世立法之意其切如此。若以此意推之。則不能攻討而又唱爲不必攻討之說者。其爲邪詖之徒。亂賊之黨。可知矣

朱子曰。出邪則入正。出正則入邪。二者之間。蓋不容髮。雖未知道。而能言距楊墨者。已是心術向正之人。所以以聖人之徒許之。與春秋討賊之意同○纔說道要距楊墨。便是聖人之徒。如人逐賊。有人見之。若說道賊當捉當誅。這便是主人邊人。若說道賊也可恕。這便喚做賊之黨○不討亂賊而謂人勿討者。凶逆之黨也。不距楊墨而謂人勿距者。禽獸之徒也。聖賢立法之嚴。至於如此。可不畏哉○新安陳氏曰。如解攻乎異

端爲攻擊。閑先聖之道爲閑習。皆是不必攻討之說○尹氏曰。學者於是非之原。毫釐有差。則害流於生民。禍及於後世。故孟子辯邪說如是之嚴。而自以爲承三聖之功也。當是時。方且以好辯目之。是以常人之心。而度待洛反聖賢之心也程子曰。大抵儒者潛心正道。不容有差。其始甚微。其終則不可救。如師也過。商也不及。於聖人中道。師只是過於厚些。商只是不及些。然而厚則漸至於兼愛。不及則便至於爲我。其過不及同出於儒者。其末遂至楊墨。至如楊墨。亦未至於無父無君。孟子推之便至於此。蓋其差必至於是也○朱子曰。此段最好看。見諸聖賢遭時之變。各行其道。是這般時節。其所以正救之者。是這般樣子。這見得聖賢是甚麽樣大力量。恰似天地有缺齾處。得聖賢出來補救周全。過得稍久。又不免有缺。又得聖賢出來補。這見聖賢是甚力量。直有闔闢乾坤之功○新安陳氏曰。聖賢反世之亂而治之。達而在上。則見於有爲。而治功見於當時。窮而在下。則不免於有言。而治法垂於後世。

孔子曰。予欲無言。終不能無言也。作春秋以爲後法。猶未至於辯者。孔子之時。異端未熾。而孔子之聖言教易孚故也。至孟子。則時益降。異端益熾。而孟子之亞聖。又不及孔子。公孫丑萬章之徒。聞言猶未達。況於外人。則其闢楊墨。烏得而不言。言烏得而不辯。蓋有大不得已焉者。既以不得已於辯者自致其力。尤以能言距楊墨。望凡爲吾徒者之同致其力焉。非朱子深知孟子之心。孰能發其精微之蘊如此哉。此章於古今世道。聖賢事業。關涉甚大。宜精察深思之。○東陽許氏曰。集註氣化盛衰。人事得失。反復相尋。竊謂氣化盛。人事得。則天下治。氣化衰。人事失。則天下亂。是固然矣。然孟子此章答好辯之問。而孟子之辯。專爲闢楊墨而發。則易亂爲治。全頼人事以補天道之不足。反氣化之衰而至於盛也。觀堯禹之治水。則以人事而回氣化。武王周公誅紂伐奄。孔子作春秋。則以人事而救衰失。所以孟子亦於衰失之時。闢楊墨以回氣化。正人事也。此正聖賢作用。參天地贊化育之功。讀此章。當如此會集註之意

○匡章曰。陳仲子豈不誠廉士哉。居於陵。三日不食。耳無

聞目無見也井上有李螬食實者過半矣匍匐往將食之三咽然後耳有聞目有見（於音烏下於陵同螬音曹咽音宴）

匡章陳仲子皆齊人廉有分辨不苟取也於陵地名螬蠐（音齊）螬蟲也匍匐言無力不能行也咽吞也

孟子曰於齊國之士吾必以仲子爲巨擘焉雖然仲子惡能廉充仲子之操則蚓而後可者也（擘薄厄反惡平聲蚓音引）

巨擘大指也言齊人中有仲子如衆小指中有大指也充推而滿之也操（去聲）所守也蚓丘蚓也言仲子未得爲廉也必若滿其所守之志則惟丘蚓之無求於世然後可以爲廉耳（慶源輔氏曰齊俗奢侈放縱當戰國時士之傷廉者必多有之此匡章所以推仲子

（之廉而孟子亦以爲齊人之巨擘也）
夫蚓上食槁壤下飲黃泉仲子所居之室伯夷之所築與
抑亦盜跖之所築與所食之粟伯夷之所樹與抑亦盜跖
之所樹與是未可知也（夫音扶與平聲）
槁壤乾（音干）土也黃泉濁水也抑發語辭也言蚓無求於
人而自足而仲子不免居室食粟若所從來或有非義
則是未能如蚓之廉也
曰是何傷哉彼身織屨妻辟纑以易之也（辟音壁纑音盧）
辟績也纑練麻也
曰仲子齊之世家也兄戴蓋祿萬鍾以兄之祿爲不義之

禄而不食也。以兄之室爲不義之室而不居也。辟兄離母。處於於陵。他日歸。則有饋其兄生鵝者。己頻顣曰。惡用是鶃鶃者爲哉。他日。其母殺是鵝也。與之食之。其兄自外至。曰。是鶃鶃之肉也。出而哇之。蓋音閤辟音避頻與顰同顣與蹙同子六反惡平聲鶃魚乙反哇音蛙

世家。世卿之家。兄名戴。食采音菜於蓋。其入萬鍾也。歸自於陵歸也。己仲子也。鶃鶃。鵝聲也。頻顣而言。以其兄受饋爲不義也。哇。吐之也。

以母則不食。以妻則食之。以兄之室則弗居。以於陵則居之。是尚爲能充其類也乎。若仲子者。蚓而後充其操者也。

言仲子以母之食兄之室爲不義。而不食不居。其操去聲守如此。至於妻所易之粟。於陵所居之室。既未必伯夷之所爲。則亦不義之類耳。今仲子於此則不食不居。於彼則食之居之。豈爲能充滿其操守之類者乎。必其無求自足。如丘蚓然。乃爲能滿其志而得爲廉耳。然豈人之所可爲哉○范氏曰。天之所生。地之所養。惟人爲大記祭義有人。則可參天地而爲三才。無人。則天地亦不能以自立矣人之所以爲大者。以其有人倫也。仲子避兄離母。無親戚君臣上下。是無人倫也。豈有無人倫而可以爲廉哉朱子曰。溫公謂口非之而身享之。一時之小嫌。狷者之不爲。一身之小節。至於父子兄弟。乃人之大倫。天地之大義。一日去之。則禽獸夷狄。雖復謹小嫌守小節。亦將安所施哉。此孟子絕仲子之本意。余隱之云。仲子之兄非不友。孰使之避。仲子之母非不慈。孰使之離。愚謂政使不慈不友。亦無逃去之理。觀舜之爲法於天下者。則知之矣。○問溫公謂以其兄不以道事君而得祿。不以道取於人而成室。故以爲不義。仲子誠非中行。亦猶者有所不爲也。曰。仲子齊世家。則祿室非其兄不義而得之矣。設果以不義得之。而非有悖逆作亂之大故。則母子兄弟之間。豈可以是遂滅天性之恩哉。以飾小行以妨大倫。是乃欺世亂俗之尤。先王所誅而不以聽者也。所謂猶者。則亦言行之間。小過乎中而已。豈出於倫理之外。若是其甚哉。○南軒張氏曰。仲子徒欲潔身以爲清。不知廢大倫之爲惡。原仲子本心。亦豈不知母子之性重於妻兄之居愈於陵乎。惟其私見所爲。亂其倫類至此極也。衆人惑於其迹。以爲清苦高介而取之。非矣。世之貪冒爲惡者多矣。孟子於仲子獨闢之深者。世之爲惡者其失易見。而仲子之徒。其過難知也。惟其難知。故可以惑世俗而禍仁義。反復闢之。蓋有以也夫。○慶源輔氏曰。以仲子之孤介自守。足以高於一世之俗矣。而孟子所以力闢之者。蓋世衰道微。學者大抵因其資質之偏。而固執一說。力行以取名。初不顧義理之如何。如告子。許行。陳仲子之徒。皆是已。況如匡章者。既稱仲子爲廉而傾向之矣。此固以道自任者之所憂也。孟子烏得不排之哉。又曰。仲子之所[illegible]不必驗之他人。只自其身而推之。則已有不能自滿[illegible]志者。故孟子直以爲蚓而後能充其操。斥之。則仲子之行。是豈人之所能爲哉。聖賢之道。充之則至於與天地同功。仲子之道。充之則至於與丘蚓同操。是豈人理也哉。○雙峯饒氏曰。不要問所從來。只當思量我當食兄之祿與居兄之室否。若問所從來。則室與粟豈必伯夷所築所樹。如諸侯之取人猶禦。然既交以道。接以禮。則孔子受之矣。○或曰。匡章亦黜妻屏子者。故喜仲子孤介之行。新安陳氏曰。不然。匡章以父爲重。故視妻子爲輕。仲子反視母兄爲輕。而於妻則反食。孟子矜匡章而非仲子。有以也。此章當參看盡心上篇。仲子不義與之齊國而不受。下文云以其小者信其大者。奚可哉。斷盡其人

孟子集註大全卷之七

離婁章句上

凡二十八章

孟子曰：離婁之明，公輸子之巧，不以規矩，不能成方員；師曠之聰，不以六律，不能正五音；堯舜之道，不以仁政，不能平治天下。

離婁，古之明目者。公輸子，名班，魯之巧人也。規，所以爲員之器也。所運以爲圓之筳也。矩，所以爲方之器也。今曲尺也。師曠，字子野。晉之樂師，知音者也。六律，截竹爲筩，音同。陰陽各六，以節五音之上下。黃鍾、大音泰。簇、十候反。姑洗、先上聲。蕤儒追反。賓、夷則無射音亦為陽。大呂夾鍾仲呂林鍾南呂應鍾為陰也前漢律歷志云。十二律。黃帝之所作也。黃帝使伶倫。自大夏之西。昆侖之陰。大夏。西戎之國。昆侖。山名也。取竹之解谷生。其竅厚均者。斷兩節間而吹之。以為黃鍾之宮。制十二筩。以聽鳳之鳴。其雄鳴為六。雌鳴亦六。比黃鍾之宮。而皆可以生之。比。合也。是謂律本。律十有二。陽六為律。陰六為呂。律以統氣類物。一曰黃鍾。二曰太簇。三曰姑洗。四曰蕤賓。五曰夷則。六曰亡射。呂以旅陽宣氣。一曰林鍾。二曰南呂。三曰應鍾。四曰大呂。五曰夾鍾。六曰中呂。中讀曰仲。有三統之義焉○趙氏曰。只言六律者。陽統陰也五音宮商角徵展里反羽也。范氏曰。此言治天下不可無法度。仁政者。治天下之法度也雙峯饒氏曰。規矩六律。當來皆是聖人做起。離婁公輸師曠。亦不可無之。況庸匠庸工乎。不以仁政。雖聖人也不能平治天下。況後世乎

今有仁心仁聞。而民不被其澤。不可法於後世者。不行先

王之道也。聞，去聲。

仁心，愛人之心也。仁聞者，有愛人之聲聞於人也。先王之道，仁政是也。范氏曰：齊宣王不忍一牛之死，以羊易之，可謂有仁心。梁武帝終日一食蔬素，宗廟以麪爲犧牲，斷都玩反死刑必爲去聲之涕泣，天下知其慈仁，可謂有仁聞。通鑑：梁武帝天監十六年四月，詔以宗廟用犧牢，有累冥道，宜皆以麪爲之。於是朝野諠譁，以爲宗廟去牲，乃是不復血食，帝竟不從。八座乃議以大脯代一元大武。十月，詔以宗廟猶用脯脩，更議代之，於是以大餅代大脯，其餘盡用蔬果。○自天監中用釋氏法，長齋斷魚肉，日止一食，惟菜羹糲飯而已。糲，米之不精者。郎葛、洛盍、力制三反。身衣去聲布衣，木綿皁帳，後宮貴妃以下，衣不曳地。○每斷重罪，終日不懌。或謀反事覺，亦泣而宥之。由是王侯益橫，上深知其弊，而溺於慈愛，不能禁也。然而宣王之時，齊國不治。去聲武帝之末。江南大亂。其故何哉。有仁心仁聞而不行先王之道故也問孟子告齊宣王曰。是心足以王矣。則仁心者。固王政之本也。今曰有仁心仁聞而不行先王之道。則是所謂仁心者。初不足恃。而所謂先王之道者。又在此心之外也。朱子曰。是心足以王者。言有是心而能擴充之以行先王之道。如其篇末所論制民之產云者。則可以王爾。非謂專恃此心。而直可以王也。先王之道。固亦由是而推之以爲法耳。但其盡心知性。而無私意小智之累。故其爲法也。盡天理。合人心。雖聖人復起。有不能易者。後之人君。當因吾心而廣之。以盡夫法制之善。而充吾心之固有者。非謂心外有法。而俟於他求也。後人雖有是心。而不能無私意小智之累。苟不循是而之焉。則雖有仁心仁聞。而未免於徇利妄作之失。譬之蔑棄規矩。而欲以手制方員。其器之不至於苦窳者幾希矣。〇慶源輔氏曰。齊宣王。梁武帝。不能行先王之道則同。若論其所以不能行之故則異。宣王不學無術。奪於功利。而不能行先王之道者也。武帝則惑於異端。避罪要福。而不能行先王之道者也。宣王有仁心而不能保。武帝有仁聞而非其眞

○雲峯胡氏曰。上文云堯舜之道。下文云行先王之道。道一而已。有仁心。則此道蘊於中。是爲美意。有仁政。則能行此道於外。是爲良法

故曰。徒善不足以爲政。徒法不能以自行

徒。猶空也。有其心無其政。是謂徒善。有其政無其心。是謂徒法。程子嘗言爲政須要有綱紀文章。謹權審量。去聲讀法平價。皆不可闕。而又曰必有關雎麟趾之意。然後可以行周官之法度。新安陳氏曰。引程子前一說以證徒善謂不可無法。又引後一說以證徒法謂不徒在於法正謂此也朱子曰。所謂文章者。便是文飾那謹權審量讀法平價之類耳○須是自閨門衽席之微。積累到薰蒸洋溢。天下無一不被其化。然後可以行周官之法度。不然則爲王莽矣

詩云。不愆不忘。率由舊章。遵先王之法而過者。未之有也

詩大雅假詩傳讀作嘉樂音洛之篇。愆過也。率循也。章典法也。所行不過差不遺忘者以其循用舊典故也。慶源輔氏曰。過差謂用意過當處。遺忘謂照顧不及處。遵用舊典則有所循故不過差。有所據故不遺忘

聖人既竭目力焉。繼之以規矩準繩。以爲方員平直。不可勝用也。既竭耳力焉。繼之以六律正五音。不可勝用也。既竭心思焉。繼之以不忍人之政。而仁覆天下矣。勝平聲

準。所以爲平。繩。所以爲直。覆敷救反被去聲也。此言古之聖人既竭耳目心思之力。然猶以爲未足以徧天下及後世。故制爲法度以繼續之。則其用不窮而仁之所被者廣矣。慶源輔氏曰。規矩準繩爲方員平直之法度也。六律正五音之法度也。不忍人之政仁天下之法度

也。不爲之法度，則聖人之耳目心思止於聖人之身而已。不能徧天下與後世也。故聖人制爲法度以繼續之，使天下之爲方員平直正五音仁天下者，皆取法焉。所謂不可勝用而仁覆天下也。本止言覆天下。今及後世者，舉大可以該遠也。能覆天下，必能及後世矣。百工之事皆聖人作，故規矩律昔與不忍人之政作一統說耳。目言力，心言思者，耳目之視聽以力，而心之官則思也。○雙峯饒氏曰：惟天下不能常有聖人，所以要繼之以不忍人之政。繼字最有意味。不然，仁政雖自聖人而始，亦自聖人而止矣

故曰：爲高必因丘陵，爲下必因川澤，爲政不因先王之道，可謂智乎

丘陵本高，川澤本下，爲高下者因之，則用力少而成功多矣。鄒氏曰：自章首至此，論以仁心仁聞行先王之道

是以惟仁者宜在高位，不仁而在高位，是播其惡於衆也

仁者有仁心仁聞而能擴而充之以行先王之道者也。

貫前第二節意播惡於衆謂貽患於下也

上無道揆也下無法守也朝不信道工不信度君子犯義

小人犯刑國之所存者幸也朝音潮

此言不仁而在高位之禍也。道義理也。揆度也。度音鐸下度量之度音同法制度也。道揆謂以義理度量事物而制其宜。法守謂以法度自守。工官也。度即法也。君子小人以位而言也。由上無道揆。故下無法守。無道揆則朝不信道而君子犯義。無法守則工不信度而小人犯刑。有此六者。其國必亡。其不亡者僥倖而已朱子曰。上無道揆則下無法守。雖有奉法守一官者亦將不能用而去之矣。信道信度。信如憑信之信。此理只要人信得及。自然依那箇行。不敢踰越。惟其不信。所以妄作。如胥吏分明知得條法。只是冒法以爲姦。便是不信度也。

故曰。城郭不完。兵甲不多。非國之災也。田野不辟。貨財不聚。非國之害也。上無禮。下無學。賊民興。喪無日矣。辟與闢同。喪去聲。

上不知禮。則無以教民。下不知學。則易去聲與爲亂。新安陳氏曰。小人學道則易使。若不學則不識道理。易於犯分而爲亂矣。鄒氏曰。自是以惟仁者至此。所以責其君。朱子曰。惟上無教。下無學。所以不好之人並起。居高位者。執進退黜陟之權。盡做出不好事來。則國之喪亡無日矣。其要只在於仁者宜在高位。所謂一正君而國定。○南軒張氏曰。三綱五常。人類所賴以生。而國之所以爲國也。上失其禮。下廢其學。則綱常日以淪棄。國將何恃以立。民將何恃以生乎。然使禮廢於上。而學猶傳於下。則庶幾斯道未泯。而猶覬其可行也。上既無禮。下復無學。則邪說暴行

並作而國隨喪矣

詩曰天之方蹶無然泄泄蹶居衛反泄弋制反

詩大雅板之篇蹶顛覆之意泄泄怠緩悅從之貌言天欲顛覆周室群臣無得泄泄然不急救正之

泄泄猶沓沓也沓徒合反

沓沓即泄泄之意蓋孟子時人語如此

事君無義進退無禮言則非先王之道者猶沓沓也

非詆毀也詆典禮反

故曰責難於君謂之恭陳善閉邪謂之敬吾君不能謂之賊

范氏曰。人臣以難事責於君。使其君爲堯舜之君者。尊君之大也。開陳善道。以禁閉君之邪心。唯恐其君或陷於有過之地者。敬君之至也朱子曰。恭與敬。大槩也一般。只是恭意思較闊大。敬意思較細密。責難之恭。是先立箇大志。以帝王之道爲必可信。必可行。陳善閉邪。即是做那責難底工夫。○問所謂陳善閉邪者柰何。曰。君有邪心。所當閉也。然不知所以閉之之道而逆閉之。則動有矯拂之患。其言不可得而入矣。故必爲之開陳善道。使之曉然知善道之所在。則所謂邪者亦不難乎閉之矣。孟子與時君論事多類此。其自謂敬王。豈虛語哉。○雙峯饒氏曰。恭有對敬言者。有即是敬者。如中庸篤恭。書允恭之類。恭即是敬也

謂其君不能行善道而不以告者。賊害其君之甚也問人臣固當望君以堯舜。若度其君不足與爲善而不之告。或謂君爲中才。可以致小康。而不足以致大治。或導之以功利。而不輔之以仁義。此皆是賊其君否。朱子曰。然。人臣之道。但當以極等之事望其君。責以十分。只

做得二三分。若只責以二三分。少間做不得一分矣。若論才質之優劣。志趣之高下。固有不同。然吾所以導之者。則不可問其才智之高下優劣。但當以堯舜之道望他。豈可謂吾君不能。而遂不以此望之哉　鄒氏曰。自詩云天之方蹶至此。所以責其臣○鄒氏曰。此章言爲治去聲者。當有仁心仁聞。以行先王之政。而君臣又當各任其責也　南軒張氏曰。此章之意。欲人君推是心以行仁政。而其終。則欲人臣知禮義而法先王。蓋言不可以不學也。人臣知學。而後人主聞大道。人主聞大道。而後王政可行焉。此孟子之意也○慶源輔氏曰。爲治者。固當以仁心仁聞。而行先王之政。然非君臣同心。各任其責。則亦安能有成哉○雲峯胡氏曰。君當盡君之責。而莫先於仁。臣當盡臣之責。而莫先於敬

○孟子曰。規矩。方員之至也。聖人。人倫之至也

至。極也。人倫。說見形甸反前篇。規矩盡所以爲方員之理。

猶聖人盡所以爲人之道

欲爲君。盡君道。欲爲臣。盡臣道。二者皆法堯舜而已矣。不以舜之所以事堯事君。不敬其君者也。不以堯之所以治民治民。賊其民者也

法堯舜以盡君臣之道。猶用規矩以盡方員之極。此孟子所以道性善而稱堯舜也朱子曰。規矩是方員之極。聖人是人倫之極。蓋規矩便盡得方員。聖人便盡得人倫。故物之方員者有未盡處。以規矩爲之便見。於人倫有未盡處。以聖人觀之便見。惟聖人都盡。無一毫之不盡。故爲人倫之至。○堯所以治民。舜所以事君。觀二典。大槩可見。是事事做得盡○人之生也。均有是性。故均有是倫。均有是倫。故均有是道。然惟聖人能盡其性。故爲人倫之至。而所由莫不盡其道焉。此堯舜之爲君臣。所以各盡其道而爲萬世之法。猶規矩之盡夫方員。而天下之爲方員者。莫不出

乎此也○南軒張氏曰。堯舜盡君臣之道。非有所增益也。無所虧焉耳。後之人以堯舜爲不可及。是自誣其性者也。不以舜所以事堯事君。蓋不以厥后爲可聖。是誣其君。不以堯所以治民治民。蓋不以斯民爲有恒性。是誣其民也○雙峯饒氏曰。人倫不說父子夫婦長幼朋友。而獨舉堯舜君臣做人倫樣子者。其意在當時人君臣○新安陳氏曰。君臣之倫。於人倫爲尤大。所以宗主綱維彼四倫者也。孟子以堯舜盡君臣之倫。責望世之爲君臣者取法之。正以人性皆善。而皆可以爲堯舜故也

孔子曰。道二。仁與不仁而已矣

法堯舜則盡君臣之道而仁矣。不法堯舜則慢君賊民而不仁矣。二端之外。更無他道。解而已矣三字**出乎此則入乎彼矣。可不謹哉**問不仁何以亦曰道。朱子曰。譬如說有大路。有小路。何疑之有○慶源輔氏曰。仁與不仁。只是一箇天理與人欲而已。纔出天理。便入人欲。豈復更有他道哉。此古之聖賢。所以兢兢業業。而

不敢不謹也

暴其民甚。則身弑國亡。不甚。則身危國削。名之曰幽厲。雖孝子慈孫。百世不能改也

幽。暗。厲。虐。皆惡謚也。苟得其實。則雖有孝子慈孫。愛其祖考之甚者。亦不得廢公義而改之。言不仁之禍。必至於此。可懼之甚也

南軒張氏曰。如堯舜之爲。是由仁之道者也。如幽厲之爲。是由不仁之道者也。人君可不審擇其所由哉○慶源輔氏曰。不仁有淺深。而其禍有大小。以幽厲視桀紂。則幽厲雖未至於身弑國亡。然死蒙惡謚。遺臭後來。孝子慈孫。欲改不可。不仁之禍。馴至如此。豈不可懼之甚哉○雙峯饒氏曰。改。是要改其惡謚。古人謚法最公。後世亡國之君。皆得美謚。公義廢矣

詩云。殷鑑不遠。在夏后之世。此之謂也

詩大雅蕩之篇。言商紂之所當鑒者。近在夏桀之世。而孟子引之。又欲後人以幽厲爲鑒也新安陳氏曰。此章欲人法堯舜而仁。戒人如幽厲之不仁。遏人欲。擴天理也

○孟子曰。三代之得天下也以仁。其失天下也以不仁

三代。謂夏商周也。禹湯文武以仁得之。桀紂幽厲以不仁失之

國之所以廢興存亡者。亦然

國。謂諸侯之國興存以仁。廢亡以不仁

天子不仁。不保四海。諸侯不仁。不保社稷。卿大夫不仁。不保宗廟。士庶人不仁。不保四體

言必死亡新安陳氏曰。不保四海以下。皆不免於死亡。非特不保四體者爲然

今惡死亡而樂不仁。是猶惡醉而強酒惡去聲樂音洛強上聲

此承上章之意而推言之也慶源輔氏曰。上章第言道二。仁與不仁。與桀紂幽厲之事而已。此章又因其意而推及於諸侯卿大夫士庶人不仁之禍。皆必至之理也○西山眞氏曰。此章明白峻厲。自天子至庶人。皆當佩服。然所謂不仁者非他。縱人欲以滅天理而已。人欲縱而天理滅。禍至於此。可不畏哉○雙峯饒氏曰。社稷宗廟以祭言。四海以土言。四體以身言○新安陳氏曰。此承上章不仁則身弒國亡。而推言之。即前篇惡辱而居不仁之意。又曰。戒人不仁。是亦遏人欲。存天理也

○孟子曰。愛人不親。反其仁。治人不治。反其智。禮人不答反其敬治人之治平聲不治之治去聲

我愛人而人不親我。則反求諸己。恐我之仁未至也。智

敬放上聲此

行有不得者皆反求諸已其身正而天下歸之

不得謂不得其所欲如不親不治不答是也反求諸已謂反其仁反其智反其敬也如此則自治益詳而身無不正矣詳字貼皆字不止上文三自反而已天下歸之極言其效也南軒張氏曰反身則天理明不能則人欲肆○慶源輔氏曰自治詳則身無不正身無不正則天下無不歸雖極言其效是亦必然之理也○新安陳氏曰是亦遏人欲擴天理也

詩云永言配命自求多福

解見形甸反前篇○亦承上章而言慶源輔氏曰為治本乎自反多福本乎自求○雙峯饒氏曰上面三句包括未盡所以下面又說皆當反諸已添箇皆字凡有行不得所欲者必自反諸

身則我之身無不正天下亦歸之矣皆字說得闊不特說上面三者而已永言配命是常常思量要合理永是無間斷之意此章補前章意前章說大綱此章說得密○新安陳氏曰承上章得天下以仁而言因言仁而及智與禮仁包智禮也

○孟子曰人有恒言皆曰天下國家天下之本在國國之本在家家之本在身恒胡登反

恒常也雖常言之而未必知其言之有序也故推言之而又以家本乎身也本於身乃恒言之所未及此亦承上章而推言之大學所謂自天子至於庶人壹是皆以脩身爲本爲去聲是故也慶源輔氏曰人之常言雖曰有序而但及其外尹子之論則必究其本而無有或遺得其本則末可舉矣以是而質於大學之言則曾子子思孟子相傳之學不可誣矣○雙峯饒氏曰國王畿之內天

子所治。天下四方諸侯之國。天下取則於國。國取則於家。家取則於身。○新安陳氏曰。此章承上章身正而天下歸之意。孟子祖大學而言之。曾子以大學傳子思。子思以傳孟子。可見矣

○孟子曰。爲政不難。不得罪於巨室。巨室之所慕。一國慕之。一國之所慕。天下慕之。故沛然德教溢乎四海

巨室。世臣大家也。得罪。謂身不正而取怨怒也　雙峯饒氏曰。集註。世臣大家是兩項。世臣。非一代之臣。大家。是貴官之家。○潛室陳氏曰。得罪。謂非理致怨。所謂不得罪者。謂合正理而不致怨於人。非曲法以奉之也。麥丘邑人祝齊桓公曰。願主君無得罪於群臣百姓。意蓋如此　劉向新序雜事篇。桓公田。至於麥丘。見麥丘邑人。問年幾何。對曰。八十有三矣。公曰。美哉壽乎。子其以子壽祝寡人。麥丘邑人祝主君。使主君甚壽。金玉是賤。人爲寶。公曰。善哉。至德不孤。善言必再。吾子復之。曰。祝主君。使主君無羞學。無惡下問。賢者在傍。諫者得人。公曰。善

哉。至德不孤。善言必三。吾子復之。曰。柷主君使主君無得罪於群臣百姓。公佛然作色曰。吾聞之。子得罪於父。臣得罪於君。未聞君得罪於臣也。麥丘邑人拜而起曰。子得罪於父。可以因姑姊妹叔父而解之。父能赦之。臣得罪於君。可以因便嬖左右而謝之。君能赦之。昔桀得罪於湯。紂得罪於武王。此則君之得罪於臣者也。莫爲謝。至今得罪。公曰。善。扶而載之。自御以歸。禮之於朝。封之以麥丘而斷政焉慕向也。心悅誠服之謂也。沛然。盛大流行之貌。溢。充滿也。蓋巨室之心。難以力服。而國人素所取信。今既悅服。則國人皆服。而吾德教之所施。可以無遠而不至矣。此亦承上章而言。承上章家之本在身蓋君子不患人心之不服。而患吾身之不脩。吾身既脩。則人心之難服者先服。而無一人之不服矣。

○林氏曰。戰國之世。諸侯失德。巨室擅權。如晉六卿魯三桓等爲患甚矣。然或者不脩其本而遽欲勝之，則未必能勝而適以取禍。故孟子推本而言，惟務脩德以服其心。彼既悅服，則吾之德教無所留礙（牛代反），可以及乎天下矣。裴度所謂韓洪（本名弘，在宋避諱，以洪字代之）輿疾討賊，承宗斂手削地，非朝（音潮）廷之力能制其死命，特以處（上聲）置得宜，能服其心故爾。政此類也。

唐書皇甫鎛傳：鎛（音博），爲司農卿判度支，改户部侍郎。憲宗方伐蔡，急於用度，鎛裒會嚴亟以辦濟師。帝悅，進兼御史大夫。蔡平之明年，遂拜同中書門下平章事，猶領度支。鎛以吏道進，既由聚斂剋剝爲宰相，至雖市道皆嗤之。崔群、裴度以聞，帝怒不聽。度乃表罷政事，極語鎛姦邪苛刻，天下怨之，將食其肉。且言天下安否繫朝廷，朝廷輕重在輔相。今承宗斂手削地，韓弘輿疾討賊，非力能制之，顧朝廷處置能服其心也。若相鎛，則四方解矣。請授以浙西觀察使。其辭切至，上不聽。○王承宗，邊鎮王士真之子。

拒命以常山叛。朝廷歇兵。布衣栢耆杖策詣淮西行營謁裴度。且言願得天子一節馳入鎭。可掉舌下之。度爲言。乃以左拾遺往。既至以大誼動承宗。泣下。乃與獻德棣二州。以二子入質。上從之。○韓弘滑州人。憲宗方用兵淮西。拜淮西諸軍行營都統使。扞兩河。而令李光顔烏重胤擊賊。弘不親屯。遣子公武。領兵二千屬光顔。兵元濟既平。以功加兼侍中。封許國公。入朝再拜司徒中書令。以足疾。命中人掖拜。固願留京師。帝從之。○慶源輔氏曰。此承上章家之本在身而言也。君人者。不正其身。所爲乖戾。則致人怨怒。其勢必自世臣大家始。故麥丘邑人之言。亦先及群臣。而後及百姓也

○孟子曰。天下有道。小德役大德。小賢役大賢。天下無道。小役大。弱役強。斯二者天也。順天者存。逆天者亡。

有道之世。人皆脩德而位必稱去聲其德之大小。天下無道。人不脩德。則但以力相役而已。新安陳氏曰。小德小賢者居小位。大德大

賢者居大位。位與德相稱。是上之人處之各當。故小德小賢見役於大德大賢。有道之世。惟德是視也。若力之小弱。見役於力之強大。無道之世。惟力是視耳。**天者理勢之當然也。**問天下無道小役大弱役強亦曰天。何也。朱子曰。到那時不得不然。亦是理當如此。○慶源輔氏曰。天下有道。則以德爲大小。無道。則以力爲強弱。二者皆理勢之所當然也。順其理勢則存。逆其理勢則亡。必然之理也。○雙峯饒氏曰。小德大德小賢大賢以理言。小大強弱以勢言。蓋天下有理有氣。就事上說。氣便是勢。纔到勢之當然處。便非人之所能爲。即是天了。又曰。賢兼才德。以政事言也。雖曰時勢如此。然有大德者便能回天。便勝這勢。如文王自小至大。由百里而三分有二。不爲紂所役。此可以見德足以勝時勢處。○雲峯胡氏曰。集註嘗以天爲理之自然。此以天爲理勢之當然者。彼則純以天理言。此則兼以人事言也。

齊景公曰。既不能令。又不受命。是絕物也。涕出而女於吳。女去聲。

引此以言小役大弱役强之事也。令出令以使人也。受命聽命於人也。物猶人也。女以女如字與人也。吳蠻夷之國也。景公羞與爲昏而畏其强。故涕泣而以女與之。慶源輔氏曰。既不能强於自治。以昌其國而出令以使人。又不能因時勢之宜。屈己自下以聽人之命。是與物睽絶也。絶物則絶於天矣。景公之言。宜若可取。然景公之齊。即桓公覇諸侯之齊。雖時勢下衰。苟振起作新之。獨不在我乎。而顧爲是巽言横涕。孟子姑取其說。以證小役大弱役强之事。其萎薾自棄之罪。未暇議也。○汪氏曰。當有道而順天爲有義。當無道而順天爲有命。絶物即是逆天。齊景畏天者也。畏天猶保其國

今也小國師大國而恥受命焉。是猶弟子而恥受命於先師也。

言小國不脩德以自强。其般音盤樂怠敖去聲皆若效大國

之所爲者而獨恥受其教命不可得也

如恥之莫若師文王師文王大國五年小國七年必爲政於天下矣

此因其愧恥之心而勉以脩德也文王之政布在方策舉而行之所謂師文王也五年七年以其所乘之勢不同爲差楚宜反○慶源輔氏曰所乘之勢指國之大小而言也蓋天下雖無道然脩德之至則道自我行而大國反爲吾役矣新安陳氏曰不師大國而師文王大國所乘之勢稍易小國所乘之勢稍難五七年之餘人心奮氣勢畏而小可大弱可强大國反爲吾役矣程子曰五年七年聖人度待洛反其時則可矣然凡此類學者皆當思其作爲如何乃有益耳慶源輔氏曰程子之言所

以啓發學者至矣。惟聖人能知時。故曰聖人度其時可矣。學者燭理既明。而經歷之久。思慮之深。則自然見得

詩云。商之孫子。其麗不億。上帝既命。侯于周服。侯服于周。天命靡常。殷士膚敏。祼將于京。孔子曰。仁不可爲衆也。夫國君好仁。天下無敵。祼音灌。夫音扶。好去聲。

詩大雅文王之篇。孟子引此詩及孔子之言。以言文王之事。麗數也。十萬曰億。侯維也。助語辭。商士商孫子之臣也。膚大也。敏達也。祼宗廟之祭。以鬱紆勿反。鬯丑亮反。之酒。灌地而降神也。新安倪氏曰。周禮有秬鬯。有鬱鬯。以秬黍爲酒。名秬鬯。將祭。則築鬱金香草煮之以和鬯。酒名鬱鬯。灌乃用之。取其芳香旁達。以降神。鬯者。以其條鬯也。將助也。言商之孫子衆多。其數不但十萬而已。上帝既命周以天下。則凡

此商之孫子。皆臣服于周矣。所以然者。以天命不常。歸
于有德。故也。是以商士之膚大而敏達者。皆執祼獻之
禮。助王祭事于周之京師也西山眞氏曰。以商之孫子。而爲周之諸侯。以商之美
士。而奔走周廟之祭。天命何常之有哉。成湯惟其仁也。故天命歸于商。紂惟其不仁。故天命轉而歸周孔
子因讀此詩。而言有仁者。則雖有十萬之衆。不能當之。
故國君好仁。則必無敵於天下也。不可爲衆。猶所謂難
爲兄難爲弟云爾世說德行篇。後漢陳元方。名紀。子長文。名群。有英才。與季方名諶。元方之
弟也。子孝先。名忠。各論父功德。爭之不能決。諮於太丘名寔。嘗除太丘長。乃長文孝先之祖父也。太丘曰元方
難其兄。季方難其弟。○朱子曰。兄賢難做他弟。弟賢難做他兄。仁者無敵。難做衆去抵當他
今也。欲無敵於天下。而不以仁。是猶執熱而不以濯也。詩

云。誰能執熱逝不以濯

恥受命於大國是欲無敵於天下也乃師大國而不師文王是不以仁也詩大雅桑柔之篇逝語辭也言誰能執持熱物而不以水自濯其手乎○此章言不能自强則聽天所命脩德行仁則天命在我

慶源輔氏曰不能自强則聽命于天而爲强大所役使脩德行仁如文王則與天爲一而小可大弱可强昔之强大者反爲役於我矣豈非天命之在我乎○新安陳氏曰勢之强弱亦天所命不能自强則聽命於天而爲强大所役如齊景是也脩德行仁則道德足以勝勢力而天命在我師文王而爲政於天下者是也

○孟子曰不仁者可與言哉安其危而利其菑樂其所以亡者不仁而可與言則何亡國敗家之有

菑與灾同 樂音洛

安其危利其菑者。不知其爲危菑。而反以爲安利也。所以亡者。謂荒暴淫虐所以致亡之道也。不仁之人。私欲固蔽。失其本心。故其顛倒錯亂至於如此。所以不可告以忠言而卒至於敗亡也西山真氏曰。自古危亂之世。未嘗無忠言。祖伊嘗諫紂矣。召穆公嘗諫厲王矣。而二君不聽者。蓋其心既不仁。故顛倒迷繆。以危爲安。以菑爲利。以取亡之道爲可樂也。夫人君孰不欲安存而惡危亡。而其反背若此者。私欲蔽障而失其本心故爾○雙峯饒氏曰。要在看樂其所以亡一句。他只愛那淫荒暴虐所以取亡底事。故雖危自以爲安。雖菑自以爲利。孟子此章説得利害大段甚分明

有孺子歌曰。滄浪之水清兮。可以濯我纓。滄浪之水濁兮。可以濯我足浪音郎

滄浪，水名。纓，冠系也。新安倪氏曰：漢水東爲滄浪之水，見禹貢。後魏酈道元云：武當縣北四十里，有洲曰滄浪洲，水曰滄浪水，是也。

孔子曰：小子聽之，清斯濯纓，濁斯濯足矣，自取之也。

言水之清濁有以自取之也。聖人聲入心通，無非至理，此類可見。慶源輔氏曰：夫不仁之人，則雖忠言至論，無自而入。聖人之仁，則雖常言俗語，聲入心通。是亦莫非自取之也。〇新安陳氏曰：此孔子所以爲耳順也。

夫人必自侮，然後人侮之；家必自毁，而後人毁之；國必自伐，而後人伐之。夫音扶。

所謂自取之者。雙峯饒氏曰：自侮是不自重，適所以召人之侮。

太甲曰：天作孽，猶可違；自作孽，不可活。此之謂也。

解見形甸反前篇○此章言心存則有以審夫音扶得失之幾平聲不存則無以辨於存亡之著。禍福之來。皆其自取

慶源輔氏曰。人心存則仁。人心不存則不仁。得失之幾至微也。存亡之實至著也。安利樂。得失之幾也。亡國敗家。存亡之實也。禍福之來。皆其自取。即所謂禍福無不自已求之者。此亦承上章而言。仁與不仁所取之不同也○新安陳氏曰。仁者心存則明哲。得失之幾微。即能審察之。審侮毀伐之幾於自取之之初是也。不仁者心不存則昏蔽。存亡之已著。亦不能辨。安其危。利其菑。樂所以亡是也。心存者存天理。心不存者。遏人欲也

○孟子曰。桀紂之失天下也。失其民也。失其民者。失其心也。得天下有道。得其民。斯得天下矣。得其民有道。得其心。斯得民矣。得其心有道。所欲與之聚之。所惡勿施爾也。惡去聲

民之所欲皆爲去聲致之如聚斂力驗反然民之所惡則勿施於民鼂音潮錯蒼故反所謂人情莫不欲壽三王生之而不傷人情莫不欲富三王厚之而不困人情莫不欲安三王扶之而不危人情莫不欲逸三王節其力而不盡此漢文帝時鼂錯對賢良策語此類之謂也南軒張氏曰所欲與聚非惟壽富安逸之遂其志用舍從違無不合其公願而後爲得也○西山眞氏曰此章之要在所欲與聚所惡勿施一言

民之歸仁也猶水之就下獸之走壙也走音奏

壙廣野也言民之所以歸乎此以其所欲之在乎此也新安陳氏曰所欲與聚所惡勿施即所以仁民也故民歸之

故爲淵敺魚者獺也爲叢敺爵者鸇也爲湯武敺民者桀

與紂也爲去聲毆與驅同獺音闥爵與雀同鸇諸延反

淵深水也獺食魚者也叢茂林也鸇食雀者也言民之所以去此以其所欲在彼而所畏在此也新安陳氏曰彼謂湯武此謂桀紂如魚雀之可全生者在淵叢而得免死於獺鸇也

今天下之君有好仁者則諸侯皆爲之敺矣雖欲無王不可得已好爲王皆去聲

南軒張氏曰非利人之爲已敺也特言其理之必然耳循夫天理無利天下之心而天下歸之此三王所以王也假是道而亦以得天下者漢唐是也故秦爲漢敺隋爲唐敺季世之君肆於民上施施然自以爲安而不知其爲人敺哀哉○新安陳氏曰好仁之君出不仁者皆爲敺民以歸之

今之欲王者猶七年之病求三年之艾也苟爲不畜終身

不得。苟不志於仁。終身憂辱。以陷於死亡。王去聲

艾。草名。所以灸者。乾音干久益善。夫音扶病已深。而欲求乾久之艾。固難卒倉沒反辦。然自今畜勑六反之。則猶或可及。不然則病日益深。死日益迫。而艾終不可得矣。王氏曰。艾以久爲善。不畜不足以活人之死。仁以久而熟。不積不足以拯國之危。○雲峯胡氏曰。三年之艾。不能畜之平日。而自今畜之。猶可也。是故爲仁者。平日既無積久之功。今日不可無必爲之志

詩云。其何能淑。載胥及溺。此之謂也

詩大雅桑柔之篇。淑。善也。載。則也。助語胥。相也。言今之所爲。其何能善。則相引以陷於亂亡而已。慶源輔氏曰。至此則雖聖人亦末如之何矣。詳味引詩之言。則令人惕然警省。有不容自已者矣。○新安陳氏曰。此章綱領在一仁字。仁民之

要在所欲與聚所惡勿施能如是則可以謂之好仁而不仁者皆將敺民以歸之其王天下也孰禦

○孟子曰自暴者不可與有言也自棄者不可與有爲也言非禮義謂之自暴也吾身不能居仁由義謂之自棄也

暴猶害也非猶毁也自害其身者不知禮義之爲美而非毁之雖與之言必不見信也自棄其身者猶知仁義之爲美但溺於怠惰自謂必不能行與之有爲必不能勉也程子曰人苟以善自治則無不可移者雖昏愚之至皆可漸子廉反磨而進也惟自暴者拒之以不信自棄者絶之以不爲雖聖人與居不能化而入也此所謂下愚之不移也朱子曰自暴者所言必非詆禮義說沒這道理是之謂暴戾我雖言而彼必不肯聽

是不足與言也。自棄者，意氣卑弱，志趣凡陋。知有道理，甘心自絕，以爲不能。我雖言仁義之美，彼此割斷了，不肯做。是不足與有爲也。自暴者，剛惡之所爲。自棄者，柔惡之所爲○言非禮義，以禮義爲非，而拒之以不信。自暴，自賊害也。吾身不能居仁由義，自謂不能而絕之以不爲。自棄，自棄絕也。

仁，人之安宅也。義，人之正路也。

仁宅已見形甸反前篇。義者宜也，乃天理之當行，無人欲之邪曲，故曰正路。

曠安宅而弗居，舍正路而不由，哀哉！舍上聲

曠，空也。由，行也○此章言道本固有，而人自絕之，是可哀也。此聖賢之深戒，學者所當猛省悉井反也。朱子曰：曠其安宅，則必放僻邪侈，而安其所不可安之居矣。舍其正路，則必行險僥倖，而由其所不可由之塗矣。安宅正路，人皆有

之。而自暴自棄以至於此。是可哀也○南軒張氏曰。仁言安宅者。謂其安而可處也。義言正路者。謂其正而可遵也。是二者性之所有也。曠之舍之以自絕其天性。不亦可哀乎○雙峯饒氏曰。前面說自暴自棄兩等人。後面說不居不由又只指自棄者言之。何也。蓋非毀禮義之人。已不可教誨矣。那不能爲底。只是爲之不勇耳。尚知得可居可由。猶爲可教。所以孟子只說此一項。自歎息那自棄之人。有安宅而不居。有正路而不由。是可哀也○新安陳氏曰。哀哉二字。當令人發深省。夫自暴者非詆天理。既不可與言。故絕望之。自棄者猶知天理之爲美。特甘於不能。故以本有者開示之。復哀憫以警聳之。猶致望之之意焉。此學者所以不可不猛省者也。

○孟子曰。道在爾而求諸遠。事在易而求諸難。人人親其親。長其長。而天下平。邇爾古字通用 易去聲長上聲

親長在人爲甚邇。親之長之在人爲甚易。而道初不外是也。舍上聲此而他求。則遠且難而反失之。但人人各親

其親各長其長則天下自平矣南軒張氏曰使人各親其親各長其長其本在人君親其親長其長以倡率之而已親親仁也長長義也仁義本之躬而達之天下豈非道之邇者乎天下所以平者實係乎此豈非事之易者乎味此數語堯舜三王之治可得而推矣○雲峯胡氏曰此道字是大理之自然此事字是人爲之當然

○孟子曰居下位而不獲於上民不可得而治也獲於上有道不信於友弗獲於上矣信於友有道事親弗悅弗信於友矣悅親有道反身不誠不悅於親矣誠身有道不明乎善不誠其身矣

獲於上得其上之信任也誠實也反身不誠反求諸身而其所以爲善之心有不實也不明乎善不能即事窮

理。無以真知善之所在也。朱子曰。反身而誠。見其本。具是理而今不曾虧欠了他底○問反諸身不誠。曰。反諸身是反求於心。不誠是不曾實有此心。如事親以孝。須是實有這孝之心。若外面假爲孝之事。裏面却無孝之心。便是不誠矣○獲上信友等皆以有道言。盖有不由其道以求之者矣。若諛悅苟容以求獲乎上。便佞諂隨以求信乎友。阿意曲從以求悅乎親。宜行助長以求誠其身。皆是也所謂誠身。能實踐其所明之善而有諸身之謂○慶源輔氏曰。人孰無爲善之心。然隱微之際有一毫自欺之意。則其心便不實矣。人孰不知善之可爲。然不能即夫事以窮其理而推極吾之知識。則所知者或未必真矣游氏曰。欲誠其意先致其知。不明乎善。不誠其身矣新安倪氏曰。引大學以證此章。致知即所以明善也。但誠意則以自修之始言。誠身則以旨修之成言。誠意正心修身皆該於誠身二字中矣學至於誠身。則安往而不致其極哉。以内則順乎親。以外則信乎友。以上則可以得君。以下則可以得民。

矣慶源輔氏曰。游氏之說。始則大學之次序。終則中庸之極功也

是故誠者。天之道也。思誠者。人之道也

誠者。理之在我者皆實而無僞。天道之本然也。思誠者。欲此理之在我者皆實而無僞。人道之當然也問思誠莫須明善否。朱子曰。明善自是明善。思誠自是思誠。明善是格物致知。思誠是毋自欺謹獨。明善固所以思誠。而思誠上面又更有工夫在。誠者都是實理了。思誠者。恐有不實處。便思去實他。誠者天之道。天無不實。寒便是寒。暑便是暑。更不待使他恁地。聖人仁便真箇是仁。義便真箇是義。更無不實處。常人說仁時恐猶有不仁處。說義時恐猶有不義處。便須着思有以實之始得。○慶源輔氏曰。維天之命。於穆不已。至誠之理。天道之本然也。審思明辨。自強不息。思誠之事。人道之當然也

至誠而不動者。未之有也。不誠。未有能動者也

至極也。楊氏曰。動便是驗處。若獲乎上、信乎友、悅於親之類是也。慶源輔氏曰。有感必有應。驗便是應處。極其誠。則合內外。平物我。感與應。皆非自外也。此其所以無有不動也。○雙峯饒氏曰。人要爲君取信。必須朋友稱譽薦進。然朋友所以稱譽。必能脩身齊家。方有可稱者。若是不說於親。則何可稱之有。能說親必出於誠心乃可。這是推原誠身效驗如此。若說誠身工夫。則無間於事親。取友。事君。治民之際。誠到至處自能動物。則以之事親而親悅。以之取友而友信。以之事君而君用。以之治民而民從。物無先後之分矣

○此章述中庸孔子之言見思誠爲脩身之本。而明善又爲思誠之本。雲峯胡氏曰。此所謂思誠。即中庸所謂誠之。其工夫皆兼知行而言。思誠者脩身之本。是脩身以知行爲先。明善又爲思誠之本。是知行之中又當以知爲先也

乃子思所聞於曾子。而孟子所受乎子思者。覺軒蔡氏曰。子思以誠之言人之道。而孟子易之以思誠。子思言形著動變。而孟子止於動者。以思出於心。於學者

用功尤爲有力。而動者正指上文獲上信友悅親而言也。亦與大學相表裏。學者宜潛心焉。大學章句曰。其第五章乃明善之要。第六章乃誠身之本。○慶源輔氏曰。明善者。大學之本。誠身者。中庸之要。於此可見中庸大學之相爲表裏。曾子子思孟子之相爲授受者。益不可誣矣。

○孟子曰。伯夷辟紂。居北海之濱。聞文王作興。曰盍歸乎來。吾聞西伯善養老者。太公辟紂。居東海之濱。聞文王作興。曰盍歸乎來。吾聞西伯善養老者。辟去聲

作。興。皆起也。言文王起而爲方伯。盍。何不也。西伯。即文王也。紂命爲西方諸侯之長。上聲得專征伐。故稱西伯。太公姜姓。呂氏名尚。史記齊世家。太公望呂尚者。東海人。其先祖嘗爲四嶽。佐禹平水土甚有功。虞夏之際封於呂。或封於申。姓姜氏。夏商之時。申呂或封支庶。子孫或爲庶人。尚其後苗裔也。本姓姜氏。從其封姓。故曰呂尚。西

伯出獵。遇於渭之陽。曰自吾先君大父望子久矣。故號之曰太公望。文王發政。必先鰥寡孤獨。庶人之老。皆無凍餒。故伯夷太公。來就其養。非求仕也。慶源輔氏曰。恐人見太公後來佐武王伐商。遂以其來也。爲有求仕之意。故明辨之。太公之初歸周。無是意也。觀孟子以太公與伯夷並言。亦自可見

二老者。天下之大老也。而歸之。是天下之父歸之也。天下之父歸之。其子焉往。焉於虔反

二老。伯夷太公也。大老言非常人之老者。天下之父。言齒德皆尊。如衆父然。既得其心。則天下之心不能外矣。

南軒張氏曰。張良歸漢。項氏以亡。孔明在蜀。炎綱幾振。亦庶幾爲當時之老者。其所繫輕重固如此。○慶源輔氏曰。衆父二字出老子。集註借用之。其義則謂衆人之父爾。○雙峯饒氏曰。既有齒又有德。故謂之大老。若常

人則是年老而已

蕭何所謂養民致賢以圖天下者。其意暗與此合。通鑑。漢高帝元年二月。項羽立布公即高祖爲漢王。王巴蜀漢中。都南鄭。而分關中王秦降將章邯等三人以距漢路。漢王怒。欲攻項羽。周勃灌嬰樊噲皆勸之。蕭何諫曰。雖王漢中之惡。不猶愈於死乎。能詘與屈同於一人之下而信伸同於萬乘之上者。湯武是也。臣願大王王漢中。養其民以致賢人。收用巴蜀。還定三秦。天下可圖也。但其意則有公私之辨。學者又不可不察也。慶源輔氏曰。蕭何之說。是欲爲此以圖天下。有爲而爲。所謂私也。文王之爲此。則初無所爲也。行吾義而已。所謂公也。二老之歸。乃其自然之應爾

諸侯有行文王之政者。七年之內。必爲政於天下矣

七年。以小國而言也。大國。五年在其中矣

○孟子曰。求也爲季氏宰。無能改於其德。而賦粟倍他日。

孔子曰。求非我徒也。小子鳴鼓而攻之可也

求。孔子弟子冉求。季氏魯卿。宰。家臣。賦。猶取也。取民之粟倍於他日也。小子弟子也。鳴鼓而攻之聲其罪而責之也

由此觀之君不行仁政而富之皆棄於孔子者也。况於爲之強戰。爭地以戰殺人盈野。爭城以戰殺人盈城。此所謂率土地而食人肉。罪不容於死 爲去聲

林氏曰。富其君者奪民之財耳。而夫子猶惡去聲之。况爲去聲土地之故而殺人。使其肝腦塗地。則是率土地而食人之肉。其罪之大。雖至於死猶不足以容之也 范氏曰天地大

德曰生。聖人所以守位曰仁。孔子曰。斷一木殺一獸。不以其時。非孝也。草木鳥獸殺之不以時。則逆天地之理。猶爲不孝。況於人命可不重哉○和靖尹氏曰。湯武之征。以正伐不正。救民於塗炭也。戰國之戰。以亂益亂殘人民耳。而求富之。爲之強戰。是何異於助桀而富桀也○慶源輔氏曰。率。猶循也。由也。率土地而食人肉。謂以土地之故殺人而使之肝腦塗地。則是由土地而食人之肉也。其罪之大。雖至於死猶不足以容之。言罪大而刑小。如所謂死有餘辜也

故善戰者服上刑。連諸侯者次之。辟草萊任土地者次之

辟與闢同

善戰。如孫臏音牝齊威王臣吳起衛人。爲魏文侯將之徒。連結諸侯。如蘇秦洛陽人張儀衛人之類。辟。開墾口本反也。任土地。謂分土授民使任耕稼之責。如李悝枯回反盡地力。商鞅以兩反開

阡陌之類也前漢食貨志。戰國時。李悝爲魏文侯。作盡地力之敎。以爲地方百里。提封九萬頃。除山澤邑居參分去一。爲田六百萬畮。治田勤謹則畮益三升。服虔曰。與之三升也。臣瓚曰。當言三斗。謂治田勤則畮加三斗也。不勤則損亦如之。地方百里之增減。輙爲粟八百十萬石矣。又曰。糴甚貴傷民。謂士工商也甚賤傷農。民傷則離散。農傷則國貧。故甚貴與甚賤。其傷一也。善爲國者。使民無傷而農益勸。今一夫挾五口。治田百畮。歲收畮一石半。爲粟百五十石。除十一之稅十五石。餘百三十五石。食人月一石半。五人終歲爲粟九十石。餘有四十五石。石三十。爲錢千三百五十。除社閭嘗新春秋之祠用錢三百。餘千五十。衣人率用錢三百。五人終歲用千五百。不足四百五十。不幸疾病死喪之費及上賦斂又未與此。此農夫所以常困。有不勸耕之心。而令糴至於甚貴者也。善平糴者。必謹觀歲上中下熟。大熟則上糴三而舍一。中熟則糴二。下熟則糴一。使民適足價平而止。小飢則發小熟之所藏。中飢則發中熟之所藏。上飢則發上熟之所藏。雖遇飢饉水旱糴不貴而民不散○通鑑。周顯王十九年。秦孝公十二年也秦商鞅令民父子兄弟同室內息者爲禁。并諸小鄉聚集

爲一縣。縣置令丞。廢井田。開阡陌。路南北曰阡。東西曰
陌。平斗斛權衡丈尺。○問如李悝盡地力。不過亦教民
而已。孟子何以謂任土地者亦次於刑。朱子曰。只爲他
是欲富國。不是欲爲民。但強占地開墾將去。欲爲已物
耳。皆爲君聚斂之徒也。○阡陌便是井田。一横一直。如
遂上有涂。這便是陌。洫上有路。這便是阡。自阡陌之外
有地。則只閑在那裏。先王所以如此者。乃是要正經界。
恐人相侵占。今商鞅却破開了。遇可做田處便做田。更
不要整齊。這開字非開創之開。乃開闢之開。蔡澤傳曰。
破壞井田。决裂阡陌。觀此可見。○南軒張氏曰。自當時
言之。孰不以爲大功。而先王以爲大戮。治世之所誅。而
時君之所賞。孟子之言及此。蓋正誼明道。以遏人欲之
横流也。○慶源輔氏曰。戰國之時。人君之所求。與士之
所以自任者。不過有此三等。故孟子因列之。而言其罪
以遏其流。雖是救時之言。然士而以
此三者得名。則世德之衰可知矣

○孟子曰。存乎人者。莫良於眸子。眸子不能掩其惡。胷中正。則眸子瞭焉。胷中不正。則眸子眊焉。眸音牟 瞭音了 眊音耄

良善也眸子目瞳子也瞭明也眊者蒙蒙目不明之貌。蓋人與物接之時其神在目故胷中正則神精而明不正則神散而昏 慶源輔氏曰心正則安裕完固故其神之見於目者精聚而明白心不正則驚惕掩覆故神之見於目者渙散而昏暗此其所謂不能掩者也○自体察之可見神若不在則目雖見物猶無見也都不能有所識別矣

聽其言也觀其眸子人焉廋哉 焉於虔反 廋音搜

廋匿也言亦心之所發故幷此以觀則人之邪正不可匿矣然言猶可以僞爲眸子則有不容僞者 南軒張氏曰聽其言而又參之以眸子則無所遁矣此言與孔子人焉廋哉之言同而爲説則異夫子之言爲旋觀其人説孟子之言一見而欲識其大綱也若夫睟面盎背施於四躰四体不言而喻者則望而知其爲德人有不待考察者矣

學者讀此。非獨可得觀人之法。又當知檢身之要。私心邪氣。其可頃刻而有邪。一萌諸中。而昭昭然不可掩矣。可不懼哉。○西山真氏曰。目者。精神之所發。而言者。心術之所形。故審其言之邪正。驗其目之明眊。而人之賢否不可掩焉。此觀人之一法也。○勿軒熊氏曰。孔子之觀人。是觀乎其內。孟子是觀乎其外。二章互看。君子小人之情狀不可逃矣。○新安陳氏曰。趙氏註目爲神候。精之所在。存而察之。善惡不隱。蓋以在察解存乎人之存字。然以易繫辭存乎其人。存乎德行之類觀之。只輕輕說過。不必訓爲察也

○孟子曰。恭者不侮人。儉者不奪人。侮奪人之君。惟恐不順焉。惡得爲恭儉。恭儉豈可以聲音笑貌爲哉惡平聲

惟恐不順。言恐人之不順已。聲音笑貌。僞爲於外也雙峯饒氏曰。孟子就侮人奪人上說。見得非泛言恭儉。亦是爲國君言之。當時國君必有名爲恭儉者。但無故而加兵於他人之國。便是侮人。無故而取人之土。便是奪人。安得謂之恭儉。○雲峯胡氏曰。孟子嘗言賢君必恭儉

禮下。取於民有制。蓋惟恭者必禮下而不侮人。儉者必取民有制而不奪人。不侮者恭之驗。不奪者儉之驗。否則惟恐人不順已驕移之欲耳。書曰恭儉惟德無載爾僞。不侮不奪者恭儉之實事。不以聲音笑貌爲者恭儉之實德。有是實德則有是實事。無恭儉之實德。則聲音笑貌載爾僞耳。天理人欲之分。誠實虛僞之判也。其亦擴天理而遏人欲與

○淳于髡曰男女授受不親禮與。孟子曰禮也。曰嫂溺則援之以手乎。曰嫂溺不援是豺狼也。男女授受不親禮也。嫂溺援之以手者權也

淳于姓。髡名。齊之辯士。授與也。受取也。古禮男女不親授受。以遠去聲別必列反也。禮之經也。○禮記內則。男不言內。女不言外。非祭非喪。不相授器。其相授。則女授以篚。其無篚則皆坐奠之而后取之援救之也。權稱去聲錘直垂反

也。稱物輕重而往來以取中者也。此釋權字之義。權而得中，是乃禮也。朱子曰：事有緩急，理有大小，此等處皆須以權稱之。○北溪陳氏曰：權字乃就稱錘上取義。稱錘之爲物，能權輕重以取平，故名曰權。權，變也。在衡有星兩之不齊，權便移來移去，隨物以取平。亦猶人之用權度，揆度事物以取其中相似。又曰：知中然後能權，由權然後得中。中者，理所當然而無過不及者也。權者，所以度事理而取其當然，使無過不及者也。○慶源輔氏曰：若是經禮，更何須權？惟是那經禮有行不得處，故須用權以取中。權而得中，是乃禮也。若權而不得中，則陷乎漢儒權變權術之域矣，豈可謂之權乎？○新安陳氏曰：此乃禮之權而不背乎經者也。

曰：今天下溺矣，夫子之不援，何也？

言今天下大亂，民遭陷溺，亦當從權以援之，不可守先王之正道也。

曰。天下溺。援之以道。嫂溺。援之以手。子欲手援天下乎

言天下溺。惟道可以捄與救同之。非若嫂溺可手援也。今子欲援天下。乃欲使我枉道求合。則先失其所以援之之具矣。是欲使我以手援天下乎○此章言直巳守道。所以濟時。枉道徇人。徒爲失巳

朱子曰。古人所以捄世。以有道也。旣自放倒矣。天下豈一手可援哉○南軒張氏曰。不援受。固禮之經。嫂溺。則遭變矣。援以手者。遭變而處之之道。當然也。不援。則失道而陷於禽獸。然則其權也。豈非所以爲不失其經也與。髡因言孟子在今日。似當少貶其道。用權以救世。孟子謂天下之溺。當援以道。若道先枉。則將何以援之。孟子之不少貶以求濟。是乃援溺之本。天下之大經也

○公孫丑曰。君子之不教子何也

不親教也

孟子曰。勢不行也。教者必以正。以正不行。繼之以怒。繼之以怒。則反夷矣。夫子教我以正。夫子未出於正也。則是父子相夷也。父子相夷。則惡矣

夷傷也。教子者本爲去聲愛其子也。繼之以怒。則反傷其子矣。父既傷其子。子之心又責其父曰。夫子教我以正道。而夫子之身。未必自行正道。則是子又傷其父也

古者易子而教之

易子而教。所以全父子之恩。而亦不失其爲教。朱子曰。易子而教。考之孔子亦然。若孔子自教其子。則鯉所未學。必有以知之。又奚問焉。陳亢稱君子遠其子。亦可見也

父子之間不責善。責善則離。離則不祥莫大焉。

責善。朋友之道也。龜山楊氏曰。父子之間。雖不責善。豈不欲其爲善。然必親教之。其勢必至於責善○南軒張氏曰。養恩於父子之際。而以責善望之師。仁之篤而義之行也○新安陳氏曰。父子主恩。朋友責善。當主恩而行責善。則傷恩而易至於離矣

○王氏曰。父有爭去聲下同子。何也。所謂爭者。非責善也。當不義則爭之而巳矣。父之於子也如何。曰。當不義則亦戒之而巳矣。慶源輔氏曰。王氏最得孟子之正意。責善。謂責之使必爲善也。責之使必爲善。則便有使之揠其所能。去其所劣之意。故必至於相傷。至其所爲或背理而害義。則豈可坐視而不管。故在子則當爭。在父則亦當戒切之也○雙峯饒氏曰。王荊公所謂爭。則下氣怡聲。和悅以爭之。所謂戒。亦訓敕之而巳○新安陳氏曰。父之於子。正身率之。以責善望師友。固也。然遇不賢之子。不得巳。亦當自教戒之。若懼傷恩而全不教戒。及其不肖。徒諉曰其子之賢不肖。皆天也。此所謂

慈而敗子矣。孟子之言經也。此所云。權也。權以濟經。非反乎經也

○孟子曰。事孰爲大。事親爲大。守孰爲大。守身爲大。不失其身而能事其親者。吾聞之矣。失其身而能事其親者。吾未之聞也

守身。持守其身。使不陷於不義也。一失其身。則虧體辱親。雖日用三牲之養。去聲亦不足以爲孝矣新安陳氏曰。初言事君事長。皆事也。事親爲事之大。守國守官。皆守也。守身爲守之大。二者分開平說。繼言不失身則能事親。二貫爲一。分重輕說。不失其身。即是守身。能守身方能事親。此與前章悅親在於誠身同意

孰不爲事。事親。事之本也。孰不爲守。守身。守之本也

事親孝則忠可移於君。順可移於長。上聲○新安陳氏曰。此事親所以爲

事之本身正則家齊國治去聲而天下平新安陳氏曰此守身所以爲守之本〇事之本守之本照應章首四句分二者平說惟其爲本所以見其爲大

曾子養曾晳必有酒肉將徹必請所與問有餘必曰有曾晳死曾元養曾子必有酒肉將徹不請所與問有餘曰亡矣將以復進也此所謂養口體者也若曾子則可謂養志也養去聲復扶又反

此承上文事親言之曾晳名點曾子父也曾元曾子子也曾子養其父每食必有酒肉食畢將徹去必請於父曰此餘者與誰或父問此物尚有餘否必曰有恐親意更欲與人也曾元不請所與雖有言無其意將以復進

於親不欲其與人也此但能養父母之口體而已曾子則能承順父母之志而不忍傷之也南軒張氏曰守身所以事親也身失其道將何以事親反復言之欲人以守身爲事親之本也若曾子者可謂能盡守身事親之道者矣故舉其養志之事以爲人子之法○慶源輔氏曰養父母之口體者其事淺承順父母之心志者其思深夫子之於父異躰同氣至親至密故事之者當先意承事必能聽於無聲視於無形然後爲至若必待其言而後從固已不可況於先立其意以拂其親之欲唯口躰是養而不恤其心志之虧乎○雙峯饒氏曰曾子養志是承順他好底意思曾晳不私其口躰之奉常有及物之心這便是好底意思曾子便能承順他蓋緣曾子意思亦是如此曾元便不然矣孟子舉必有酒肉以爲養親之法凡有好底意思皆要承順而推廣之若是不好底意思則不當承順要諭之使合於道方謂之孝孟子舉曾子曾元作兩箇例頭是事親者須是養志若養口躰末也○新安陳氏曰此章前以守身爲事親之本所以論其理及後實之以事則惟舉曾子之事親而守身不及焉雖曾子

之戰兢臨履。得正而斃。尤善守身。而辭未之及。集註於此一節。只曰此承上文事親言之。然觀曾子養志如此。惟恐一毫咈其親之志。欲子之不失其身。尤父之志之大者。一飲食間。尚體承親志如此。則立身行己間。所謂身也者。親之枝也。行父母之遺體。敢不敬乎。其能謹守此身以承親志。不言可知矣。南軒謂曾子能盡守身事親之道。故舉其養志之事者。最爲得之云

事親若曾子者。可也

言當如曾子之養志。不可如曾元但養口體。程子曰。子之身所能爲者。皆所當爲。無過分去聲之事也。故事親若曾子。可謂至矣。而孟子止曰可也。豈以曾子之孝爲有餘哉

程子曰。孟子云事親若曾子可也。吾以爲事君若周公可也。蓋子之事父。臣之事君。聞有自知其不足者矣。未嘗聞其以爲有餘也。周公之功固大矣。然臣子之分所當爲也。安得獨用天子之禮乎。又曰。子之事

父。其孝雖過於曾子。畢竟是以父母之身做出來。豈是分外事。若曾子者僅可以免責耳。臣之於君。猶子之於父也。假如功業大於周公。亦是以君之人民勢位做出來。而謂人臣所不能爲可乎。○慶源輔氏曰。孟子只平説去。曰事親若曾子可也。至程子方看得可也二字有深意。以此知讀書不可不熟讀玩味。○新安陳氏曰。此章前言守身爲事親之本。後言養志爲養親之大

○孟子曰。人不足與適也。政不足間也。惟大人爲能格君心之非。君仁莫不仁。君義莫不義。君正莫不正。一正君而國定矣。適音謫間去聲

趙氏曰。適過也。間非也。格正也。徐氏名度字孝節。睢陽人曰。格者物之所取正也。書曰。格其非心朱子曰。格如合格之格。謂使之歸于正○蔡氏曰。非心。非僻之心也愚謂間字上亦當有與字。言人君用人之非。

不足過適與謫同行政之失。不足非間。惟有大人之德則

能格君心之不正以歸于正。而國無不治去聲下同矣新安陳氏曰。仁本義用。正包仁義言之。仁義。所以正也。集註所以不提仁義大人者。大德之人。正

已而物正者也朱子曰。大人格君心之非。此是精神意氣自有感格處。然亦須有箇開導底道理。不但默默而已。伊川解遇主于巷云。至誠以感動之。盡力以扶持之。明理義以致其知。杜蔽惑以誠其意。正此意也◯程子曰。天下之治亂。繫乎人君之仁與不仁耳。

心之非。即害於政。不待乎發之於外也。昔者孟子三見

齊王而不言事。門人疑之。孟子曰。我先攻其邪心荀子大略篇。孟子三見齊王而不言事。門人曰。曷爲三遇齊王而不言事。孟子曰。我先攻其邪心心既正。而

後天下之事可從而理也。夫音扶政事之失。用人之非。知

去聲者能更平聲下同之直者能諫之然非心存焉則事事而更之後復扶又反下同有其事將不勝平聲下同其更矣人人而去上聲下同之後復用其人將不勝其去矣是以輔相去聲之職必在乎格君心之非然後無所不正而欲格君心之非者非有大人之德則亦莫之能也朱子曰孔子不能格定哀孟子不能格齊宣要之有此理在我而在人者不可必○南軒張氏曰後世道學不明論治者不過及於人才政事而已○孰知其本在於君心又孰知格君之本乃在於吾身乎○慶源輔氏曰集註解得格字義分曉所謂大人者道全德備譽望足以弭其邪心容色足以消其逸志非但取辦於頰舌之間諫爭之際而已也然無大人之德與學而有言責者則又不可以是藉口○雙峯饒氏曰大人是伊周之徒他人當不得

○孟子曰有不虞之譽有求全之毀

虞度。徒洛反也。呂氏曰。行去聲不足以致譽而偶得譽是謂不虞之譽。求免於毀而反致毀是謂求全之毀。言毀譽之言未必皆實。脩己者不可以是遽爲憂喜。觀人者不可以是輕爲進退。慶源輔氏曰。集註既得孟子本意。又續以此二言。於人己兩有所益。○雙峯饒氏曰。我去譽他人之譽平聲。得此譽於他人去聲。譽本是美人之好處。但對毀字說。則二者皆有不得其眞之意。○雲峯胡氏曰。毀譽已自是非眞。况脩己而遽以是爲憂喜。必至於失己。觀人而輕以是爲進退。必至於失人。

○孟子曰。人之易其言也。無責耳矣。易去聲

人之所以輕易其言者。以其未遭失言之責故耳。蓋常人之情無所懲於前。則無所警於後。非以爲君子之學

必俟有責而後不敢易其言也。然此豈亦有爲去聲而言之與音余○慶源輔氏曰。謹言語。自是君子之庸行。何待於有責而後然

○孟子曰。人之患在好爲人師。好去聲

王勉曰。學問有餘。人資於已。不得已而應之可也。若好爲人師。則自足而不復扶又反有進矣。此人之大患也。新安陳氏曰。不得已者。不自知其有餘。無意於爲人師。而人自師之。好云者。自見其有餘。有意於爲人師。而人未必心悅誠服以師之。○雲峯胡氏曰。通上章兩人字。爲泛然之衆人而言也。與大學正心脩身兩章之人字不異

○樂正子從於子敖之齊

子敖音遨王驩字

樂正子見孟子。孟子曰。子亦來見我乎。曰。先生何爲出此

言也曰子來幾日矣曰昔者曰昔者則我出此言也不亦宜乎曰舍館未定曰子聞之也舍館定然後求見長者乎長上聲

昔者前日也館客舍也王驩孟子所不與言者則其人可知矣樂正子乃從之行其失身之罪大矣又不早見長者則其罪又有甚者焉故孟子姑以此責之新安陳氏曰從小人爲失身一罪也不早見長者又一罪也孟子且以後一罪責之

曰克有罪

陳氏曰樂正子固不能無罪矣然其勇於受責如此非好去聲善而篤信之其能若是乎世有强辯飾非聞諫愈

甚者。又樂正子之罪人也。新安陳氏曰。樂正子。善人也。信人也。所以能好善而篤信之。惟好善篤信。所以勇於服義自以爲罪。亦可尚也。

○孟子謂樂正子曰。子之從於子敖來。徒餔啜也。我不意子學古之道。而以餔啜也。餔，博孤反。啜，昌悅反。

徒。但也。餔。食也。啜。飲也。言其不擇所從。但求食耳。此乃正其罪而切責之。朱子曰。王驩齊幸臣。蓋欲自託於孟子以取重。使滕。王以爲介。孟子未嘗與言。弔公行子。又不與言。絕之深矣。樂正子不察。輕身從之。意特藉其資粮輿馬以見孟子而已。故以餔啜罪之。若孟子所以去齊。其詳雖不可考。疑驩以是積憾。而遂去也。○南軒張氏曰。克旣館於子敖。則未免制於子敖。故舍館定。始得見其師。觀此二章。則知君子之處已。不可以不嚴。而所與不可不謹也。○雙峯饒氏曰。此二章只一件事。樂正子方來。孟子不欲便責之。後却正其罪。所以分作兩章。樂正子初意。只欲來齊見孟子。依王驢來。省粮食之費。視爲無緊要事。殊不知一失身從之。便是因失其親。將來王驩或薦引之。則那時去就愈難處。孟子所以切責之。○趙氏曰。樂正子能勇於受責。然後孟子正其罪而切責之。所謂可與言而後與之言者也

○孟子曰。不孝有三。無後爲大

趙氏曰。於禮有不孝者三事。謂阿意曲從。陷親不義。一也。家貧親老。不爲禄仕。二也。不娶無子。絶先祖祀。三也。三者之中。無後爲大

慶源輔氏曰。此必見於古傳記。趙氏時其書尚存。故引之。今則不復存矣。阿意曲從。陷親不義者。懦也。家貧親老。不爲禄仕者。惰也。不娶無子。絶先祖祀。則因循苟且。亂常咈理。不仁之甚也。故於三者之中。最爲不孝之大者。○雙峯饒氏曰。此三者。不是尋常不孝底事。奉順。孝也。但阿意曲從。陷親於不義。則不可。非其道不仕。孝也。家貧親老。而不禄仕。則不可。告而後娶。孝也。但告則不得娶。以至無子絶祀。則不可。趙氏以意度說自好。所以朱子不破其說

舜不告而娶，爲無後也，君子以爲猶告也。爲無之爲，去聲。

舜告焉則不得娶，而終於無後矣。告者，禮也；不告者，權也。○新安陳氏曰：告者，禮之正也，經也；不告者，禮之變也，權也。猶告，言與告同也。蓋權而得中，則不離去聲於正矣。○范氏曰：天下之道，有正有權。正者萬世之常，權者一時之用。常道人皆可守，權非體道者不能用也。新安陳氏曰：體道，謂全體此道於身，與道爲一者也。蓋權出於不得已者也。若父非瞽瞍，子非大舜，而欲不告而娶，則天下之罪人也。程子曰：舜不告而娶，堯得以命瞽瞍，使舜娶。舜雖不告，堯告之也。以君詔之而已。○朱子曰：以事理度之，意其未及告而受堯之命耳。其後固不容不告，而遂娶以歸也。○新安倪氏曰：人之大倫，君親爲重。湯放桀，武王伐紂，而孟子謂聞誅一夫，未聞弑君，此處君臣之變而不失其正者也。舜不告而娶。而孟子謂君子以爲猶告此處父子之變而不失其正者也。然惟聖人體道之至。乃能權而得中。若未能然。而欲引以藉口。則誠得罪於天下萬世矣。故集註於前章曰。惟在下者。有湯武之仁。在上者。有桀紂之暴。則可。不然。是未免於簒弑之罪也。於此章曰。若父非瞽瞍。子非大舜。而欲不告而娶。則天下之罪人也。皆所以補孟子未足之意。嚴萬世之大戒。而扶植君臣父子之綱。集註之有功於世教也大矣

○孟子曰。仁之實事親是也。義之實從兄是也

仁主於愛。而愛莫切於事親。義主於敬。而敬莫先於從兄。故仁義之道。其用至廣。而其實不越於事親從兄之間。蓋良心之發。最爲切近而精實者。有子以孝弟爲爲仁之本。其意亦猶此也　朱子曰。實字有對名而言者。謂名實之實。有對理而言者。謂事實之實。有對華而言者。謂華實之實。今這實字。正是華實之實。仁之實。本只是事親。推廣之。愛人利物。無非是

仁。義之實。本只是從兄。推廣之。弟長忠君。無非是義。事親從兄。便是仁義之實。推廣出去者。乃是仁義之華采○實對華而言。凡仁義之見於日用者。惟此爲本根精實之所在。必先立乎此。而後其光華枝葉。有以發見於事業之間焉。且如愛親仁民愛物。無非仁也。但是愛親乃是切近而眞實者。乃是仁最先發處。義之實亦然○覺軒蔡氏曰。有子以孝弟爲爲仁之本。孟子乃以事親屬之仁。從兄屬之義。若不同矣。朱子乃以爲其意亦猶此何耶。蓋有子言仁。專言之仁也。孟子言仁義。偏言之仁也。事親主乎愛而已。義則愛之宜者也。合而言之。推其事親者以從兄。此孝弟所以爲爲仁之本。分而言之。則事親而孝。從兄而弟。所以爲仁義之實也○西山眞氏曰。仁義之道大矣。而其切實處。只在事親從兄。蓋二者。人之良知良能。天性之眞。於焉發見。欲爲仁義者。惟先體認踐行於此而充廣之。則其道生生而不窮。否則悠悠然。泛泛然。非可據之實地矣○勿軒熊氏曰。此實字之訓。當如果核之實○新安陳氏曰。洙泗言仁。孟氏始每言仁義。言仁渾淪言之。言其理一者也。故總言孝弟以明親親。見親親爲仁民愛物之本也。言仁義分別言之。言理一中之分殊者也。故以事親爲仁之實。從兄爲義之實也。集註謂有子之意亦猶此者，蓋以本立於孝弟而仁道自此而生，與仁義之實盡於事親從兄而仁義之道其華采亦皆自此而生，此意有相似者耳。

智之實，知斯二者弗去是也；禮之實，節文斯二者是也；樂之實，樂斯二者，樂則生矣，生則惡可已也，惡可已，則不知足之蹈之、手之舞之。樂斯樂則之樂音洛，惡平聲。

斯二者，指事親從兄而言。知而弗去，則見之明而守之固矣。節文，謂品節文章。樂則生矣，謂和順從七容反容，無所勉強上聲，事親從兄之意油然自生，如草木之有生意也。既有生意，則其暢茂條達，自有不可遏者，所謂惡可已也。其又盛，則至於手舞足蹈而不自知矣。新安陳氏曰：手舞足蹈。天理之真樂。形見於動容之間而不自知者也 ○此章言事親從兄良心真切矣天下之道。皆原於此。然必知之明而守之固。然後節之密而樂之深也

朱子曰。此一段。緊要在五箇實字上。如仁是親親仁民愛物。義是長長貴貴貴尊賢。然在家時。未便到仁民愛物。未事君時。未到貴貴。未從師友時。未到尊賢。且須先從事親從兄上做將去。這箇便是仁義之實。仁民愛物貴貴尊賢。便是仁義之英華。若理會得這箇便知得其他那分明見得而守定不移。便是智之實。行得恰好。便是禮之實。由中而出無所勉强。便是樂之實。大凡一段中必有緊要處。這一段便是這箇實字緊要○問樂則生矣。生則惡可已也曰。如今恁地勉强安排。如何得樂。到得常常做得熟。自然浹洽通快。周流不息。油然而生。不能自已。只是要到樂處實是難住。若只恁地把捉安排。纔忘記又斷了。這如何得樂。如何得生○節者。等級也。文是裝褁得好。如升降揖遜之類也○蔡氏曰。既曰知斯二者。又曰弗去者。易曰。貞固足以幹事。貞固二字。朱子云。知正之所在而固守之。所謂知而弗去是也。體仁嘉會利物皆一意。

而貞固獨有二字意。貞則知之真。固則守之固。蓋萬物之成始而成終。所以爲貞也。惻隱羞惡辭遜。皆是一面道理。而是非獨有兩面。則智之爲二可知矣。又推之凡屬北方者皆有二。如五行。水土俱旺於子。五藏。心肝脾肺皆一。而腎獨二。四方。青龍朱雀白虎皆一。而玄武獨二。造化之妙。莫不皆然。此貞之所以成終而作始。智之所以知之而又弗去也。但孟子此章。只以仁義爲本。而又以事親從兄爲行仁義之本。蓋事親從兄乃良心之發。最爲切近而精實者也。智則吾心虛靈知覺之妙。經緯乎其中者也。終之以禮樂。又所以節之樂之。蓋良心之發。油然生生而不能自已者也。若智之知而弗去與禮之節文。猶是守之也。到得樂則生而不知手舞足蹈則化之矣。此學問之極功也。○慶源輔氏曰。知既明。則自然弗去。如人知水火之不可蹈。則自然不蹈也。人既知親之當愛。兄之當敬。孰肯舍其親而不愛。舍其兄而不敬者。其有不愛不敬者。蓋其智爲物昏而。知之不明。非智矣。事親自有事親之節文。從兄亦然。粗言之。如温清定省。徐行後長之類。各有品節文理。便是禮之實。不知手舞足蹈。此聖人之作樂。所以必有舞也。樂之之意至於充盛之極。則不假言説。心意自然形見。血脉自然動盪手舞足蹈皆自然而然。不待心使之然。故不自知也。○和順從容。不待勉强。事親從兄之意。油然而生。如草木之有生意。是樂之實。○草木既有生意。則日長月茂。無一息之停。孰能遏而止之哉。事親從兄之意。油然自生。則亦如草木之有生意。自然日日暢滿茂盛。條理通達。自無一息之停。又烏得而遏之哉。○事親從兄。是良心之眞切。仁與義。是斯道之統會。若便恁地說過。亦只是說話。須是以人體之方可。所謂必知之明而守之固。然後節之密而樂之深者。此正如魚之飮水。冷暖自知。非言語之能盡也。○雙峯饒氏曰。實如果實。包得許多生意在其中。萌芽枝葉。皆由此生。初焉五者只在事親從兄兩件內。如兩箇果實然。少焉知得這箇節文這箇。樂這箇。到生而惡可已。皆此實內萌芽發甲。到枝葉蕃茂處。此章與論語本立而道生相似。前面事親從兄。是爲仁之本。後面智禮樂。是道生。但有子說得偏。孟子說得全。○節。是限節。文。是文章。如及階是節。揖是文。親親之殺。尊賢之等。此節文也。就親親中而言。則又有親疏。遠邇。到仁民愛物上。亦是節文。纔到節文處。功用便廣了。天理之節文。作靜字看。節文斯二者。作動字看。此章說得皆活。看當活看。○禮樂合精粗本末而言。到樂處則道理自然生○此章不言信者實則信在其中○此章有經緯仁義是經禮樂智是緯○莆田黄氏曰前四箇是也字都是說用工處到樂處便不說是也字了這處最要看所以樂所以生者如何生字與實字相應實是箇生生種子這種子只在人腔殼子裏驗之吾身事親從兄是從源頭發見處說知弗去是就體認操存處說節文是就纖悉微密處說樂是就成熟結果處說生惡可已如碩果不食善端萌蘖更無歇時足蹈手舞只是形容枝幹暢茂花蕚敷榮可玩可悅處○張氏彭老曰孟子所謂實即有子所謂本本立而道生與樂則生矣此兩生字最可觀譬之果木有根本而後生枝葉有核實而後生萌芽生則惡可已也果木之生惡可已則不知其枝之繁葉之茂也人心天理之生惡可已則不知其足之蹈手之舞也○雲峯胡氏曰前兩實字是就人本心上說下三實字是就工夫上說○新安陳氏曰味必字與然後字集註實歸重於知而弗去之智智配貞貞者正而固也果能人事親從兄知之既明守之又固然後節之密樂之深如可言耳密與文理密察之密同禮之節文不厭其密樂至於生生惡可已舞蹈而不自知斯可以謂之深矣

○孟子曰：天下大悅而將歸己，視天下悅而歸己，猶草芥也，惟舜爲然。不得乎親，不可以爲人；不順乎親，不可以爲子。

言舜視天下之歸己如草芥，而惟欲得其親而順之也。得者，曲爲承順以得其心之悅而已。順則有以諭之於道，心與之一而未始有違，尤人所難也。爲人，盖泛言之。爲子則愈密矣。朱子曰：人字只大綱說，子字却說得重。固有人承順顔色，看父母做事不問是非，一向不逆其志，這是得親之心，然猶是淺事。惟順乎親，則親之心皆順乎理，必如此而後可以爲子，此所以爲尤難也。○雙峯饒氏曰：順親者，父母所爲合乎道，子所爲亦合乎道，彼此無違逆之謂，非順從之順也。問：如何可以諭之於道？曰：所謂先意承志，諭父母於道。父母之意未發，我便做道理承順其志而諭之於道，爲人子

不特得父母之心又能
諭父母於道方謂之孝

舜盡事親之道而瞽瞍厎豫瞽瞍厎豫而天下化瞽瞍厎
豫而天下之爲父子者定此之謂大孝

瞽瞍舜父名厎致也豫悦樂音洛也瞽瞍至頑嘗欲殺舜
至是而厎豫焉書所謂不格姦亦允若是也書舜典瞽子父頑母
嚚象傲克諧以孝烝烝乂不格姦言舜乃瞽瞍之子不
幸遭父頑母嚚及其異母弟名象者亦驕傲而能和以
孝使之進進以善自治而不至於大爲姦惡也○大禹
謨祗載見瞽瞍夔夔齋慄瞽瞍亦允若言舜敬其子之
職事以見瞽瞍夔夔然莊敬戰慄
雖瞽瞍愚頑亦且信而順之也
蓋舜至此而有以順
乎親矣是以天下之爲子者知天下無不可事之親顧
吾所以事之者未若舜耳於是莫不勉而爲孝至於其

親亦底豫焉，則天下之爲父者，亦莫不慈，所謂化也。子孝父慈，各止其所，而無不安其位之意，所謂定也。新安陳氏曰：化以心言，定以分言。爲法於天下，可傳於後世，非止一身一家之孝而已，此所以爲大孝也。南軒張氏曰：事親之道，人人具於性中，他人不能盡，而舜能盡之，亦非有所加益於其間也。盡事親之道，而瞽瞍底豫，惟天下之至誠有以感通故耳。又曰：舜爲法於天下，豈特天下之爲父子者定，可傳於後世，萬世之爲人父子者亦莫不定矣。嗟夫，爲人子者苟以大舜爲不可跂及，而不取法於舜，是自誣其天性也。欲取法於舜如之何？亦曰反身而誠而已矣。○雙峯饒氏曰：聖人遇此人倫之變，卻能回變爲常，返逆爲順，所以可爲法於天下而傳萬世也。○李氏曰：名侗，字愿中，延平人。舜之所以能使瞽瞍底豫者，盡事親之道，共音恭。爲子職，不見父母之非而已。昔羅仲素語此云：只爲去聲。天下無不是底父母。了翁聞而善之曰。唯如此而後天下之爲父子者定。彼臣弑其君。子弑其父者。常始於見其有不是處耳仲素。名從彦。豫章人。後居延平。了翁。姓陳。名瓘。字瑩中。延平人○慶源輔氏曰。孝子之心與親爲一。凡親之過。皆己之過。順之所以負罪引慝者此也。故孝子自不見父母有不是處。羅氏之語約而盡。質而當。萬世不可易。凡父母之不是。皆己之不是也。己既是。父母豈有不是者哉。陳氏則又推其極而言之。亦事理之實也○西山真氏曰。舜所值者至難事之親也。然積誠感動。不以父母爲不是。而自引以爲己之慝。惟見自己之不是而已。世縱有難事之親。豈得有如瞽瞍者。故瞽瞍底豫。而天下之爲人子者。皆知無不可事之親。惟患爲子者未盡事親之道耳。孰有不勉於爲孝者哉。是故罪己而不非其親者。仁人孝子之心也。然親而不反諸己者。亂臣賊子之志也。後之或遇難事之親者。其必以舜爲法

孟子集註大全卷之七

孟子集註大全卷之八

離婁章句下

凡三十三章

孟子曰舜生於諸馮遷於負夏卒於鳴條東夷之人也

諸馮負夏鳴條皆地名在東方夷服之地問舜卒於鳴條則湯與桀戰之地也而竹書有南巡不反禮記有葬於蒼梧之說何耶朱子曰孟子之言必有所據二書駁雜恐難盡信然無他考驗闕之可也○趙氏曰諸馮在冀州之分負夏春秋時衛地鳴條在安邑之西

文王生於岐周卒於畢郢西夷之人也

岐周岐山下周舊邑近畎夷畢郢近豐鎬胡老反○新安陳氏曰畢在鎬東非楚都之郢今有文王墓

地之相去也，千有餘里；世之相後也，千有餘歲。得志行乎中國，若合符節。

得志行乎中國，謂舜爲天子，文王爲方伯，得行其道於天下也。符節，以玉爲之，篆刻文字而中分之，彼此各藏其半，有故則左右相合以爲信也。若合符節，言其同也。

周禮六節：守邦者用玉節，守都鄙者用角節。凡邦國之使節，山國用虎節，上國用人節，澤國用龍節，皆金也。門關用符節，貨賄用璽節，道路用旌節。○朱子曰：古人所爲，恰與我相合，只此便是至善。前乎千百世之已往，後乎千百世之未來，只是此箇道理。○古人符節，多以玉爲之，如牙璋以起軍旅。又有竹符，又有英蕩符。蕩，小節竹，使者謂之蕩節也。漢有銅虎符、竹使符。銅虎以起兵，竹使郡守用之。凡符節，右留君所，左以與其人。有故，則君以其右合其左，以爲信也。曲禮曰：獻粟者執右契。右者取物之劵，如徵兵取物徵召，皆以右取之也。

先聖後聖其揆一也

揆度音鐸下同也其揆一者言度之而其道無不同也○范氏曰言聖人之生雖有先後遠近之不同然其道則一也南軒張氏曰聖人純乎天理舜文父子君臣之際盖不同矣其揆一者所契合者天之理也舜與文王易地則皆然○慶源輔氏曰孟子未嘗說著道字然曰行乎中國行便是道曰其揆一揆亦是道○雲峯胡氏曰舜於君臣處其常而於父子處其變文王於父子處其常而於君臣處其變其事不一也而最可見其道之一○新安陳氏曰先後以時言遠近以地言道之同以此心此理言

○子產聽鄭國之政以其乘輿濟人於溱洧乘去聲溱音臻洧榮美反

子產鄭大夫公孫僑音喬也溱洧二水名也子產見人有徒涉此水者以其所乘平聲之車載而渡之

孟子曰。惠而不知爲政

惠謂私恩小利。政則有公平正大之體綱紀法度之施焉問以左傳考之。子產非不知爲政者。孟子姑以其乘輿濟人一事議之。然夫子亦目以惠人。豈子產所爲終以惠勝歟。朱子曰。東坡云。有及人之小利。無經世之遠圖。亦說得好。都鄙有章等。只是行惠人底規模。○慶源輔氏曰。惟其恩之出於私。故其利之及者小。又曰。體以理言。本也。施以事言。用也

歲十一月徒杠成。十二月輿梁成。民未病涉也杠音江

杠方橋也。徒杠可通徒行者。梁亦橋也。輿梁可通車輿者。周十一月。夏九月也。周十二月。夏十月也。夏令曰。十月成梁夏令曰。九月除道。十月成梁。營室之中。土功其始蓋農功已畢。可用民力。又時將寒沍。音互水有橋梁。則民不患於徒涉。亦王政

之一事也朱子曰。先王之政。細大具舉。而無事不合民心。順天理。故其公平正大之體。紀綱法度之施。雖纖悉之間。亦無遺恨如此○雙峯饒氏曰。民未病涉。要就未字上看。十月徒杠已自成了。所以民未至於病涉。若徒杠到寒時方做。則民已病於涉

君子平其政。行辟人。可也。焉得人人而濟之辟與闢同焉於虔反

辟。辟除也。如周禮閽音昏人爲去聲之辟之辟周禮天官。閽人。掌王宮之中門之禁。凡外內命夫命婦出入。則爲之闢閽人。主晨昏啓閉。闢。闢開左右行者言能平其政。則出行之際。辟除行人。使之避已。亦不爲過。況國中之水。當涉者衆。豈能悉以乘輿濟之哉朱子曰。辟除之辟。乃趙氏本說。與上下文意正相發明。蓋與舍車濟人正相反也○君子能行先王之政。使細大之務。無不畢舉。則惠之所及。亦已廣矣。是其出入之際。雖辟除人使之避已。亦上下之分。固所宜然。何必曲意行私。使人人知已出。然後爲惠。又況

人民之衆。亦安得人人而濟之哉

故爲政者。每人而悅之。日亦不足矣

言每人皆欲致私恩以悅其意。則人多日少。亦不足於用矣。諸葛武侯嘗言治世以大德。不以小惠蜀志。諸葛亮之相蜀也。有言公惜赦者。答曰。治世以大德。不以小惠。得孟子之意矣問孔子以子產之惠。爲君子之道。而子以私恩小利言之。何也。朱子曰。孔子之言。通乎巨細。故不害其爲君子之道。此承上文乘輿濟人一事而言。則私恩小利而已。子產之事。可謂有不忍人之心矣。然先王則以不忍人之心。行不忍人之政。是以其體正大而均平。其法精密而詳盡。而其利澤之及人。如天地之於萬物。莫不各足其分。而莫知其功之所自。苟有是心而無是政。則不過能以煦濡姑息。苟取悅於目前其耳目之所不及。不免有所遺矣。況天下國家之大。又安得人人而濟之。昔諸葛武侯嘗言治世以大德。不以小惠。而其治蜀也。官府次舍。橋梁道路。莫不繕理。而民不告勞。是亦庶幾乎先王之政矣。曰。子產相鄭。能使都鄙有章。上下有服。田有封洫。廬井有伍。則亦非不知爲政者。橋梁之修。尤非難事。乃獨有闕於此耶。曰。聞之師曰。子產之才之學。於先王之政。雖有所未盡。然其於橋梁之修。蓋有餘力。而其惠之及人。亦有大於乘輿之濟者矣。意者此時偶有故而未就。又不忍乎冬涉之艱而爲是爾。然暴其小惠以悅於人。人亦悅而稱之。孟子慮夫後之爲政者。或又悅而效之。則其流。必將有廢公道以市私恩。違正理而干虛譽者。故極語而深識之。以警其微。亦拔本塞源之意也。○南軒張氏曰。先王之治。爲之井田。爲之封建。與天下公共。使俱得其平。下至於鰥寡廢疾。皆有所養。而微至於次舍橋梁芻秣之事。亦皆有經制。此豈先王強爲之哉。因事而制法。其法皆循乎天理。而天下之人。無不被其澤。後世欲人人而悅。而日亦不足。公義私恩之相去蓋如此。○慶源輔氏曰。此正說子產之用心錯處。夫子產固賢。但以不知聖人之學。是以有時內交要譽之私萌而不可揜。孟子明辨之。所以立教也

○孟子告齊宣王曰。君之視臣如手足。則臣視君如腹心。

君之視臣如犬馬。則臣視君如國人。君之視臣如土芥。則臣視君如寇讎

孔氏曰。宣王之遇臣下。恩禮衰薄。至於昔者所進。今日不知其亡。則其於群臣。可謂邈（莫角反）然無敬矣。故孟子告之以此。手足腹心。相待一體。恩義之至也。如犬馬。則輕賤之。然猶有豢（音患）養之恩焉。國人。猶言路人。言無怨無德也。土芥。則踐踏之而已矣。斬艾（音乂）之而已矣。其賤惡（去聲）之又甚矣。寇讎之報。不亦宜乎（慶源輔氏曰。此說特爲宣王發。所謂有爲之言也。然臣之報君。視君之所施。常加厚一等。○潛室陳氏曰。孟子此語。是說大都報應如此。若忠臣孝子。不當以此自處。當知天下無不是底君父）

王曰。禮爲舊君有服。何如斯可爲服矣（爲去聲下爲之同）

儀禮曰。以道去君而未絕者。服齊（音咨）衰（音催）三月（儀禮喪服篇傳曰。大夫爲舊君何以服齊衰三月也。大夫去君。歸其宗廟。故服齊衰三月。言與民同也。何大夫之謂乎。言其以道去君。而猶未絕也。註謂三諫不從。待放於郊。未絕者。言爵祿尚有列於朝。出入有詔於國。凡畿內之民。皆齊衰三月。又子夏傳云。臣爲君方喪三年）　王疑孟子之言太甚。故以此禮爲問（雙峯饒氏曰。舊君其恩已絕。尚且爲其君有服。不應見在之君。而待之如此。集註所以云王疑孟子之言太甚）

曰。諫行言聽。膏澤下於民。有故而去。則君使人導之出疆。又先於其所往。去三年不反。然後收其田里。此之謂三有禮焉。如此。則爲之服矣導之出疆防剽匹妙反掠音畧也。先於其所往。稱道其賢欲其收用之也。三年而後收其田祿里居。前此猶望其歸也。朱子曰。有故而去。非大義所繫。不必深爲之說。臣之去國。其故非一端。但昔者諫行言聽。而今也有故而去。而君又加禮焉。則不得不爲之服矣。樂毅之去燕近之。○慶源輔氏曰。導之出疆。所以盡防衛之道。於在我之境。先於其所往。所以爲其祿仕之地。於所往之國。去三年不反。然後收其田里。所以示拳拳屬望之恩義也。○雙峯饒氏曰。諫是開邪。言是陳善。○問諫行言聽。如何又有故而去。曰。如夫子在其國。道非不行。只因受女樂便去。諫行言聽是平日如此。亦有偶然議論不合而去

今也爲臣。諫則不行。言則不聽。膏澤不下於民。有故而去。則君搏執之。又極之於其所往。去之日。遂收其田里。此之謂寇讎。寇讎何服之有

極窮也。窮之於其所往之國。如晉錮音固欒盈也左傳襄公二十一年。欒桓子名黶娶于范宣子。生懷子。名盈范鞅以其亡也。怨欒氏。先是十四年。欒黶強逐范鞅使奔秦。故與欒盈爲公族大夫而不相能。桓子卒。欒祁與其老州賓通欒祁。桓子之妻。范宣子之女也。老。家臣之長懷子患之。祁懼其討也。愬諸宣子曰。盈將爲亂。范鞅爲之徵。證其有此宣子使城著晉邑名而遂逐之。秋。欒盈出奔楚。冬。會於商任。錮欒氏也。禁錮之使諸侯不得受○二十二年秋。盈自楚適齊。晏平仲言於齊侯曰。商任之會。受命於晉。今納欒氏。將安用之。冬。會于沙隨。復錮欒氏也晉知欒盈在齊。故復錮也○潛與嗣章豫入

曰。孟子告齊王之言。猶孔子對定公之意也。而其言有迹。不若孔子之渾上聲然也。蓋聖賢之别必列反如此。新安陳氏曰。論語集註釋孔子對定公之語。末一說謂君使臣以禮。則臣事君以忠。此章與此意似。然聖言含蓄不露。此則英氣發露甚矣。孟子亦是述記檀弓篇子思答魯穆公問禮爲舊君反服之意。楊氏曰。君

臣以義合者也。故孟子爲（去聲）齊王深言報施（詩智反）之道。使知爲君者不可不以禮遇其臣耳。若君子之自處（上聲下同）則豈處其薄乎。孟子曰。王庶幾改之。予日望之。君子之言蓋如此

問君臣之義。天倫中却與父子一般。然愛君之心不如愛父。何也。朱子曰。離畔也只是庶民。君子不如此。因舉臣罪當誅兮天王聖明。曰。退之此語。如何道是好。文王豈不知紂之無道。却如此說。蓋臣子無說君父不是底道理。只得說如此。此是去不得處。便見得君臣之義。○南軒張氏曰。孟子此言。非獨齊宣王所當聞。爲人君者。苟知此義。念夫感應施報之可畏。而崇高之勢不可恃。反已端本之不可一日忘。待臣下以禮。養臣下以恩。保臣下以忠信。則上下交通。而至治可成矣。若夫在爲人臣者之分。君雖待我者有未至。而我所以事君者。不可以不自盡。玩味孟子三宿出晝之心。則庶幾其得之矣○西山眞氏曰。孔孟之言。可以見聖賢氣象之分。雖然。孟子爲齊王言則然。而所以自處則不然。千里見王。不遇故去。而三宿出晝。未嘗有

悻悻之心。猶幸王一悟而追已也。曷嘗以寇讎視其君哉

○孟子曰。無罪而殺士。則大夫可以去。無罪而戮民。則士可以徙

言君子當見幾平聲而作。禍已迫。則不能去矣。南軒張氏曰。非特士大夫當知見幾而作之義。抑將使有國者聞之。懍然不可以失士大夫之心也。使大夫士懷去徙之心。則國之危亡無日矣。衛北風。上爲威虐。下相攜而去之。攜手同行。又攜手同車。則非徒賤者去。貴者亦去矣。未幾衛有狄禍。可不畏哉。○慶源輔氏曰。可以者。在時宜爲可也。失此幾則有欲去而不能者矣。此明夷之初所以不食而行。遯之初所以有尾厲之戒。而孔子往趙所以及河而復也。然此特言其常理耳。時與位之不同。則所以處之者亦異。若執此一說以爲臣。則凡苟免自私之徒。得以藉口矣。

○孟子曰。君仁莫不仁。君義莫不義。

張氏曰。此章重平聲出。然上篇主言人臣當以正君爲急。此章直戒人君。義亦小異耳。慶源輔氏曰。上篇言人臣當以正君爲急。此章言人君當以正己爲先。亦大學其機如此之說也。

○孟子曰。非禮之禮。非義之義。大人弗爲。

察理不精。故有二者之蔽。大人則隨事而順理。因時而處上聲。宜豈爲是哉。程子曰。恭本是禮。過恭是非禮之禮也。以物與人爲義。過與是非義之義也○張子曰。非禮之禮。非義之義。但非時中者皆是也。時中之宜甚大。須精義入神。始得。觀其會通。行其典禮。此方是真義理也。行其典禮。而不達會通。則有非時中者矣。○潛室陳氏曰。程門以爲如婦人之仁。宦寺之忠。晦翁以爲凡禮義不可泥陳迹。如可行於昔。而不可行於今。可行於人。而不可行於己。與夫辭之爲禮。亦有不辭之爲禮。受之爲義。亦有不受之爲義。行之人則爲禮。行之我則非禮。惟義亦然。大人者。義理周徧融通。故不爲非禮義之禮義。又曰。大人則道全識周。貫萬變而不膠於其迹。故無此蔽。學未到大人變通處。則必膠於陳迹。○雙峯饒氏曰。此章緊要在大人弗爲上。大人對小人而言。大人者。言不必信。行不必果。惟義所在。言必信行必果。硜硜然小人哉。正是相對說。○雲峯胡氏曰。非禮之禮。非義之義。皆似是而非。大人者隨事順理。而不爲非禮之禮。因時處宜。而不爲非義之義。蓋不惑於其似。而深得夫時中之道者也

○孟子曰。中也養不中。才也養不才。故人樂有賢父兄也。如中也棄不中。才也棄不才。則賢不肖之相去。其間不能以寸。樂音洛

無過不及之謂中。足以有爲之謂才。養。謂涵育薰陶。俟其自化也。賢。謂中而才者也。慶源輔氏曰。中以德言。才以才言。德本於性。才本於氣。賢則兼有才德者也 樂有賢父兄者。樂其終能成已也。爲父兄

者若以子弟之不賢遂遽絕之而不能教則吾亦過中而不才矣其相去之間能幾何哉南軒張氏曰：父兄之於子弟教之之道，莫如養之。養之云者，如天地涵養萬物，其雨露之所濡，風雷之所振，和氣之薰陶，寧有間斷乎哉。故物以生遂焉。父兄養子弟之道，亦當如是也。寬裕以容之，義理以漸之，忠信以成之。開其明以祛其惑，引之以其方而使之自喩。夫豈歲月之功哉。彼雖不中不才，涵養之久，豈無有萌焉。如其有萌，養道益可施矣。○慶源輔氏曰：集註涵育以天地之生物言，薰陶以工治之成物言。此循其理而彼自成其形焉，無心也。蓋父子兄弟之間，皆難於責善，正其在我者，使之自化而已。○新安陳氏曰：父兄遇子弟之賢，其爲教也易。不幸遇子弟之不賢，其爲教也難。所以貴乎養之也。舜命契曰：敬敷五教在寬。寬即養之謂也。若急迫以求之，見其未化，遽以爲不可教而咎之，是棄之也。父兄而棄子弟，則我之賢爲過，子弟之不肖爲不及。過猶不及，均之爲失中耳。相去能幾何哉。

○孟子曰：人有不爲也，而後可以有爲。

程子曰。有不爲。知所擇也。惟能有不爲。是以可以有爲。無所不爲者。安能有所爲耶。朱子曰。横渠先生云。不爲不仁。則可以爲仁。不爲不義。則可以爲義。○雙峯饒氏曰。凡人既不肯爲惡。則必勇於爲善。上面是有守。下面是有爲。先有守而後有爲

○孟子曰。言人之不善。當如後患何

此亦有爲去聲而言

問所謂後患者。謂得罪於其人耶。抑恐其亦言已之不善耶。朱子曰。是皆有之。然斯言必有爲而發。今不可知其所指矣。○新安陳氏曰。隱惡。忠厚之道。亦遠害之道也。大舜隱惡而揚善。夫子言誰毀誰譽。下文但言如有所譽。而不言毀。可見矣。若當官而行。有姦慝當言。又不可顧後患而緘默也

○孟子曰。仲尼不爲已甚者

已猶太也。楊氏曰。言聖人所爲。本分去聲之外。不加毫末。

非孟子眞知孔子。不能以是稱之朱子曰。所謂本分者事理之至當。非苟然而已也。學者宜深察之。一有小差。則流而入於鄉原之亂德矣○南軒張氏曰。孟子於泄柳段干木。謂爲已甚。而舉孔子待陽貨事以爲之準。此不爲已甚之證也。夫子非不欲爲已甚。自不至已甚也。何也。聖人範圍天地而不過者。泛應曲當。不過其則。其不爲已甚者。聖人固天則之所存也。世徒見夫子答陽貨。見南子等爲不爲已甚。獨不思靈公問陳則遂行。季桓子受女樂則不脫冕而行。爲魯司寇七日而誅少正卯。聞陳恒弒君。則沐浴而請討。此謂之已甚可乎。不深求聖人之權度。徒竊語之近似以文其姦。此賊仁義之甚者也

○孟子曰。大人者。言不必信。行不必果。惟義所在行去聲

必。猶期也。大人言行。不先期於信果。但義之所在。則必從之。卒亦未嘗不信果也○尹氏曰。主於義。則信果在其中矣。主於信果。則未必合義。王勉曰。若不合於義而

不信不果。則妄人爾。龜山楊氏曰。夫子謂言必信。行必果。硜硜然小人哉。故孟子言此以發明孔子之意。○南軒張氏曰。君子不必夫信果。獨精吾義焉耳。義精。則言莫非義。而無不信之言。行莫非義。而無不果之行矣。○慶源輔氏曰。尹氏最得此章之指。而集註又述其意而著明之。以必爲期。尤更有功。不然。則無忌憚者或得以藉口。王氏則又有不合於義而必信必果。則爲妄人之說。尤盡其弊。○雙峯饒氏曰。大人者。篤實而有光輝以上底人。與道爲一。不著安排。隨時施宜。言行何嘗有心於信果耶。○雲峯胡氏曰。信果自是爲士者當然之事。惟至於大人。則言行惟義所在。雖不先期於信果。而自然無不信果也

○孟子曰。大人者。不失其赤子之心者也

大人之心。通達萬變。赤子之心。則純一無僞而已。然大人之所以爲大人。正以其不爲物誘。而有以全其純一無僞之本然。是以擴而充之。則無所不知。無所不能。而

極其大也朱子曰。大人無所不知。無所不能。赤子無所知。無所能。此二句正相拗。如何。蓋無所不知無所不能。却是不失其無所知無所能底做出。赤子之心。純一無僞。而大人之心。亦純一無僞。但赤子是無知無能底純一無僞。大人是有知有能底純一無僞○大人事事理會得。只是無許多巧僞曲折。便是赤子之心○問赤子之心。莫是發而未遠乎中。不可作未發時看否。曰。赤子之心。也有未發時。也有巳發時。今欲將赤子之心。專作巳發看也不得。赤子之心。方其未發時。與老稚賢愚一同。但其巳發時。未有私欲。故未遠乎中耳○赤子之心。固無巧僞。但於理義未能知覺。渾然赤子之心而巳。大人則有知覺擴充之功。而無巧僞安排之鑿。故曰不失赤子之心。著箇不失字。便是不同處○赤子無所知無所能。大人者。是不失其無所知無所能之心。若失了此心。使些子機關。計些子利害。便成箇小底人了。大人心下没許多事○雙峯饒氏曰。赤子。如飢要乳。便是欲。但飢便啼喜便笑。皆是眞情。全無巧僞。大人只是守此。純一無僞之心。而充擴之。所謂蒙以養正聖功也○新安陳氏曰。常人累於私欲。而失其赤子之心。大人不誘於私欲。而擴充其本然之心。孟子言此。亦是欲

人遏人欲。擴天理也

○孟子曰。養生者不足以當大事。惟送死可以當大事。養去聲

事生固當愛敬。然亦人道之常耳。至於送死。則人道之大變。孝子之事親。舍上聲是無以用其力矣。故尤以爲大事。而必誠必信。不使少有後日之悔也。記檀弓上。子思曰。喪三日而殯。凡附於身者必誠必信。勿之有悔焉耳矣。三月而葬。凡附於棺者必誠必信。勿之有悔焉耳矣。○王德脩云。親聞和靖說唯送死可以當大事。曰。親之生也。好惡取舍。得以言焉。及其死也。好惡取舍。不能言矣。當是時。親之心。即子之心。子之心。即親之心。故曰惟送死可以當大事。朱子曰。亦說得好。○雙峯饒氏曰。養生今日不及。明日猶可補。惟送死有不到。爲終身之恨。他日欲爲不可得矣。○新安陳氏曰。生事死葬。皆當以禮。其不可輕忽

均也。孟子此言，非謂養生爲輕，但以常變從容急遽校之，則送死比養生爲尤重大耳。趙岐註云：致養未足以爲大事，送終如禮，則爲能奉大事也。按此，則以爲字訓當字，非擔當之當

○孟子曰：君子深造之以道，欲其自得之也。自得之，則居之安；居之安，則資之深；資之深，則取之左右逢其原。故君子欲其自得之也。造，七到反

造，詣也。深造之者，進而不已之意。道，則其進爲之方也。資，猶藉也。朱子曰：資字恰似資給、資助一般。左右，身之兩旁，言至近而非一處也。逢，猶值也。原，本也，水之來處也。言君子務於深造而必以其道者，欲其有所持循，以俟夫音扶默識心通，自然而得之於己也。自得於己，則所以處上聲之者安

固而不搖。處之安固。則所藉者深遠而無盡。所藉者深。則日用之間。取之至近。無所往而不值其所資之本也。

○程子曰。學不言而自得者。乃自得也。有安排布置者。皆非自得也。新安陳氏曰。有安排布置。便是勉強。而非自然之得。然後潛心積慮。優游厭飫於其間。說深造。然後可以有得。若急迫求之。則是私己而已。終不足以得之也。程子曰。學者須敬守此心。不可急迫。當栽培深厚。涵泳其間。然後可以自得。○朱子曰。深造者。當知非淺迫所可致。若欲淺迫求之。便是強揉力取。深造只是既下工夫。又下工夫。待其眞積力久。則自得之矣。○道。是進爲之方。此是趙岐之說。蓋循此進進不已。便是深造之。猶言以這方法去深造之也。以道。是工夫。深造之。是做工夫。如博學審問愼思明辨篤行之次序。即是造道之方法。若人爲學依次序。便是以道。不依次序。便是不以道。能以道而爲之不已。造之愈深。則自然而得之。

既自得之而爲我有。則居之安。居之安。則資之深。資之深一句。又要人看。蓋是自家既自得之。則所以資藉之者深。取之無窮。用之不竭。只管取只管有。滚滚地出來。自家資他。他又資給自家。如掘地在下。藉上面源頭來注滿。若源頭深。則源源來不竭。若淺。則易竭矣。取之左右逢其原。蓋這件事也撞著這本來底道理。那件事。也撞著這本來底道理。事事物物。皆撞著這道理。如資之深。那源頭水只是一路來。到得左右逢原。四方八面都來。然這个只在自得上。纔自得。則下面節次自如此。○問學是理而得之於身。不可以強探力取也。必深造之以道。然後有以默識心通。而自然得之。蓋造道之不深者。用力於皮膚之外。而責效於旦暮之間。不以其道者。從事於虛無之中。而妄意於言意之表。是皆不足以致夫默識心通而自得之。必也多致其力。而不急其功。必務其方。而不躐其等。則雖不期於必得。而自然得之。將有不可禦者矣。未得之。固無可居之地。得而不出於自然。則雖有所居而不安。惟自得之。則理之在我者。吾皆得以居之。如人有室廬之安。動作起居。種種便適。自眷戀而不去也。○資助既深。看是甚事來。無不湊著這道理。不待自家將道理去應他。且如爲人君。便有那仁從那邊來。爲人臣。便有那敬從那邊來。子之孝。有那孝從那邊來。父之慈。有那慈從那邊來。只是那道理原頭處自家靠著他。左右前後。都見是這道理。○問程子之說如何。曰。必須以道。方可潛心積慮。優游厭飫。若不以道。則潛心積慮優游厭飫做甚底。○慶源輔氏曰。自得。如子貢悟性天之不可聞。曾子唯吾道一貫之語。此何待於言語而後見。正張子所謂德性之知。不萌於聞見者也。豈容更有安排布置哉。蓋其平日潛心積慮優而游之。厭而飫之。全身在義理之中。及其眞積力久。理與心融。物與性合。然後可以有得。若有一毫急迫之意。便是私己。與道便自間斷。更如何得到自得田地。○潛室陳氏曰。君子深造之以道。謂以法度而深造之。優而游之。使自得之。饜而飫之。使自趣之。欲其自得之也。自得以下。皆爲學之效驗耳。左右逢原意最好。學至於自得。則理只在左右之近。觸處見本源。此豈我帶來道理。亦只事事物物。元有道理。森然已具。吾人自得之餘。取之而逢見之耳。○雙峯饒氏曰。這箇道字。便是致知力行之方。之字是指所得而言。下面居之。資之。取之。皆是指所得言也。○徽庵程氏曰。君子之學。以自得爲貴。然有自得之工夫。有自得之效驗。深造之以道。自得之工夫也。

居之安。資之深。取之左右逢其原。自得之效驗也。有是工夫。必有是效驗。效驗有所未至。必工夫有所未盡也

○雲峯胡氏曰。非有所造者。不能有所得。非造之深者。不能自得。然不以其道。則無深造之方法。未易到自得之地步。深造之以道。是未得之先下工夫。居安至逢原。是自得之後見功效。大要在勿忘勿助。集註謂有所持循是勿忘。以俟夫默識心通是勿助。所謂潛心積慮是勿忘。優游厭飫是勿助。○新安陳氏曰。自得之有二說。朱子謂自然而得之。所附程子說。證已說之出於程子也。一說謂自得之於己。如南軒云。不自得。則無以有諸己。自得而後爲己物也。以其德性之知。非他人所能與。故曰自得。此近乎莊生所謂自得其得。而非得人之得之意。終有弊。不如自然得之之說。有從容優游之味

○孟子曰博學而詳說之將以反說約也

言所以博學於文而詳說其理者。非欲以誇多而鬬靡也。欲其融會貫通。有以反而說到至約之地耳。蓋承上

章之意而言。學非欲其徒博而亦不可以徑約也程子曰。博與約正相對。聖人教人。只此兩字。博是博學多識多聞多見之謂。約只是使人知要也○問世間博學之人非不博。却又不知箇約處者何故。朱子曰。它合下博得來便不是了。如何會約。他竟不窮究這道理是如何。都見不透徹。只是搜求隱僻之事。鈎摘奇異之說以爲博。如此豈能得約。今世博學之士。大率類此○約自博中來。通貫處便是約。不是通貫了。又去裏面尋討箇約。某嘗不喜揚子雲言多聞則守之以約。多聞了。又要一箇約去守他○程子說格物云。但積累多後。自脫然有貫通處。積累多。便是博。脫然有貫通處。便是約○慶源輔氏曰。集註所謂文。謂詩書六藝之文。理。謂詩書六藝所載許多道理也。承上章言博學詳說。則是深造之意。反說約。則是自得之事。但上章以行言。此章以知言。知與行蓋互相發也○潛室陳氏曰。不博則約無所施。學到約後。許多博處方有受用○雙峯饒氏曰。誇多說博學。鬬靡說詳說。所以博學者非徒誇其多。所以詳說者非徒鬬其靡。欲人融而會之。貫而通之而已。這物事未曾融時。一箇是一箇。纔融了。便會爲一。約是要約。如思無邪毋不敬之類○新安陳氏曰。輔氏謂上章以行言。竊謂亦兼知與行言之耳。此章孟子所謂博學。與孔子所謂博學於文同。所謂反說約。與孔子所謂約之以禮不同。蓋約禮以行言。反說約以知言也○東陽許氏曰。博學詳說以知言。約則會其極。而於行上見

○孟子曰。以善服人者。未有能服人者也。以善養人。然後能服天下。天下不心服而王者。未之有也

服人者。欲以取勝於人。養人者。欲其同歸於善。蓋心之公私小異。而人之向背音佩頓殊新安陳氏曰。一則不能服人。人者對已而言。一則自然能服天下。天下則盡乎人矣。非向背頓殊乎學者於此。不可以不審也朱子曰。以善服人者。惟恐人之進於善。如張華對武帝恐吳人更立令主。則江南不可取之類是也。以善養人者。惟恐人不入於善。如湯於葛。遺之牛羊。又使人往爲之耕是也○南軒張氏曰。先王樂與人爲善。欲天下舉在吾

化育之中。如春風被物。物蒙其養。無不應者。未嘗有意於服人。而天下之心悅誠服。有不期而然者。蓋以善道與人共之耳。若霸者之所爲。其善者不過欲以善服人。齊桓會首止而定王世子。晉文盟踐土率諸侯以朝王是也。學者深見二者霄壤之殊。則王霸之分了然矣○慶源輔氏曰。以力服人。以德服人。以事言也。其不同易見。以善服人。以善養人。以心言也。其不同則難見也。孟子之言至此愈密矣。以善服人者。以善爲己私也。以善養人者。以善與天下公也○雲峯胡氏曰。以德服人。蓋對上文以力服人而言。謂王者之服人。異乎霸者之服人。如子禽疑夫子得聞國政。有以求之。而子貢答以夫子之求之異乎人之求之耳○新安倪氏曰。按孟子二章。皆以王霸對言。前章公私之分。在力字與德字。以力服人者。挾力以行私。而反乎公者也。曰德。則其理純乎公矣。此章公私之分。在服字與養字。以善服人者。認善以爲己私。而害乎公者也。曰養。則其心純乎公矣○東陽許氏曰。以善養人。謂有善於身。而教化撫字。使民同歸於善也

○孟子曰。言無實不祥。不祥之實。蔽賢者當之

或曰。天下之言。無有實不祥者。惟蔽賢爲不祥之實南軒張氏曰。蔽賢出於媢疾之私。方其欲蔽賢也。私意橫起。不祥之氣。固已充溢於中矣。天生斯賢。以爲人也。蔽賢之人。妨賢病國。不祥孰甚焉或曰。言而無實者不祥。故蔽賢爲不祥之實。二說不同。未知孰是。疑或有闕文焉新安陳氏曰。前說二實字歸一意。然皆無深意味。不如闕之

○徐子曰。仲尼亟稱於水曰。水哉水哉。何取於水也亟去聲

亟數音朔也。水哉水哉。歎美之辭徐子即徐辟

孟子曰。原泉混混。不舍晝夜。盈科而後進。放乎四海。有本者如是。是之取爾舍放皆上聲。舍一讀如字。見論語子在川上章

原泉有原之水也。混混。湧出之貌。不舍晝夜。言常出不

竭也。盈，滿也。科，坎也。言其進以漸也。放，至也。言水有原本不已（不舍晝夜）而漸進（盈科後進）以至于海。如人有實行（去聲）則亦不已而漸進以至于極也。

新安陳氏曰：水惟其有原本，所以不已而漸進以至歸宿于海。有本者如是，孟子自以此句承接上意。有本者，指原泉；如是，指混混至放乎四海。是之取爾，答徐子何取於水也之問，謂孔子所以亟稱於水者，此意之是取爾。本文只是說水。如人有實行以下，因結語故聲聞過情君子恥之二句，推出孟子借水以箴規徐子之意，而與下一節集註如人無實行而暴得虛譽不能長久也相對言之。

苟爲無本，七八月之間雨集，溝澮皆盈；其涸也，可立而待也。故聲聞過情，君子恥之。（澮，古外反。涸，下各反。聞，去聲。）

集，聚也。澮，田間水道也。涸，乾（音干）也。如人無實行而暴得虛譽不能長久也。新安陳氏曰。水無原本。人無實行之譬也。溝澮皆盈。而涸可立待。與上文混混盈科而進。以至放乎四海者相反。暴得虛譽而不能長久之譬也聲聞名譽也情實也。恥者。恥其無實而將不繼也新安陳氏曰。集註所謂有實行無實行。全從此情實之情字上發揮出來林氏曰。徐子之爲人。必有躐等干譽之病。故孟子以是答之○鄒氏曰。孔子之稱水。其旨微矣。孟子獨取此者。自徐子之所急者言之也。孔子嘗以聞達告子張矣。達者有本之謂也。聞則無本之謂也。然則學者其可以不務本乎朱子曰。所謂聲聞過情。這箇大段務外。更就中間言之。如爲善無眞實懇惻之意。爲學而勉強苟且徇人。皆是不實。就此反躬思量方得○慶源輔氏曰。此章指意。都結在後兩句上。故集註只以虛名實行爲言。而引林氏鄒氏之說以明之。蓋孟子之意。專欲攻徐子躐等干譽之病耳。孔子之稱水。固不專在此也。然由是觀之。雖一物具一理。亦隨人所取如何爾。理固無盡也。又曰。達者有本。謂質直好義聞者無本。謂色取仁而行違。○汪氏曰。水之可觀其源有本。其流不息。進有漸。則以盈科爲量。行有至。則以四海爲歸。○雙峯饒氏曰。論孟二不舍晝夜。所指不同。夫子說道體。孟子說有本。所謂微旨。川上之歎是也。孟子只就徐子身上說。取切其病而易曉

○孟子曰。人之所以異於禽獸者幾希。庶民去之。君子存之

幾希。少也。庶。衆也。人物之生。同得天地之理以爲性。同得天地之氣以爲形。其不同者。獨人於其間得形氣之正。而能有以全其性。爲少異耳。雖曰少異。然人物之所以分。實在於此。衆人不知此而去之。則名雖爲人。而實

無以異於禽獸。君子知此而存之。是以戰兢惕厲惕他歷反而卒能有以全其所受之正也朱子曰。人物之所同者。理也。所不同者。心也。人心虛靈。無所不明。禽獸便昏了。只有一兩路子明。如父子相愛。雌雄有別之類。人之虛靈皆推得去。禽獸便更推不去。人若以私欲蔽了這箇虛靈。便是禽獸。人與禽獸。只爭這些子。所以謂幾希○飢食渴飲之類。是人與禽獸同者。有親有義之倫。此乃與禽獸異者。存是存所以異於禽獸之道理。今人自謂能存。只是存其與禽獸同者耳○西山眞氏曰。人與物相去亦遠矣。而孟子以爲幾希者。蓋人物均有一心。然人能存而物不能存。所不同者。惟此而已。人類之中。有凡民者。亦有是心而不能存。無異於禽獸矣。惟君子能存之。所以異於物也○新安陳氏曰。集註知之一字。示人以存之之門。戰兢惕厲四字。授人以存之之法

舜明於庶物。察於人倫。由仁義行。非行仁義也

物事物也。明則有以識其理也。人倫說見見形甸反前篇。察

則有以盡其理之詳也。物理固非度外，而人倫尤切於身，故其知之有詳畧之異。在舜則皆生而知之也。由仁義行，非行仁義，則仁義已根於心，而所行皆從此出，非以仁義爲美，而後勉強上聲行之，所謂安而行之也。此則聖人之事，不待存之而無不存矣。張子曰：明庶物，察人倫，皆窮理也。既知明理，但知順理而行，而未嘗有以爲仁義。仁義之名，但人名其行耳。如天春夏秋冬，何嘗有此名，亦人名之耳。○朱子曰：明物、察倫、由仁義行三句，以學言之，則有序，猶格物致知而後意誠心正也。自聖人言之，則生知安行，不可以先後言也。○惟舜便由仁義行，他人須窮理，知其爲仁爲義，從而行之。且如仁者安仁，智者利仁，既未能安仁，亦須是利仁。利仁豈是不好底？知仁之爲利而行之，不然，則以人欲爲利矣。○南軒張氏曰：行仁義，猶與爲二物；由仁義行，則如目視耳聽，手持足履，身與理一而非二也。若舜可謂全其所以爲人者，而無虧欠矣。

未至於舜。猶爲未盡也。人皆可以爲堯舜。其本在乎存之而已○西山眞氏曰。存之者。猶待於用力。舜則身即理。理即身。渾然無間。而不待於用力矣○雙峯饒氏曰。孟子舉舜做箇存底樣子。孟子言必稱堯舜。直是要人學之○尹氏曰。存之者君子也。存者聖人也。君子所存。存天理也。由仁義行。存者能之雲峯胡氏曰。庶民不能存。無以自異於禽獸。君子知存。此而存之。所以自異於庶民。存之者君子。存者聖人。此又聖人所以異於君子也○新安陳氏曰。人所以異於禽獸。而皆可爲堯舜。以得形氣之正而能全其性耳。仁義。此性中天理之大者也。人倫之中。仁義行焉。仁於父子。義於君臣是也。君子存之而後存。舜大聖人。不待存之而自存。何以見其不待存之。以其知生知。其行安行見之也。君子必待存之。故不能生知。必學知焉。不能安行。必勉行焉。孟子所謂行仁義。正是存之之君子事也。而知未之言。所以集註補之曰。衆人不知此而去之。君子知此而存之。不知與知意了然矣。知之而後能存。存之而後能行。知以覺於心言。存以存於心言。行以行於身言。由仁義行。存者能之。即尹氏此言推之。則行仁義。

豈非存之者能之歟

○孟子曰。禹惡旨酒。而好善言惡好皆去聲

戰國策曰。儀狄作酒。禹飮而甘之。曰。後世必有以酒亡其國者。遂疏平聲儀狄而絶旨酒。書曰。禹拜昌言慶源輔氏曰。惡旨酒。則物欲不行。好善言。則天理昭著

湯執中。立賢無方

執。謂守而不失。中者無過不及之名。方猶類也。立賢無方。惟賢則立之於位。不問其類也朱子曰。這執中與子莫執中不同。湯只是事事恰好。無過不及而已○慶源輔氏曰。執中。則處義精審。立賢無方。則用人無間○雙峯饒氏曰。未應事以前。未發之中。如何執得。須是事到面前。方始量度何處是過。何處是不及。方可執而用之。是就事物上執。擇善。

固執。也是就事物上擇而執之。若先執定這中待事物來。便是執一。是子莫執中了

文王視民如傷。望道而未之見而讀爲如古字通用

民已安矣。而視之猶若有傷。道已至矣。而望之猶若未見。聖人之愛民深。而求道切如此。不自滿足。終日乾乾之心也

問以而爲如。亦有據乎。朱子曰。詩云。垂帶而厲。鄭箋而亦如也。此以而爲如也。春秋星隕如雨。左氏曰。與雨偕也。此以如爲而也。則其混讀而互用之久矣。○易乾卦九三爻辭云。君子終日乾乾。蔡氏曰。乾乾。行事不息也。○不顯亦臨。無射亦保。是文王望道如未見之事。又曰。望道而未之見。此句與上文視民如傷爲對。孟子之意曰。文王保民之至。而視之猶如傷。體道之極。而望之猶未見。其純而不已如是

武王不泄邇。不忘遠

泄。狎也。邇者。人所易去聲下同狎而不泄。遠者。人所易忘而

不忘德之盛仁之至也朱子曰泄邇忘遠此通人與事而言泄字兼有親狎忽畧之意○慶源輔氏曰於人所易狎而不泄則敬心常存於人所易忘而不忘則誠心不息○雙峯饒氏曰德之盛言不泄邇仁之至言不忘遠

周公思兼三王以施四事其有不合者仰而思之夜以繼日幸而得之坐以待旦

三王禹也湯也文武也四事上四條之事也時異勢殊故其事或有所不合思而得之則其理初不異矣坐以待旦急於行也朱子曰所舉四事此必周公身如此說○讀此一篇使人心惕然而常存也○南軒張氏曰不合者思而未得也未得之思之惟恐不得既得之行之惟恐不及也凡井田封建取士建官禮樂刑政雖起於上世而莫備於周是皆周公心思之所經緯本諸三王而達之者也周公之心此章發明至矣

○潛室陳氏曰。斟酌三王之事而損益之。猶孔子之集大成。○雙峯饒氏曰。施此四者之事。事或有不可行。却當思其理。事雖不同。理却不相遠。故集註云其事或有不合。又來照上面一箇事字 ○此承上章言舜因歷叙群聖以繼之。而各舉其一事。以見形甸反其憂勤惕厲之意。蓋天理之所以常存。而人心之所以不死也。雲峯胡氏曰。朱子嘗曰。讀此章。使人心惕然而常存。蓋聖人之所以爲聖人者。只是憂勤惕厲。須臾毫忽。不敢自逸。理無定在。惟勤則常存。心本活物。惟勤則不死。常人不能憂勤惕厲。故人欲肆而天理亡。身雖存而心已死。豈不大可哀哉。輔氏以爲周公皇皇汲汲不已之誠如此。學者苟能深體而默識之。則聖人之心與理昭昭。常存不死。而在吾心目之間矣。說常存不死四字。意與集註異 程子曰。孟子所稱各因其一事而言。非謂武王不能執中立賢。湯却泄邇忘遠也。人謂各舉其盛。亦非也。聖人亦無不盛 慶源輔氏曰。集

註恐人執孟子之言而疑聖人於道亙有得失故發明如此聖人造道之極凡有所爲無不各極其至豈容更以盛不盛言哉

○孟子曰王者之迹熄而詩亡詩亡然後春秋作

王者之迹熄謂平王東遷而政教號令不及於天下也詩亡謂黍離降爲國風而雅亡也詩王黍離註申侯與犬戎攻宗周殺幽王於戲晉文侯鄭武公迎太子宜臼於申而立之是爲平王以亂故徙居東都王城於是王室之尊與諸侯無異其詩不能復雅故貶之謂之王國之變風○新安陳氏曰平王以後詩不入於大小雅而儕爲十五國風其事遂始載於春秋而詩終乎此矣春秋魯史記之名孔子因而筆削之始於魯隱公之元年實平王之四十九年也問黍離降爲國風恐是夫子删詩時降之朱子曰亦是他當時自如此要識此詩便如周南召南當初在豐鎬之時其詩爲二南後來在

洛邑之時。其詩爲黍離。只是自二南進而爲二雅。自二雅退而爲王風。二南之於二雅。便如登山。到得黍離時節。便是下坡了。○緊要在王者之迹熄一句上。蓋王者之政存。則禮樂征伐自天子出。故雅之詩自作於上以教天下。王迹滅熄。則禮樂征伐不自天子出。故雅不復作於上。而詩降爲國風。是以孔子作春秋。定天下之邪正。爲百王之大法也。○潛室陳氏曰。雅詩多是王者朝會燕饗樂章。或是公卿大臣規諫獻納之所作。東遷以後。朝廷既無制作。公卿又無獻納。故雅詩遂亡。獨有民俗歌謠。其體制聲節。與列國之風同。故止可謂之王風。非聖人能降之也

晉之乘。楚之檮杌。魯之春秋。一也乘去聲檮音逃杌音兀

乘義未詳。趙氏以爲興於田賦乘馬之事。或曰取記載當時行事而名之也。檮杌。惡獸名。古者因以爲凶人之號。取記惡垂戒之義也。春秋者。記事者必表年以首事。

年有四時，故錯舉以爲所記之名也。新安陳氏曰：必表年以下，出晉杜預所作左傳序文。錯，雜也。雜舉春秋二時，以該四時也。古者列國皆有史官，掌記時事。此三者，皆其所記冊書之名也。慶源輔氏曰：古人以善爲常，多不記載，以惡爲反常，故特記之。如堯典之末，只載朱均、共、鯀而已。以楚史記之名觀之，則楚雖蠻夷，猶有古人遺意。後世之人負大罪惡於身，而初不知愧恥，及一有小善，則佔佔自喜，以爲莫已若者，亦可哀也。

其事則齊桓、晉文，其文則史。孔子曰：其義則丘竊取之矣。

春秋之時，五霸迭興，而桓、文爲盛。史，史官也。竊取者，謙辭也。公羊傳去聲作其辭則丘有罪焉爾，意亦如此。蓋言斷丁亂反之在己，所謂筆則筆，削則削，游、夏不能贊一辭者也。公羊傳昭公十二年：春秋之信史也，其序則齊桓、晉文，其會則主會者爲之也，其辭則丘有罪焉爾。

○史記孔子世家。孔子在位。聽訟文辭。有可與人共者。弗獨有也。至於爲春秋。筆則筆。削則削。子夏之徒不能贊一辭。

尹氏曰。言孔子作春秋。亦以史之文載當時之事也。而其義則定天下之邪正。爲百王之大法。南軒張氏曰。春秋經聖筆則固魯之史耳。自其義聖人有取焉。則史外傳心之要典。所以存天理。遏人欲。撥亂反正。示王者之法於將來者也○蔡氏曰。其義蒙上文王者而言。蓋王者之義也。孔子有德無位。故自以爲竊取王者之義。而定二百四十二年之邪正。所謂爲百王不易之大法者也。○慶源輔氏曰。夫子之作春秋。不過以史之文。載當時之事而已。而其竊取之義。則在於定天下之邪正。爲百王之大法也。夫春秋之善善惡惡。撥亂世而反之正。上明四代之禮樂。下示百王之法程。聖人之用。備見此書。而夫子之言。則又謙抑如此。畧無自居其功之意。此孟子所以因而述之以繼羣聖之後也○雙峯饒氏曰。其文則史。元是魯史之春秋。其義則其竊取之。方是孔子之春秋。以匹夫行天子賞罰。故曰竊取。自咎自謙之辭○汪氏曰。史不止於晉楚。五霸不止於桓文。孟子唯及

此者。晉楚爲列國之大者。桓文爲五霸之盛者也

○此又承上章歷叙群聖。因以孔子之事繼之。而孔子之事。莫大於春秋。故特言之

雙峯饒氏曰。此亦承上章思兼三王以施四事。而言周公所行。皆王者之事。來到孔子時。王者之迹熄。故孔子出來作春秋。○新安陳氏曰。好辯章。述羣聖事而繼以孔子作春秋。此章亦以作春秋繼羣聖事。不及易詩書禮樂者。孔子之事。莫大於作春秋。五經。夫子之教。春秋。夫子之政也。○東陽許氏曰。以三國之史同言而曰一也。蓋謂魯之春秋。其所紀載。非周之典禮。善惡不明。不過記五霸之事。與晉楚之史同爾。至於孔子之春秋。則假其事以明義。而非盡舊史之文。故曰其義則丘竊取之矣。如此看。方見得中間一節不閑

○孟子曰。君子之澤。五世而斬。小人之澤。五世而斬。

澤。猶言流風餘韻也。父子相繼爲一世。三十年亦爲一世。斬。絶也。大約君子小人之澤。五世而絶也。楊氏曰。四

世而緦。音思服之窮也。五世袒音但免音問殺所介反同姓也。六世親屬竭矣記疏云。上自高祖。下至己兄弟。同承高祖之後爲族兄弟。爲親兄弟期。一從兄弟大功。再從兄弟小功。三從兄弟緦麻。共四世而緦服盡也。五世則袒免而無正服。減殺同姓。六世則不復袒免。惟同姓而已。故親屬竭。袒。身去飾也。袒免者。肉袒而著免。免狀如冠而廣一寸。冠至尊。不可居肉袒之體。故爲免以代之。又檀弓免焉註。以布廣一寸。從項上而前交於額上。又卻向後繞於髻。禮。朋友在他邦無主人。乃袒免。若朋友在家。則弔服加麻。加麻者。素弁上加緦之環經。然則袒免。亦朋友之服也。○新安陳氏曰。此禮記大傳全文。共高祖者爲三從兄弟。相爲服緦麻。服制至此窮也。共高祖之父者爲五世。已無服。但不忍遽絕之。故不襲不冠。爲之袒免。冠以變其吉。同姓之恩。至此而減殺也。共高祖之祖者爲六世。則親盡矣。窮而殺。殺而竭。不變吉可也。引此以證五世而斬服窮則遺澤寖微。故五世而斬南軒張氏曰。五世。大槩約度如此。自今觀之。孔子之澤。其所浸灌萬世不斬也○慶源輔氏曰。流風。以風喻之也。餘韻。以聲喩之也。父子五世。經歷百五十年。則君子小人之餘澤皆當絕也。五世則親盡服窮。其澤亦當斬絕矣。蓋親也。服也。澤也。實相因也

予未得爲孔子徒也。予私淑諸人也

私猶竊也。淑善也。李氏以爲方言是也。慶源輔氏曰。孟子又言私淑艾。而他無所見。故疑是方言。人。謂子思之徒也。自孔子卒。至孟子游梁時。方百四十餘年。而孟子已老。然則孟子之生。去孔子未百年也。故孟子言予雖未得親受業於孔子之門。然聖人之澤尚存。猶有能傳其學者。故我得聞孔子之道於人。而私竊以善其身。蓋推尊孔子而自謙之辭也。張子曰。孟子蓋謂孔子猶在五世之內。雖不親爲弟子。其餘澤在人。我得私取之以爲善。○雙峯饒氏曰。私淑艾者。

私竊其善於人以自治。私淑諸人者。我私取之以善其身。今人或把作教者說。謂以此私淑他人。非矣。道者天下所公共。師下私字不得。只弟子私竊取之以自善自治耳○新安陳氏曰。私竊以善其身。解諸人字不順。不若云私竊其善於人。文意方順

○此又承上三章歷叙舜禹至於周孔。而以是終之。其辭雖謙。然其所以自任之重。亦有不得而辭者矣

新安陳氏曰。韓子謂堯以是傳之舜。舜以是傳之禹。至孔子傳之孟軻。不待退之而後有此言。孟子已自言之矣。此四章相承是也。然猶分爲四章。答好辯章。明言以已承三聖。至七篇之末章。列叙群聖道統之相傳。而明言由孔子至於今百有餘歲。其自任之重。尤章章焉。孟子一身。道統攸繫。蓋如是夫

○孟子曰。可以取。可以無取。取傷廉。可以與。可以無與。與傷惠。可以死。可以無死。死傷勇

先言可以者。略見而自許之辭也。後言可以無者。深察

而自疑之辭也。過取固害於廉。然過與亦反害其惠。過死亦反害其勇。蓋過猶不及之意也雙峯饒氏曰。傷廉與傷惠傷勇。是兩般意思。朱子所以上下箇固字。下面下兩箇反字。過取固傷廉。與本是惠。與之過。則反害其惠。死本是勇。死之過。則反害其勇。○新安陳氏曰。傷廉者。失之不及。傷惠傷勇者。失之太過林氏曰。公西華受五秉之粟。是傷廉也。冉子與之。是傷惠也。子路之死於衛。是傷勇也問可以取可以無取。程子曰。如朋友之饋。是可取也。然已自可足。是不可取也。纔取便傷廉矣。曰。與傷惠何害。曰。是有害於惠也。可以與。然却可以不與。若與之時。財或不贍。却於合當與者。無可與之。此所以傷惠。○朱子曰。此段正與孔子曰。再斯可矣相似。凡事初看尚未定。再察則已審矣。便用决斷始得。○問取者貪之屬。不取者廉之屬。猶與之爲惠。不與之爲嗇。死之爲勇。不死之爲怯也。今以過取者爲傷廉。則宜以不與爲傷惠。不死爲傷勇矣。而反以與爲傷惠。死爲傷勇。何哉。曰。過取之傷廉。過於此而侵奪於彼者也。過與之傷惠。過死之傷勇。過於此而反病乎此者也。蓋奪乎彼者。其失爲易見。而病乎此者。其失爲難知。故孟子舉傷廉以例二者。是亦過猶不及之意耳○問可以取。取之傷廉。不難於擇矣。若可與不可與。可死不可死之間。不幸擇之不精者。與其吝嗇。寧過與。與其苟生。寧就死。在學者則當平日極其窮理之功。庶於取舍死生之際。不難於精擇也。曰。此意極好。但孟子之意。却是恐人過予而輕死也○南軒張氏曰。取與死生之義。有灼然易判者。有在可否之間者。在可否之間。非義精者莫能擇也。蓋其幾間不容髮。一或有偏。則失之矣。是以君子貴存養於平時。而復研幾於審處也○王氏曰。六可以字。疑辭。三傷字。决辭○新安陳氏曰。此章三節。作看似平說。審察之。傷廉。所以警中人以下之不及者。傷惠傷勇。所以警賢人之過之者也

○逄蒙學射於羿。盡羿之道。思天下惟羿爲愈己。於是殺羿。孟子曰。是亦羿有罪焉。公明儀曰。宜若無罪焉。曰。薄乎云爾。惡得無罪逄薄江反　惡平聲

羿有窮后羿也。逄蒙羿之家衆也。羿善射。篡初患反夏自立後爲家衆所殺。左傳襄公四年。羿將歸自田。家衆殺而烹之。以食其子。子不忍食。死於窮愈猶勝也。薄言其罪差楚宜反薄耳

鄭人使子濯孺子侵衛。衛使庾公之斯追之。子濯孺子曰。今日我疾作。不可以執弓。吾死矣夫。問其僕曰。追我者誰也。其僕曰庾公之斯也。曰吾生矣。其僕曰庾公之斯。衛之善射者也。夫子曰吾生。何謂也。曰庾公之斯學射於尹公之他。尹公之他學射於我。夫尹公之他。端人也。其取友必端矣。庾公之斯至。曰。夫子何爲不執弓。曰。今日我疾作。不可以執弓。曰。小人學射於尹公之他。尹公之他學射於夫

子。我不忍以夫子之道反害夫子。雖然，今日之事君事也。我不敢廢。抽矢扣輪去其金，發乘矢而後反。他徒何反。矣夫、夫尹之夫並音扶，去上聲。乘去聲。

之語助也。釋二人名中之字。僕御也。尹公他亦衛人也。端正也。孺子以尹公正人。知其取友必正。故度音鐸庾公必不害己。小人。庾公自稱也。金鏃作木反也。扣輪出鏃。令平聲不害人。乃以射也。乘矢四矢也。孟子言使羿如子濯孺子得尹公他而教之。則必無逢蒙之禍。然夷羿篡弒之賊。蒙乃逆儔。庾斯雖全私恩。亦廢公義。其事皆無足論者。孟子蓋特以取友而言耳。左傳襄公十四年。尹公他學射於庾公差。庾公差學射於公孫丁孫文子使二子追衛獻公公孫丁御公庾公差曰射爲背師不射爲戮射爲禮乎射兩鉤而還尹公他曰子爲師我則遠矣乃反之公孫丁授公轡而射之貫臂○程子曰孺子事孟子只取其不背師耳若國之安危在此一舉則殺之可也舍之而無害於國權輕重可也何用虛發四矢哉○南軒張氏曰使逢蒙爲夏廷之臣羿簒夏氏凡爲臣子得而誅之逢蒙以義討賊雖嘗學射亦何罪之有逢蒙以私意忌而殺之是則爲殺其師耳以此而觀輕重之權衡可得而推矣○雲峯胡氏曰此章雖特以取友而言然使世之背其師者讀之亦當有泚○東陽許氏曰此章專爲交友發羿不能取友而殺身孺子能擇交而免禍

○孟子曰西子蒙不潔則人皆掩鼻而過之

西子美婦人蒙猶冒也不潔汙穢之物也掩鼻惡去聲其臭也

雖有惡人齊戒沐浴則可以祀上帝齊側皆反

惡人。醜貌者也○尹氏曰。此章戒人之喪去聲善而勉人以自新也南軒張氏曰。齊桓一執陳轅濤塗。而春秋書曰齊人。蓋夷狄之也。其近於蒙不潔者歟。秦穆一有悔過之言。則進秦誓於書。以其有遷善之意也。其近於惡人齊沐者歟。一自汚而喪其美。一自新而洗其惡。勸戒彰矣○慶源輔氏曰。西子之質本美。而蒙以不潔。則自喪其美。而及致人之惡。言此所以戒人喪其本有之善。惡人之質本醜。而能齊戒沐浴。至誠自潔。則可以事上帝。言此所以勉人以改過自新。深玩尹氏之言。令人惕然而懼。聳然而作○新安陳氏曰。此章似詩六義中之比

○孟子曰。天下之言性也。則故而已矣。故者以利爲本

性者。人物所得以生之理也。故者。其已然之跡。若所謂天下之故者也。易繫辭。易無思也。無爲也。寂然不動。感而遂通天下之故利。猶順也。語其自然之勢也。言事物之理。雖若無形而難知。然其

發見形甸反之巳然。則必有跡而易去聲見。如字故天下之言性者。但言其故。而理自明。猶所謂善言天者。必有驗於人也。荀子性惡篇云。善言天者。必有徵於人○董仲舒曰。善言天者。必有徵於人。天道無形而難知。人事有迹而易見。然其所謂故者。又必本其自然之勢。如人之善。水之下。非有所矯揉人久反造作而然者也。若人之爲惡。水之在山。則非自然之故矣。朱子曰。性自是箇難言底物事。惟惻隱羞惡之類。却是巳發見者。乃可得而言。此即性之故也。只看這箇。便見得性。故集註下箇跡字。若四端。則無不順利。若殘忍之非仁。無恥之非義。不遜之非禮。昏惑之非智。即故之不利者也○利。是不假人爲而自然者。如水之就下。是其性本就下。只是順他。若激之在山。是不順其性。而以人爲之也。惟智者。是知此理不假人爲。順之而巳○南軒張氏曰。故者。本然之理也。無是理而強爲之。曰鑿。鑿則失其性。所以惡夫智也。蓋以私智爲智。而非所謂智也○慶源輔氏曰。性。即理也。雖無形而難知。然不能不感發而形見於外。旣已形見。則必有跡而易見。如人性之仁雖難知。然見孺子入井。則發見而爲怵惕惻隱之跡。則仁之性自見也○潛室陳氏曰。善惡皆已然之跡。但順者爲本。則善者其初也。惡者非其初也。水無有不下者。水之本也。若夫搏之使過顙。激之使在山。豈其本也哉○雙峯饒氏曰。就故說性。亦要就跡之順者言之。如水之下便順。就逆者言不得。孟子說性。就自然上說。如惻隱羞惡等。但看自然發見底便是利。言性便當言故。言故便當言利。如水搏之激之。便不是自然了

所惡於智者。爲其鑿也。如智者若禹之行水也。則無惡於智矣。禹之行水也。行其所無事也。如智者亦行其所無事。則智亦大矣（惡爲皆去聲）

天下之理。本皆利順。小智之人。務爲穿鑿。所以失之。禹之行水。則因其自然之勢而導之。未嘗以私智穿鑿而

有所事。是以水得其潤下去聲之性而不爲害也。朱子曰鑿於智者。非所謂以利爲本也○慶源輔氏曰。人物所得之理。本皆順理。無待於矯揉造作於其間。却緣世人不明吾性之智。而以私意爲智。於是每事務爲穿鑿而失其順利之理○雲峯胡氏曰。孟子本欲言智。而必先言性者。智。五性之一也。言智而先言性。猶言水而先言水之原也。鑿字與利字相反。利者。天理之自然。鑿者。人爲之使然。言性而必本諸天理之自然者。所以言智而深惡夫人爲之使然者也○新安陳氏曰。所惡於智者。小智也。無惡於智者。大智也。人性必善。水性必下。孟子素以水譬人性。故仍以禹行水譬之。禹之行水。順其自然之勢而導之。使水不失其本然趨下之性而已。智者。順事物自然之理。以無事處事。使物各付物。斯爲大智。而非小智矣。此一節。以治水申言利字之意

天之高也。星辰之遠也。苟求其故。千歲之日至。可坐而致也

天雖高。星辰雖遠。然求其已然之迹。則其運有常。雖千
歲之久。其日至之度。可坐而得。新安陳氏曰。此又以天度申言故字之意。首一節故字。言本然之理。此一故字。言本然之度也。天高星遠。若因其本然之故而求之。則雖久年日南至之時刻。亦可以坐而推致以得之矣況於事物之近。若因其故而求之。豈有
不得其理者。而何以穿鑿爲哉。必言日至者。造曆者以
上古十一月甲子朔夜半冬至爲曆元也新唐書曆志治曆之本。必
推上元。日月如合璧。五星如連珠。夜半朔旦冬至。自此
七曜散行。不復餘分。普盡總會如初。○五代史司天考。
夫天人之際。遠哉微矣。而使一藝之士。布筭積分。上求
數千萬歲之前。必得甲子朔日夜半冬至。而日月五星。
皆會于子。謂之上元。以爲曆始。蓋自漢而後。其說始詳
見于世。其源所自。止於如此。是果堯舜三代之法歟。皆
不可得而考矣。然自是曆家之術。雖世多不同。而未始
不本於此。○新安陳氏曰。夜半即甲子時。歲月日時皆

甲子爲歷元。蓋以建寅月爲歲首筭之。則是癸亥歲十一月。以建子月爲一歲之最初筭之。則甲子歲之氣候已始於此矣。故云歲亦甲子也。○程子曰。此章專爲去聲智而發。愚謂事物之理。莫非自然。順而循之。則爲大智。若用小智而鑿以自私。則害於性而反爲不智。程子之言。可謂深得此章之旨矣朱子曰。此章其初只是性上泛說起。不是專說性。但謂天下之說性者。只說得故而已。如荀言性惡。揚言善惡混。但皆說得下面一截。皆不知所以謂之故者如何。不能以利爲本而然也。荀卿只是橫說。如此。到底沒這道理。不得。只就性惡篇謂塗之人皆可以爲禹。即此自可見。故字。若不將已然之迹言之。則下文苟求其故之言。如何可推。曆家自今日推筭而上極於太古開闢之時。更無差錯。只爲有此已然之迹可以推測耳。天與星辰間或躔度少有差錯。久久自復其常。以利爲本亦猶天與星辰循常度而行。苟不如此。皆鑿之謂也。○歐陽氏曰。天下之大智無所自爲。而常因天下之理。小智不知循理。而常任一己之私

○公行子有子之喪。右師往弔。入門有進而與右師言者。有就右師之位。而與右師言者

公行子。齊大夫。右師。王驩也。雙峯饒氏曰。行字當音杭。詩云。殊異乎公行。是主班行之官。以官爲氏

孟子不與右師言。右師不悅曰。諸君子皆與驩言。孟子獨不與驩言。是簡驩也

簡畧也

孟子聞之曰。禮。朝廷不歷位而相與言。不踰階而相揖也。我欲行禮。子敖以我爲簡。不亦異乎朝音潮

是時齊卿大夫以君命弔。各有位次。若周禮凡有爵者

之喪禮則職喪涖音利其禁令序其事故云朝廷也周禮春官宗伯職喪掌諸侯及卿大夫士凡有爵者之喪以國之喪禮涖其禁令序其事言諸侯者謂畿內王子母弟稱諸侯者歷更平聲涉也位他人之位也右師未就位而進與之言則右師歷已之位矣右師已就位而就與之言則已歷右師之位矣孟子右師之位又不同階孟子不敢失此禮故不與右師言也朱子曰孟子鄙王驩而不與言固是然朝禮既然則當時雖不鄙之亦不得與之言矣鄙王驩於出吊處已見此章意則以朝廷之禮爲重時事不同理各有當○聖賢之言無所苟也豈爲慍衆人爲已甚而姑以是答之哉正所以明朝廷之禮而警衆人之失也○問陳司敗譏孔子有黨孔子受之不辭右師以孟子簡已孟子辯之甚力聖賢地位固不同也使孟子聞右師言曰禮也足矣無已而曰朝廷不歷位而相與言不踰階而相揖則已微見圭角矣又必盡其辭所以鋒芒發露而不及孔

子之渾然也○南軒張氏曰。衆與之言。以其變於君而諂之也。右師以孟子爲簡已者。以孟子時所尊敬。欲假其辭色以爲榮也。君子之遠小人不惡而嚴。豈有他哉。亦曰禮而已矣

○孟子曰。君子所以異於人者。以其存心也。君子以仁存心。以禮存心

以仁禮存心。言以是存於心而不忘也問我本有此仁禮。只要常存而不忘否。朱子曰。非也。言君子所以異於小人者。以其存心不同耳。君子則以仁以禮而存之於心。小人則以不仁不禮而存之於心。這箇存心。與存其心養其性不同。只是處心與人不同耳○慶源輔氏曰。以仁存心而不忘。如造次顛沛必於是也。以禮存心而不忘。如視聽言動必以禮也○雙峯饒氏曰。以是存於心。添於字。便可見孟子意。是只把仁禮來存於我心。此心常在仁禮上無頃刻或離。君子異於人。以其能以仁禮存於心。他人便不能。我之心安頓在仁上。即是居天下之廣居。安頓在禮上。即是立天下之正位

仁者愛人。有禮者敬人。

此仁禮之施。慶源輔氏曰。由乎內以施外也。

愛人者人恒愛之。敬人者人恒敬之。

此仁禮之驗。新安陳氏曰。我感而人應。可驗我之得。人不應。可驗我之失。驗字已含下文必不仁必無禮之意矣。

有人於此。其待我以橫逆。則君子必自反也。我必不仁也。必無禮也。此物奚宜至哉。橫去聲下同

橫逆。謂強暴不順理也。物。事也。慶源輔氏曰。強暴。橫也。不順理。逆也。○雙峯饒氏曰。集註云強暴不順理。順理。是順箇文理。橫。是橫來。逆。是倒來。皆是不順箇文理。○新安陳氏曰。橫逆者。愛敬之反。

其自反而仁矣，自反而有禮矣，其橫逆由是也，君子必自反也：我必不忠。由與猶同，下放此。

忠者，盡己之謂。我必不忠，恐所以愛敬人者有所不盡其心也。慶源輔氏曰：理無窮盡，人有作輟，一息不存，一物不體，便是不盡其心。○新安陳氏曰：忠非出於仁禮之外，仁禮無一毫之不盡其心，即忠也。

自反而忠矣，其橫逆由是也，君子曰：此亦妄人也已矣。如此則與禽獸奚擇哉？於禽獸又何難焉？

奚擇，何異也。又何難焉，言不足與之校也。校音教。○南軒張氏曰：雖非所患，難然自反之功則無窮也。學者未勉乎此，遇橫逆之來，則曰吾仁矣，有禮矣，且忠矣，遂斷彼以為妄人，而不復勉反身之道，是則自陷於妄而已矣。

是故君子有終身之憂，無一朝之患也。乃若所憂則有之。舜人也，我亦人也。舜爲法於天下，可傳於後世，我由未免爲鄉人也，是則可憂也。憂之如何？如舜而已矣。若夫君子所患則亡矣。非仁無爲也，非禮無行也。如有一朝之患，則君子不患矣。夫音扶

鄉人，鄉里之常人也。君子存心不苟，趙氏曰：集註不苟二字不可淺看。心一不仁而不自覺，不自强，便是苟且也。○新安陳氏曰：存心照應前存心。不苟即忠也。四字收拾約而盡。故無後憂。朱子曰：古聖人多矣，獨言舜爲法於天下，何也？法者，人倫而已。他聖人因其常而處之不失，未足見人道之盡。惟舜極其變而不失其常，是以人道之盡於此固可見焉，故特擧舜而言之。然其所謂法舜，亦循乎天則而已。○問：楊氏謂孟子三自反，不若顏子之不校。曰：自反所以自脩，學者事也。不校，不見可校。

成德事也。淺深之分。信如楊氏之說矣。然自反之說。謹嚴精切。正學者所當用力。若自反未至。而遽以不校爲高。恐其無脩省之功。而陷於苟且頽墮之域矣○新安陳氏曰。前曰以仁存心。以禮存心。末曰非仁無爲。非禮無行。存。謂存之於心。爲與行。謂行之於身。表裏一矣。存之於心者有素。而行之於身者益盡。豈惟無一朝之患者本於此。所以懷終身之憂而欲如舜者。亦不過勉於此而已。何也。舜所以爲舜。亦不外此仁禮也。特舜則安而行之。欲如舜者。則在乎勉而行之耳

○禹稷當平世。三過其門而不入。孔子賢之

事見形甸反前篇問過門不入。若家有父母。豈可不入。○朱子曰。固是。然事亦須量箇緩急。若只是泛泛底水。未便傾國覆都。過家見父母亦不妨。若洪水之患甚急。有傾國覆都君父危急之灾。也只得奔君父之急。雖不過家見父母。亦不妨也○雙峯饒氏曰。禹三過其門。稷是帶說○新安陳氏曰。賢其用世而憂民之憂

顏子當亂世。居於陋巷。一簞食。一瓢飲。人不堪其憂。顏子不改其樂。孔子賢之。食音嗣　樂音洛

新安陳氏曰。賢其避世而樂己之樂

孟子曰。禹稷顏回同道

聖賢之道。進則救民。退則脩己。其心一而已矣。慶源輔氏曰。道則以其所行言之也。心則以其所在言之也。救民者。脩己之驗。脩己者。救民之本。有是心。則有是道。有是本。則有是驗

禹思天下有溺者。由己溺之也。稷思天下有飢者。由己飢之也。是以如是其急也。由與猶同

禹稷身任其職。故以爲己責而救之急也

禹稷顏子。易地則皆然

聖賢之心。無所偏倚。（大本之中）隨感而應。各盡其道。（時中之中）故使禹稷居顏子之地。則亦能樂顏子之樂。使顏子居禹稷之任。（新安陳氏曰。禹稷有官守。故曰任。顏子居陋巷。故曰地）亦能憂禹稷之憂也（慶源輔氏曰。聖賢之心。其本然之體。無所偏。無所倚。此其所謂中者天下之大本也。然不能不感於物。故隨感而應。有可喜之事感。則喜心便應。有可怒之事感。則怒心便應。如進則便須救民。退則便須脩己。皆吾大本中自然之理。無或過。無或不及。各盡其道。此其所謂和者天下之達道也。如是。故使禹稷居顏子之地。亦能樂顏子之樂。使顏子居禹稷之任。亦能憂禹稷之憂。同一大本。同一達道故也）

今有同室之人鬭者。救之。雖被髮纓冠而救之。可也

不暇束髮。而結纓往救（新安陳氏曰。遇沐不暇束髮。冒冠於所被髮上。結纓而往救）

言急也以喻禹稷

鄉鄰有鬭者被髮纓冠而往救之則惑也雖閉戶可也

喻顔子也○此章言聖賢心無不同事則所遭或異然處上聲之各當其理是乃所以爲同也尹氏曰當其可之謂時前聖後聖其心一也故所遇皆盡善程子曰君子而時中若三過其門而不入在禹稷之時爲中如居陋巷則非中矣居陋巷在顔子之時爲中如三過其門而不入則非中矣○南軒張氏曰顔子未見其施爲比之禹稷不已過乎殊不知禹稷之事功何所自德者本也事功末也本末一致也故程子曰有顔子之德則有禹稷之事功事功在聖賢惟其時而已若墨之兼愛楊之爲我皆不知天理之時中而妄意以守一偏故如此蓋墨氏終身纓冠以求救天下之鬭楊氏則坐視同室之鬭而不顧者其賊道豈不甚哉是則人欲而已矣○慶源輔氏曰集註章旨所謂聖賢之心無不同一本也事則所遭或

異。萬殊也。然處之各當其理。是乃所以爲同者。所謂萬殊一本。吾道一以貫之也。又曰。事雖萬殊。心一以貫。則凡所以語默云爲。達道也。皆時中也

○公都子曰。匡章通國皆稱不孝焉。夫子與之遊。又從而禮貌之。敢問何也

匡章。齊人。通國。盡一國之人也。禮貌。敬之也

孟子曰。世俗所謂不孝者五。惰其四肢。不顧父母之養。一不孝也。博奕好飲酒。不顧父母之養。二不孝也。好貨財。私妻子。不顧父母之養。三不孝也。從耳目之欲。以爲父母戮。四不孝也。好勇鬭狠。以危父母。五不孝也。章子有一於是乎

好。養。從。皆去聲。狠。胡懇反

戮羞辱也。狠。忿戾也。新安陳氏曰。五不孝之序。從輕漸說至重

夫章子。子父責善而不相遇也

遇。合也。相責以善而不相合。故爲父所逐也。雙峯饒氏曰。章子得罪於父。與其他得罪不同。章子但不合責善於父。故出妻屏子。以示不安之意。先說子父責善。是言子責父之善。下說父子。是泛言

責善。朋友之道也。父子責善。賊恩之大者

賊害也。朋友當相責以善。父子行之。則害天性之恩也。孝經云。父子之道。天性也

夫章子。豈不欲有夫妻子母之屬哉。爲得罪於父。不得近。出妻屏子。終身不養焉。其設心以爲不若是。是則罪之大

者是則章子已矣夫章之夫音扶爲去聲屛必井反又必正反養去聲言章子非不欲身有夫妻之配子有子母之屬○新安陳氏曰此屬字即天屬家屬之屬本文總夫妻子母而言集註分說故以配字對屬字但爲身不得近於父故不敢受妻子之養以自責罰其心以爲不如此則其罪益大也○此章之旨於衆所惡去聲而必察焉可以見聖賢至公至仁之心矣慶源輔氏曰至公則無私蔽於己至仁則不忍苟責於人○新安陳氏曰不狥衆見至公也不輕與絶至仁也楊氏曰章子之行去聲孟子非取之也特哀其志而不與之絶耳朱子曰孟子之於匡章蓋憐之耳非取其孝也據章所爲因責善於父而不相遇遂爲父所逐雖是父不是已是然便至如此出妻屛子終身不養則豈得爲孝故孟子言父子責善賊恩之大者此便是責之以不孝也但其不孝之罪未至於可絶之地爾然

當時人則遂以爲不孝而絕之。故孟子舉世俗之不孝者五以曉之。若如此五者。則誠在所絕爾。後世因孟子不絕之。則又欲盡雪章之不孝而以爲孝。此皆不公不正倚於一偏。必若孟子所處。然後可以見聖賢至公至仁之心矣○南軒張氏曰。章本心亦欲父之爲善耳。乃或過於辭色。致父之怒。後又不敢安於妻子之養以深自咎責。則章亦可哀者。若章得罪而不知懼。則是懟以忿戾之氣行乎其間而可罪矣○雙峯饒氏曰。章資質自好。但無學力。雖知愛父。而不知愛父之道。既得見孟子。必教他回父之意。未必上於此。章子通國稱其不孝。仲子通國稱其廉。孟子於此二人。所謂衆惡之必察焉。衆好之必察焉○新安陳氏曰。父子間所以不責善而惟朋友當責善者。蓋朋友以義合。責善而不從。則交可絕。父子以天合。責善而不相遇。則賊恩而將至於離。故也。然責善既不可。則從父之令乎。曰。聖賢自有成規。幾諫之章內則與幾諫相表裏之言皆是也。舜事瞽瞍能致底豫。特患不能如舜耳。若章之出妻屛子。非徒自咎責於己。亦將以感動於父。子不安而父安焉。其執拗亦可想矣。章既失之初。使能如舜之事親。豈不能回之於後。惜無以考其終何如也

○曾子居武城有越寇或曰寇至盍去諸曰無寓人於我室毀傷其薪木寇退則曰脩我牆屋我將反寇退曾子反左右曰待先生如此其忠且敬也寇至則先去以爲民望寇退則反殆於不可沈猶行曰是非汝所知也昔沈猶有負芻之禍從先生者七十人未有與焉與去聲

武城魯邑名盍何不也左右曾子之門人也忠敬言武城之大夫事曾子忠誠恭敬也爲民望言使民望而效之沈猶行弟子姓名也言曾子嘗舍於沈猶氏時有負芻者作亂來攻沈猶氏曾子率其弟子去之不與其難去聲言師賓不與臣同

子思居於衛有齊寇或曰寇至盍去諸子思曰如伋去君誰與守

言所以不去之意如此子思時仕於衛

孟子曰曾子子思同道曾子師也父兄也子思臣也微也曾子子思易地則皆然

微猶賤也尹氏曰或遠去聲害或死難去聲○慶源輔氏曰子思雖無死難之事然寇至不去有死難之理其事不同者所處之地不同也君子之心不繫於利害惟其是而已是者理之當然也故易地則皆能爲之○孔氏曰古之聖賢言行去聲不同事業亦異而其道未始不同也學者知此則因所遇而應之若權衡之

稱去聲物。低昂屢變。而不害其爲同也。南軒張氏曰。君子不避難。亦不入於難。惟當夫理而已。於不當避而避焉。固私也。於不當預而預。乃勇於就難。是亦私而已矣。夫曾子。師也。父兄也。師之尊。與父兄之義同。以師道居。則寇至而去之。寇退而反。無預其難。在師之義當然也。子思。臣也。微也。委質以服君之事。有難而可逃之乎。與君同守而不去。則爲臣之義當然也。從容乎理之所當然。曾子子思何殊哉。故曰易地則皆然。以天理之時中一而已。

○儲子曰。王使人瞯夫子。果有異於人乎。孟子曰。何以異於人哉。堯舜與人同耳。瞯古莧反

儲子。齊人也。瞯。竊視也。聖人亦人耳。豈有異於人哉。新安陳氏曰。孟子因有以異於人乎之問。而答之曰。我何以異於人哉。雖堯舜亦與人同耳。集註謂聖人亦人耳。豈有異於人哉。乃是釋堯舜與人同耳一句。與孟子元文何以異於人哉所指不同矣。堯舜所以與人同者。非但

形體之同。其性善本與人不異。惟聖人能盡其性。常人每汨其性。於是常人與聖人始懸絕耳。堯舜與人同之說。與人皆可以爲堯舜之說。實相表裏。但其意包涵而未盡。使儲子再問難。孟子必傾倒盡發之矣

○齊人有一妻一妾而處室者。其良人出。則必饜酒肉而後反。其妻問所與飲食者。則盡富貴也。其妻告其妾曰。良人出。則必饜酒肉而後反。問其與飲食者。盡富貴也。而未嘗有顯者來。吾將瞷良人之所之也。蚤起。施從良人之所之。徧國中無與立談者。卒之東郭墦閒之祭者。乞其餘。不足。又顧而之他。此其爲饜足之道也。其妻歸。告其妾曰。良人者。所仰望而終身也。今若此。與其妾訕其良人。而相泣於中庭。而良人未之知也。施施從外來。驕其妻妾施音迤又音異

墦音燔施
施如字

章首當有孟子曰字。闕文也。良人。夫也。饜。飽也。顯者富貴人也。施。邪施而行。不使良人知也。墦。冢也。顧。望也。訕怨詈力智反也。施施。喜悅自得之貌

由君子觀之。則人之所以求富貴利達者。其妻妾不羞也。而不相泣者幾希矣

孟子言自君子而觀今之求富貴者。皆若此人耳。使其妻妾見之。不羞而泣者少矣。言可羞之甚也○趙氏曰。言今之求富貴者。皆以枉曲之道。昏夜乞哀以求之。而以驕人於白日。與斯人何以異哉南軒張氏曰。意孟子在齊。適見此事。以爲

與世之求富貴者無異。故載之。驕妻妾者。徒知以得為貴。而不知所以得之者可賤也。妻妾知其可賤而已。不知為欲所蔽故耳○勉齋黃氏曰。此章形容苟賤之態。殊可賤惡。然流俗滔滔。務為卑諂。無所不至。搖尾乞憐。自少至老。無一念不在是。未得則愁憂窮蹙。志氣薾然。甘於不勝其小。既苟得則志得意滿。驕親戚。傲閭里。哆然自視。不勝其大。可賤甚於乞墦而莫之覺也。學者深明義利之辨。充吾羞惡之心。而養吾剛大之氣。然後知孟子此言。誠末俗之箴砭也

孟子集註大全卷之八

孟子集註大全卷之九

萬章章句上

凡九章

萬章問曰。舜往于田。號泣于旻天。何爲其號泣也。孟子曰。怨慕也。號平聲

舜往于田。耕歷山時也。仁覆覆敷救反閔下。謂之旻天。號泣于旻天。呼呼去聲下同天而泣也。事見見形甸反虞書大禹謨篇。書曰。帝初于歷山。往于田。日號泣于旻天。于父母怨慕。怨己之不得其親而思慕也。慶源輔氏曰。父慈子孝。理之常也。何有於怨慕。唯遭事之變。故深思其所以不得於親之故。而自怨咎其在我者。有何罪戾而致然。又思慕於親。無頃刻忘。必欲得親之歡心而後已。此所謂怨慕也○新安陳氏曰。怨

慕二字。真得舜之心。亦包盡一章之意。怨。非怨親。怨己之不得乎親也。慕。則念念不忘。而思其親也。惟順於父母可以解憂以上。言怨也。人少則慕父母以下。言慕也

萬章曰。父母愛之。喜而不忘。父母惡之。勞而不怨。然則舜怨乎。曰。長息問於公明高曰。舜往于田。則吾既得聞命矣。號泣于旻天于父母。則吾不知也。公明高曰。是非爾所知也。夫公明高以孝子之心。爲不若是恝。我竭力耕田。共爲子職而已矣。父母之不我愛。於我何哉　惡去聲。夫音扶。恝苦八反。共平聲

長息。公明高弟子。公明高。曾子弟子。于父母。亦書辭。言呼父母而泣也。恝。無愁之貌。新安陳氏曰。孟子推明公明高之意。以爲孝子之心。既不得乎親。必不若是之恝然無愁也於我何哉。自責不知己有何罪耳

非怨父母也。楊氏曰。非孟子深知舜之心。不能爲此言。蓋舜惟恐不順於父母。未嘗自以爲孝也。若自以爲孝則非孝矣

帝使其子九男二女。百官牛羊倉廩備。以事舜於畎畝之中。天下之士多就之者。帝將胥天下而遷之焉。爲不順於父母。如窮人無所歸。爲去聲

帝堯也。史記云。二女妻去聲之。以觀其內。觀其齊家九男事之。以觀其外觀其治外。○史記五帝紀。舜年二十以孝聞。三十而帝堯問可用者。四岳咸薦虞舜曰可。於是堯乃以二女妻舜以觀其內。使九男與處以觀其外。舜居嬀汭。內行彌謹。堯二女不敢以貴驕事舜親戚。甚有婦道。堯九男皆益篤。○朱子曰。二女。娥皇。女英也。蓋夫婦之間。隱微之際。正始之道。所繫尤重。故觀人者

於此爲尤切。○雙峯饒氏曰。觀者。衆人之所共見。以天子二女來處頑嚚傲之間。看他如何處置。二女和。則是處置得是。九男。皆帝子。亦難處。若處之得其道亦自安。百官只是百司。如後世典籤消人之類。又言一年所居成聚廣雅云。聚。居也。音慈喻反。漢書音義云。小於鄉曰聚。二年成邑。三年成都。是天下之士就之也。胥。相去聲。視也。遷之。移以與之也。如窮人之無所歸。言其怨慕迫切之甚也。雲峯胡氏曰。如窮人無所歸六字譬喻。最形容得舜之情不得以自達。身不得以自安。心不得以自釋。其爲怨慕迫切之甚可知

天下之士悅之。人之所欲也。而不足以解憂。好色。人之所欲。妻帝之二女。而不足以解憂。富。人之所欲。富有天下。而不足以解憂。貴。人之所欲。貴爲天子。而不足以解憂。人悅之。好色富貴。無足以解憂者。惟順於父母。可以解憂

孟子推舜之心如此。以解上文之意。極天下之欲不足以解憂。而惟順於父母可以解憂。孟子真知舜之心哉

慶源輔氏曰。上文是說舜之實事。此又孟子推述舜之心。以解上文之意。言舜之心事實有如此者耳。舉天下之所欲不足以解憂者。所性不存焉故也。惟順於父母可以解憂者。性之不可離。而亦不可以不盡也

人少則慕父母。知好色則慕少艾。有妻子則慕妻子。仕則慕君。不得於君則熱中。大孝終身慕父母。五十而慕者予於大舜見之矣。少好皆去聲

言常人之情因物有遷。釋人少至熱中惟聖人為能不失其本心也。釋終身慕父母艾美好也。楚詞戰國策所謂幼艾。義與此同。

楚辭九歌大司命篇。慫長劍兮擁幼艾。蓀獨宜兮為民正。慫息拱反○戰國策趙孝成王篇。公子魏牟過

趙。趙王迎之。反至坐前有尺帛。且令工人以爲冠。工顧見客來也。因避趙王。趙王曰。願聞所以爲天下。魏牟曰。王能重王之國若此尺帛。則國大治矣。趙王不悦。曰。寡人豈敢輕國若此。魏牟曰。請爲王説之。王有此尺帛。何不令前郎中以爲冠。王曰。郎中不知爲冠。魏牟曰。爲冠而敗之。奚虧於王之國。而王必待工而后乃使之。今爲天下之工或非也。社稷爲虛器。先王不血食。而王不以予工乃與幼艾不得夫意也。熱中躁急心熱也。言五十者舜攝政時年五十也。五十而慕則其終身慕可知矣○此章言舜不以得衆人之所欲爲已樂音洛而以不順乎親之心爲已憂。非聖人之盡性。其孰能之慶源輔氏曰。心纔有一毫物欲之累。而於其親有一毫之不順。則於吾固有之性便有不盡處。能盡其性。則能不失其本心而爲人倫之至也○西山眞氏曰。五十始衰。聖人純孝之心則不以老而衰惟充極其天性之至。孝而無一毫之不盡。所以能如此○雙峯饒氏曰。始孝便十分孝弟便十分弟。忠便十分忠。皆是

盡性。新安陳氏曰。常人變於私情。所以汨其性。聖人無私情之累。所以盡其性。孟子言此。是以遏人欲擴天理也

○萬章問曰。詩云。娶妻如之何。必告父母。信斯言也。宜莫如舜。舜之不告而娶。何也。孟子曰。告則不得娶。男女居室。人之大倫也。如告。則廢人之大倫。以懟父母。是以不告也懟直類反

詩齊國風南山之篇也。信。誠也。誠如此詩之言也。懟。讎怨也。舜父頑母嚚。音銀常欲害舜。告則不聽其娶。是廢人之大倫以讎怨於父母也東陽許氏曰。懟父母。言人之常情也。為廢大倫。則雖子亦不免有讎怨父母之心。舜固非懟父母者。然告則必廢大倫。故不告也。此聖人善處變事處

萬章曰。舜之不告而娶。則吾既得聞命矣。帝之妻舜而不告何也。曰。帝亦知告焉則不得妻也。妻去聲

以女為人妻如字曰妻。去聲下同 程子曰。堯妻舜而不告者。以君治之而已。如今之官府治民之私者亦多。慶源輔氏曰。謂以君命治之。不容瞽瞍不聽也。官府治民之私。或有理法當然。而牽於私。不肯然者。則官司以法治之。必使之然也

萬章曰。父母使舜完廩。捐階。瞽瞍焚廩。使浚井。出。從而揜之。象曰。謨蓋都君。咸我績。牛羊父母。倉廩父母。干戈朕。琴朕。弤朕。二嫂使治朕棲。象往入舜宮。舜在牀琴。象曰。鬱陶。思君爾。忸怩。舜曰。惟茲臣庶。汝其于予治。不識舜不知象

之將殺己與曰奚而不知也象憂亦憂象喜亦喜張都禮反忸女六反怩音尼與平聲

完。治也。補全之捐。去上聲也。階。梯也。揜。蓋也。按史記曰：使舜上時掌反塗廩，瞽瞍從下縱火焚廩，舜乃以兩笠自捍音汗而下去，得不死。後又使舜穿井，舜穿井爲匿空音孔旁出。匿空。隱匿之孔穴也舜既入深，瞽瞍與象共下土實井，舜從匿空中出去，即其事也。象，舜異母弟也。謨，謀也。蓋，蓋井也。舜所居三年成都，故謂之都君。咸，皆也。績，功也。舜既入井，象不知舜已出，欲以殺舜爲己功也。干，盾樹尹反也。戈，戟也。周禮掌五兵五楯。鄭云：五楯，干櫓之屬。禮圖云：今之三鋒戟也。內長四寸半，胡長六寸，以其與戈相類，故

（云戈戟也）琴舜所彈五弦琴也弤琱（丁聊反）弓也（通鑑外紀云舜彈五弦之琴歌南風之詩琱弓漆赤弓尚書彤弓是也）象欲以舜之牛羊倉廩與父母而自取此物也二嫂堯二女也棲牀也象欲使爲已妻也象往舜宮欲分取所有見舜生在牀彈琴蓋既出即潛歸其宮也鬱陶思之甚而氣不得伸也象言已思君之甚故來見爾忸怩慙色也臣庶謂其百官也象素憎舜不至其宮故舜見其來而喜使之治其臣庶也孟子言舜非不知其將殺已但見其憂則憂見其喜則喜兄弟之情自有所不能已耳萬章所言其有無不可知然舜之心則孟子有以知之矣他亦不足辨也程子曰象

憂亦憂。象喜亦喜。人情天理。於是爲至。程子曰。萬章言舜完廩浚井之說。恐未必有此事。論其理而已。堯在上而使百官事舜於畎畝之中。豈容象得以殺兄。而使二嫂治其棲乎。學孟子者。以意逆志可也。○南軒張氏曰。象之憂疾舜而謀害之也。舜亦憂。憂者。憂己何以使象至此也。象之喜者。彼云思君而以喜來。舜固不逆其詐。亦從而爲之喜也。憂也亦憂。喜也亦喜。是其心與之爲一。親之愛之。不知其他。此仁人之於弟。天理人情之至也。象憂而舜漠然不以爲憂。象喜而舜疑之。不以爲喜。則在我之誠先不篤矣。豈聖人之心也哉。○慶源輔氏曰。象日以殺舜爲事。肆人欲以絕兄弟之情者也。象憂亦憂。象喜亦喜。順天理以見兄弟之情者也。象之人欲雖熾。舜之天理常存。卒之象不格姦。而源源以來。則舜之天理。化其人欲而消之矣。○西山眞氏曰。象欲殺舜。其迹甚明。舜豈不知。然見其憂則憂。見其喜則喜。畧無一毫芥蔕於其中。後世骨肉之間。小有疑隙。則嫌猜萬端。惟恐發之不早。除之不亟。至此然後知聖人之心。與天同量也。世儒疑堯在上。二女嬪虞。象無敢殺舜之理。不知孟子但論舜之心。使其有是。處之不過如此。豈必眞有是哉。○雙峯饒氏曰。完廩浚井。事儻無。則不告而娶。亦焉知其非無。孟子於此不辨。下章咸丘蒙之問。孟子却責之。蓋下章是說舜身上事。舜爲天子。不受堯與瞽瞍之朝。此決然之理。此章說象與瞽瞍之事。容或有之。是以不辨。○大凡看書。且看大意。如前章重在爲不順於父母。如窮人無所歸兩句。此章重在象憂亦憂。象喜亦喜兩句

曰。然則舜僞喜者與。曰。否。昔者有饋生魚於鄭子產。子產使校人畜之池。校人烹之。反命曰。始舍之。圉圉焉。少則洋洋焉。攸然而逝。子產曰。得其所哉。得其所哉。校人出曰。孰謂子產智。予既烹而食之。曰得其所哉。得其所哉。故君子可欺以其方。難罔以非其道。彼以愛兄之道來。故誠信而喜之。奚僞焉。與平聲。校音效。又音教。畜許六反

校人。主池沼小吏也。圉圉。困而未紓之貌。紓音舒洋洋。則稍

縱矣。攸然而逝者，自得而遠去也。方，亦道也。罔，蒙蔽也。欺以其方，謂誑古況反之以理之所有。罔以非其道，謂昧之以理之所無。象以愛兄之道來，所謂欺之以其方也。舜本不知其僞，故實喜之。何僞之有。○此章又言舜遭人倫之變，而不失天理之常也。新安陳氏曰：不失天理之常，則終可以回人倫之變矣。不格姦底豫之餘，人倫豈終變也哉。○東陽許氏曰：魚入水有悠然而逝之理，弟有思兄鬱陶之理，故子產與舜皆信之。舜之愛弟自天性，况象又以愛兄之道來感之乎。

○萬章問曰：象日以殺舜爲事，立爲天子，則放之，何也。孟子曰：封之也，或曰放焉。

放，猶置也。置之於此，使不得去也。萬章疑舜何不誅之。

孟子言舜實封之。而或者誤以爲放也

萬章曰。舜流共工于幽州。放驩兜于崇山。殺三苗于三危。殛鯀于羽山。四罪而天下咸服。誅不仁也。象至不仁。封之有庳。有庳之人奚罪焉。仁人固如是乎。在他人則誅之。在弟則封之。曰。仁人之於弟也。不藏怒焉。不宿怨焉。親愛之而已矣。親之欲其貴也。愛之欲其富也。封之有庳。富貴之也。身爲天子。弟爲匹夫。可謂親愛之乎〔庳音鼻〕

流徙也。共〔音恭〕工。官名。驩兜。人名。二人比〔毗至反〕周。相與爲黨。三苗。國名。負固不服。殺。殺其君也。殛。誅也。鯀。禹父名。方命圮〔部鄙反〕族。治水無功〔新安倪氏曰。方命圮族。見書堯典篇。方命者。逆上命而不行也。圮敗族類。言與象不和。傷人害物也。皆不仁之人也。幽州。崇山。三危。羽山。有庳。皆地名也。趙氏曰。幽州。北裔之地。舜分冀北爲幽州。崇山。南裔之山。在今澧州慈和縣。三危。西裔之地。禹貢在雍州。或以爲燉煌。未詳。羽山。東裔之山。在今海州朐山縣。或曰。今道州鼻亭。即有庳之地也。未知是否。漢書顏師古註云。有庳在零陵。今鼻亭是也。萬章疑舜不當封象。使彼有庳之民。無罪而遭象之虐。非仁人之心也。藏怒。謂藏匿其怒。宿怨。謂留蓄其怨。雙峯饒氏曰。仁人之於弟。雖有怒。亦不藏之。雖有怨。亦不留之。少間便釋然親之。欲其親近於我。貴之是也。愛之。欲其得遂所欲。富之是也。

敢問或曰放者。何謂也。曰。象不得有爲於其國。天子使吏治其國而納其貢稅焉。故謂之放。豈得暴彼民哉。雖然。欲

常常而見之。故源源而來。不及貢。以政接于有庳。此之謂也

孟子言象雖封爲有庳之君。然不得治其國。天子使吏代之治。而納其所收之貢稅於象。有似於放。故或者以爲放也。蓋象至不仁。處上聲之如此。則既不失吾親愛之心。而彼亦不得虐有庳之民也。源源。若水之相繼也。來。謂來朝音潮下同覲也。不及貢以政接于有庳。謂不待及諸侯朝貢之期。而以政事接見有庳之君。蓋古書之辭新安陳氏曰。以此之謂也四字觀之。知其爲古書之辭而孟子引以證源源而來之意。見形甸反其親愛之無已如此也○吳氏曰。言聖人不

以公義廢私恩，亦不以私恩害公義。舜之於象，仁之至，

義之盡也。朱子曰：封之有庳，富貴之，是不以公義廢私恩，所以爲仁之至。使吏治其國，納貢賦而不得肆暴，是不以私恩害公義，所以爲義之盡。後世如漢文之於淮南，景帝之於梁王，始則縱之太過，不得謂之仁；後又窘治之甚，不得謂之義。皆兩失之。○南軒張氏曰：舜之處象，可謂盡矣。象雖不道，而吾之弟也。仁人之於弟，親愛之而已矣。或曰：周公之於管蔡如之何？蓋管蔡挾武庚以叛，憂在廟社，孽在生民，周公爲國弭亂也。象之欲殺舜，其事在舜之身耳，固不同也。舜與周公，易地則皆然，蓋其存心爲天理人情之至則一也。

○咸丘蒙問曰：語云：盛德之士，君不得而臣，父不得而子。舜南面而立，堯帥諸侯北面而朝之，瞽瞍亦北面而朝之。舜見瞽瞍，其容有蹙。孔子曰：於斯時也，天下殆哉岌岌乎。不識此語誠然乎哉？孟子曰：否。此非君子之言，齊東野人

之語也。堯老而舜攝也。堯典曰：二十有八載，放勳乃徂落。百姓如喪考妣。三年四海遏密八音。孔子曰：天無二日，民無二王。舜既爲天子矣，又帥天下諸侯以爲堯三年喪，是二天子矣。朝音潮 岌魚及反

咸丘蒙，孟子弟子也。語者，古語也。蹙顣，蹙不自安也。岌岌，不安之貌也。言人倫乖亂，天下將危也。齊東，齊國之東鄙也。孟子言堯但老不治事，而舜攝天子之事耳。堯在時，舜未嘗即天子位，堯何由北面而朝乎？又引書及孔子之言以明之。堯典，虞書篇名。今此文乃見形甸反於舜典，蓋古書二篇，或合爲一耳。言舜攝位二十八年而

堯死也。徂，升也。落，降也。人死則魂升而魄降，故古者謂死爲徂落。遏，止也。密，靜也。八音，金、石、絲、竹、匏、土、革、木，新安倪氏曰：金，鐘也。石，磬也。絲，琴瑟也。竹，簫管也。匏，笙竽也。土，塤也。革，鼓也。木，柷敔也。匏，蒲交反。樂器之音也。南軒張氏曰：堯老而命舜攝天子之事，是則堯猶爲君，而舜則臣也。堯崩，舜率天下之臣民以爲堯三年喪，是猶以堯之事行於天下也。至於堯三年之喪畢，舜避堯之子，而天下獄訟謳歌歸之，不容舍焉，而後舜始踐天子位。此堯舜相繼之際，書傳所載莫詳焉，而不獨見於孟子之書也。○雙峯饒氏曰：百姓是畿內百姓。如平章百姓，皆指畿內而言。古者天子崩，畿內百姓爲之斬衰期年之服，諸侯薨，國內百姓爲之斬衰，皆期年也。周制百姓期年，今也百姓爲之三年。至於四海雖無服，亦遏密八音不作樂。

咸丘蒙曰：舜之不臣堯，則吾既得聞命矣。詩云：普天之下，莫非王土；率土之濱，莫非王臣。而舜既爲天子矣，敢問瞽

瞍之非臣如何曰是詩也非是之謂也勞於王事而不得
養父毋也曰此莫非王事我獨賢勞也故說詩者不以文
害辭不以辭害志以意逆志是爲得之如以辭而已矣雲
漢之詩曰周餘黎民靡有孑遺信斯言也是周無遺民也
不臣堯不以堯爲臣使北面而朝也詩小雅北山之篇
也普徧也率循也此詩今毛氏序云役使不均已勞於
王事而不得養去聲其父毋焉其詩下文亦云大夫不均
我從事獨賢乃作詩者自言天下皆王臣何爲獨使我
以賢才而勞苦乎非謂天子可臣其父也文字也辭語
也逆迎也雲漢大雅篇名也孑獨立之貌遺脫也言說

詩之法。不可以一字而害一句之義。不可以一句而害設辭之志。當以己意迎取作者之志。乃可得之。若但以其辭而已。則如雲漢所言。是周之民眞無遺種上聲矣。惟以意逆之。則知作詩者之志。在於憂旱。而非眞無遺民也

朱子曰。逆。是前去追迎之意。將自家意思去前面等候詩人之志來。如等人來相似。今日等不來。明日又等。須等得來方得。今人却是硬捉他來。便不是逆志。所謂逆者。其至否遲速不敢自必。而聽於彼也。大抵讀書。須虛心平氣。優游玩味。徐觀聖賢立言本意所向如何。然後隨其遠近深淺。輕重緩急而爲之說。庶乎可以得之。若便以吾先入之說橫於胸次。而驅率聖賢之言。以從己意。設使義理可通。已涉私穿鑿。而不免於郢書燕說之誚。況又義理窒礙。實有所不可行乎。○慶源輔氏曰。以文害辭。是泥一字之文。而害一句之辭也。以辭害意。是泥一句之辭。而害詩人設辭之意也。意。是己意。志是詩人之志。以我之意。迎取詩人之志。然後可以得之

孝子之至莫大乎尊親尊親之至莫大乎以天下養爲天子父尊之至也以天下養養之至也詩曰永言孝思孝思維則此之謂也養去聲

言瞽瞍既爲天子之父則當享天下之養此舜之所以爲尊親養親之至也豈有使之北面而朝之理乎詩大雅下武之篇言人能長言孝思而不忘則可以爲天下法則也慶源輔氏曰上既言讀詩之法以破萬章之惑此又言尊親養親之至以見舜無使父朝己之理夫舜既爲天子則瞽瞍實爲天子之父備享四海九州之奉而舜爲尊親養親之至矣故引下武詩以詠歎之以謂如舜者然後可謂能長言孝思而爲天下法則者矣豈有使其父北面而朝之理乎○雙峯饒氏曰尊親養親雖是二事然尊與養相須養之至乃所以尊之也

書曰。祗載見瞽瞍。夔夔齊栗。瞽瞍亦允若。是爲父不得而子也。見音現。齊側皆反

書大禹謨篇也。祗。敬也。載。事也。夔夔齊栗。敬謹恐懼之貌。允。信也。若。順也。言舜敬事瞽瞍。往而見之蔡氏曰。敬其子之職事也敬謹如此。瞽瞍亦信而順之也。孟子引此而言瞽瞍不能以不善及其子。而反見化於其子。則是所謂父不得而子者。而非如咸丘蒙之說也南軒張氏曰。古之君有受教於臣以成德者。如太甲之於伊君。成王之於周公。謂之君不得而臣亦可也。蓋在子知盡事父之道。在臣知盡事君之道而已。自他人與後世觀之。則見其有不得而臣。不得而子者焉。故云爾也○雲峯胡氏曰。如咸丘蒙之說。則所謂父不得而子者。以位言也。殊不知古語云。盛德之士。本自專以德言。祗載見瞽瞍。夔夔齊栗。此舜之盛德處。瞽

瞍亦允若。則反見化於其子。盛德之中。而不得以不善及其子也

○萬章曰。堯以天下與舜有諸。孟子曰。否。天子不能以天下與人

天下者。天下之天下。非一人之私有故也

然則舜有天下也。孰與之。曰。天與之

萬章問而孟子荅也

天與之者。諄諄然命之乎諄之淳反

萬章問也。諄諄。詳語之貌

曰。否。天不言。以行與事示之而已矣行去聲下同

行如字之於身謂之行。措諸天下謂之事。言但因舜之行

事而示以與之之意耳

曰以行與事示之者如之何曰天子能薦人於天不能使天與之天下諸侯能薦人於天子不能使天子與之諸侯大夫能薦人於諸侯不能使諸侯與之大夫昔者堯薦舜於天而天受之暴之於民而民受之故曰天不言以行與事示之而已矣暴步卜反下同

暴顯也言下能薦人於上不能令力呈反上必用之舜爲天人所受是因舜之行與事而示之以與之之意也慶源輔氏曰下薦人於上公心也若有必上用之之心則私意矣孟子此言不特說得三聖授受明白而於人臣薦賢之道大公至正之心亦盡彼竊位蔽賢者固不足責而進一善達一能上必君之用下市己之恩者皆非也

上只言天。此又并民而言者。天民一理。天實以民爲視聽也。舜相堯二十八載。固天也。至於朝覲訟獄謳歌。則人耳。而亦曰天者。以天統人。以人證天。天與人一也

曰。敢問薦之於天而天受之。暴之於民而民受之。如何。曰。使之主祭而百神享之。是天受之。使之主事而事治。百姓安之。是民受之也。天與之。人與之。故曰。天子不能以天下與人。舜相堯二十有八載。非人之所能爲也。天也。堯崩。三年之喪畢。舜避堯之子於南河之南。天下諸侯朝覲者。不之堯之子而之舜。訟獄者不之堯之子而之舜。謳歌者不謳歌堯之子而謳歌舜。故曰天也。夫然後之中國。踐天子位焉。而居堯之宮。逼堯之子。是篡也。非天與也治相並去聲朝音潮

夫音扶

南河在冀州之南。新安倪氏曰。冀州爲帝都。河在其南。故謂之南河其南即豫州也。訟獄。謂獄不決而訟之也

太誓曰。天視自我民視。天聽自我民聽。此之謂也

自從也。天無形。其視聽皆從於民之視聽。民之歸舜如此。則天與之可知矣南軒張氏曰。聖人之動。無非天也。其相授受之際。豈有我之所得爲哉。故曰天子不能以天下與人。天子而以天下與人。則是私意之所爲。亂之道也。堯之於舜。選於天下而薦之天耳。而舜之卒有天下者。天實爲之。堯豈能加毫末於此哉。舜之相堯。歷年如是之久。其薦於天。暴於民者。如是其著。此乃天也。堯崩。舜率天下而服堯之喪。堯喪既除。舜避堯之子於南河之南。不敢以已爲天子。而聽天所命也。朝覲訟獄謳歌者。皆相率而歸。有不容舍焉。夫然後歸而踐位。而從容於天人之際。蓋如此。然則舜亦

豈能加毫末於此哉。玩此章則聖人所謂先天而天不違。後天而奉天時者。殆可得而究矣。○新安陳氏曰。泰書作泰。皐陶謨曰。天聰明自我民聰明。泰誓之言。蓋本於此。天既無民之形體。故其視聽皆從於民。民之所歸即天之所命也

○萬章問曰。人有言至於禹而德衰。不傳於賢而傳於子。有諸。孟子曰。否。不然也。天與賢則與賢。天與子則與子。昔者舜薦禹於天。十有七年。舜崩。三年之喪畢。禹避舜之子於陽城。天下之民從之。若堯崩之後。不從堯之子而從舜也。禹薦益於天。七年。禹崩。三年之喪畢。益避禹之子於箕山之陰。朝覲訟獄者。不之益而之啓。曰吾君之子也。謳歌者。不謳歌益而謳歌啓。曰吾君之子也。朝音潮

陽城箕山之陰皆嵩山下深谷中可藏處啓禹之子也。
楊氏曰此語孟子必有所受然不可考矣但云天與賢則與賢天與子則與子可以見堯舜禹之心皆無一毫私意也

南軒張氏曰堯舜傳之賢禹傳之子而後世遂有至禹而德衰之論此以私意觀聖人也禹薦益於天與堯之薦舜舜之薦禹其心一也益避禹之子與舜之在南河禹之在陽城其心一也天而與益則朝覲訟獄謳歌者皆歸之益踐天子位矣禹亦豈得而不與之哉而天則與子也禹亦豈得而與之哉使天而與丹朱與舜之子則舜禹固得遂其終避之意猶益得遂其終避之志者也故曰其心一也

丹朱之不肖舜之子亦不肖舜之相堯禹之相舜也歷年多施澤於民久啓賢能敬承繼禹之道益之相禹也歷年少施澤於民未久舜禹益相去久遠其子之賢不肖皆天

也非人之所能爲也莫之爲而爲者天也莫之致而至者

命也之相之相去聲相去之相如字

堯舜之子皆不肖而舜禹之爲相久此堯舜之子所以

不有天下而舜禹有天下也禹之子賢而益相不久此

啓所以有天下而益不有天下也然此皆非人力所爲

而自爲非人力所致而自至者蓋以理言之謂之天自

人言之謂之命其實則一而已朱子曰天如君命如令君命人去做職事其

俸祿有厚薄歲月有遠近無非是命命有兩樣得之不

得曰有命自是一樣天命之謂性又自是一樣雖是兩

樣却只是一箇命天之命人有命之以厚薄修短有命

之以清濁偏正無非是命且如舜禹益相去久遠是命

之在外者其子之賢不肖是命之在內者聖人窮理盡

性以至於命便能贊化育堯之子不肖他便不傳與子

而傳與舜。本是箇不好底意思。却被他一轉轉得好也。○南軒張氏曰。莫之爲而爲者天也。莫之致而至者命也。○孟子發明天人之際深矣。雖然。人君爲不善而天命去之。則是有所爲而致也。獨不可言天與命歟。孟子蓋嘗論之矣。曰盡其道而死者正命也。桎梏死者非正命也。蓋知堯舜禹益之事。天理之全而命之正也。若夫爲不善以及於亂亡。則是自絶乎天以過其命。不得謂之得其正矣。○慶源輔氏曰。天則天理之本體。命則天理之命於人者。○北溪陳氏曰。天與命只一理。就其中則微有分別。爲以做事言。做事是人。對此而反之。非人所爲便是天。至以吉凶禍福地頭言。有因而致是人力。對此而反之。非力所致便是命。天以全體言。命以其中妙用言。其曰以理言之謂天。是專就天之正義言。却包命在其中。其曰自人言之謂之命。命是天命。因人形之而後見。故吉凶禍福自天來到於人。然後爲命。乃是於天理中截斷命爲一邊而言。其指歸一爾。若只就天一邊說吉凶禍福。未有人受來。如何見得是命

匹夫而有天下者。德必若舜禹。而又有天子薦之者。故仲

尼不有天下

孟子因禹益之事歷舉此下兩條以推明之。言仲尼之德雖無媿於舜禹。而無天子薦之者。故不有天下

繼世以有天下。天之所廢必若桀紂者也。故益伊尹周公不有天下

繼世而有天下者其先世皆有大功德於民。故必有大惡如桀紂。則天乃廢之。如啓及太甲成王雖不及益伊尹周公之賢聖。但能嗣守先業。則天亦不廢之。故益伊尹周公雖有舜禹之德。而亦不有天下

伊尹相湯以王於天下。湯崩。太丁未立。外丙二年。仲壬四

年。太甲顛覆湯之典刑，伊尹放之於桐三年。太甲悔過，自怨自艾，於桐處仁遷義三年，以聽伊尹之訓己也，復歸于亳。（相王皆去聲。艾音乂。）

此承上文，言伊尹不有天下之事。趙氏曰：太丁，湯之太子，未立而死。外丙立二年，仲壬立四年，皆太丁弟也。太甲，太丁子也。程子曰：古人謂歲為年。湯崩時，外丙方二歲，仲壬方四歲，惟太甲差（初宜反）長（上聲），故立之也。二說未知孰是。顛覆，壞（音怪）亂也。典刑，常法也。桐，湯墓所在。艾，治也。說文云：芟（師銜反）草也。蓋斬絕自新之意。亳，商所都也。

周公之不有天下，猶益之於夏，伊尹之於殷也。

此復言周公所以不有天下之意朱子曰。仲尼不有天下。益伊周不有天下。豈益伊周孔皆有有天下之願。而以無天子薦之。與天意未有所廢而不得乎。直論其理如此耳○問舜禹避位之說。或者疑之。以爲舜禹之爲相。攝行天子之事久矣。至此而復往避之。有如天下歸之。而朱均不順。則將從天下而廢其君之子耶。抑將奉其君之子而違天下之心耶。是皆事之至逆。而由避有以致之也。至益不度天命而受位矣。避之而天下不從。然後不敢爲。匹夫猶且恥之。而謂益爲之乎。是其說也柰何。聞之師曰。聖人未嘗有取天下之心也。三年喪畢。去而避之。禮之常事之宜耳。其避去也。其心惟恐天下之不吾釋也。舜禹蓋迫於天命人心而不獲已者。若益則求仁而得仁耳。不論者紐於利害權謀之習。而安意聖賢之心。蓋以曹操肯釋兵之心而爲舜禹益之謀。宜其以爲不當去位而避朱均。以曹丕屢表陳遜之心而爲舜禹益謀。宜其幸舜禹之得之。而以益之不得爲可恥也

孔子曰。唐虞禪。夏后殷周繼。其義一也禪音擅

禪授也。或禪或繼。皆天命也。聖人豈有私意於其間哉

○尹氏曰。孔子曰。唐虞禪。夏后殷周繼。其義一也。孟子曰。天與賢則與賢。天與子則與子。知前聖之心者無如孔子。繼孔子者孟子而已矣南軒張氏曰。一者何也。亦曰。奉天命而已矣

○萬章問曰。人有言伊尹以割烹要湯。有諸要平聲下同

要求也。按史記。伊尹欲行道以致君而無由。乃為有莘氏之媵以證反臣。負鼎俎以滋味說音稅湯。致於王道。蓋戰國時有為此說者慶源輔氏曰。戰國之時。人不知有義理之學。汲汲然志於功名事業。以求其富貴利達。雖枉已辱身。有所不顧。故設為此等議論。上以誣聖賢。下以便一已之私耳○新安陳氏曰。湯妃有莘氏女也。所以有隨嫁從臣。負鼎俎。蓋庖人之類

孟子曰否不然伊尹耕於有莘之野而樂堯舜之道焉非其義也非其道也祿之以天下弗顧也繫馬千駟弗視也非其義也非其道也一介不以與人一介不以取諸人樂音洛

莘國名趙氏曰今同州郃陽縣樂堯舜之道者誦其詩讀其書而欣慕愛樂之也新安陳氏曰詩如康衢之謠舜皐之歌之類書如二典三謨是也必如此解此句方實駟四匹也介與草芥之芥同言其辭受取與無大無細一以道義而不苟也龜山楊氏曰一介之與萬鍾若論利則有多寡若論義其理一也伊尹惟能一介知所取與故能祿之以天下弗顧繫馬千駟弗視自後世觀之則一介不以與人爲太吝一介不以取諸人爲太潔然君子之取與適於其義而已與之嗇取之微雖若不足道矣然苟害於義又何

多寡之間乎○問道義一物。非其義。則非其道矣。一介不妄取與。則大者可知矣。旣曰非義。又曰非道。旣曰一介。又曰天下千駟。何也。朱子曰。道義。兼擧體用而言也。一介千駟。極其多少而言也。蓋人之氣質不同。器識有異。或務大而忽小。或抱小而遺大。故必兼擧而極言之。然後足以見其德之全耳○雙峯饒氏曰。孟子說義必說道。如配義與道。皆是先義。亘古窮今只一箇道。義是隨時處事之權。要兩下看。旣揆以義。又揆以道方可處事。有合一時之宜。及揆以古道。則有不合處。道是體。義是用。義以事言。道以理言。以事言。則得其宜。以理言。則得其正。然後爲盡善。故兩言之

湯使人以幣聘之。囂囂然曰。我何以湯之聘幣爲哉。我豈若處畎畝之中。由是以樂堯舜之道哉 囂五高反又戶驕反

囂囂。無欲自得之貌 慶源輔氏曰。伊尹以堯舜之道自樂。故常無欲而自得。涵泳其言。則擧天下之物。果何足以累其心哉

湯三使往聘之。既而幡然改曰。與我處畎畝之中。由是以樂堯舜之道。吾豈若使是君爲堯舜之君哉。吾豈若使是民爲堯舜之民哉。吾豈若於吾身親見之哉

幡然變動之貌。於吾身親見之。言於我之身。親見其道之行。不徒誦說向慕之而已也 朱子曰。或謂饑食渴飲。耕田鑿井。便是樂堯舜之道。此皆不實。豈若吾身親見之哉。這箇便是真堯舜。却不是泛說底。道皆堯舜之道。如論文武之道未墜於地。此亦真箇指文武之道。而或者便說日用間。皆是文武之道。殊不知聖賢之言自實

天之生此民也。使先知覺後知。使先覺覺後覺也。予天民之先覺者也。予將以斯道覺斯民也。非予覺之。而誰也

此亦伊尹之言也。知。謂識其事之所當然。覺。謂悟其理

之所以然。覺後知後覺。如呼(去聲)寐者。而使之寤也。言天使者。天理當然。若使之也。程子曰。予天民之先覺。謂我乃天生此民中。盡得民道。而先覺者也。旣爲先覺之民。豈可不覺其未覺者。及彼之覺。亦非分。我所有以予(通作與)之也。皆彼自有此理。我但能覺之而已

朱子曰。程子云。知是知此事。覺是覺此理。如事親當孝。事兄當弟。事也。其所以當孝。所以當弟。理也。今人知得此事。講解得這道理。皆是知之之事。及至自悟。則又自有箇見解處。○中央兩箇覺字。皆訓喚醒。是我喚醒他。○慶源輔氏曰。知淺而覺深。知有界限。覺無偏全。程子云。譬之人睡。他人未覺。而我先覺。故搖撼其未覺者。亦使之覺。及其巳覺也。元無欠少。而亦未嘗有增加。適一般耳。此說。說得覺字。極爲全備。旣爲先覺之民。豈可不覺其未覺者。此解非予覺之而誰也一句。蓋大學之道。旣明明德。則必須新民。到此地位。自然住不得。正使不得時與位。亦須着如孔孟

著書立言。以覺萬世始得。此皆是不容已者

思天下之民。匹夫匹婦。有不被堯舜之澤者。若已推而內之溝中。其自任以天下之重如此。故就湯而説之。以伐夏救民推吐回反內音納説音稅

書曰。昔先正保衡。作我先王。曰予弗克俾厥后爲堯舜。其心愧恥。若撻于市。一夫不獲。則曰時予之辜。孟子之言。蓋取諸此。是時夏桀無道。暴虐其民。故欲使湯伐夏以救之。徐氏曰。伊尹樂堯舜之道。堯舜揖遜。而伊尹説湯以伐夏者。時之不同。義則一也

吾未聞枉己而正人者也。況辱己以正天下者乎。聖人之

行不同也。或遠或近。或去或不去。歸潔其身而已矣。行，去聲。

辱己甚於枉己。正天下難於正人。若伊尹以割烹要湯。辱己甚矣。何以正天下乎。慶源輔氏曰。辱己實由於枉己。不可以爲未甚而己可枉也。正天下實自正人始。未有不能正人而能正天下者也。遠謂隱遁與遯同也。近謂仕近君也。言聖人之行雖不必同。然其要如字歸在潔其身而已。伊尹豈肯以割烹要湯哉。慶源輔氏曰。或遠而去。或近而不去。所遭之時不同。而在潔其身則同。潔身不使其身汙辱於不義也。身爲萬事之本。使尹以割烹要湯。則汙其身甚矣。本既不正。事無可爲。而謂尹爲之乎。

吾聞其以堯舜之道要湯。未聞以割烹也。

林氏曰。以堯舜之道要湯者。非實以是要之也。道在此而湯之聘自來耳。猶子貢言夫子之求之異乎人之求之也。愚謂此語亦猶前章所論父不得而子之意。新安陳氏曰：承其要湯之語而正之，謂伊尹所以要湯在堯舜之道，而非割烹也。其實伊尹未嘗要求於湯，如夫子之求之與父不得而子語脉相似，故集註引以爲證。

伊訓曰：天誅造攻自牧宮，朕載自亳。

伊訓，商書篇名。孟子引以證伐夏救民之事也。今書牧宮作鳴條。牧宮，桀宮也。造、載，皆始也。伊尹言始攻桀無道，由我始其事於亳也。南軒張氏曰：桀爲不道，伊尹則相湯始於亳而往征之，然則其伐夏也，奉天討有罪而已。○慶源輔氏曰：此伊尹所自言，於此可見其任重之意，則其不肯枉道自汙以要君必矣。事苟理明義正，聖賢初無所揜覆也。

萬章問曰或謂孔子於衛主癰疽於齊主侍人瘠環有諸乎孟子曰否不然也好事者爲之也癰於容反疽七余反好去聲

主謂舍於其家以之爲主人也癰疽瘍醫也瘍音羊新安倪氏曰周禮天官有瘍醫瘍瘡癰也侍人奄人也奄與閹同音掩瘠姓環名皆時君所近狎之人也好事謂喜造言生事之人也

於衛主顏讎由彌子之妻與子路之妻兄弟也彌子謂子路曰孔子主我衛卿可得也子路以告孔子曰有命孔子進以禮退以義得之不得曰有命而主癰疽與侍人瘠環是無義無命也讎如字又音犨

顏讎由衛之賢大夫也史記作顏濁鄒彌子衛靈公幸

臣彌子瑕也。徐氏曰。禮主於辭遜。故進以禮。義主於斷丁亂反制。故退以義。難進而易去聲退者也。在我者有禮義而已。得之不得。則有命存焉。朱子曰。三揖而進。一辭而退。進以禮。揖讓辭遜。退以義。剛決果斷。○聖人以義處命。本不待斷以命也。所以曰有命。對彌子瑕言之也。○南軒張氏曰。聖人非擇禮義而爲進退。聖人之進退。無非禮義。禮義之所在。固命之所在也。此所謂義命之合一者也。○新安陳氏曰。上言禮義。下只言義者。進以禮。亦義所當進。義可以該禮也

孔子不悅於魯衛。遭宋桓司馬將要而殺之。微服而過宋。是時孔子當阨。主司城貞子。爲陳侯周臣要平聲

不悅不樂音洛居其國也。桓司馬宋大夫向式亮反魋也。司城貞子。亦宋大夫之賢者也雙峯饒氏曰。司馬司城。皆是宋之官。他國則無。宋是

王者後。故倣天子禮有司馬司城○新安倪氏曰。宋以武公諱。改司空爲司城陳侯。名周。按史記孔子爲魯司寇齊人饋女樂以間去聲之。孔子遂行。適衛月餘。去衛適宋。司馬魋欲殺孔子。孔子去。至陳。主於司城貞子新安陳氏曰。以文勢觀。似亦臨去宋時。主於司城貞子。適陳爲陳侯周臣孟子言孔子雖當阨難。去聲然猶擇所主。況在齊衛無事之時。豈有主癰疽侍人之事乎慶源輔氏曰。以孔子進禮退義曰有命觀之。則必無主癰疽侍人之理。以當阨主司城貞子觀之。則必無主癰疽侍人之事

吾聞觀近臣。以其所爲主。觀遠臣。以其所主。若孔子主癰疽與侍人瘠環。何以爲孔子

近臣。在朝音潮之臣。遠臣。遠方來仕者。君子小人各從其

類。故觀其所爲主。與其所主者。而其人可知。呂氏曰。辭受有義。得不得有命。皆理之所必然。有命有義。是有可得可受之理。故舜可受堯之天下。無命無義。是無可得可受之理。故孔子不主彌子以受衛卿。二者義命有自合之理。無從而間焉。有義無命。雖有可受之義。而無可得之命。安得而受之。是謂義合於命。故益避啓而不受禹之天下。有命無義。雖有可得之命。而無可受之義。亦安得而受之。是謂命合於義。故中國授室養弟子以萬鍾而孟子辭之也。○南軒張氏曰。此泛言觀人之法。豈獨爲人臣者所當知。爲人君者。尤當明此義。則遠近交見。而不蔽於耳目之私矣。○新安陳氏曰。呂氏所謂無命無義。與孟子本文是無義無命也不同。進退以禮義而得之。有命也。於聖賢未嘗加益。惟合於禮義而已。命之得非所計也。進退以禮義而不得。亦命也。於聖賢未嘗或損。無慊於禮義矣。不得奚傷哉。安於命而已。故曰得之不得曰有命。若有苟得之心。而欲因時君近狎之人以進。則是進退不以禮義。而不知有命矣。故曰是無義無命也

○萬章問曰。或曰。百里奚自鬻於秦養牲者五羊之皮。食

牛以要秦穆公信乎孟子曰否不然好事者爲之也食音嗣好去聲下同

百里奚虞之賢臣人言其自賣於秦養牲者之家得五羊之皮而爲去聲之食牛因以干秦穆公也

百里奚虞人也晉人以垂棘之璧與屈產之乘假道於虞以伐虢宮之奇諫百里奚不諫屈求勿反乘去聲

虞虢皆國名垂棘之璧垂棘之地所出之璧也屈產之乘屈地所生之良馬也乘四匹也晉欲伐虢道經於虞故以此物借道其實欲幷去聲取虞宮之奇亦虞之賢臣諫虞公令力呈反勿許虞公不用遂爲晉所滅百里奚知

其不可諫。故不諫而去之秦左傳僖公二年。晉荀息請屈産之乘。與垂棘之璧。假道於虞以伐虢。公曰。是吾寶也。對曰。若得道於虞。猶外府也。乃使荀息假道於虞。虞公許之。且請先伐虢。宮之奇諫不聽。遂起師。夏晉里克荀息。帥虞師伐虢。滅下陽虢邑。五年晉侯復假道於虞以伐虢。宮之奇諫曰。虢虞之表也。虢亡。虞必從之。晉不可啓。寇不可翫。翫習也一之謂甚。其可再乎。諺所謂輔車相依。輔頰輔車牙車也唇亡齒寒者。其虞虢之謂也。弗聽。宮之奇以其族行。十二月。晉滅虢。虢館於虞。遂襲虞滅之。執虞公（）趙氏曰。虞在漢河東郡大陽縣。虢在漢河南郡滎陽縣

知虞公之不可諫而去之秦。年已七十矣。曾不知以食牛干秦繆公之爲汙也。可謂智乎。不可諫而不諫。可謂不智乎。知虞公之將亡而先去之。不可謂不智也。時舉於秦。知繆公之可與有行也而相之。可謂不智乎。相秦而顯其君

於天下可傳於後世不賢而能之乎自鬻以成其君鄉黨自好者不爲而謂賢者爲之乎相去聲

自好自愛其身之人也孟子言百里奚之智如此必知食牛以干主之爲汙其賢又如此必不肯自鬻以成其君也新安陳氏曰成其君成就其君之霸業也然此事當孟子時已無所據孟子直以事理反覆推之而知其必不然耳○范氏曰古之聖賢未遇之時鄙賤之事不恥爲之如百里奚爲去聲人養牛無足怪也惟是人君不致敬盡禮則不可得而見豈有先自汙辱以要其君哉莊周曰百里奚爵祿不入於心故飯扶晚反牛而牛肥使穆公忘其賤而與之

政亦可謂知百里奚矣莊子田子方篇。百里奚爵祿不入於心。故飯牛而肥。飯，猶食之也。使秦穆公忘其賤而與之政也。有虞氏死生不入於心。故足以動人。伊尹百里奚之事。皆聖賢出處之大節。故孟子不得不辨。尹氏曰。當時好事者之論。大率類此。蓋以其不正之心度待洛反聖賢也

范氏曰。虞之將亡。宮之奇諫。百里奚不諫。二人皆是也。宮之奇不忍虞之亡。諫而不聽。然後以其族行。君臣之義盡。百里奚事虞公年七十矣。而無所遇。知其不可諫。不諫而先去之。去就之理明。奇爲忠臣。奚爲智士。故曰皆是也。按秦本紀。晉虜虞君與百里奚。奚亡秦走宛。楚鄙人執之。穆公聞其賢。以五羖羊皮贖之。號五羖大夫。商鞅傳。趙良曰。五羖大夫。荊之鄙人也。聞穆公賢。願見。行而無資。自鬻於秦。被褐飯牛。穆公舉之牛口之下。加之百姓之上。史記所傳自相矛盾。蓋得之好事者○南軒張氏曰。奚於虞在不必諫之地。又知其不可諫。諫必不聽。故引而去之。所以爲智。使在當諫之地而不諫。是不忠之臣也。可謂智乎○蔡氏曰。戰國之時。人不知道。

惟知以功利爲急。甚者敢誣聖賢。欲借以行其私。如伊尹割烹要湯。孔子主癰疽侍人。百里奚自鬻。雖萬章之徒。亦不知其爲非。而猶不免於疑問。習俗移人之心如此。孟子安得不歷數而明辨之哉

孟子集註大全卷之九

孟子集註大全卷之十

萬章章句下

凡九章

孟子曰伯夷目不視惡色耳不聽惡聲非其君不事非其民不使治則進亂則退橫政之所出橫民之所止不忍居也思與鄉人處如以朝衣朝冠坐於塗炭也當紂之時居北海之濱以待天下之清也故聞伯夷之風者頑夫廉懦夫有立志治去聲下同橫去聲朝音潮

橫謂不循法度頑者無知覺廉者有分辨懦柔弱也餘並見前篇見形甸反下文餘見並同

伊尹曰何事非君何使非民治亦進亂亦進曰天之生斯民也使先知覺後知使先覺覺後覺予天民之先覺者也予將以此道覺此民也思天下之民匹夫匹婦有不與被堯舜之澤者若已推而內之溝中其自任以天下之重也與音預

何事非君言所事即君何使非民言所使即民無不可事之君無不可使之民也餘見前篇

柳下惠不羞汙君不辭小官進不隱賢必以其道遺佚而不怨阨窮而不憫與鄉人處由由然不忍去也爾爲爾我爲我雖袒裼裸裎於我側爾焉能浼我哉故聞柳下惠之

風者。鄙夫寬。薄夫敦。

鄙。狹陋也。敦。厚也。餘見前篇。問夷惠勝伊尹得些。朱子曰。伊尹體用較全。夷惠高似伊尹。伊尹大如夷惠。○新安陳氏曰。凡言聞其風者。皆道不行於當時。而其流風餘韻。足以聳動後世者也。伊尹道行於當時。有功業可見。不待以風言。夷惠道不行於當時。無功業可見。而其制行之高。足使後世想聞其餘風而興起。所以以風言。夷則風之清。惠則風之和也。或曰。孔子道亦不行於當時。而不以風言何也。曰。孔子如太極元氣之運。風不足以言之也。司馬遷謂講業齊魯之都。觀夫子遺風。亦以風言。特於齊魯之地觀之。則所指者有界限。而所觀者亦然。故亦以風言耳

孔子之去齊。接淅而行。去魯。曰遲遲吾行也。去父母國之道也。可以速而速。可以久而久。可以處而處。可以仕而仕。孔子也。淅。先歷反

接猶承也。淅，漬（疾智反）米水也。漬米將炊，而欲去之速，故以手承水取米而行，不及炊也。舉此一端，以見（形甸反）其久速仕止，各當其可也。記曰：當其可之謂時。或曰：孔子去魯，不稅（與脫同）冕而行，豈得爲遲遲？楊氏曰：孔子欲去之意久矣，不欲苟去，故遲遲其行也。膰肉不至，則得以微罪行矣，故不稅冕而行，非速也。

孟子曰：伯夷，聖之清者也；伊尹，聖之任者也；柳下惠，聖之和者也；孔子，聖之時者也。

張子曰：無所雜者，清之極；無所異者，和之極。勉而清，非聖人之清；勉而和，非聖人之和。所謂聖者，不勉不思而

王焉者也孔氏曰任者以天下爲己責也愚謂孔子仕
止久速各當其可蓋兼三子之所以聖者而時出之非
如三子之可以一德名也或疑伊尹出處上聲合乎孔子
而不得爲聖之時何也程子曰終是任底意思去聲在朱子
曰夷惠氣質有偏比之夫子終有不中節處所以易中
說中正伊川謂中重於正正不必中也言中則正已在
其中蓋無中則做正不出來而單言正則未必能中也
夷惠諸子其正與夫子同而夫子之中則非諸子所及
也○清任和都是有病痛底聖人問伊尹似無病痛曰
五就湯五就桀孔子必不肯恁地只爲他任得太過所
謂任只就他治亦進亂亦進處看其自任以天下之重
如此雖云祿之天下繫馬千駟弗顧弗受然終是任處
多如柳下惠不以三公易其介固是介然終是和處多
問三子之德各偏於一亦盡其一德之中否曰三子之
德但各至於一偏之極既云偏則不得謂之中矣如伯
夷雖有善其辭命而至者不受也此便是偏處若善其

辭命而吾受之亦何妨。只觀孔子便不然。問既云一偏何以謂之聖。曰聖只是做到極處自然安行不待勉强故謂之聖非中之謂也。○三聖是知之不至三子不惟清不能和和不能清但於清處和處亦皆過如射者皆中而不中鵠。問既是如此何以爲聖人之清和。曰却是天理中流出無駁雜雖是過當直是無纖毫查滓孔子是集大成無所不該非特兼三子所長而已但與三子比並說時是兼其所長曰三子是資禀如此否曰然○問如伯夷之清而不念舊惡柳下惠之和而不以三公易其介此其所以爲聖之清聖之和也但其流不弊則有隘與不恭之失曰這也是諸先生恐傷觸二子所以說流弊今以聖人觀二子則二子多有欠闕處才有欠闕處便有弊所以孟子直說他隘與不恭不曾說其末流如此○問伊川云伊尹終有任底意思在謂他有擔當作爲底意思只這些意思便非夫子氣象否曰然然此處極難看且放那裏久之看道理熟自見强說不得若謂伊尹有這些意思在爲非聖人之至則孔孟皇皇汲汲去齊去魯之梁之魏非無意者其所以異伊尹者何也○問夫子若處伊尹之地也如他任如何曰夫子自是不同不如此著意○南軒張氏曰孔子之速也遲也皆道之所在也。曰可以速而速。可以久而久。此公孫丑篇易一則字。尤見從容不迫。與時偕行之意。聖之時云者。非聖人之趍時。聖人之動固無不時也○慶源輔氏曰。伊尹惟其任底意思在。故未能與天爲一。而不得爲聖之時。若孔子則雖視天下無不可爲之時。在已無不可行之道。然却無伊尹這些意思。曰如有用我者。期月而已可也。如有用我者。吾其爲東周乎。多少含蓄意思。此其所以與天爲一。而謂之聖之時也○東陽許氏曰此章聖字。言夷惠伊尹處。是以地言。與大而化之之聖不同。只是清任和到極處。故謂之聖。孔子則是大而化之之聖。其行之時中。則清任和時而出之。亦無不到極處

孔子之謂集大成。集大成也者。金聲而玉振之也。金聲也者。始條理也。玉振之也者。終條理也。始條理者。智之事也。終條理者。聖之事也

此言孔子集三聖之事。而爲一大聖之事。猶作樂者。集

衆音之小成而爲一大成也。成者。樂之一終。書所謂簫韶九成是也。書益稷篇註。簫。古文作箾。箾韶。蓋舜樂之總名也。九成者。猶周禮所謂九變也。金。鐘屬。聲。宣也。如聲罪致討之聲。玉。磬也。振。收也。如振河海而不洩私列反之振。始。始之也。終。終之也。條理。猶言脉絡。指衆音而言也。智者。知之所及。聖者。德之所就也。蓋樂有八音。金。石。絲。竹。匏。土。革。木。若獨奏一音。則其一音自爲始終。而爲一小成。猶三子之所知偏於一。而其所就亦偏於一也。八音之中。金石爲重。故特爲衆音之綱紀。又金始震而玉終詘渠勿反然也。記聘義。昔者君子比德於玉焉。溫潤而澤。仁也。縝密以栗。知也。廉而不劌。音貴傷也義也。垂之如隊。直位反禮也。扣之其聲清越以長。其中詘然。樂也。越

猶揚也詘然絕止之貌朱子曰金聲有洪殺始震終細玉聲則始終如一扣之其聲詘然而止故並奏

八音則於其未作而先擊鎛鐘以宣其聲鎛伯各反鐘名俟其

既闋苦穴反而後擊特磬以收其韻新安陳氏曰特專也單擊磬曰特磬宣

以始之收以終之二者之間脉絡通貫無所不備則合

衆小成而爲一大成猶孔子之知無不盡而德無不全

也金聲玉振始終條理疑古樂經之言故兒研兮反寬云

唯天子建中和之極兼總條貫金聲而玉振之新安倪氏曰前

漢兒寬與武帝論封禪儀而有是言必非其自言又不純舉孟子之言且簡約精密故疑其爲古樂書之言也

亦此意也程子曰金聲而玉振之此孟子爲學者言終始之義也始於致知智之事也行所知而至

其極聖之事也易曰知至至之知終終之是也○問始

終條理朱子曰如今樂之始作先撞鐘是金聲之也樂

終擊磬。是玉振之也。始終如此。而中間乃大合樂六律五聲八音。一齊莫不備舉。孟子以此譬孔子。如伯夷聖之清。伊尹聖之任。柳下惠聖之和。都如樂器有一件相似。是金聲底。從頭到尾只是金聲。是玉聲底。從頭到尾只是玉聲。○始條理是知。終條理是行。問智之事聖之事。工夫全在智字上。三子所以各極於一偏。緣他合下少致知工夫。看得道理有偏。故其終之成。亦只至一偏之極。孔子合下知得道理到。看得道理周徧精切。無所不盡。故其德之成。亦兼該畢備。而無一德一行之或闕。曰。然。○金聲或洪或殺。清濁萬殊。玉聲清越和平。首尾如一。故樂之作也。八音克諧。雖若無所先後。然奏之以金節之以玉。其序亦有不可紊者焉。蓋其奏之也。所以極其變也。其節之也。所以成其章也。變者雖殊。而所以成者未嘗不一。成者雖一。而所歷之變。洪纖清濁亦無所不具於至一之中。聖人之知。精粗大小。無所不同。聖人之德。精粗大小。無所不備。其始卒相成。蓋如此。此金聲而玉振之。所以譬夫孔子之集大成。而非三子之所得與也。然即其全而論其偏。則纖而不能洪。清而不能濁者。是其金聲之不備也。不能備乎金聲。而遽以玉振之。雖其所以振之者未嘗有異。然其所振一全一闕。則其玉之爲聲。亦有所不能同矣。○奏之以金。節之以玉。奏之所以極其變。節之所以成其章也。○南軒張氏曰。條理云者。有倫緒而不紊之謂。始條理者。析衆理於毫釐也。終條理者。備衆理於一貫也。○致知。智之事。行其所知而極其至。聖之事也。據此一節。乃是言學者之事。所以學於聖人者。故因上文金聲玉振而言。言學之序如此。蓋聖人則聖智合一。無始卒之異。學者則必知所先後。然後有以入德也。故孟子於此一節。特分而言之。明聖人之智。學者所當先務。必明盡衆理。咸極其至。然後力行以造夫聖人之所以聖者。始終各有條而不可亂也。智之事。聖之事。猶言學智聖之功夫。非便以爲智聖也。○勉齋黃氏曰。孔子之異於三子者。知之至而行之盡。三子之不及孔子者。知有所蔽於始。而行有闕於終也。此孔子所以獨得其全。而三子僅得其偏也

智譬則巧也。聖譬則力也。由射於百步之外也。其至爾力也。其中非爾力也。中去聲

此復扶又反以射之巧力。發明聖智二字之義。見孔子巧

力俱全。而聖智兼備。三子則力有餘而巧不足。是以一節雖至於聖。而智不足以及乎時中也。張子曰。夷惠智不明於至善。故偏入於清和。然而卒能成性。故雖聖而不智。孔子智既明於至善。故集大成。如清和時任皆有之。無不曲當也。故聖且智。金聲而玉振也。○龜山楊氏曰。伯夷伊尹柳下惠。於清任和處。皆至聖人。但其他處未必皆中。其至與孔子同。而其中與孔子異。只爲不能無偏故也。若隘與不恭。其所偏歟。○問以智比聖。智固未可以言聖。然孟子以智譬巧。以聖譬力。力既不及於巧。則是聖必由於智也明矣。而尹和靖乃曰。始條理者。猶可以用智。終條理。則智不容於其間矣。則是以聖智淺深而言。與孟子之意似相戾。惟伊川引易知至至之。知終終之。其意若曰。夫子所以能集三子而大成者。由其始焉知之之深也。蓋知之至。行之必至。三子之智。始焉知之未盡。故其後。行之雖各極其至。終未免各失於一偏。非終條理者未到。以其始條理者。已差之矣。不知伊川之意是如此否。朱子曰。其好○問孟子既以智爲始。聖爲終。則智者致知之事。聖者極至之名。其終復曰智巧聖力。是智反妙於聖矣。南軒以爲論學。則智聖有始終之序。語道則聖之極。是智之極者也。此說似可以破前所疑否。曰。智是見得徹之名。聖是行得到之號。有先後而無淺深也。聖而不智。如水母之無蝦。亦將何所到乎。○以緩急論。則智居先。若把輕重論。則聖爲重。○問其爾力。其中非爾力。還是三子只有力無智否。曰。不是無智。知處偏。故至處亦偏。如孔子則箭箭中紅心。三子則每人各中一邊。緣他當初見得偏。故至處亦偏。曰。如此則三子不可謂之聖。曰。不可謂之聖之大成。畢竟那清是聖之清。和是聖之和。雖使聖人清和。亦不過如此。顏子則巧處工夫已至。點點皆可中。但只是力不至耳。使顏子力至。便與孔子一般。○金玉備。巧力全者。孔子也。若顏子之博文而約以禮。竭才而不能及。則金聲已備。而玉有未振。巧足以中。而力有未完者歟。故以所至論之。則顏子不若三子之成。以所期言之。則三子不若顏子之大。以學之序而論之。則三子皆失其所當先。故行愈力而見愈偏。而顏子循序以進。則其所進未可量也。惜不及見其成耳。然就三子而論之。則伊尹之學又密於夷惠矣。○東陽許氏曰。此一節以射比四聖人。能挽彊弓射遠地。此力也。能中其的。乃巧也。必先知的之所在。又知

（中之之法。然後因力之所至而中之。謂知之明。然後行之從容中道。三子力量雖到。而知有未至。故不及孔子）

○此章言三子之行（去聲）各極其一偏。孔子之道兼全於衆理。所以偏者由其蔽於始。是以缺於終。所以全者由其知之至。是以行之盡。三子猶春夏秋冬之各一其時。孔子則太和元氣之流行於四時也（雲峯胡氏曰。此章之旨。集註偏全二字盡之。譬之樂。則一音自爲始終者偏。而八音相爲始終者全。譬之射。則力而不巧者偏。力而又巧者全。孟子始則皆謂之聖。各以其所行言。末則先智而後聖。統以其知與行言。惟知之偏。故行之所至者各極其偏。惟知之全。則行不期其全而自極於全）

○北宮錡問曰。周室班爵祿也。如之何（錡魚綺反）

北宮姓。錡名。衛人。班。列也

孟子曰。其詳不可得而聞也。諸侯惡其害己也。而皆去其籍。然而軻也嘗聞其略也。惡去聲去上聲

當時諸侯兼幷僭竊。故惡周制妨害己之所爲也。慶源輔氏曰。兼幷則其國日大。僭竊則其祿日侈

天子一位。公一位。侯一位。伯一位。子男同一位。凡五等也。君一位。卿一位。大夫一位。上士一位。中士一位。下士一位。凡六等

此班爵之制也。五等通於天下。六等施於國中。慶源輔氏曰。位以爵定

天子之制。地方千里。公侯皆方百里。伯七十里。子男五十

里。凡四等。不能五十里。不達於天子。附於諸侯。曰附庸

此以下班祿之制也。不能猶不足也。小國之地不足五十里者。不能自達於天子。因大國以姓名通。謂之附庸。若春秋郳儀父音甫之類是也春秋隱公元年三月。公及郳儀父盟于蔑。○慶源輔氏曰。田以祿分

天子之卿受地視侯。大夫受地視伯。元士受地視子男

視。比也。徐氏曰。王畿之內。亦制都鄙受地也。元士。上士也趙氏曰。食采邑於畿內。祿之多少。以外諸侯爲差。不言中下士。視附庸也

大國地方百里。君十卿祿。卿祿四大夫。大夫倍上士。上士倍中士。中士倍下士。下士與庶人在官者同祿。祿足以代

其耕也

十。十倍之也。四。四倍之也。倍。加一倍也。徐氏曰。大國君田三萬二千畝。其人可食（音嗣下可食並同）二千八百八十人。卿田三千二百畝。可食二百八十八人。大夫田八百畝。可食七十二人。上士田四百畝。可食三十六人。中士田二百畝。可食十八人。下士與庶人在官者田百畝。可食九人至五人。庶人在官。府史胥徒也。（周禮天官冢宰。太宰卿一人。小宰中大夫一人。府六人。史十有二人。胥十有二人。徒百有二十人。府。治藏。史。掌書。胥徒。民服徭役者）愚按君以下所食之祿。皆助法之公田。藉農夫之力以耕而收其租。士之無田。與庶人在官者。則但受祿於官。如田之入而已朱子曰。府史胥徒。以周禮考之。人數極多。安得許多閑祿給之。嘗疑周禮一書。方是起草。未曾得行。蘇子由古史。疑府史胥徒太多。當時却多兼官。其實府史胥徒無許多○古者制國。土地亦廣。非如孟子百里之說。禹會塗山。執玉帛者萬國。後來更相吞噬。到周初只有千八百國。是不及五分之一矣。想得併得來儘大。周封新國。若只用百里之地。介在其間。豈不爲大國所吞。亦緣是誅紂伐奄。滅國者五十。得許多土地。方封得許多人

次國地方七十里。君十卿祿。卿祿三大夫。大夫倍上士。上士倍中士。中士倍下士。下士與庶人在官者同祿。祿足以代其耕也

三謂三倍之也。徐氏曰。次國君田二萬四千畝。可食二千一百六十人。卿田二千四百畝。可食二百十六人

小國地方五十里。君十卿祿。卿祿二大夫。大夫倍上士。上士倍中士。中士倍下士。下士與庶人在官者同祿。祿足以代其耕也

二。即倍也。徐氏曰。小國君田一萬六千畝。可食千四百四十人。卿田一千六百畝。可食百四十四人。朱子曰。君十卿祿者。猶今之俸祿。蓋君所自得爲私用者。至於貢賦賓客朝覲祭享交聘往來。又別有財儲爲公用。如今太守。既有料錢。至於貢賦公用。又自有錢也。○趙氏曰。由卿而上三等之國異。由大夫而下三等之國同者。蓋卿而上其祿寖厚。苟不爲之殺。則地之所出。不足以供。大夫而下其祿寖薄。苟爲之殺。則臣之所養。不能自給也

耕者之所獲。一夫百畝。百畝之糞。上農夫食九人。上次食八人。中食七人。中次食六人。下食五人。庶人在官者。其祿

以是爲差食音嗣差楚宜反

獲得也。一夫一婦。佃田百畝。加之以糞。糞多而力勤者爲上農。其所收可供九人。其次用力不齊。故有此五等。庶人在官者。其受祿不同。亦有此五等也○愚按此章之說。與周禮王制不同。蓋不可考。闕之可也周禮地官司徒。凡建邦國以土圭土其地。猶言度其地而制其域。諸公之地。封疆方五百里。其食者半。諸侯之地。封疆方四百里。其食者參之一。諸伯之地。封疆方三百里。其食者參之一。諸子之地。封疆方二百里。其食者四之一。諸男之地。封疆方百里。其食者四之一○記王制。王者之制祿爵。公侯。伯。子。男。凡五等。諸侯之上大夫卿。下大夫。上士。中士。下士。凡五等。天子之田方千里。公侯田方百里。伯七十里。子男五十里。不能五十里者不達於天子。附於諸侯曰附庸。天子之三公之田視公侯。天子之卿視伯。天子之大夫視子男。天子之元士視附庸。制農田百畝。百畝之分。上農夫食九人。其次食八人。其次食七人。其次食六人。下農夫食五人。庶人在官者。其祿以是爲差也。諸侯之下士視上農夫。祿足以代其耕也。中士倍下士。上士倍中士。下大夫倍上士。卿四大夫祿。君十卿祿。次國之卿三大夫祿。君十卿祿。小國之卿倍大夫祿。君十卿祿。程子曰。孟子之時。去先王未遠。載籍未經秦火。然而班爵祿之制。已不聞其詳。今之禮書。皆掇拾於煨烏回反燼徐刃反之餘。而多出於漢儒一時之傅音附會。柰何欲盡信而句爲之解乎。然則其事固不可一二追復矣。問孟子與周禮不同。朱子曰。此也難考。畢竟周禮在是。周禮是全書。經聖人手。必不會差。孟子時。典籍已散亡。想見沒理會。是以諸儒之說紛然。而卒不能得其正也。○慶源輔氏曰。程子之說。足以救陋儒泥古之失。但據其所傳而姑存之。使千百世之後。一遇大聖。則必能因其大體而詳其節目。推其既往以爲一時之制。而先代聖王之法。庶乎其可復見矣。○新安倪氏曰。周禮一書。劉歆以爲河間獻王得之李氏女子。劉歆以前世無傳習之者。朱子謂周禮底是。南軒嘗謂當以孟子爲正。朱子恐非定說。以周書武成分土惟三證之。周禮之說恐不可信。若王制則漢文帝使博士諸生剌六經中而作。將以興王者之制度。成於漢儒之手。宜其有與他書不合者。文按朱子謂嘗疑周禮一書方是起草。未曾得行。蔡九峯亦曰。周禮首末未備。周公未成之書也。竊意此說爲是。然則冬官之闕。蓋其所未嘗筆者歟

○萬章問曰。敢問友。孟子曰。不挾長。不挾貴。不挾兄弟而友。友也者。友其德也。不可以有挾也

挾者。兼有而恃之之稱。慶源輔氏曰。兼夫有與恃二者之意。方謂之挾。但有之而不恃。則未謂之挾也。○新安陳氏曰。有挾。則取友之意不誠。賢者必不與之友矣。三者之中。挾貴尤常情所易犯。下文四節。皆不挾貴者。但有小大之差耳

孟獻子。百乘之家也。有友五人焉。樂正裘。牧仲。其三人。則

子忘之矣。獻子之與此五人者友也，無獻子之家者也。此五人者亦有獻子之家，則不與之友矣。乘去聲，下同。

孟獻子，魯之賢大夫仲孫蔑也。莫結反。張子曰：「獻子忘其勢，五人者忘人之勢。不資其勢而利其有，然後能忘人之勢。若五人者有獻子之家，則反為獻子之所賤矣。」慶源輔氏曰：獻子忘其勢，不挾貴也。五人忘人之勢，無獻子之家也。孟子歷舉四人事，首於獻子事詳之。文以見上之友下，固不可有所挾；下為上所友，亦不可有所利。一有利之之意，則為人所賤。失其可貴之實，而不足友矣。

非惟百乘之家為然也，雖小國之君亦有之。費惠公曰：『吾於子思則師之矣，吾於顏般則友之矣，王順、長息則事我者也。』費音秘。般音班。

惠公費邑之君也。師所尊也。友所敬也。事我者所使也

非惟小國之君爲然也。雖大國之君亦有之。晉平公之於

亥唐也。入云則入。坐云則坐。食云則食。雖疏食菜羹。未嘗

不飽。蓋不敢不飽也。然終於此而已矣。弗與共天位也。弗

與治天職也。弗與食天祿也。士之尊賢者也。非王公之尊

賢也。疏食之食音嗣。平公王公下諸本多無之字，疑闕文也。

亥唐，晉賢人也。平公造七到反之。唐言入，公乃入；言坐乃

坐；言食乃食也。疏食，糲音厲，又音賴，又郎葛反飯也。不敢不飽，敬

賢者之命也。○范氏曰：位曰天位，職曰天職，祿曰天祿。

言天所以待賢人使治天民，非人君所得專者也。慶源輔氏

曰。平公之於亥唐。則知所敬矣。然不能與之共天位治天職。食天祿。則是不能推廣是心。以體天而治民以及於國也。○西山眞氏曰。天位所以處賢者。天職所以任賢者。天祿所以養賢者。三者皆天所以待賢。必使治天民者也。而晉平公之於亥唐。特虛尊之而已。未嘗處之以位。命之以職。食之以祿也。此豈王公尊賢之道哉

舜尚見帝。帝館甥于貳室。亦饗舜。迭爲賓主。是天子而友匹夫也

尚。上也。舜上而見於帝堯也。館。舍也。禮。妻父曰外舅。謂我舅者。吾謂之甥。堯以女妻(去聲)舜。故謂之甥。貳室。副宮也。堯舍舜於副宮而就饗其食

用下敬上。謂之貴貴。用上敬下。謂之尊賢。貴貴尊賢。其義一也

貴貴尊賢皆事之宜者然當時但知貴貴而不知尊賢故孟子曰其義一也○此言朋友人倫之一所以輔仁故以天子友匹夫而不爲詘曲勿反以匹夫友天子而不爲僭此堯舜所以爲人倫之至而孟子言必稱之也雲峯胡氏曰中庸五達道於君臣父子夫婦長幼不言交獨曰朋友之交集註云天子友匹夫而不爲詘匹夫友天子而不爲僭此易之所謂上下交而其志同也即中庸所謂朋友之交也朋友居人倫之一而足以輔仁則又有裨於人倫者也孟子言性善必稱堯舜既稱其盡君臣之倫又稱其盡父子兄弟之倫此則又稱其盡朋友之倫朋友人倫之一非如堯之友舜不足以爲朋友人倫之至

○萬章問曰敢問交際何心也孟子曰恭也

際接也交際謂人以禮儀幣帛相交接也問如此者何心也新安陳

氏曰。所以表見其恭也

曰。卻之卻之爲不恭何哉。曰。尊者賜之。曰。其所取之者義乎。不義乎。而後受之。以是爲不恭。故弗卻也

卻。不受而還之也。再言之。未詳。衍文也 萬章疑交際之間。有所卻者。人便以爲不恭何哉。孟子言尊者之賜而心竊計其所以得此物者。未知合義與否。必其合義然後可受。不然則卻之矣。所以卻之爲不恭也 新安陳氏曰。若計其物之初得合義與否。而酌其辭受。受其合義者。則卻之者。必以爲不合義也。有此心。非恭矣

曰。請無以辭卻之。以心卻之。曰。其取諸民之不義也。而以他辭無受。不可乎。曰。其交也以道。其接也以禮。斯孔子受

之矣

萬章以爲彼既得之不義則其餽不可受但無以言辭間（去聲一本作問）而卻之直以心度（待洛反）其不義而託於他辭以卻之如此可否邪交以道如餽賮聞戒周其飢餓之類接以禮謂辭命恭敬之節孔子受之如受陽貨烝豚之類也（慶源輔氏曰他辭卻之視貪利者固優然亦失之過由此而甚之必至於爲於陵仲子而後已）（孔子受之者得中道也）

萬章曰今有禦人於國門之外者其交也以道其餽也以禮斯可受禦與曰不可康誥曰殺越人于貨閔不畏死凡民罔不譈是不待教而誅者也殷受夏周受殷所不辭也

於今爲烈。如之何其受之。與平聲。譈書作憝，徒對反。

禦，止也。止人而殺之，且奪其貨也。國門之外，無人之處也。萬章以爲苟不問其物之所從來，而但觀其交接之禮，則設有禦人者，用其禦得之貨以禮餽我，則可受之乎。康誥，周書篇名。越，顛越也。今書閔作暋，無凡民二字。譈，怨也。言殺人而顛越之，因取其貨，閔然不知畏死，凡民無不怨之。孟子言此乃不待教戒而當即誅者也。如何而可受之乎。商受至爲烈十四字，語意不倫。李氏以爲此必有斷簡或闕文者近之。而愚意其直爲衍字耳。然不可考，姑闕之可也。問殷受夏，周受殷，所不辭也，於今爲烈。趙氏謂三代相傳以此法不須辭問也。於今爲烈。烈。明法。如之何受其餽也。或者謂若義在可受。則三代受人之天下而不辭。今禦人者。乃爲暴烈不義如此。如何而可受其餽乎。烈。如詩序所謂厲王之烈者。暴虐之意云爾。或又以爲烈。光也。三代相受光烈至今也。是三說者擇一而從之可也。何至闕而不爲之說乎。朱子曰。本文十四字。自與上下文不相屬。如趙氏之說。則辭受二字。與上下文亦不相似。或者二說亦覺費力。不若闕之之愈也○慶源輔氏曰。孟子既以開曉之如此。萬章猶不能反其意之偏。以味孟子之言。而復爲此問。此正所謂詖辭。蓋陷於郤之之意而不覺也。故孟子又引康誥之說以曉之

曰。今之諸侯取之於民也。猶禦也。苟善其禮際矣。斯君子受之。敢問何說也。曰。子以爲有王者作。將比今之諸侯而誅之乎。其教之不改而後誅之乎。夫謂非其有而取之者盜也。充類至義之盡也。孔子之仕於魯也。魯人獵較。孔子

亦獵較。獵較猶可。而況受其賜乎。比去聲夫音扶較音角

比。連也。言今諸侯之取於民。固多不義。然有王者起。必不連合而盡誅之。必教之不改而後誅之。則其與禦人之盜不待教而誅者不同矣。夫音扶禦人於國門之外。與非其有而取之。二者固皆不義之類。然必禦人乃爲眞盜。其謂非有而取爲盜者。乃推其類。至於義之至精至密之處而極言之耳。非便以爲眞盜也。然則今之諸侯。雖曰取非其有。而豈可遽以同於禦人之盜也哉。又引孔子之事以明世俗所尚。猶或可從。況受其賜。何爲不可乎。獵較未詳。趙氏以爲田獵相較奪禽獸以祭。孔子

不違。所以小同於俗也。張氏以爲獵而較音教所獲之多
少也。二說未知孰是。慶源輔氏曰。其教之不改而後誅之乎。於此可見孟子待人之恕。夫謂非其有而取之者盜也。充類至盡也。於此又可見孟子析理之精。夫執其充類盡義之說。而欲一槩以繩人。幾何而不流於於陵仲子之爲哉

曰。然則孔子之仕也。非事道與。曰。事道也。事道奚獵較也。曰。孔子先簿正祭器。不以四方之食供簿正。曰。奚不去也。曰。爲之兆也。兆足以行矣。而不行。而後去。是以未嘗有所終三年淹也。與平聲

此因孔子事而反覆辯論也。事道者。以行道爲事也。事道奚獵較也。萬章問也。先簿正祭器。未詳。徐氏曰。先以

簿書正其祭器。使有定數。而不以四方難繼之物實之。夫(音扶)器有常數實有常品。則其本正矣。彼獵較者將久而自廢矣。未知是否也。兆。猶卜之兆。蓋事之端也。孔子所以不去者。亦欲小試行道之端。以示於人。使知吾道之果可行也。若其端既可行。而人不能遂行之。然後不得已而必去之。蓋其去雖不輕。而亦未嘗不決。是以未嘗終三年留於一國也。慶源輔氏曰。以孔子所謂吾豈匏瓜也哉焉能繫而不食之說。與夫著之空言不如載之行事之說而觀之。則是乃聖人之心也。又曰。魯人獵較。孔子亦獵較。于以見聖人同物之仁。簿正祭器。不以四方之食供簿正。于以見聖人處事之智。未嘗有所終三年之淹。于以見聖人制行之勇

孔子有見行可之仕。有際可之仕。有公養之仕。於季桓子。見行可之仕也。於衛靈公。際可之仕也。於衛孝公。公養之仕也

見行可。見其道之可行也。際可。接遇以禮也。公養。國君養賢之禮也。季桓子。魯卿季孫斯也問孔子仕於定公。而言於季桓子。何也。朱子曰。當時季氏執國柄。定公亦自做主不起。孔子相魯。皆由桓子。及桓子受女樂。孔子便行矣。問墮三都。季氏何以不怨。曰。季氏是時。自不柰那陪臣何。故假孔子之力以去之。桓子臨死。謂康子曰。使仲尼之去。而魯終不治者。由我故也。孔子是時也失了機會。不曾做得成。○慶源輔氏曰。見行可。庶乎道之行也。際可。適其禮之宜也。公養。受其養之義也衛靈公。衛侯元也。孝公。春秋史記皆無之。疑出公輒也。慶源輔氏曰。或是字誤。或是當時人呼出公為孝公。皆不可考因孔子

仕魯。而言其仕有此三者。故於魯則兆足以行矣。而不行然後去。而於衛之事。則又受其交際問餽而不卻之一驗也（新安陳氏曰。以此釋際可公養之仕。與章首本意。有照應有收拾）○尹氏曰。不聞孟子之義。則自好（去聲）者爲於（音烏）陵仲子而已。聖賢辭受進退。惟義所在。愚按此章文義多不可曉。不必強（上聲）爲之說

○孟子曰。仕非爲貧也。而有時乎爲貧。娶妻非爲養也。而有時乎爲養。（爲養並去聲下同）

仕本爲（去聲下同）行道。而亦有家貧親老。或道與時違。而但爲祿仕者。如娶妻本爲繼嗣。而亦有爲不能親操（倉刀反）

井臼汲臼之事而欲資其餽養者新安陳氏曰。下二句不過譬上二句。所以下文不復言此

爲貧者辭尊居卑辭富居貧

貧富謂祿之厚薄。蓋仕不爲道，已非出處上聲之正，故其所居但當如此。

辭尊居卑辭富居貧惡乎宜乎抱關擊柝惡平聲柝音託

柝，夜行所擊木也。蓋爲貧者雖不主於行道，而亦不可以苟祿。新安陳氏曰。卑官雖無行道之責。薄祿亦無苟受之理故惟抱關擊柝之吏，位卑祿薄，其職易稱二字並去聲下同，爲所宜居也。李氏曰：

道不行矣，爲貧而仕者，此其律令也。若不能然，則是貪

位慕祿而已矣南軒張氏曰旣曰爲貧則不當處尊與富若處尊與富是名爲爲貧而其實竊位也處尊富則當任行道之責

孔子嘗爲委吏矣曰會計當而已矣嘗爲乘田矣曰牛羊茁壯長而已矣委烏僞反會工外反當都浪反乘去聲茁阻刮反長上聲

此孔子之爲貧而仕者也委吏主委積子賜反之吏也乘田主苑囿芻牧之吏也茁肥貌言以孔子大聖而嘗爲賤官不以爲辱者所謂爲貧而仕官卑祿薄而職易稱也朱子曰程先生說孔子爲乘田則爲乘田爲司寇則爲司寇無不可者孟子則必得賓師之位方能行道此便是他能大而不能小處惟是聖人則大小方圓無所不可也

位卑而言高罪也立乎人之本朝而道不行恥也朝音潮

以出位爲罪則無行道之責以廢道爲耻則非竊祿之官此爲貧者之所以必辭尊富而寧處上聲貧賤也○尹氏曰言爲貧者不可以居尊居尊者必欲以行道問位卑而言高罪也以君臣之分言之固是如此然時可以言而言亦豈得謂之出位朱子曰前世固有草茅韋布之士獻言者然皆有所因皆有次第未有無故忽然犯分而言者縱言之亦不見聽徒取辱爾若是明君自無壅蔽之患有言亦見聽不然豈可不循分而徒取失言之辱哉如史記說商鞅范雎之事彼雖小人然言皆有序不肯妄發賈誼固有才文章亦雄偉只是言語急迫失進言之序看有甚事都一齊說了宜絳灌之徒不說而文帝謙讓未遑也易曰艮其輔言有序悔亡聖人之意可見矣○位卑者人責不加焉言高則罪矣故可以姑守其職此爲貧而仕之法也若夫立人之本朝則當以行道爲任道不行而竊其位君子之所耻也○新安陳氏曰此章始爲爲貧而仕者言終爲位高祿厚者言居卑貧者雖其職易稱尚必求稱其職如孔子之爲委吏乘

田。必求會計之當。牛羊之茁是也。豈有位高祿厚。而不求行道以稱其職者。今人於位卑言高。則凛然懼其爲罪而不敢犯。於立朝道不行。則寘然不以爲耻而冒犯之。罪自外至。或以得罪。猶可言也。耻自内生。當耻而不知耻。不可言矣

○萬章曰。士之不託諸侯。何也。孟子曰。不敢也。諸侯失國而後託於諸侯。禮也。士之託於諸侯。非禮也

託。寄也。謂不仕而食其祿也。古者諸侯出奔他國。食其廩餼。許旣反 謂之寄公。記郊特牲。諸侯不臣寓公。故古者寓公不繼世。寓。寄也。○喪大記。君之喪。大小斂。爲寄公國賓出 士無爵土。不得比諸侯。不仕而食祿。則非禮也 慶源輔氏曰。諸侯之視諸侯。雖其爵有五等之殊。然其實則皆國君也。且本有爵土。不幸出奔而來適我國。則其國君以廩餼之。是乃禮之所宜也。故可受而謂之寄公。若士之於諸侯。則有尊卑貴賤之不

同。又本無爵土。豈可自比於諸侯。故必仕而後當賦以祿。

萬章曰。君餽之粟則受之乎。曰受之。受之何義也。曰君之於氓也固周之

周救也。視其空去聲乏。則周卹與恤同之無常數。君待民之禮也

曰周之則受。賜之則不受。何也。曰不敢也。曰敢問其不敢何也。曰抱關擊柝者皆有常職以食於上。無常職而賜於上者以爲不恭也

賜謂予通作與之祿有常數。君所以待臣之禮也。新安陳氏曰。未仕爲民。既仕乃爲臣。方爲民。可以受無常數之周救。未爲臣。不敢受有常數之俸祿。士之自處當然也

曰：君餽之則受之，不識可常繼乎？曰：繆公之於子思也，亟問，亟餽鼎肉。子思不悅。於卒也，摽使者出諸大門之外，北面稽首再拜而不受，曰：今而後知君之犬馬畜伋。蓋自是臺無餽也。悅賢不能舉，又不能養也，可謂悅賢乎？亟去聲，下同。摽音杓。使去聲。

亟，數音朔也。鼎肉，熟肉也。卒，末也。摽，麾也。數以君命來餽，當拜受之，非養賢之禮，故不悅。而於其末後復扶又反，下同來餽時，麾使者出，拜而辭之。犬馬畜許六反伋，言不以人禮待己也。臺，賤官，主使令平聲者。左傳昭公七年：王臣公，公臣大夫，大夫臣士，士臣皁，皁臣輿，輿臣隸，隸臣僚，僚臣僕，僕臣臺。人有十等也。蓋繆公愧悟，自此不復今臺來致餽也。舉用也。能養者未必能用，况又不能養乎。新安陳氏曰：士之自處，固如上文所言。然君待士，則有養賢之禮焉。繆公餽子思，使一一拜受，餽之適以勞之，非禮也。

曰：敢問國君欲養君子，如何斯可謂養矣？曰：以君命將之，再拜稽首而受。其後廩人繼粟，庖人繼肉，不以君命將之。子思以爲鼎肉使己僕僕爾亟拜也，非養君子之道也。初以君命來餽，則當拜受。其後有司各以其職繼續所無，不以君命來餽，不使賢者有亟拜之勞也。僕僕，煩猥烏海反貌。

堯之於舜也，使其子九男事之，二女女焉，百官牛羊倉廩

備以養舜於畎畝之中。後舉而加諸上位。故曰王公之尊賢者也女下字去聲

能養能舉悅賢之至也。唯堯舜爲能盡之。而後世之所當法也慶源輔氏曰堯之於舜則尊賢之極。養賢之至。用賢之周也

○萬章曰。敢問不見諸侯。何義也。孟子曰。在國曰市井之臣。在野曰草莽之臣。皆謂庶人。庶人不傳質爲臣。不敢見於諸侯。禮也。質與贄同

傳。通也。質者。士執雉。庶人執鶩。音木相見以自通者也。國內莫非君臣。但未仕者與執贄在位之臣不同。故不敢見也新安陳氏曰。市井草莽之臣。與詩率土莫非王臣同。未仕之臣也。傳質爲臣。乃已仕之臣也

萬章曰。庶人召之役。則往役。君欲見之召之。則不往見之。何也。曰。往役義也。往見不義也

往役者。庶人之職。不往見者。士之禮慶源輔氏曰。庶人則當服君之賤事。爲士則知學問崇禮義。不惟士之自處當如此。而人君亦以此望之也

且君之欲見之也。何爲也哉。曰。爲其多聞也。爲其賢也。曰。爲其多聞也。則天子不召師。而况諸侯乎。爲其賢也。則吾未聞欲見賢而召之也。繆公亟見於子思。曰。古千乘之國以友士。何如。子思不悅。曰。古之人有言曰。事之云乎。豈曰友之云乎。子思之不悅也。豈不曰。以位。則子君也。我臣也何敢與君友也。以德。則子事我者也。奚可以與我友。千乘

之君求與之友而不可得也而況可召與爲並去聲乘皆去聲召與之與平聲

孟子引子思之言而釋之以明不可召之意朱子曰。賢與多聞細分。固當有別。亦不必深致意。○南軒張氏曰。在我則當守庶人之分。在君則當隆事師之禮

齊景公田。招虞人以旌。不至。將殺之。志士不忘在溝壑。勇士不忘喪其元。孔子奚取焉。取非其招不往也。喪息浪反

說見形甸反前篇

曰。敢問招虞人何以。曰。以皮冠。庶人以旃。士以旂。大夫以旌

皮冠。田獵之冠也。事見形甸反春秋傳去聲○左傳僖公二十年十二月齊

侯田于沛澤名。招虞人以弓。不進。公使執之。辭曰。昔我先君之田也。旃以招大夫。弓以招士。皮冠以招虞人。臣不見皮冠。故不敢進。乃舍之

然則皮冠者虞人之所有事也。故以是招之庶人。未仕之臣。通帛曰旃（新安倪氏曰。通帛謂周大赤。從周正色無飾）士。謂已仕者。交龍爲旂（新安倪氏曰。畫二龍於其上）析羽而注於旂干之首曰旌（新安倪氏曰。通帛爲旃。交龍爲旂。析羽爲旌。見周禮司常）

以大夫之招招虞人。虞人死不敢往。以士之招招庶人。庶人豈敢往哉。況乎以不賢人之招招賢人乎

欲見而召之。是不賢人之招也。以士之招招庶人。則不敢往。以不賢人之招招賢人。則不可往矣

欲見賢人而不以其道。猶欲其入而閉之門也。夫義路也。

禮門也。惟君子能由是路。出入是門也。詩云。周道如底。其直如矢。君子所履。小人所視。夫音扶。底詩作砥。之履反。

詩小雅大東之篇。底與砥同。礪音厲石也。言其平也。矢言其直也。視。視以爲法也。引此以證上文能由是路之義

慶源輔氏曰。以周道爲君子所履。證義路爲賢者所由

萬章曰。孔子君命召。不俟駕而行。然則孔子非與。曰。孔子當仕有官職。而以其官召之也。與平聲

孔子方仕而任職。君以其官名召之。故不俟駕而行。慶源輔氏曰。以敬君之命而不敢慢也 徐氏曰。孔子孟子。易地則皆然。○此章言不見諸侯之義。最爲詳悉。更合陳代公孫丑所問

者而觀之。其說乃盡問此章綱領。只在義路禮門。朱子曰。固是不出此二者。然所謂義禮裏面。殺有節目。如云往役義也。往見不義也。周之則受。賜之則不受之類。都是義之節目。如云廩人繼粟庖人繼肉。不以君命將之之類。都是禮之節目。又如齊餽金而不受。於宋薛餽而受。此等辭受都是箇義。君子於細微曲折。一一都要合義。所以易中說精義入神以致用也。義至於精。則應事接物之間。無一非義。不問大事小事。千變萬化。吾之所以應他。如利刀快劔。迎刃而解。件件剖作兩片去。孟子平日受用。便是得這箇氣力。今觀其所言所行。無不是這箇物事○慶源輔氏曰。觀答陳代章。知不在道從人之義。觀答公孫丑章。又知不爲臣不見之禮。觀此章。又知賢者有不可召之義。蓋君子之出處進退。一惟禮與義而已。初無適莫也

○孟子謂萬章曰。一鄉之善士。斯友一鄉之善士。一國之善士。斯友一國之善士。天下之善士。斯友天下之善士言已之善蓋於一鄉。然後能盡友一鄉之善士。推而至

於一國天下皆然。隨其高下以爲廣狹也新安陳氏曰。廣狹有異勢。而善無異理。雖千萬人同此心此理也。惟善蓋一鄉。始能友一鄉之善士。不然。則我所取之友。必有所偏。或有所遺。不能盡得而友之矣。一國之善士。即一鄉之善士中。其善不止蓋一鄉。而足以蓋一國者也。推而至於天下皆如此。友也者。友其善也。善之所在。聲應氣求。自有天然不容不合者。而非可以勉强合也

以友天下之善士。爲未足。又尚論古之人。頌其詩。讀其書。不知其人可乎。是以論其世也。是尚友也

尚。上同。言進而上也。頌。誦通。論其世。論其當世行事之迹也。言旣觀其言。則不可以不知其爲人之實。是以又考其行去聲也。夫音扶能友天下之善士。其所友衆矣。猶以爲未足。又進而取於古人。是能進其取友之道。而非止

爲一世之士矣南軒張氏曰。自友一鄉之善士至於上論古之人。每進而愈上也。所見者愈大。則所取愈廣矣。○雙峯饒氏曰。進善無窮已。故其取善也亦無窮已。取善無窮已。則其進善也亦無窮已。取善之地。所以愈廣者。由其善之進進而不已也。取善之心。果曷有窮已乎。之人也。推其所至。殆將生乎千百世之下。而可以繼往者於千百世之上。立乎千百世之上。而可以俟來者於千百世之下。奚止爲一世之士而已哉。○雲峯胡氏曰。人性之善。古今所同。孟子論性。必論其故。論尚友。必論其世。皆已然之迹也。論性而不論其已然之迹。性之理易涉於空虛。論古而不論其已然之迹。古之人易涉於遼邈

○齊宣王問卿。孟子曰。王何卿之問也。王曰。卿不同乎。曰。不同。有貴戚之卿。有異姓之卿。王曰。請問貴戚之卿。曰。君有大過則諫。反覆之而不聽。則易位

大過。謂足以亡其國者。易位。易君之位。更立親戚之賢

者新安陳氏曰古人所謂親戚。並指天屬之親蓋與君有親親之恩無可去之義。以宗廟爲重。不忍坐視其亡。故不得已而至於此也

王勃然變乎色

勃然。變色貌

曰。王勿異也。王問臣。臣不敢不以正對

孟子言也

王色定。然後請問異姓之卿。曰。君有過則諫。反覆之而不聽則去

君臣義合。不合則去○此章言大臣之義。親踈不同。守

經行權各有其分。去聲○新安陳氏曰。親者可以行權。疏者惟當守經。貴戚之卿。小過非不諫也。但必大過而不聽。乃可易位。異姓之卿。大過非不諫也。雖小過而不聽。已可去矣。然三仁貴戚不能行之於紂。而霍光異姓乃能行之於昌邑。此又委任權力之不同。不可以執一論也。前漢霍光傳。昌邑王賀。武帝之孫。昌邑哀王之子也。即位行淫亂。光憂懣。音滿。又音悶。獨以問所親故吏大司農田延年。延年曰。將軍爲國柱石。審此人不可。何不建白太后。更選賢而立之。光曰。今欲如是。於古嘗有不。延年曰。伊尹相殷。廢太甲以安宗廟。世稱其忠。將軍若能行此。亦漢之伊尹也。光乃引延年給事中。陰與車騎將軍張安世圖計。光與羣臣俱見白太后。具陳昌邑王不可以承宗廟狀。皇太后乃車幸未央承明殿。召昌邑王伏前聽詔。光與羣臣連名奏王。尚書令讀畢。光令王起拜受詔。乃即持其手。解脫其璽組。扶王下殿。送至昌邑邸。○朱子曰。孟子所謂易位者。言其理當如是耳。世或疑此言有以起簒奪之禍者。則孟子豈不嘗曰有伊尹之志則可。無伊尹之志則簒也。若三仁之事。則比於箕子。固有所不及爲。若微子之去。亦或其勢之不便也。然觀其引身而去。以全先王之祀。則其計慮亦豈苟然者哉。若其力之可爲。則伊尹霍光。固以異姓之卿而行之矣。況有骨肉之親者乎。○南軒張氏曰。貴戚之卿。與異姓之卿。有親踈之異。故不得而同論也。貴戚之卿任宗社之責。故得更擇其宗族之賢以易之。然非謂貴戚之卿。諫君反覆而不從。便可以易位。蓋極其理而言之。有可以易位之道也。○慶源輔氏曰。集註守經行權。尤足以補孟子之說。蓋行權者。非至於甚不得已則不可爲。守經者。則日用常行。而須臾不可離者也

○西山眞氏曰。愚按貴戚易位之說。非後世所得行。君有大過。惟當反覆極言。如屈平劉向之爲爾。同姓之卿雖無可去之義。若其君有大惡。而不可諫。易位之事。又不得行。宗社將危。豈容坐待。則微子去之。亦有明義存焉。其惡雖未如紂。然非可事之君。義不當食其祿。則魯之叔肸可以爲法。春秋宣十有七年。公弟叔肸卒。穀梁傳曰。叔肸。賢之也。其賢之何也。宣弒而非之也。非之則胡爲不去也。曰。兄弟也。何去而之。與之財。則曰我足矣。

織屨而食。終身不食宣公之食。春秋貴之。因時制義。初無定法也。又孟子反覆二字。最宜深體。前世人臣。固有見君之過失。姑一言以塞責者。曰吾亦嘗諫之云耳。諫而不從。非吾責也。此其用心既欲苟全爵位。又欲厭塞公言。張華之所以見屈於張林。而不能自免也。必反覆而諫。諫而不從則去。此人臣之正法。孟子之言。胡可易哉

孟子集註大全卷之十

孟子集註大全卷之十一

告子章句上

凡二十章勿軒熊氏曰首章至六章言性七章至十九章言心末章言學

告子曰性猶杞柳也義猶桮棬也以人性爲仁義猶以杞柳爲桮棬桮音杯棬丘圓反

性者人生所稟之天理也杞柳柜居旅反柳桮棬屈木所爲若卮匜音移之屬朱子曰桮棬似今棬杉合子杞柳恐是今做合箱底柳北人以此爲箭謂之柳箭即蒲柳也告子言人性本無仁義必待矯揉人九反而後成如荀子性惡之說也荀子性惡篇人之性惡其善者僞也○朱子曰告子只是認氣爲性見得性有不善須拗他方善○新安陳氏曰義猶桮棬也義上脫一仁字○魯齋王氏曰朱子釋性字指

性之全體而言。不是解告子所言之性

孟子曰。子能順杞柳之性而以爲桮棬乎。將戕賊杞柳而後以爲桮棬也。如將戕賊杞柳而以爲桮棬。則亦將戕賊人以爲仁義與。率天下之人而禍仁義者。必子之言夫戕音墻與平聲夫音扶

言如此。則天下之人。皆以仁義爲害性而不肯爲。是因子之言而爲仁義之禍也朱子曰。杞柳必矯揉而後爲桮棬。性非矯揉而爲仁義。孟子辨告子數處。皆是辨倒著告子便休。不曾說盡道理○南軒張氏曰。人之爲仁義。乃其性之本然。自親親而推之。至於仁不可勝用。自長長而推之。至於義不可勝用。皆順其所素有。而非外之也。若違乎仁義。則爲失其性矣。而告子乃以人性爲仁義。則是性別爲一物。以人爲矯揉而爲仁義。其失豈不甚乎○慶源輔氏曰。不言

戕賊人之性而言戕賊人者人之所以爲人者性也○西山眞氏曰告子之說蓋謂人性本無仁義必用力而強爲若杞柳本非桮棬必矯揉而後就也何其昧於理耶夫仁義卽性也告子乃曰以人性爲仁義如此則性自性仁義自仁義也其可乎夫以杞柳爲桮棬必斬伐之屈折之乃克有成若人之爲仁義乃性之所固有孩提皆知愛親卽所謂仁及長皆知敬兄卽所謂義何勉強矯揉之有使告子之言行世之人必曰仁義乃戕賊人之物將畏憚而不肯爲是率天下而害仁義其禍將不可勝計此孟子所以不可不辨也○雙峯饒氏曰性者人所稟之天理天理卽是仁義順此性行之無非自然元無矯揉集註解性字是朱子指性之本體而言不是解告子所言之性禍仁義與楊墨克塞仁義相似

○告子曰性猶湍水也決諸東方則東流決諸西方則西流人性之無分於善不善也猶水之無分於東西也湍他端反

湍波流瀠音縈回之貌也告子因前說而小變之慶源輔氏曰告

子本以氣爲性。此說亦然。故曰因前說。但前說以性爲惡。必矯揉而後可爲善。而此說則以性爲本無善惡。但可以爲善。可以爲惡耳。此其爲小變也**近於楊子善惡混之說**楊子脩身篇。人之性也善惡混。脩其善。則爲善人。脩其惡。則爲惡人。氣也者。所適善惡之馬歟○朱子曰。告子以善惡皆性之所無而生於習。楊子以善惡皆性之所有。而成於脩。亦有小異。故曰近

孟子曰。水信無分於東西。無分於上下乎。人性之善也。猶水之就下也。人無有不善。水無有不下

言水誠不分東西矣。然豈不分上下乎。性即天理。未有不善者也朱子曰。觀水之流而必下。則水之性可知。觀性之發而必善。則性之韞善亦可知矣

今夫水。搏而躍之。可使過顙。激而行之。可使在山。是豈水之性哉。其勢則然也。人之可使爲不善。其性亦猶是也夫音扶

扶。搏，補各反。

搏，擊也。躍，跳也。顙，額也。水之過額在山，皆不就下也。然其本性未嘗不就下，但爲搏擊所使而逆其性耳。謝氏曰：如水之就下，搏擊之非不可上，但非水之性。○此章言性本善，故順之而無不善；本無惡，故反之而後爲惡。新安陳氏曰：反之，猶云逆之，與張子所謂善反之不同。彼乃復之之謂。非本無定體，而可以無所不爲也。南軒張氏曰：伊川先生云：荀子之言性，杞柳之論也；楊子之言性，湍水之論也。蓋荀子謂人之性也，以仁義爲僞，而楊子則謂人之性善惡混，脩其善則爲善人，脩其惡則爲惡人故也。告子不識大本，故始譬性爲杞柳，謂以人性爲仁義；今復譬性爲湍水，謂無分於善不善。夫無分於善不善，則性果爲何物耶？論眞實之理，而委諸茫昧之地，其所害大矣。善乎孟子之言曰：人無有不善，水無有不下，可謂深切著明矣。○西山眞氏曰：水之性未嘗不就下，雖搏擊之可暫違其本性。而終不能使不復其本性。人之爲不善者。固有之矣。所以然者。往往爲物欲所誘。利害所移。而非其本然之性也。故雖甚愚無知之人。詈之以惡逆。斥之以盜賊。鮮不變色者。至於見赤子之入井。則莫不怵惕而救之。朱子章旨數言盡之矣○新安倪氏曰。先師謂當看集註本性之本字。雲峯謂須看集註定體二字。水之定體。無有不下。性之定體。無有不善。可使過顙在山爲不善。三使字。皆非定體。竊謂本性者。本然之性。定體。即此性本然之定體也。若有使之者。則出於人力之所爲。而非此性本然之定體矣。貫二先生之說而一之。於本字定體字皆能著眼。則朱子釋孟子之深意可見矣○東陽許氏曰。告子謂性本無善惡。但可以爲善可以爲惡。在所引者如何爾。故以水無分東西爲喻。孟子亦就其水以喻之。謂性之必善。譬猶水之必下。告子所謂決之者。人爲之也。非其自然之性也。若人欲拂水之性。甚至可使逆行。況東西乎。人之爲善。順其本性也。水之就下。順其本性也

○告子曰。生之謂性

生。指人物之所以知覺運動者而言。朱子曰。生之謂性。只是就氣上說得。蓋謂人也有許多知覺運動。物也有許多知覺運動。人物只一般。却不知人所以異於物者。以其得正氣。故全得許多道理。如物則氣昏。而理亦昏了。○生之謂氣。生之理之謂性。○問氣出於天否。曰。性與氣皆出於天。性只是理。氣則已屬於形象。性之善。固人所同。氣便有不齊處。○物也有這性。只是稟得來偏了。這性便也隨氣轉了。○慶源輔氏曰。人物之生。則有知覺能運動。死則無知覺。不能運動也。○雙峯饒氏曰。生。活也。其所以能知覺運動。爲是箇活底物事。有生之初。稟得天地之生氣。所以有這活底在裏面。告子是見得這氣。不曾見得這理。蓋精神魂魄之所以能知覺運動者屬乎氣。其所得於天以爲仁義禮智之性者。則屬乎理。告子認氣爲性。故云生之謂性。問知覺運動何分。曰。總言之。都是精神。分言之。則知覺屬心。運動屬身

告子論性前後四章。語雖不同。然其大指不外乎此。問子以告子論性數章。皆本乎生之謂性之一言。何也。朱子曰。告子不知性之爲理。乃即人之身而指其能知覺運動者以當之。所謂生

者是也。始而見其但能知覺運動，非教不成，故有杞柳之譬。既屈於孟子之言，而病其說之偏於惡也，又爲湍水之喻。以見其但能知覺運動，而非有善惡之分。又以孟子未喻己之意也，遂於此章極其立論之本意而索言之。至於孟子折之，則其說又窮，而終不悟其非也。其以食色爲言，蓋猶生之云爾。而公都子之所引，又湍水之餘論也。以是考之，凡告子之論性，不外乎生之一字明矣。然則告子固指氣質而言歟。曰：告子所謂性，固不離乎氣質，然未嘗知其爲氣質，而亦不知其有清濁賢否之分也。與近世佛氏所謂作用是性者略相似。朱子曰：禪家說如何是佛，曰見性成佛。如何是性，曰作用是性。蓋謂目之視，耳之聽，手之執捉，足之運奔，皆性也。只說得箇形而下者。且如手能執捉，若執刀胡亂殺人，亦可謂性乎

孟子曰：生之謂性也，猶白之謂白與。曰：然。白羽之白也，猶白雪之白，白雪之白猶白玉之白與。曰：然。與平聲，下同

白之謂白，猶言凡物之白者同謂之白，更無差初加、楚宜二反

別必列反也。白羽以下。新安陳氏曰。白羽至輕之白。與白雪不堅之白。白玉堅潤之白。質本不同孟子再問而告子曰然。則是謂凡有生者同是一性矣

然則犬之性。猶牛之性。牛之性。猶人之性與。

孟子又言若果如此。則犬牛與人皆有知覺。皆能運動其性皆無以異矣。於是告子自知其說之非而不能對也。朱子曰。犬牛人之形氣既具。而有知覺能運動者生也。有生雖同。然形氣既異。則其生而有得乎天之理亦異。蓋在人則得其全。而無有不善。在物則有所蔽。而不得其全。是乃所謂性也。今告子曰生之謂性。如白之謂白。而凡白無異白焉。則是指形氣之生者以爲性。而謂人物之所得於天者亦無不同矣。故孟子以此詰之。而告子理屈詞窮。不能復對也。○勉齋黃氏曰。告子既不知性與氣之分。而直以氣爲性。又不知氣或不齊。性

因有異。而遂指凡有生者以爲同。是以孟子以此詰之。而進退無所據也○愚按性者。人之所得於天之理也。生者。人之所得於天之氣也。性。形而上者也。氣。形而下者也。朱子曰。形而上者。一理渾然。無有不善。形而下者。則紛紜雜揉。善惡有所分矣。○新安陳氏曰。易大傳曰。形而上者謂之道。形而下者謂之器。上字上聲讀。有形以上。便是無形之理。性。即理也。有形以下。便是有形之器。氣有形者也人物之生。莫不有是性。亦莫不有是氣。然以氣言之。則知覺運動。人與物若不異也。以理言之。則仁義禮智之稟。豈物之所得而全哉。此人之性所以無不善而爲萬物之靈也。雲峯胡氏曰。大學中庸首章或問。皆以爲人物之生。理同而氣異。而此則以爲氣同而理異。何也。朱子嘗曰。論萬物之一原。則理同而氣異。觀萬物之異體。則氣猶相近。而理絕不同。氣之異者。粹駁之不齊。理之異者。偏全之或異也。嘗因是而推之。蓋自大本大原上說。大化流行。賦予萬物。何嘗分人與物。此理之同也。但人得其氣之正且通者。物得氣之偏且塞者。此氣之異也。人物既得此氣以生。則人能知覺運動。物亦能知覺運動。此又其氣之同也。然人得其氣之全。故於理亦全。物得其氣之偏。故於理亦偏。則人與物。又不能不異矣。理同而氣異。是從人物有生之初說。氣同而理異。是從人物有生之後說。朱子之說精矣。告子不知性之爲理。而以所謂氣者當之。是以杞柳湍水之喻。食色無善無不善之說。縱[將容反]橫繆[靡幼反]戾。紛紜舛[尺兗反]錯。而此章之誤。乃其本根。所以然者。蓋徒知知覺運動之蠢然者。人與物同。而不知仁義禮智之粹然者。人與物異也。孟子以是折之。其義精矣。朱子曰。氣相近。如知寒暖。識饑飽。好生惡死。趨利避害。人與物都一般。理不同。如蜂蟻之君臣。只是他義上有一點明。虎狼之父子。只是仁上有一點明。其他更推不去。論人與物性之異。固由氣稟之不同。但究其所以然者。却是因其氣稟之不同。而所賦之理固亦有異。所以孟子分別犬之性。牛之性。人之性有不同者。而未嘗言犬之氣。牛之氣。人之氣不同也。此章乃告子迷繆之本根。孟子開示之要切。蓋知覺運動者。形氣之所爲。仁義禮智者。天命之所賦。學者於此。正當審其偏正全闕。而求知所以自貴於物。不可以有生之同。反自陷於禽獸。而不自知已性之大全也。○勉齋黄氏曰。夫性者。人物所得乎天之理也。仁義禮智之屬是也。生者。人物所得乎天之氣也。有知覺而能運動者是也。性者萬物之一原。有生之類。各得於天。固無少異。但所稟之氣。則或值其清濁美惡之不齊。故理之所賦。不能無開塞偏正之異。此人物之所以分也。然以氣而言。則所稟雖殊。而其所以爲知覺運動者反無甚異。以理而言。則其本雖同。而人之有是四端。所以爲至靈至貴者。非庶物之可擬矣。告子之學。不足以知此。但見其蠢然之生。即以爲性。而又謂凡得此者無有不同。則是不惟不知性。亦不知氣。不惟觀於外者。亂於人獸之別。而其反於身者。亦昧於天理人欲之幾矣。○

雙峯饒氏曰。人說孟子論性不論氣。若以此章觀之。未嘗不論氣

○告子曰食色性也仁内也非外也義外也非内也

告子以人之知覺運動者爲性故言人之甘食悅色者即其性故仁愛之心生於内而事物之宜由乎外學者但當用力於仁而不必求合於義也

朱子曰告子先云仁義猶桮棬其意本皆以仁義爲外皆不出於本性既得孟子説方略認仁爲在内亦不以仁爲性之所有但比義差在内耳○告子以生於愛者爲仁故曰内以其制是非者爲義故曰外○南軒張氏曰食色固出於性然莫不有則焉告子舉物而遺其則其説行天理不行而人欲莫遏矣○慶源輔氏曰人之甘食者知其食之美而甘之也悅色者知其色之美而悅之也知即知覺也甘與悅即運動也○雙峯饒氏曰告子雖知以仁爲内而不知愛是情仁是性愛不便是仁愛之理是仁今便指愛爲仁已是不識性了如義則是心之制事之宜事之宜者雖在彼而其所以裁制而得其宜者全自在我若非我有箇義知何處得物告子認以爲外可謂全無見識矣觀告子

前面數章之意。則謂性中仁義都無。到這裏又却有仁而無義。皆是遁辭。○雲峯胡氏曰。告子所謂仁內義外者皆自食色說來。以食色爲性。言性既粗。故言仁義亦粗。甘食悅色。是自家心裏愛那食色。愛便屬仁。便是仁愛之心生於內。至若食色。却有可愛者。有不可愛者。則是事物之宜由乎外也

孟子曰。何以謂仁內義外也。曰。彼長而我長之。非有長於我也。猶彼白而我白之。從其白於外也。故謂之外也。長上聲下同

我長之。我以彼爲長也。我白之。我以彼爲白也。朱子曰。告子不知辨別那利害處。正是本然之性。所以道彼長而我長之。蓋謂我無長彼之心。由彼長故不得不長之。所以指義爲外也

曰。異於白馬之白也。無以異於白人之白也。不識長馬之

長也無以異於長人之長與。且謂長者義乎。長之者義乎。

與平聲。下同。

張氏曰。上異於二字宜衍。李氏曰。或有闕文焉。愚按白馬白人。所謂彼白而我白之也。長馬長人。所謂彼長而我長之也。白馬白人不異。而長馬長人不同。是乃所謂義也。義不在彼之長。而在我長之之心。則義之非外明矣。朱子曰。白馬白人。我道這是白馬。這是白人。言之則一。若長馬長人。則不同。長馬則是口頭道箇老大底馬。若長人。則是敬之之心發於中。從而敬之。所以謂義內也。○慶源輔氏曰。人孰以長人之心長馬乎。其所以然者。乃吾心之義有不同耳。義蓋隨事之宜而裁之也。

曰。吾弟則愛之。秦人之弟則不愛也。是以我爲悅者也。故

謂之内。長楚人之長。亦長吾之長。是以長爲悅者也。故謂之外也

言愛主於我。故仁在内。敬主於長。故義在外

曰。耆秦人之炙。無以異於耆吾炙。夫物則亦有然者也。然則耆炙亦有外與耆與耆同夫音扶

言長之耆之。皆出於心也。林氏曰。告子以食色爲性。故因其所明者而通之南軒張氏曰。長則同。而待吾之長與待楚人之長固有間矣。其分之殊。即所謂義也。觀其義外之說。固爲不知義矣。不知義。則其所謂仁内者。亦烏知仁之所以爲仁哉○慶源輔氏曰。炙在外。而耆之者在我。長在外。而長之者在我。初無異也。告子所明者食色。故取譬於耆炙。因其所明通其所蔽。亦納約自牖之意也○自篇首至此四章。告子之辨屢屈而

屢變其說以求勝。卒不聞其能自反而有所疑也。此正其所謂不得於言勿求於心者。所以卒於鹵音魯莽莫補莫厚毋黨三反而不得其正也雲峯胡氏曰。夫子嘗曰。義以方外。夫義所以裁制其在外者。而非在外也。告子義外之說。孟子所以深闢之

○孟季子問公都子曰。何以謂義內也

孟季子。疑孟仲子之弟也。蓋聞孟子之言而未達故私論之

曰。行吾敬。故謂之內也

所敬之人雖在外。然知其當敬。而行吾心之敬以敬之。則不在外也

鄉人長於伯兄一歲。則誰敬。曰。敬兄。酌則誰先。曰。先酌鄉人。所敬在此。所長在彼。果在外。非由内也。長上聲

伯。長也。酌。酌酒也。此皆季子問。公都子答。而季子又言如此。此則敬長之心果不由中出也

公都子不能答。以告孟子。孟子曰。敬叔父乎。敬弟乎。彼將曰敬叔父。曰。弟爲尸。則誰敬。彼將曰敬弟。子曰。惡在其敬叔父也。彼將曰在位故也。子亦曰在位故也。庸敬在兄。斯須之敬在鄉人。惡平聲

尸。祭祀所主以象神。雖子弟爲之。然敬之當如祖考也。在位。弟在尸位。鄉人在賓客之位也。庸。常也。斯須。暫時

也。言因時制宜。皆由中出也趙氏曰。因時制宜。所謂義也。兄叔父之當敬。此理之常。若弟在尸位。則祭時暫當裁以視如祖考之義而敬弟。鄉人在賓位。則宴時暫當裁以尊賓之義而敬鄉人。此皆暫時之敬耳。或常或暫。因時而裁制其宜。皆本於吾心爾。故曰由中出也

季子聞之曰。敬叔父則敬。敬弟則敬。果在外。非由內也。公都子曰。冬日則飲湯。夏日則飲水。然則飲食亦在外也

此亦上章耆炙之義雲峯胡氏曰。集註以爲此亦耆炙之義者。炙在外。而耆之在乎心。水與湯在外。而斟酌其可飲不可飲在乎心。然則事物之宜在乎外。而所以斟酌事物之宜。則在乎心也

○范氏曰。二章問答。大指略同。皆反覆譬喻。以曉當世。使明仁義之在內。則知人之性善。而皆可以爲堯舜矣慶源輔氏曰。若以義爲外。則便於性之本體偏枯了。安能知人性之本善。既不知人性之本善。則豈能知人皆可以

爲堯舜哉○潛室陳氏曰。禮敬之義在外。如叔父。如弟。如鄉人。皆指外而言。故告子以義爲外。然敬之所施雖在外。而所以行吾敬處却在內。如當敬叔父時則敬叔父。當敬弟時則敬弟。當敬鄉人則敬鄉人。所以權其事宜而爲之差別者。則此理之權度。未嘗不在吾心。故公都子以此折之。其辭簡而理勝。所謂不迫切而意已獨至也○新安陳氏曰。集註於此又提挈綱領以示人仁義性也。堯舜性與人同。但能盡其性耳。人惟性善。故皆可以爲堯舜也

○公都子曰。告子曰。性無善無不善也

此亦生之謂性食色性也之意新安陳氏曰。只認能知覺運動甘食悅色者即爲性。而任意爲之。無所謂善惡近世蘇氏胡氏之說蓋如此新安陳氏曰。蘇東坡論性。謂自堯舜以來。至孔子不得已而曰中曰一。未嘗分善惡言也。自孟子道性善。而一與中支矣。胡文定公論性。謂性不可以善言。纔說善時便與惡對。非本然之性矣。孟子道性善。只是贊歎之辭。說好箇性。如佛言善

哉善哉。五峯論性云。凡人之生。粹然天地之心。道義全具。無適無莫。不可以善惡辨。不可以是非分

或曰。性可以爲善。可以爲不善。是故文武興。則民好善。幽厲興。則民好暴。好去聲

此即湍水之說也。新安陳氏曰。謂性可善可惡。惟上所導。如湍水可東可西。惟人所決也

或曰。有性善。有性不善。是故以堯爲君而有象。以瞽瞍爲父而有舜。以紂爲兄之子。且以爲君。而有微子啓。王子比干。

韓子性有三品之說蓋如此。韓子原性篇。性也者。與生俱生也。情也者。接於物而生也。性之品有三。而其所以爲性者五。情之品有三。而其所以爲情者七。何也。曰。性之品有上中下三。上焉者。善焉而已矣。中焉者。可導而上下也。下焉者。惡焉而已矣○朱子曰。韓子三品之說。只說得氣。不曾說得性○

此章三者雖同說氣質之性然兩或曰之說猶知分辨善惡惟無善無不善之說最無狀他就此無善無惡之名渾無分别雖爲善爲惡總無妨也與今世不擇善惡顛倒是非而稱爲本性者何以異哉○陳氏曰韓子謂人之所以爲性者五曰仁義禮智信此語似看得性字端的但分爲三品又差了三品只說得氣稟然氣稟不齊或相什百千萬豈但三品而已哉按此文則微子比干皆紂之叔父而書稱微子爲商王元子疑此或有誤字

今曰性善然則彼皆非與孟子曰乃若其情則可以爲善矣乃所謂善也與平聲

乃若發語辭○慶源輔氏曰先儒皆訓若爲順言順其本然之情則無不善恐不必如此說蓋情自善不待順之而善也且此乃若正與下文若夫字相對故斷以爲發語辭情者性之動也人之情本但可以爲善而不可以爲惡則性之本善可知

矣朱子曰。性不可說。情却可說。所以告子問性。孟子却答他情。蓋謂情可爲善。則性無有不善。所謂四端者。皆情也。仁是性。惻隱是情也。惻隱是仁發出來的端芽。如一箇穀種相似。穀之生是性。發爲萌芽是情也。所謂性。只是那仁義禮智四者而已。○北溪陳氏曰。在心裏未發動底爲性。事物觸着便發動出來底是情。這動底只是就性中發出來。不是別物。情之中節。是從本性發來。便是善。其不中節。是感物欲而動。不從本性發來。便有不善。○慶源輔氏曰。情只是性之動。因其情之善。而可以知其性之本善。若程子謂天下之理。原其所自。無有不善。喜怒哀樂未發。何嘗不善。發而中節。亦何往而不善。此則又因其性之善。而知其情之無不善也。○新安陳氏曰。性渾然全體在中。未發無形象可見。動而爲情。方可見耳。仁義禮智之性。動而爲惻隱羞惡辭遜是非之情。所謂本。但可爲善。而不可爲惡者也。因其情之善。而可知其性之本善。蓋遡其流而知其源也。如水之初流出尚清。則可知其未流之先清也必矣。此乃若其情。至乃所謂善也。已包下文惻隱之心。至我固有之也之意。下文乃盡發此意耳

若夫爲不善非才之罪也夫音扶

才。猶材質。人之能也。人有是性。則有是才。性能善。則才亦善。人之爲不善。乃物欲陷溺而然。非其才之罪也

問才是以其能解作用底說。材質是合形體說否。朱子曰。是兼形體說。如說才料相似○問才與材字之別。曰。才字是就義理上說。材字是就用上說。如人見其濯濯也。以爲未嘗有材。用木旁材字。便是指適用底說。非天之降才爾殊。便是就義理上說○情。是這心裏動出。有箇路脉曲折。隨物恁地去。才。是能主張運動做事底。這事有人做得。有不會做得。這處可見其才○性如水。情如水之流。情既發。則有善有不善。在人如何耳。才則可爲善者也。彼其性既善。則其才亦可以爲善。今乃至於爲不善。是非才如此。乃自家使得才如此。故曰非才之罪○問性之所以無不善。以其出於天也。才之所以有善不善。以其出於氣也。要之性出於天。才亦出於天。何故便至如此。曰。性是形而上者。氣是形而下者。形而上者全是天理。形而下者。只是那查滓。至於形。又是查滓至濁

者也○問孟子言情與才皆善如何曰情本自善其發也未有染汚何嘗不善才只是資質亦無不善譬物之未染只是白也又曰性之本體理而已情則性之動而有爲才則性之具而能爲者也性無形象聲臭之可形容也故以二者言之誠知二者之本善則性之善必矣○西山真氏曰善者性也而能爲善者才也性以體言才以用言才本可以爲善而不可以爲惡今乃至於爲不善者是豈才之罪也哉陷溺使然也○雙峯饒氏曰孟子是指那好底才說知仁之能愛其親義之能敬其兄所謂良能是也

惻隱之心人皆有之羞惡之心人皆有之恭敬之心人皆有之是非之心人皆有之惻隱之心仁也羞惡之心義也恭敬之心禮也是非之心智也仁義禮智非由外鑠我也我固有之也弗思耳矣故曰求則得之舍則失之或相倍蓰而無算者不能盡其才者也鑠式灼反惡去聲舍上聲蓰音師

恭者敬之發於外者也。敬者恭之主於中者也。北溪陳氏曰。恭
就貌上説。敬
就心上説
鑠以火銷金之名。自外以至内也。筭數也。
言四者之心。人所固有。但人自不思而求之耳。所以善
惡相去之遠。由不思不求而不能擴充以盡其才也朱子
曰。惻隱羞惡之心也。能惻隱羞惡。發揮之至於仁義不可
勝用者。才也。○問不能盡其才。曰。才是能去恁地做底。
性本好。發於情也只是好。到得動用去做也只是好。不
能盡其才。是發得略好便自阻隔了。不順他道理做去。
若盡惻隱之才。則必當至於博施濟衆。盡羞惡之才。則
必當至於一介不取予。祿之天下弗顧。千駟弗視。這是
本來自合恁地滔滔做去。止緣人爲私意阻隔。多是有
些〃發動後便遏折了。天便似天子。命便似將告勑付與
人。性便似人所受職事。情便似親臨這職事。才便似去
動作行做許多事。○人皆有許多才。聖人却做許多事。
我不能做得些〃事出。故謂相倍蓰而無筭者。不能盡其
才者也。一性之中。萬善完備。發用出來。事〃做得。便是

盡其才○其未發也性雖寂然不動而其中自有條理自有間架不是儱侗都無一物所以外邊纔感中間便應如赤子入井之事感則仁之理便應而惻隱之心於是乎形如過廟朝之事感則禮之理便應而恭敬之心於是乎形蓋由其中間衆理渾具各各分明故外邊所遇隨感而應所以四端之發各有面貌之不同是以孟子析而爲四以示學者使知渾然全體之中而粲然有條若此○慶源輔氏曰仁義禮智性也惻隱至是非性之動而爲情也皆謂之心心統性情者也四者之心根於本性非如火之銷金自外至內但人自不思不求耳○西山眞氏曰物有求而弗得者在外故也性求其在我者何不得之有思而求之則得之而全其本善不思不求則失之而流於惡善惡相去之遠由一倍五倍而極於無筭者皆不思不求不能擴充以盡其才故也本然之才初無限量極天下之善無不可爲今乃如此是有才而不能盡其才耳曰思曰求而又曰盡皆孟子喫緊教人處

前篇言是四者爲仁義禮智之端而此不言端者彼欲其擴而充之此直因用以著其本體故言有不同

耳雲峯胡氏曰前篇於四者言端欲人充廣此不言端而直因用以著其本體欲人體認前以辭讓爲禮之端辭讓皆以發乎外者言此曰恭敬則兼以外與内而言故不必言端

詩曰天生蒸民有物有則民之秉夷好是懿德孔子曰爲此詩者其知道乎故有物必有則民之秉夷也故好是懿德好去聲

詩大雅蒸民之篇蒸詩作烝衆也物事也則法也夷詩作彝常也懿美也有物必有法如有耳目則有聰明之德有父子則有慈孝之心是民所秉執之常性也故人之情無不好此懿德者新安陳氏曰於好字上見得是情集註此情字與上文乃若其情相應以此觀之則人性之善可見而公都子所問之三

說皆不辨而自明矣蔡氏曰。惻隱等。正是指性之初發動處。以明未發之理。又舉烝民詩者當然之則。無物不體。而此理之妙。實根於人性之本然。惟人之生。各秉其有常之性。所以應事接物。皆好此美德而不容已也。所謂懿德。即所謂物之則也。其曰好是者。即指上文秉彝而言。天命之所賦者謂之則。人性之所秉者謂之彝。存於心而有所得者謂之德。實一而已。孔子又加一必字於有則之上。加一故字於好是之上。其旨愈明矣。孟子舉此者。蓋謂秉彝懿德。即是常性。心之所好者德。即是情之發動者不外乎性。就性初發動爲情處指出以示人。方見得性之本無不善也。○程子曰。性即理也。理則堯舜至於塗人一也。才稟於氣。氣有清濁。稟其清者爲賢。稟其濁者爲愚。學而知之。則氣無清濁。皆可至於善而復性之本。湯武身之是也。孔子所言下愚不移者。則自暴自棄之人也。朱子曰。理精一故純。氣粗故雜。○理如寶珠。氣如水。有是理而後有是氣。有是氣則必有是理。但氣稟之清者爲聖賢。如珠落在清水中。稟氣之濁者爲愚暗。如珠落在濁水中又曰。

論性不論氣不備。論氣不論性不明。二之則不是。朱子曰。論性不論氣。則無以見其生質之異。論氣不論性。則無以見義理之同。孟子之言性善者。前聖所未發也。而此言者。又孟子所未發也。○本然之性。只是至善。然不以氣質論之。則莫知其有昏明開塞。剛柔強弱。故有所不備。徒論氣質之性。而不自本原言之。則雖知有昏明開塞剛柔強弱之不同。而不知至善之原。未嘗有異。故有所不明。須是兩邊都說。理方明備。○北溪陳氏曰。只論大本而不及氣稟。則所論有欠闕未備。若只論氣稟而不及大本。便只說得粗底。道理全然不明。千萬世而下。學者只得按他說。更不可改易。○潛室陳氏曰。孟子性善從源頭上說。及論情論才。只是說善。不論氣質清濁厚薄。是不備也。諸子紛紛之說。各自把氣質分別。便作天性看了。其不明之失。爲害滋甚。孔門性相近。習相遠。却就氣質之性上論清濁。至說上智下愚。乃論得氣清之十分厚者爲上智。氣濁之十分薄者爲下愚。其間相近者。乃是中人。清濁在四六之間。總起是三等氣質。此說乃是與孟子之說互相發明。要知孔子是說氣質之性。孟子是說源頭本然之性。諸子只是把氣質便作本然之性看錯了。○新安陳氏曰。須是論性兼論氣。不判而二之方是。

張子曰。形而後有氣質之性。善反之。則天地之性存焉。故氣質之性。君子有弗性者焉。

朱子曰。論天地之性。則專指理而言。論氣質之性。則以理與氣雜而言之。天地之性。則太極本然之妙。萬殊之一本也。氣質之性。則二氣交運而生。一本而萬殊也。氣質之性。即此理墮在氣質之中耳。非別有一性也。○性只是理。然無那氣質則此理沒安頓處。但得氣之清明則不蔽固。此理順發出來。蔽固少者。發出來天理勝。蔽固多者。則私欲勝。便見得本原之性無有不善。只被氣質有昏濁則隔了。學以反之則天地之性存矣。故說性。須兼氣質言之方備。○氣質之說起於張程。極有功於聖門。有補於後學。言之使人深有感。如退之說性三品也是。但不曾分明說是氣質之性耳。孟子說性善。但說得本原處。却不曾說得氣質之性。所以亦費分疏。使張程之說早出。則諸子說性惡與善惡混等。自不用爭論。故張程之說立。則諸子之說泯矣

○孟子雖不言氣質之性。然於告子生之謂性之辨。亦既微發其端矣。但告子辭窮無復問辨。故亦不得而盡其辭焉。至周子出。始復推明太極陰陽五行之說。以明人物之生。其性則同。而氣質之所從來。其變化錯揉有如此之不齊者。至程子始明性之爲理。而與張子皆有氣質之說。○氣質之性。便只是這箇天地之性。却從那裏過。好底性如水。氣質之性。如殺些醬與鹽。便是一般滋味。○又曰。天地之所以生物者。理也。其生物者。氣與質也。人物得是氣質以成形。而其理之在是者。則謂之性也。○勉齋黄氏曰。學者知理之無不善。則當加存養之功。知氣質之有善有不善。則當施矯揉之力。○北溪陳氏曰。氣質之性。是以氣稟言之。天地之性。是以大本言之。其實天地之性。亦不離乎氣質之中。只是就那氣質之中。分別出氣質之性。不與相雜而言耳。○雙峯饒氏曰。人未生以前。不喚做性。既生以後。方喚做性。纔喚做性。便衮在氣質中。所以有善有不善。此氣質之性也。然性之本然。惟有善而已。就氣質中。指那本然者說。是則天地之性也。若不分做兩箇性說。則性之與氣。鶻突無分曉。若不合做一箇性說。認做兩件物事去了。故程子曰。二之則不是。問善反之。則天地之性存焉。不知未

反以前。此性亦存否。曰。不曾反時。此性亦未嘗無。且如
一鄙吝人。見殘疾也知憐憫。一强梁人。見好人也知恭
遜。畢竟有箇性在內。不知不覺忽然發見出來。但人有
氣質物欲之累。則此性不能常存。須於善反上做工夫。
方存得性之本體。問反之之工夫如何。曰涵養體認克
治。充廣。皆是反之之道。譬如水被泥沙混了。若加澄治
則本然之清仍在。孟子說夜氣。便是要使人涵養。說四
端及擴充。便是要體驗充廣。獨有克治一邊。却不曾說
○新安陳氏曰。論性不論氣。是說孟子其論甚正而明。
但不曾說破氣質不周備耳。論氣不論性。是說荀揚則
全外繆。面說理不明。其害大矣。孟子性善之說正而未
備。得程子性即理也之說。足以助其甚正者。又得張程
氣質之說。足以補其未備者。朱子會萃提撥。盡發其秘
而無餘蘊。其繼往開來之功大矣哉。○又曰。文勢如君
子弗謂性也。君子既善變化其氣質之性。而復
其天地之性矣。蓋氣質之性君子弗以為性也

愚按程子此說才字與孟子本文小異。蓋孟子專指其發於性者言之。故以為才無不善。程子兼指其稟於氣者言之。

則人之才固有昏明強弱之不同矣。張子所謂氣質之性是也。二說雖殊各有所當。去聲然以事理考之程子爲密蓋氣質所禀雖有不善而不害性之本善。性雖本善而不可以無省悉井反察矯揉人九反之功。省察屬知。矯揉屬行學者所當深玩也

問孟子程子論才字同異。朱子曰。才只一般能爲之謂才。才之初。亦無不善緣他氣質有善惡。故其才亦有善惡。孟子自其同者言之。故以爲出於性。程子則自其異者言之。故以爲禀於氣。大抵孟子多是專以性言。故以爲性善。才亦無不善。到周程張子方說到氣上。要之須是兼二者言之方備○集註中以程子爲密。即見得孟子所說未免少有踈處。今但以程子爲主。而推其說以陰補孟子之不足則於理無遺矣○雲峯胡氏曰。程子就氣質上說。則情或有不善不可無省察之功。才或有不善。不可無矯揉之功。集註此矯揉二字。與此篇首章所謂矯揉不同。首章是告子之說以本然之性必待矯揉而後可以爲善。此則先儒

之說以氣質之性。必加矯揉而後可變其不善。二者正相反也

○孟子曰。富歲子弟多賴。凶歲子弟多暴。非天之降才爾殊也。其所以陷溺其心者然也。

富歲豐年也。賴藉慈夜反也。豐年衣食饒足。故有所顧藉而為善。凶年衣食不足。故有以陷溺其心而為暴。問程子謂語其才。則有下愚之不移。與孟子之意不同。朱子曰。孟子只見得性善。便把才都做善。不知有氣稟之不同。程子說得較密。○新安陳氏曰。天之降才。與書所謂上帝降衷。文意略似。言非天賦以有為之才如此殊異也。乃阻饑而陷溺其良心。賊其為善之才而然耳

今夫麰麥。播種而耰之。其地同。樹之時又同。浡然而生。至於日至之時。皆熟矣。雖有不同。則地有肥磽。雨露之養。人

事之不齊也夫音扶麰音牟耰音憂磽苦交反

麰大麥也。耰覆覆敷救反種上聲也。韻會徐氏曰布種後以耰摩田使土之開處復合曰覆種日至之時。謂當成熟之期也。磽瘠音夕薄也新安陳氏曰。種麥三者多同。雖其間有多寡之不同者。則以地有肥瘠之分。雨露有有無之異。人事有勤惰之不齊故耳。以譬降才同。而養其心與陷溺其心有不同也

故凡同類者擧相似也。何獨至於人而疑之。聖人與我同類者

聖人亦人耳。其性之善無不同也新安陳氏曰。凡同類謂凡物之同類者。人性善無不同。此提掇綱領處

故龍子曰。不知足而爲屨。我知其不爲蕢也。屨之相似天

下之足同也。蕢音匱

蕢，草器也。不知人足之大小而爲之屨，雖未必適中，然必似足形，不至成蕢也。

口之於味，有同耆也。易牙先得我口之所耆者也。如使口之於味也，其性與人殊，若犬馬之與我不同類也，則天下何耆皆從易牙之於味也？至於味，天下期於易牙，是天下之口相似也。耆與嗜同，下同。

易牙，古之知味者。言易牙所調之味，則天下皆以爲美也。新安陳氏曰：易牙，齊桓公臣，能辨淄澠二水味。此先得我口之所耆，已爲下文先得我心之所同然者張本矣。

惟耳亦然至於聲天下期於師曠是天下之耳相似也

師曠能審音者也言師曠所和之音則天下皆以爲美也

惟目亦然至於子都天下莫不知其姣也不知子都之姣者無目者也姣古卯反

子都古之美人也姣好也

故曰口之於味也有同耆焉耳之於聲也有同聽焉目之於色也有同美焉至於心獨無所同然乎心之所同然者何也謂理也義也聖人先得我心之所同然耳故理義之悅我心猶芻豢之悅我口

然猶可也。朱子曰：然，是然否之然。人心同以爲然者，義理也。草食曰芻，牛羊是也。穀食曰豢，音患。犬豕是也。程子曰：在物爲理，處上聲。物爲義，體用之謂也。孟子言人心無不悅理義者，但聖人則先知先覺乎此耳，非有以異於人也。程子又曰：理義之悅我心，猶芻豢之悅我口。此語親切有味，須實體察得理義之悅心，眞猶芻豢之悅口，始得。朱子曰：理是此物上便有此理，義是於此物上自家處置合如此，便是義。楊雄言義以宜之，韓愈言行而宜之之謂義，若以義爲宜，則義有在外意思。須如程子言處物爲義，是則處物者在心，而非外也。非處物爲義一句，則後人恐未免有義外之見。蓋物之宜雖在外，而所以處之使得其宜者則在內也。○理義，人心之同然，如人之爲事，自家處之當於義，人莫不以爲然，無有道不好者。又如人皆知君父之當事，我能盡忠盡孝，天下莫不以爲當然，此心之所同也。如今處一

件事。苟當於理。則此心必安。人亦以爲當然。如此。則其
心悅乎不悅乎。悅於心必矣○雲峯胡氏曰。芻豢人之
所同耆也。耆之。斯悅之矣。理義人之所同然也。然之。斯
悅之矣○新安陳氏曰。此章大意。以人心理義之同。而
見人性之皆善也。衆人與聖人同此至善之性。所以同
此理義之心。本同而卒莫之同者。陷溺其心故也。能以
理義養其心。而不至陷溺其心。則心得所養。於理義得
無味之味。如悅芻豢有味之味。其於希聖之學。自將勉
勉循循。而欲罷不能矣。始與聖人
同者。其終何患與聖人不同哉

○孟子曰。牛山之木嘗美矣。以其郊於大國也。斧斤伐之。
可以爲美乎。是其日夜之所息。雨露之所潤。非無萌蘖之
生焉。牛羊又從而牧之。是以若彼濯濯也。人見其濯濯也。
以爲未嘗有材焉。此豈山之性也哉蘖五割反

牛山。齊之東南山也。邑外謂之郊。言牛山之木。前此固

嘗美矣。今爲大國之郊，伐之者衆。故失其美耳。息，生長上聲，下同也。雙峯饒氏曰：息本訓止息。纔息便生。故息又訓生。日夜之所息，謂氣化流行，未嘗間去聲斷徒玩反。故日夜之間，凡物皆有所生長也。萌，芽也。蘖，芽之旁出者也。濯濯，光潔之貌。材，材木也。言山木雖伐，猶有萌蘖，而牛羊又從而害之，是以至於光潔而無草木也。新安陳氏曰：山以生物爲性，猶曰天地以生物爲心。謂爲無材，豈山之本性哉。此全是引起，以譬喻下一節。

雖存乎人者，豈無仁義之心哉？其所以放其良心者，亦猶斧斤之於木也，旦旦而伐之，可以爲美乎？其日夜之所息，平旦之氣，其好惡與人相近也者幾希，則其旦晝之所爲有梏亡之矣。梏之反覆，則其夜氣不足以存。夜氣不足以存，則其違禽獸不遠矣。人見其禽獸也，而以爲未嘗有才焉者，是豈人之情也哉？好惡並去聲。梏工毒反。

良心者，本然之善心，即所謂仁義之心也。平旦之氣，謂未與物接之時清明之氣也。好惡與人相近，言得人心之所同然也。幾希，不多也。梏，械下戒反也。朱子曰：梏如被禁械在那裏，更不容他轉動。亡如將自家物失去了。反覆，展轉也。朱子曰：反覆非顛倒之謂，蓋有互換更迭之意。言人之良心雖已放失，新安陳氏曰：物欲者，伐良心之斧斤也。然其日夜之間，猶必有所生長。故平旦未與物接，其氣清明之際，良心猶必有發見形甸反，下同者。但其發見至微，而旦晝所爲之不善。又已隨而梏亡之。如山木旣伐。猶有萌蘗。而牛羊又牧之也。朱子曰。平旦之氣。只是夜間息得許多時節。不與事物接。纔醒來。便有得這些清明之氣。此心自恁地虛靜。少間纔與物接。依舊又汩沒了晝之所爲。旣有以害其夜之所息。夜之所息。又不能勝其晝之所爲。是以展轉相害。至於夜氣之生。日以寖音浸薄。而不足以存其仁義之良心。則平旦之氣。亦不能清。而所好惡。遂與人遠矣程子曰。夜氣之所存者。良知也。良能也。苟擴而充之。化旦晝之所梏。爲夜氣之所存。然後有以至於聖人也。○朱子曰。日夜之所息底是良心。平旦之氣自是氣。夜氣如雨露之潤。良心如萌蘗之生。人之良心雖有梏亡。而彼未嘗不生也。○此段首尾。只爲良心設。夜氣不足以存。蓋以夜氣至清。足以存此良心。平旦之氣亦清。亦足以存此良心。故其好惡與人相近。但此心存得不多時也。梏亡之。人謂梏亡其夜氣非也。謂梏亡其良心也。○

夜氣不足以存。皆是旦晝所爲壞了。所謂好惡與人相近。今只要去這好惡上理會。日用間於這上見得分曉有得力處。夜氣方與你存。夜氣上却未有工夫。只是去旦晝理會。這裏有工夫。日間添得一分道理。夜氣便添得一分。日間只管進。夜間只管添。這氣便盛。○氣日裏也生。夜間也生。只是日間生底。爲物欲梏亡。隨手又耗散了。夜間生底則聚在那裏。不曾耗散。所以養得那良心。譬如一井水。終日攪動便渾了。至夜稍靜便有清水出。所謂夜氣不足以存者。如攪動得太甚。則雖有止息時。此水亦不能清矣。○人心每日梏於事物。斵喪戕賊所餘無幾。唯夜氣靜。庶可以少存耳。至夜氣之靜而猶不足以存。則天理都喪去。禽獸不遠矣。前輩皆無明說。某因将孟子反覆熟讀。方看得出。後看程子說夜氣之所存者。良知良能也。與臆見合。以此知觀書須熟讀深思。道理自見。○氣與理本相依。旦晝之所爲。不害其理。則夜氣之所養益厚。夜之所息。既有助於理。則旦晝之所爲。益無不當矣。日間梏亡者寡。則夜氣自然清明虛靜。至平旦亦然。至旦晝應事接物時。亦莫不然。○夜氣是母。所息者是子。蓋所息者本自微了。旦晝只管梏之。今日梏一分。明日梏一分。所謂梏之反覆。而所息者泯。

夜氣亦不足以存。若能存。便是息得仁義之良心。仁義
之心。人所固有。但放而不知求。則天之所以與我者始
有所汨沒矣。是雖如此。然其日夜之所息。至於平旦。其
氣清明。不爲利慾所昏。則本心好惡。猶有與人相近處。
至其旦晝之所爲。又有以梏亡之。梏之反覆。則雖有這
些夜氣。亦不足以存養其良心。反覆。只是循環。夜氣不
足以存。則雖有人之形。其實與禽獸不遠。故下文云。
苟得其養。無物不長。苟失其養。無物不消。良心之消長
只在得其養與失其養。爾牛山之木。嘗美矣。是喩人之仁
義之心。郊於大國。斧斤伐之。猶人之放其良心。日夜之
所息。雨露之所潤。非無萌櫱之生。便是平旦之氣。其好
惡與人相近處。旦晝之梏亡。則又所謂牛羊又從而牧
之。雖芽櫱之萌。亦且戕賊無餘矣。○此章以仁義之良
心爲主。其存其亡。皆以心言之。下文引孔子之言。以明
心之不可不操。則意益明矣。但日夜所息以下。只以好
惡相近爲良心之萌櫱。不復更著心字。故說者謂氣有
存亡。而欲致養於氣。誤矣。○趙氏曰。仁義。性也。而集
以心言者。統乎性也。良心。卽仁義之心。卽所謂性也。○註
雲峯胡氏曰。此章以山木喩人心。分爲兩段。每段皆當
分六節看。第一節。是說牛山之木本來自美。喩人仁義之

良心本來未嘗無第二節以斧斤之伐喻良心之放第三節喻萌蘗之生喻好惡與人相近者幾希言既伐之後其發至微此心之存甚不多如萌蘗之生甚不多也第四節謂萌蘗之生本自不多而牛羊又牧之喻夜氣之所存者本自不多而旦晝所爲之不善又梏之也第五節謂向也猶有萌蘗之生今則濯濯無復存矣喻良心向也猶有與人相近者今則去禽獸不遠矣但木與良心皆有日夜之所息而惟於人曰夜氣者木之萌蘗一絶於牛羊既牧之後無復存者人之良心夜之所息者已絶於日之所爲而夜無所爲則其氣猶足以存所謂存者謂夜氣猶足以存其本然之良心也至於梏之反覆則雖有夜氣亦不足以存矣第六節謂人但見其濯濯而不見其初也未嘗不美喻人但見其近於禽獸而不見其存乎人者也未嘗無仁義之良心也材字與才字不同朱子以爲才字是就義理上說材字是就用上說

○新安陳氏曰前言好惡與人近今遂去禽獸不遠則與人遠矣只見其如此而以爲未嘗有能爲之才者此豈人性發而爲情之本然者哉此所謂才與情與前章乃若其情天之降才意同皆發於性者也

故苟得其養無物不長苟失其養無物不消長上聲

山木人心其理一也朱子曰此段緊要在苟得其養四句存是箇保養護衛底意苟得其養無物不長苟失其養無物不消見得雖梏亡之餘有以養之則仁義之心即存緣是此心本不是外面取來乃是與生俱生下又說存養之要舉孔子之言操則存舍則亡見此良心其存亡只在眇忽之間纔操便在這裏纔舍便失去若能知得常操之而勿放則良心常存夜之所息益有所養夜之所養愈深則旦晝之所爲無非良心之發見矣○慶源輔氏曰此總結上二段意○新安陳氏曰斧斤伐牛羊牧山木之失養而消也放其良心所爲梏亡人心之失養而消也所以養其心者不外乎下文之操存而已此結上二段以起下文所引孔子語之意

孔子曰操則存舍則亡出入無時莫知其鄉惟心之謂與舍音捨與平聲

孔子言心操之則在此捨之則失去其出入無定時亦無定處如此北溪陳氏曰忽然出忽然入無有定時忽在此忽在彼亦無定處操之便存在此捨之便亡失了孟子引之以明心之神明不測得失之易去聲而保守之難雲峯胡氏曰得之易者謂操則存失之易者謂舍則亡保守之難者謂出入無時莫知其鄉不可頃刻失其養學者當無時而不用其力使神清氣定常如平旦之時則此心常存無適而非仁義矣新安陳氏曰此集註推廣孟子言外意繳上上文收結一章之義程子曰心豈有出入亦以操舍而言耳操之之道敬以直內而已朱子曰心豈有出入出只指外而言入只指內而言只是要人操而存之耳非是如物之散失而後收之也○心是箇活物須是操守不要放舍亡不是無只是走作逐物去了又見得心不操則舍不出則入無關處可以安頓惟心之謂與直指而

總結之○孟子大意只在操則存舍則亡兩句上心一放時便是斧斤之伐牛羊之牧一收斂在此便是日夜之息雨露之潤他是要人於旦晝時不爲事物所汩人心能操則常存豈特夜半平旦○問范淳夫女讀孟子曰孟子誤矣心豈有出入伊川聞之曰此女雖不識孟子却識心伊川此語是許之是不許之曰此女必天資高見此心常湛然安定無出入然衆人不能皆如此若通衆人論之心却是走作底物孟子所引夫子之言是通衆人論耳○問不能操而存之則其出而逐物於外與其偶存於內者皆荒忽無常莫知定處然所謂入者亦非此心既出而復自外入也亦曰逐物之心暫息則此心未嘗不在內耳學者於此苟能操而存之則此心不放而常爲主於內矣○孔子此四句只是狀人之心是箇難把捉底物事而人之不可不操出入便是上面操存舍亡入則是在這裏出則是亡失了此大約泛言人心如此非指已放者而言亦不必要於此論心之本體也○心體固本靜然亦不能不動其用固本善然亦能流而入於不善夫其動而流於不善者固不可謂心體之本然亦不可不謂之心也但其誘於物而然耳故先聖只說操則存存則靜而其動也無不善矣舍則

亡。於是乎有動而流於不善者。出入無時。莫知其鄉。出者亡也。入者存也。本無一定之時。亦無一定之處。特係於人之操舍如何耳。只此四句。說得心之體用始終眞妄邪正。無所不備。○新安陳氏曰。敬以直內。本文未有此意。乃程子揭要義以補孟子之意也。

○愚聞之師延平李先生曰。人理義之心未嘗無。唯持守之即在爾。若於旦晝之閒不至梏亡。則夜氣愈清。夜氣清則平旦未與物接之時。湛然虛明。氣象自可見矣。潛室陳氏曰。此段境界乃指示喪失良心者欲其認取此時體段。從此養去也孟子發此夜氣之說。於學者極有力。宜熟玩而深省悉井之也。雙峯饒氏曰。此章緊要在三箇存字。首說存乎人者。是說此心本來存。次說夜氣不足以存。是說衆人不能存此心。終說操則存。是教人用力以存此心。○雲峯胡氏曰。集註論浩氣。則以爲擴前聖所未發。學者所當潛心而玩索。此論夜氣。則以爲於學者極有力。宜熟玩而深省。蓋此兩氣字。前此未發。而孟子發之。

浩氣謂是氣之體段。人皆得之於天地以生者。夜氣則從浩氣中說。夜間又清明如此。非有二氣也。浩氣是統說。夜氣則爲人之放其良心者說。聖人志氣常清明無放心。故無夜氣。若學者尤宜深省。不但當玩索而已。○東陽許氏曰。浩然章論養氣。而以心爲主。此章論養心而以氣爲驗。曰志者氣之帥。故謂以心爲主。曰平旦好惡與人相近。故謂以氣爲驗。集義固爲養氣之方。所以知夫義而集之者。乃心也。養心固戒其梏亡。驗其所息而可致力者則氣也。彼欲養而無暴以充吾仁義之氣此欲因氣之息以養吾仁義之心。兩章之持志操心之意未嘗不同。而氣則有在身在天之異。然未始不相爲用也

○孟子曰。無或乎王之不智也

或與惑同。疑怪也。王。疑指齊王

雖有天下易生之物也。一日暴之。十日寒之。未有能生者也。吾見亦罕矣。吾退而寒之者至矣。吾如有萌焉何哉易去

聲暴步卜反見音現

暴溫之也。我見王之時少。猶一日暴之也。我退則諂諛雜進之日多。是十日寒之也。雖有萌櫱之生。我亦安能如之何哉西山眞氏曰。人主之心。養之以義理則明。蔽之以物欲則昏。猶草木然。煥之以陽則生。寒之以陰則悴。孟子於齊王引以當道。主秉彝之心。其端倪亦有時而萌動矣。而進見之時少。理義浸灌之益微。退而蔽之以私欲者何可勝。既雖有如萌芽之發。旋復摧折。雖孟子其如之何哉。○勿軒熊氏曰。此見孟子格心之學。須就有萌上著力。善端之發。正須正人賢士輔翼而開廣之。

今夫弈之爲數。小數也。不專心致志。則不得也。弈秋。通國之善弈者也。使弈秋誨二人弈。其一人專心致志。惟弈秋之爲聽。一人雖聽之。一心以爲有鴻鵠將至。思援弓繳而射之，雖與之俱學，弗若之矣。爲是其智弗若與？曰：非然也。

夫音扶。繳音灼。射食亦反。爲是之爲去聲。若與之與平聲。

弈，圍棊也。數，技也。致，極也。弈秋，善弈者名秋也。繳，以繩繫矢而射也。雙峯饒氏曰：心以所主者言，志以所向者言。專心，是心之所主專在此。致志，是極其心之所向直到那田地。○新安陳氏曰：此章前一譬，謂交脩者不得常用其力；後一譬，謂自脩者不肯專用其力。意孟子之於齊王，既進見時少，無以勝衆邪之交蔽；而齊王之於孟子，又聽信不專，有以分其心於多岐。故設兩譬以言之。前言王之不智，後言智不若，固群邪寒之者之罪，亦自鴻鵠其心之罪也。○程子爲講官，言於上曰：人主一日之間，接賢士大夫之時多，親宦官宮妾之時少，則可以涵養氣質而薰陶德性。時不能用，識者恨之。范氏曰：人君之心，惟在所養。君子養之以善則智。小人養之以惡則愚。然賢人易（去聲下同）踈。小人易親。是以寡不能勝衆。正不能勝邪。自古國家治（去聲）日常少。而亂日常多。蓋以此也。南軒張氏曰。物固有生之理。然不養而害。則雖易生之物。亦不能以長。是則物未有不待養而能生者也。一日暴之。十日寒之。則養之也微。而害之者深矣。則其生理。焉得而遂哉。是以古之明君。懼一暴十寒之爲害也。則博求賢才。寘諸左右。朝夕與處。而遠佞人。所以養德也。豈獨人君爲然。一暴十寒之病。爲士者其可一日而獨不念乎。然其要則在乎專心致志而已。專心致志。學之大方。居敬之道也。○慶源輔氏曰。後世作事無本。知求治而不知正君。知攻過而不知養德。若程子范氏之說。是乃所謂正君養德之道。必如是。然後君德成而治有本。庶幾三代可復。不然。雖欲言治。亦苟而已。○雲峯胡氏曰。此章首末言智。集註不及之。獨紀范氏之言。君子養之以善則智。小人養之以惡則愚。然則人主之智與不智。在乎所養之正與不正耳。

○孟子曰。魚我所欲也。熊掌亦我所欲也。二者不可得兼。舍魚而取熊掌者也。生亦我所欲也。義亦我所欲也。二者不可得兼。舍生而取義者也。舍上聲

魚與熊掌皆美味。而熊掌尤美也

生亦我所欲。所欲有甚於生者。故不爲苟得也。死亦我所惡。所惡有甚於死者。故患有所不辟也。惡辟皆去聲下同

釋所以舍生取義之意。得。得生也。欲生惡死者。雖衆人利害之常情。而欲惡有甚於生死者。乃秉彝義理之良心。是以欲生而不爲苟得。惡死而有所不避也。朱子曰。義在於生。則舍死而取生。義在於死。則舍生而取死。○問人心。義道心乎。曰。欲生惡死。人心也。惟義所在。道心也。權

輕重。却又是義。○慶源輔氏曰。利害之常情。私欲也。秉彝之良心。天理也。孟子只就欲惡二者中分別出天理人欲最明切。○新安陳氏曰。人遇死生之大變。欲全生則害義。欲合義則不得生。與其不義而生。不若合義而死。是義之可欲。有甚於生之可欲。故不爲苟得以偷生。不義之可惡。有甚於死之可惡。故甘死而不肯避死也

如使人之所欲莫甚於生。則凡可以得生者何不用也。使人之所惡莫甚於死者。則凡可以辟患者何不爲也

設使人無秉彝之良心。而但有利害之私情。則凡可以偷生免死者。皆將不顧禮義而爲之矣。慶源輔氏曰。偷。謂偷竊。免。謂苟免。此兩字說盡私情之意象。惟其不然。則知秉彝之良心。乃吾所固有。而利害之私情。乃因物而旋生出耳

由是則生而有不用也。由是則可以辟患而有不爲也

由其必有秉彝之良心。是以其能舍生取義如此。慶源輔氏

曰。由是之是。蓋指秉彝之良心而言也

是故所欲有甚於生者。所惡有甚於死者。非獨賢者有是心也。人皆有之。賢者能勿喪耳。喪去聲

羞惡之心。人皆有之。但衆人汩音骨於利欲而忘之。惟賢者能存之而不喪耳。慶源輔氏曰。羞惡之心。即所謂秉彝之良心也。秉彝之良心。是指其全體而言。羞惡之心。則又於全體之中。指其所謂義者言之也

一簞食。一豆羹。得之則生。弗得則死。嘑爾而與之。行道之人弗受。蹴爾而與之。乞人不屑也。食音嗣。嘑呼故反。蹴子六反

豆。木器也。嘑。咄當没反啐七内反之貌。行道之人。路中凡人也。蹴。踐踏也。乞人。丐乞之人也。不屑。不以爲潔也。言雖

欲食之急而猶惡無禮有寧死而不食者。是其羞惡之本心。欲惡有甚於生死者。人皆有之也慶源輔氏曰。路人與乞丐人。至微賤者也。簞食豆羹。生死所繫。利害之至急切者也。於此而猶惡無禮。寧舍之而不食。則羞惡之本心。所惡有甚於生死者。可見人無有無是心者也。言羞惡而併及夫欲者羞惡則固爲惡矣。及反之而不羞惡焉者。則是所欲也

萬鍾則不辨禮義而受之。萬鍾於我何加焉。爲宮室之美妻妾之奉。所識窮乏者得我與爲去聲與平聲

萬鍾於我何加。言於我身無所增益也。新安陳氏曰。萬鍾對簞豆而言。彼物之微也。尚惡無禮非義不可食而不受。此物之富者。乃不辨禮義而受之。吾身受用。不假萬鍾之富。是萬鍾於吾身。其實何所加益哉所識窮乏者得我。謂所知識之窮乏者。

感我之惠也。上言人皆有羞惡之心。此言衆人所以喪之由此三者。新安陳氏曰。人之喪其良心。固不止於成宮室。供妻妾。濟知識三者。姑舉三者。他可類推

蓋理義之心。雖曰固有。而物欲之蔽。亦人所易昏去聲也或曰。萬鍾於我何加焉。他日或爲利害所昏。當反思其初。則不爲所動矣。朱子曰。此是克之之方。然所以克之者。須是有本領後。臨時方知克去得。不然。臨時比並。又却只是擇利處去耳

鄉爲身死而不受。今爲宮室之美爲之。鄉爲身死而不受。今爲妻妾之奉爲之。鄉爲身死而不受。今爲所識窮乏者得我而爲之。是亦不可以已乎。此之謂失其本心鄉爲並去聲爲之之爲並如字

言三者身外之物。其得失比生死爲甚輕。鄉爲身死猶

不肯受嘑蹴之食。今乃爲比三者。而受無禮義之萬鍾。是豈不可以止乎。本心。謂羞惡之心東陽許氏曰。三鄉爲身。北山先生作一讀。言鄉爲辱身失義之故。尚不受嘑蹴之食。以救身之死。今乃爲身外之物。施惠於人。而受失義之祿乎。可謂無良心矣

○此章言羞惡之心。人所固有。或能決死生於危迫之際。而不免計豐約於宴安之時。是以君子不可頃刻而不省悉井反察於斯焉朱子曰。此章孟子所論宮室之美。妻妾之奉。窮乏得我。三者或物欲之尤。人所易溺。或意之私。人所不能免者。自非燭理素明。涵養素定。而臨事有省察之功。未有不以此而易彼也。○慶源輔氏曰。羞惡之心。雖人之所固有。但危迫之際。私欲未肆。三者之念。都未萌芽。故天理之發。其不可遏有如此者。至於宴安之時。私欲紛紜。展轉不已。以至計較豐約。都忘義理之心。乃其勢之使然也。人能於此而省察焉。則知所以存天理而遏人欲矣。○新安陳氏曰。此章前一截。反覆發明舍生取義。是

說人當託孤寄命之大節時事。中間食羹不受。是說一飲食之小節時事。然其能決一死以全義。則無分於大小也。不食非禮之食。蓋是指此以證人皆有羞惡之心。以實上文人能舍生取義之意。集註謂或能決死生於危迫之際。亦併前一截舍生取義處論之。古之君子。當舍生取義時。非徒感慨殺身。實能從容就義。如張巡死於睢陽之類。所謂危迫。乃事勢之危迫。非謂舍生就死者之倉黄失措也。不受非禮之食而死。如齊餓者不受嗟來之食之類。古來眞有此等人。然謂其能決死生於危迫之際。而又謂有不免計豐約於宴安之時者。蓋危迫之際。物欲不萌。義理之心。感發有不可遏。故往往能決死生。若宴安之時。物欲易行。私意何極。義理之心多至迷溺。故或不免至於計較豐約。亦勢使然也。人能於此省察之。則知所以遏人欲而擴天理矣。又是亦不可以已乎。最喚醒人。人之不能爲君子。多是不得已而爲之。今此三者。豈不可以已。而乃冒爲之。此之謂不失本心。尤斷制得明白。失其本心。與前所謂賢者能勿喪耳正相反。賢者惟克去私欲。故能勿喪其良心。衆人惟汨於私欲。故至於失其本心也

○孟子曰。仁。人心也。義。人路也

仁者。心之德。程子所謂心如穀種。上聲仁則其生之性是也。朱子曰。生之性。便是愛之理○勉齋黃氏曰。心。是穀種。心之德。是穀種中生之性也。生之性便是理。謂其具此生理而未生也。若陽氣發動。生出萌芽後。已是情。須認得生字。不涉那喜怒哀樂去○潛室陳氏曰。人心是物。穀種亦是物。只是物之有生理者爾。然便指心爲仁則不可。但人心中具此生理。便以穀種爲仁亦不可。但穀種中亦含此生理。穀不過是穀實結成。而穀之所以纔播種而便萌蘗者。蓋以其有生之性。心不過是血氣做成。而心之所以有運動惻怛處。亦以其有生之性。人心之與穀種。惟其有生之性。故謂之仁。而仁則非梏於二者之形也。孟子只恐人懸空去討仁。故即人心而言。程子又恐人以人心爲仁。故即穀種而言○新安陳氏曰。遺書云。心譬如穀種。生之性便是仁。陽氣發處乃情也然但謂之仁。則人不知其切於己。故反而名之曰人心。則可見其爲此身酬酢音昨萬變之主。而不可須臾失矣○此失字。即是下文放字朱子曰。仁無形迹底物事。孟子恐人理會不得。便說道只人心便是。卻不是把仁來形容人心。乃是把人心來指示人以仁也。心是通貫始終之物。仁是心體本來之妙。汩於物欲。則雖有是心。而失其本然之妙。惟用功親切者。爲能復之。孟子之言。固是渾然。然人未嘗無是心。而或至於不仁。只是失其本心之妙而然耳。則仁字心字。亦須畧有分別○西山眞氏曰。仁者。心之德也。而孟子直以爲人心者。蓋有此心。即有此仁。心而不仁。即非人矣。孔門言仁多矣。皆指其功用處而言。此則徑舉全體。使人知心即仁。仁即心。而不可以二視之也○雲峯胡氏曰。中庸言仁者人也。此人字指人之身而言。此則直指人之心而言。言身則人有此身。便自具此生理。比之他處言仁。已甚親切。此言心。則又見生之理。具於人之身。而心如穀種。又具此生理而未生者也。視中庸又親切矣義者行事之宜。謂之人路。則可以見其爲出入往來必由之道。而不可須臾舍上聲矣朱子曰。仁人心。是就心上言。義人路。是就事上言○潛室陳氏曰。或問孟子謂道若大路然。又曰義人路也。道爲義體義爲道用。均謂之路何耶。曰。道以路言。謂事事物物。各有當行之路。義亦言路者。謂處事處物。各就他當行路上行。故皆以路言。然道若大路。則取其明白易知。義爲人路。則取其往來必由。不知道之猶路。無目者也。不知義之猶路。無足者也。此孟子言意别處。○雲峯胡氏曰。路在外。出入往來必由乎我。事之宜在外。而所以行事而酌其宜者在乎心。於此見得仁字自包得義字。故下文求放心。但言仁而不及義也

舍其路而不由。放其心而不知求。哀哉舍上聲

哀哉二字。最宜詳味。令平聲人惕然有深省悉井反處雲峯胡氏曰。兩其字。即是上文兩人字。蓋曰人心人路。則禽獸無是心。亦無是路矣。人舍其爲人之路而不由。放其爲人之心而不知求。則不可謂之人矣。不可謂之人。則謂之何哉。此孟子所以深哀之。○新安陳氏曰。上文先仁而後義。由體而及用。此先路而後心。由用而歸之體也

人有雞犬放。則知求之。有放心而不知求。

程子曰。心至重。雞犬至輕。雞犬放則知求之。心放則不知求。豈愛其至輕而忘其至重哉。弗思而已矣。朱子曰。雞犬放有未必可求者。惟是心纔求則便在。未有求而不可得者。知其為放而求之。則不放矣。○存得此心便是仁。若此心放了。又更理會甚仁。今人之心。靜時昏。動時擾亂。便是放了。放心不獨是走作喚做放。纔昏睡去了便是放

愚謂上兼言仁義。而此下專論求放心者。能求放心。則不違於仁。而義在其中矣。慶源輔氏曰。能求其心。則心存。心存。則無適而非天理之流行。而應事接物之際。必能合時措之宜。故曰義在其中。蓋有體必有用也

學問之道。無他。求其放心而已矣。

學問之事。固非一端。然其道則在於求其放心而已。蓋

能如是。則志氣清明。義理昭著。而可以上達。不然則昏昧放逸。新安陳氏曰。靜時昏昧。動時放逸。雖曰從事於學。而終不能有所發明矣。朱子曰。學問亦多端矣。而孟子直以爲無他。蓋身如一屋子。心如一家主。有此家主。然後能洒掃門户。整頓事務。若無主。則此屋不過一荒屋耳。實何用焉。且如中庸言學問思辨四者甚切。然使放心不收。則何者爲學問思辨哉。收斂此心。不容一物。乃是用工。須就心上做得主定。方驗得聖賢之言有歸著。自然有契。○求放心。也不是在外面求得箇放心來。只是求時便在。○如我欲仁。斯仁至矣。只是欲仁。便是仁了。○求放心非以一心求一心。只求底便是已收之心。雖放去千萬里之遠。只一收便在此。他本無去來也。○求放心。當於未放之前看如何。已放之後看如何。復得了又看是如何。作三節看後。自然習熟。此心不至於放。○孟子謂學問求放心。又謂有是四端。知皆擴而充之。說得最好。人之一心。在外者要收入來。在内者又要推出去。孟子一部書。皆是此意。○蔡氏曰。或者但見孟子有無他而已矣之語。便立爲不必讀書窮理。只要存本心之說。所以卒流於異學。此指陸象山集註謂學問之事。固非一端。然其道。則在於求放心而已。正所以發明孟子之本意。以示異學之失。學者切宜玩味

故程子曰。聖賢千言萬語。只是欲人將已放之心。約之使反復入身來。自能尋向上去。下學而上達也。

朱子曰。所謂反復入身來。不是將已縱出底依舊收拾轉來。如七日來復。不是已往之陽。重新將來復生。蓋舊底已自過去了。這裏自然生出來。只是知求則心便在。便是反復入身來○上有學而問二字。不只是求放心便休。看自能尋向上去。下學而上達二句。這是存得此心。方可做去。必不是塊然空守得這心便了○徽庵程氏曰。尋向上去者。下學也。能向上去者。上達也○雲峯胡氏曰。約之使反復入身來。是此心不可爲流蕩忘反之心。自能尋向上去。下學而上達。蓋必由下學而後上達。則此心又不可爲虛空無用之心也

此乃孟子開示切要之言。程子又發明之曲盡其指。學者宜服膺而勿失也

南軒張氏曰。學問之道。以求放心爲主。然心豈遠人哉。知

其放而求之，則在是矣。所謂放者，其幾間不容息。故君子造次克念，戰兢自持，所以收其放而存之也。存之久則天理寖明，是心之體將周流而無所蔽矣。以堯舜禹相授受之際，獨曰人心惟危，道心惟微。心豈有二乎哉。放之，則人心之危無有極也。知其放而求之，則道心之微，豈外是哉。故貴於精一之而已。○雙峯饒氏曰：上文說仁人心也，是把心做義理之心，不應下文心字又別是一意。若把求放心做收攝精神不令昏放，則只說從知覺上去，恐與仁人心也不相接了。曩嘗以此質之勉齋，勉齋云：此章首言仁人心，是言仁乃人之心；次言放其心而不知求；末言學問之道無他，求其放心而已矣。言學問之道，非止一端，如講習討論，玩索涵養，持守踐行，擴充克治，皆是。其所以如此者，非有他也，不過求吾所失之仁而已。此乃學問之道也。三箇心字，脉絡聯貫，皆是指仁而言。今讀者不以仁言心，非矣。○新安陳氏曰：仁者，人之本心也。不仁之人，失其本心，放其心故也。本心存則爲仁，放則非仁。非仁則不能居仁以立其體，必不能由義以達其用矣。求放心即所以求仁也。學問者，求仁之方；求仁者，學問之本。此章歸宿在求放心上，是歸宿在求仁上也。一章有四心字，皆是指仁而言。文

理血脈甚貫讀之可見。又按放心。人欲也。求放心。遏人欲而存天理也

○孟子曰。今有無名之指屈而不信。非疾痛害事也。如有能信之者。則不遠秦楚之路。爲指之不若人也。信與伸同。爲去聲

無名指。手之第四指也

指不若人。則知惡之。心不若人。則不知惡。此之謂不知類也。惡去聲

不知類。言其不知輕重之等也。南軒張氏曰。人與聖人同類。以心之同耳。不同者。陷溺之故也。心不若人而知惡之。必求所以免於惡。蓋有須臾不遑寧處者矣。○新安陳氏曰。此承上章。以雞犬與心分輕重而言。下三章。亦以類相方而加切焉

○孟子曰。拱把之桐梓。人苟欲生之。皆知所以養之者。至

於身而不知所以養之者。豈愛身不若桐梓哉。弗思甚也。

拱。兩手所圍也。把。一手所握也。桐梓。兩木名

南軒張氏曰。愛其身。必思所以養之。古之人。理義以養其心。以至動作起居。聲音笑貌之間。莫不有養之之法。所以尊德性道問學以成其身也。於桐梓知所養。則自拱把至合抱。可以馴致。於身知所養。則自士而爲賢爲聖。亦循循可進矣。弗思則待其身曾一草木之不若。滔滔皆是也○新安陳氏曰。苟思吾之一身。三綱五常繫焉。四端萬善備焉。必思所以養之。養之之道。養心以養其內。謹九容之類以養其外。使吾身爲仁義禮智根心見面盎背之身。非徒養其口體血氣之身而已也。此章身字。內包心。外包動容周旋而言

○孟子曰。人之於身也。兼所愛。兼所愛。則兼所養也。無尺寸之膚不愛焉。則無尺寸之膚不養也。所以考其善不善者。豈有他哉。於己取之而已矣

人於一身固當兼養。新安陳氏曰。無所不愛。曰兼愛。無所不養。曰兼養。無尺寸之膚不養也。申兼愛兼養意然欲考其所養之善否者。惟在反之於身以審其輕重而已矣趙氏曰。人之於身無所不愛。則固當無所不養。然體有貴賤小大。養其貴且大者則善。養其賤且小者則不善。此豈待他人言之而後知哉。則亦反之於身而審其輕重於心焉則自知矣。○新安陳氏曰。輕重。即下文所謂貴賤小大是也

體有貴賤。有小大。無以小害大。無以賤害貴。養其小者為小人。養其大者為大人

賤而小者。口腹也。貴而大者。心志也

今有場師。舍其梧檟。養其樲棘。則為賤場師焉舍上聲。檟音價。樲音

場師。治場圃者。梧。桐也。檟。梓也。皆美材也。樲。棘。小棗。非美材也

養其一指而失其肩背而不知也。則爲狼疾人也

狼善顧。疾則不能。故以爲失肩背之喻新安陳氏曰。一指肩背有小大之分。故借以旁證小體大體

飲食之人。則人賤之矣。爲其養小以失大也爲去聲

飲食之人。專養口腹者也

飲食之人無有失也。則口腹豈適爲尺寸之膚哉

此言若使專養口腹。而能不失其大體。則口腹之養。軀命所關。不但爲尺寸之膚而已。但養小之人。無不失其

大者。故口腹雖所當養。而終不可以小害大。賤害貴也

朱子曰。此章言身則心具焉。飲食之人無有失也。則口腹豈適爲尺寸之膚哉。此數句說得倒了。也自難曉。意謂使飲食之人。眞無所失。則口腹之養本無害。然人屑屑理會口腹。則必有所失無疑。是以當知養其大體。而口腹底他自會去討喫。不到得餓了也○雙峯饒氏曰。以身而言。一毫一髮。皆吾所愛。皆吾所當養。但體有大小。莫專養小體。若才養目。便貪色。才養耳。便貪聲。才養口。便貪味。必至害其大體。又曰無以小害大。不是教人養其大者。而不養其小者。若養其小者。而不失其大者。則小者不爲大者之累。便是不以小害大○新安陳氏曰。此章言人當以養心志爲重。養口體爲輕。非謂養心志者。不養口體也。養心志。則道心爲主。而人心聽命。雖饑食渴飲與常人同。而食所當食。飲所當飲。自與常人異。若專養口體。則人心愈危。道心愈微。不至於窮口腹之欲而滅天理者鮮矣。孟子於此欲人不養小以失大。蓋所以遏人欲而存天理也

○公都子問曰。鈞是人也。或爲大人。或爲小人。何也。孟子

曰從其大體爲大人從其小體爲小人

鈞同也從隨也大體心也小體耳目之類也新安陳氏曰心能爲身之主使耳目從心之令者大人也心不能爲身之主反聽命於耳目而從其欲者小人也

曰鈞是人也或從其大體或從其小體何也曰耳目之官不思而蔽於物物交物則引之而已矣心之官則思思則得之不思則不得也此天之所與我者先立乎其大者則其小者不能奪也此爲大人而已矣

官之爲言司也耳司聽目司視各有所職而不能思是以蔽於外物既不能思而蔽於外物則亦一物而已又以外物交於此物其引之而去不難矣問蔽是遮蔽如目之視色從他

去時便是爲他所遮蔽。若能思則視其所當視。不視其所不當視。則不爲他所蔽矣。朱子曰。然。若不思則耳目亦是一物。心則能思而以思爲職。凡事物之來。心得其職。則得其理。而物不能蔽。失其職。則不得其理。而物來蔽之。此三者。皆天之所以與我者。而心爲大。三者謂耳目心若能有以立之。則事無不思。而耳目之欲不能奪之矣。此所以爲大人也。朱子曰。物交物。上物字指外物。下物字指耳目。耳目謂之物者。以其不能思。心能思。所以爲大體。君子固當於思處用工。能不妄思。是能先立其大者。然後耳目之小者不能奪。此句最有力。且看他下箇立字。謂之立者。是要卓然竪起此心使自立。所謂敬以直內是也。○耳目亦物也。不能思而交於外物。只管引將去。心之官固是主於思。然須是思方得。若不思。却倒把不是做是。是底却做不是。邪思雜慮。便順他做去却害事然此天之此。舊本多作比。而趙註亦以比方釋之。

今本既多作此。而註亦作此。此乃未詳孰是。但作比字。於義爲短。故且從今本是○范浚心箴曰。茫茫堪輿。俯仰無垠。音銀人於其間。眇然有身。是身之微。太倉稊杜兮反米。參爲三才。曰惟心爾。雲峯胡氏曰。堪輿。謂天地。言天地至大。而人處天地間。此身至小。不過如太倉一粒稊米而已。然人之所以可與天地參爲三才者。惟在此心。心之體豈不甚大往古來今。孰無此心。心爲形役。乃獸乃禽。雲峯胡氏曰。此言此心之大。往古來今。人人有之。若純乎義理。則是從其大體。若役於形氣。則是從其小體。彼禽獸之心。終日役役。不過飲食牝牡而已。人之心而爲形所役。與禽獸何異。嗚呼。人之心。其大也。本可以參天地。而役於小者。不能異乎禽獸。亦獨何哉。可以反而思矣惟口耳目。手足動靜。投閒去聲抵隙。乙逆反爲厥心病。雲峯胡氏曰。此言口欲味。目欲色。耳欲聲。四肢欲安佚。本心微有閒隙。彼則乘之而入矣一心之微。衆欲攻之。其所存者。嗚呼幾平聲希。雲峯胡氏曰。此言此心之發於義理者甚微。而役於形氣者甚衆。以彼之衆。攻我之微。如國勢方弱。而四面受敵。其不亡者罕矣君子存誠。克念克敬。天君泰然。百體從令。雲峯胡氏曰。前八句是說小人之從其小體。此四句。是說大人之從其大體。曰誠曰念曰敬。念即思之謂。而敬即存誠之方也。一誠足以消萬僞。一敬足以敵千邪。所謂先立乎其大者。莫切於此。天君泰然。是先立乎其大者。百體從令。是小者弗能奪。朱子曰。范氏之箴。蓋得其旨。未可易之也。愚故從而釋之云。先師曰。荀卿以耳目爲天官。心爲天君。又曰。心者形之君也。出令而無所受令。即此語以看孟子此章甚切。能先立乎其大者。則此心卓然能爲耳目之君。而從其大體。所謂天君泰然。百體從令者也。不能先立乎其大者。則退然方聽命於耳目。而從其小體。所謂心爲形役者也。立之如何。亦曰操而存之。使得其能思之職而已

○孟子曰。有天爵者。有人爵者。仁義忠信。樂善不倦。此天

爵也。公卿大夫。此人爵也。樂音洛

天爵者德義可尊。自然之貴也。南軒張氏曰。仁義又言忠信。忠信只是誠實此二者○雙峯饒氏曰。仁義。人人有之。忠信樂善。人所當勉。須忠信樂善。仁義方爲我有。乃爲可貴○新安陳氏曰。樂善。即樂此仁義忠信。不倦者。樂之至也

古之人。脩其天爵。而人爵從之

脩其天爵。以爲吾分去聲之所當然者耳。人爵從之。蓋不待求之而自至也。南軒張氏曰。古之人。脩其天爵而已。非有所爲而爲之。人爵從之者。言其理則然也

今之人。脩其天爵。以要人爵。既得人爵。而棄其天爵。則惑之甚者也。終亦必亡而已矣要平聲

要求也。脩天爵以要人爵。其心固已惑矣。得人爵而棄天爵。則其惑又甚焉。終必幷其所得之人爵而亡之也

朱子曰。孟子時人。尚脩天爵以要人爵。後世皆廢天爵以要人爵○問脩天爵以要人爵者。雖曰脩之。實已棄之久矣。何待於得人爵而後始謂之棄耶。曰。若是者。猶五覇之假仁。猶愈於不假不脩者耳○南軒張氏曰。古之士。修身於下。無一毫求於其君之心。而人君求賢於上。每懷不及之意。上下皆循乎天理。是以人才衆多而天下治。逮德之衰。在下者假名而要利。在上者徇名而忘實。而人才始壞矣。降及後世。則不復以仁義忠信取士。而乃求之於文藝之間。自孩提之童。則使之懷利心而習爲文辭。則幷與其假者而不務矣。則人才何怪其難哉○新安陳氏曰。無所爲而爲善者。誠也。故堅所守而不移。有所爲而爲善者。僞也。故得所求而遂已。或曰。脩其天爵。亦有人爵不從之者。棄其天爵。亦有人爵終不亡者。何也。曰。脩天爵自有得人爵之理。棄天爵自有亡人爵之理。其不得者。上之遺賢。其不亡者。下之僥倖。豈常理哉

○孟子曰。欲貴者。人之同心也。人人有貴於已者。弗思耳

貴於已者。謂天爵也

人之所貴者。非良貴也。趙孟之所貴。趙孟能賤之

人之所貴。謂人以爵位加已而後貴也。良者本然之善也。趙孟。晉卿也。新安倪氏曰。晉趙氏世呼趙孟。如智氏世呼智伯。晉爲盟主。趙氏世卿。故當時謂趙孟能賤貴人

能以爵祿與人而使之貴。則亦能奪之而使之賤矣。若良貴。則人安得而賤之哉

詩云。既醉以酒。既飽以德。言飽乎仁義也。所以不願人之膏粱之味也。令聞廣譽施於身。所以不願人之文繡也。聞去聲

詩。大雅既醉之篇。飽充足也。願欲也。膏肥肉。粱美穀。令善也。聞亦譽也。文繡衣之美者也。仁義充足而聞譽彰著。皆所謂良貴也。新安陳氏曰。兩不願字。即中庸不願乎其外之意。充足乎仁義之良貴。則自無所慕乎人爵之貴矣○尹氏曰。言在我者重。則外物輕。南軒張氏曰。人眞知其貴於已者。則見外誘之不足慕矣。惟不知在已之自有至貴。是以慕外而求於人也。良貴得之於天。人何預焉。得於天者公理。而求於人者私欲也。令聞廣譽君子非有欲之之心。飽乎仁義。則聞譽自至。猶言爲善有令名。理之固然者也。○雲峯胡氏曰。上章一要字。是內輕而外重。此章兩不願字。是內重而外輕。○東陽許氏曰。世人但知公卿大夫之爵爲貴。而不知在我之身皆有貴者。乃天所賦之善。所謂天爵也。天爵人所同有。故思則得之。人爵各有命分。雖求之無益。天爵亦是天命。此則義理之命。人爵乃氣數之命。孟子前章尚有脩天爵。而人爵自至之說。此章則於人爵下兩不願字。是不將這箇爲念矣

○孟子曰。仁之勝不仁也。猶水勝火。今之爲仁者。猶以一杯水救一車薪之火也。不熄則謂之水不勝火。此又與於不仁之甚者也

與猶助也。仁之能勝不仁。必然之理也。但爲之不力。則無以勝不仁。而人遂以爲眞不能勝。是我之所爲有以深助於不仁者也朱子曰。仁之勝不仁也。猶水勝火。以理言之。則正之勝邪。天理之勝人慾甚易。而邪之勝正。人慾之勝天理甚甚難。以事言之。則正之勝邪。天理之勝人慾甚難。而邪之勝正。人慾之勝天理却甚易。蓋纔是蹉失一兩件事。便被邪來勝將去。若以正勝邪。則須是做得十分工夫方勝得他。然猶自恐怕勝他未盡。正如人身正氣稍不足。邪便得以干之矣

亦終必亡而已矣

言此人之心亦且自怠於為仁終必并與其所為而亡之○趙氏曰言為仁不至而不反諸已也南軒張氏曰此為有志於仁而未力者言也仁與不仁特係乎操舍之間而天理人慾分焉天理存則人慾消固不兩立也故以水勝火喻之然用力於仁貴乎久而勿舍若一暴十寒○不得復失則暫存之天理豈能勝無窮之人欲遂以為仁不可以勝不仁而不加勉焉則同於不仁之甚者其論胥以亡也必矣學者觀此可斯須而不存是心乎天理寖明則人欲寖消及其至也人欲消盡天理純全以水勝火其不然乎○新安陳氏曰深味亦終必亡而已矣竊以為此章恐為戰國之諸侯言之以時暫一念一事之仁欲勝彼之殘暴甚不仁不惟不能勝遂使人謂仁不能勝不仁豈非反助其虐亦終必滅亡而已矣如此解則與天爵人爵章終亦必亡而已矣解為終必并所得人爵而失亡之者相協也

○孟子曰五穀者種之美者也苟為不熟不如荑稗夫仁

亦在乎熟之而已矣荑音蹄稗蒲賣反夫音扶

荑稗草之似穀者其實亦可食然不能如五穀之美也但五穀不熟則反不如荑稗之熟猶爲仁而不熟則反不如爲他道之有成是以爲仁必貴乎熟而不可徒恃其種上聲之美又不可以仁之難熟而甘爲他道之有成也○尹氏曰日新而不已則熟慶源輔氏曰日新日進也不已無間斷也必日進於一日而又無間斷然後純熟夫仁潛室陳氏曰他道如百工衆技百家諸子皆是○雲峯胡氏曰此章與上章相因上章言爲仁之不力無以勝不仁此章言仁之熟由於爲之力熟無所容力熟之在乎用力新安陳氏曰而已矣者熟之之說盡夫爲仁之功外此無他也苟能於孔門求仁之方循而行之日新不已由勉而利利而安心與仁一則熟之功效氣象可言矣

○孟子曰。羿之教人射。必志於彀。學者亦必志於彀。彀古候反

羿善射者也。志猶期也。彀弓滿也。滿而後發射之法也。

學謂學射

大匠誨人。必以規矩。學者亦必以規矩

大匠。工師也。規矩。匠之法也。新安陳氏曰。二節兩學者字。一謂學射者。一謂學匠者 ○此章言事必有法。然後可成。師舍上聲下同是則無以教。子弟舍是則無以學。曲藝且然。況聖人之道乎 南軒張氏曰。學者之於道。其為有漸。其進有序。自洒掃應對。至於禮儀之三百。威儀之三千。猶木之有規矩也。亦循乎此而已。至於形而上之事。則在其人所得何如。形而上者固不外乎洒掃應對之間也。舍是以求道。是猶舍規矩以求巧也。○慶源輔氏曰。射者志於彀。而真積力久。則善中矣。工者守乎規矩。而真積力久。則能巧矣。教者與

受教者。舍彀而言中。舍規矩而言巧。皆誣也。○雙峯饒氏曰。聖門教人定法。無如一部大學。○雲峯胡氏曰。此章與離婁篇首章相似。彼謂治天下不可無法。此謂師之教。弟子之學。皆不可無法

孟子集註大全卷之十一

孟子集註大全卷之十二

告子章句下

凡十六章

任人有問屋廬子曰禮與食孰重曰禮重任平聲

任國名。趙氏曰。任薛同姓之國。在齊楚之間屋廬子名連孟子弟子也

色與禮孰重

任人復問也復扶又反

曰禮重曰以禮食則飢而死不以禮食則得食必以禮乎親迎則不得妻不親迎則得妻必親迎乎屋廬子不能對

明日之鄒以告孟子孟子曰於答是也何有迎去聲於如字

何有不難也朱子曰。不親迎則得妻。如古者國有凶荒。則殺禮而多昏。周禮荒政十二條中。亦有此法。蓋貧窮不能備親迎之禮。法許如此

不揣其本而齊其末。方寸之木。可使高於岑樓揣初委反

本。謂下。末。謂上。方寸之木至卑。喻食色。岑鋤深反樓。樓之高銳似山者至高。喻禮。若不取其下之平。而升寸木於岑樓之上。則寸木反高。岑樓反卑矣慶源輔氏曰。物之不齊。固當揣其本以齊其末。不可只據其末以定其高卑

金重於羽者。豈謂一鉤金與一輿羽之謂哉

鉤。帶鉤也。金本重。而帶鉤小故輕。喻禮有輕於食色者羽本輕。而一輿多故重。喻食色有重於禮者慶源輔氏曰。物固有

重而有輕。然重者少而輕者多。則輕者反重。而重者反輕矣

取食之重者。與禮之輕者而比之。奚翅食重。取色之重者。與禮之輕者而比之。奚翅色重翅與啻同古字通用施智反

禮食親迎。禮之輕者也。飢而死以滅其性。不得妻而廢人倫。食色之重者也。奚翅猶言何但。言其相去懸絕。不但有輕重之差楚宜反而已

往應之曰。紾兄之臂而奪之食。則得食。不紾。則不得食。則將紾之乎。踰東家牆而摟其處子。則得妻。不摟。則不得妻。則將摟之乎紾音軫摟音婁

紾戾也。摟牽也。處上聲子。處女也。此二者禮與食色皆其

重者。而以之相較。則禮爲尤重也○此章言義理事物。其輕重固有大分。去聲然於其中。又各自有輕重之別。彼列反聖賢於此錯綜。子宋反斟酌。錯綜。分經緯。斟酌。量淺深也毫髮不差。固不肯枉尺而直尋。亦未嘗膠柱而調瑟。史記廉頗藺相如傳。趙孝成王七年。秦與趙兵相距長平。時趙使廉頗將兵。固壁不戰。王信秦之間言。使趙括爲將代廉頗。藺相如曰。王以名使括。若膠柱而鼓瑟耳。括徒能讀其父書傳。不知合變也。註。瑟每一絃有一柱。旋移變而取聲音之和。今以膠定其柱。不使變移而鼓之。豈能聲和所以斷丁亂反之一視於理之當然而已矣。朱子曰。禮之大體固重於食色矣。然其間事理之大小緩急不同。則亦或有反輕於食色者。惟理明義精者。爲能權之而不失耳。權之不失。是乃所以全禮之重而深明食色之輕也。觀於寸木岑樓之喩。孟子之意可見矣○南軒張氏曰。食色雖出於性。而其流則以害性。苟無禮以止之。則將何所極哉。禮之重於食色。

固不待較而明矣。惟夫汨於人欲而昧夫天性。於是始有禮與食色孰重之疑矣。○慶源輔氏曰。集註章旨之說。於聖賢處事之權度。固已得其要矣。苟或義理未精權度未審。則於凡事轇轕難辨之際。巧者必至於枉尺而直尋。拙者必至於膠柱而調瑟。終不得夫時措之宜也。○新安陳氏曰。飲食男女。人之大欲存焉。禮則天理所以防閑人欲者也。禮本重。食色本輕。固自有大分也。然亦不可拘拘於禮文之微者。又當隨時隨事。而酌其中焉。聖賢固不肯枉尺直尋以踰夫禮之經。亦未嘗膠柱調瑟以昧時宜之權也。○東陽許氏曰。敬兄。禮也。雖無食而將死。必不可奪兄之食而違敬兄之禮。婚娶。禮也。雖至於絕嗣。必不可摟人處子而違婚娶之禮。任人蓋異端之徒。蔑禮法而譏侮之者。故孟子止就其所言食色二者。使之自權其輕重而自思之。蓋不屑之教誨也

○曹交問曰。人皆可以爲堯舜。有諸。孟子曰。然

趙氏曰。曹交。曹君之弟也。人皆可以爲堯舜。疑古語或

孟子所嘗言也朱子曰。孟子道人皆可以爲堯舜。何曾道便是堯舜。更不假脩爲耶

交聞文王十尺。湯九尺。今交九尺四寸以長。句食粟而已。如何則可

曹交問也。食粟而已。言無他材能也

曰。奚有於是。亦爲之而已矣。有人於此。力不能勝一匹雛。則爲無力人矣。今曰舉百鈞。則爲有力人矣。然則舉烏獲之任。是亦爲烏獲而已矣。夫人豈以不勝爲患哉。弗爲耳

勝平聲

匹字本作鴄鴨也。從省作匹。禮記說匹爲鶩音木是也。記曲禮。庶人之摯匹。注匹讀爲鶩。野鴨曰鳧。家鴨曰鶩。不能飛騰。如庶人之終守耕稼也烏獲古之有

力人也。能舉移千鈞趙氏曰。秦武王好以力戲。力士烏獲至大官○新安陳氏曰。爲之一字。爲此章之要。所謂弗爲耳。及下文所不爲也。皆與爲之而已一句相應。而行堯之行。與歸而求之。行也。求也。皆所以爲之也。舉烏獲之任。是亦爲烏獲。以譬能爲堯舜之事。是亦爲堯舜也

徐行後長者謂之弟。疾行先長者謂之不弟。夫徐行者豈人所不能哉。所不爲也。堯舜之道。孝弟而已矣後去聲長上聲弟音悌光去聲夫音扶

陳氏曰。孝弟者。人之良知良能。自然之性也。堯舜人倫之至。亦率是性而已。豈能加毫末於是哉慶源輔氏曰。堯舜不過率是性而充其量。非有所增益於性分外也楊氏曰。堯舜之道大矣。而所以爲之。乃在夫音扶行止疾徐之間。非有甚高難行之事也。百

姓蓋日用而不知耳和靖尹氏曰。堯舜之道。上於孝弟。孝弟非堯舜不能盡。○朱子曰。堯舜之道。孝弟而已。這是對那不孝不弟底說。孝弟便是堯舜之道。不孝不弟便是桀紂。○南軒張氏曰。人性莫大於仁義。仁莫先於愛親。義莫先於從兄。此孝弟之所由立也。盡得孝弟。則仁義亦無不盡。是則堯舜之道。豈不可以一言蔽之乎。人孰無是心哉。顧體而充之何如耳。○慶源輔氏曰。陳氏就孝弟上說。而極於堯舜之聖。楊氏是就堯舜上說。而本於孝弟之近。二說互相發明。所謂百姓蓋日用而不知者。其警發於人尤為切至也

子服堯之服。誦堯之言。行堯之行。是堯而已矣。子服桀之服。誦桀之言。行桀之行。是桀而已矣之行並去聲

言為善為惡。皆在我而已。詳曹交之問。淺陋麤倉胡反率。慶源輔氏曰。此指其以身之長短與湯文較也。人皆可以為堯舜。豈謂是歟必其進見之時。禮貌衣冠言動之間。多不循理。故孟子告之如此。兩節

云覺軒蔡氏曰。孟子以人皆可爲堯舜。所以誘曹氏之進也。然亦豈謂不假脩爲而即可爲堯舜耶。勉之以孝弟。又勉之以衣服言行之間。固不以難而沮人。亦不以易而許人。惜乎曹交之不足以進此也○新安陳氏曰。上一節。告以徐行疾行。此一節。告以衣服言行。皆是就其病之切處箴教之

曰。交得見於鄒君。可以假館。願留而受業於門。見音現

假館而後受業。又可見其求道之不篤。慶源輔氏曰。此亦是富貴者之習氣。都未知那居無求安之味在

曰。夫道若大路然。豈難知哉。人病不求耳。子歸而求之。有餘師。夫音扶

言道不難知。若歸而求之事親敬長上聲下同之間。則性分去聲之內。萬理皆備。隨處發見。形甸反無不可師。不必留此

而受業也　問學莫難於知道。故欲脩身者。必以致知爲先。今曰道豈難知。而特患於不爲。何哉。朱子曰。道之精微。固難知也。然自始學言之。則如是而爲孝。如是而爲弟。如是而爲不孝。如是而爲不弟。其大體向背之間。豈不明而易知乎。致知云者。亦曰。即其已行之知而推致之耳　○慶源輔氏曰。道若大路然。人所共由者也。初匪難知。但患人蔽於私。役於氣。自暴自棄而不肯求耳。誠能即其孝親弟長之良知良能。而遡其自然之性。則一性之中。萬理皆備。日用之間。隨所感處。無不發見。而察之。而體之。則師不必求於外而得。道不必索於外而存矣

○曹交事長之禮既不至。求道之心又不篤。故孟子教之以孝弟而不容其受業。蓋孔子餘力學文之意亦不屑之教誨也　朱子曰。曹交識致凡下。又有挾貴求安之意。故孟子拒之。然所以告之者。亦極親切。非終拒之也　○新安陳氏曰。可爲堯舜。在性分。不在形體。交以形體似聖人言。陋矣。孟子所答。全章之要。在爲之而已。中言行堯之行。以躬行言也。末言豈難知。與病不求。歸求。以求知言也。求知以開其爲

之之端。躬行以盡其爲之之實。則所謂可爲堯舜者。必眞能爲之。安有不假脩爲。而可安坐以至堯舜之理耶。徐行尤易能。故先只言徐行之弟。而後總以孝弟言之。有餘師。非謂人師也。如先儒所謂學者當以已心爲嚴師之意

○公孫丑問曰。高子曰。小弁小人之詩也。孟子曰。何以言之。曰。怨。弁音盤

高子。齊人也。小弁。小雅篇名。周幽王娶申后。生太子宜臼。又得褒姒。音似生伯服。而黜申后。廢宜臼。於是宜臼之傅。爲去聲作此詩。以叙其哀痛迫切之情也。南軒張氏曰。家國之念深。故其憂苦。父子之情切。故其辭哀

曰。固哉。高叟之爲詩也。有人於此。越人關弓而射之。則已

談笑而道之。無他。疏之也。其兄關弓而射之。則已垂涕泣而道之。無他。戚之也。小弁之怨。親親也。親親。仁也。固矣夫高叟之爲詩也。關與彎同。射食亦反。夫音扶。

固。謂執滯不通也。爲。猶治也。越。蠻夷國名。道。語也。親親之心。仁之發也。新安陳氏曰。小弁之事。人倫之大變。宗社傾覆繫焉。如之何勿怨。是其怨。乃所以見親親之心。蓋愛親之仁之發見者也

曰。凱風何以不怨

凱風。邶蒲昧反風篇名。衛有七子之母。不能安其室。七子作此以自責也。新安陳氏曰。母生七子而寡。不能安其室。七子作詩。不敢非其母。引罪自責。謂子不能慰母心。使母不安。以感動之也

曰。凱風親之過小者也。小弁親之過大者也。親之過大而不怨是愈疏也。親之過小而怨是不可磯也。愈疏不孝也。不可磯亦不孝也

磯水激石也。不可磯言微激之而遽怒也　朱子曰。親之過大。則傷天地之太和。戾父子之至愛。若此而不怨焉。則是坐視其親之陷于大惡。恝然不少動其心。而父子之情益薄矣。此之謂愈疏。親之過小。則特以一時之私心。而少有虧于父子之天性。若此而遽怨焉。則是水中不可容一激石。一有激石則叫號而遽怒矣。此之謂不可磯。故二者均爲不孝也。○南軒張氏曰。小弁凱風其事異故其情其辭異。當小弁之事。而怨慕不形。是漠然無親。當凱風之事。而怨心遽形。是歸過於親。皆失親親之義而賊夫仁矣。故皆以不孝斷之。怨一也。由小弁之所存。則爲天理。由高子之所見。則爲人欲。不可不察也

孔子曰。舜其至孝矣。五十而慕

言舜猶怨慕。小弁之怨。不爲不孝也○趙氏曰。生之膝下。一體而分。喘尺兗反息呼吸。氣通於親。新安陳氏曰。此由子生之始。而推其未生以前。深味之。愛親之心油然生矣當親而疏。同踈怨慕號平聲天。是以小弁之怨。未足爲愆也問說詩者皆以小弁之意。與舜怨慕同。竊謂只我罪伊何一句。與舜於我何哉之意同。後面君子秉心。維其忍之。君子不惠。不舒究之。分明是怨其親。與舜怨慕之意似不同。朱子曰。作小弁者自是未到得舜地位。蓋亦常人之情耳。只我罪伊何上面說何辜于天。亦似自以爲無罪。未可與舜同日語也○雲峯胡氏曰。七情中有哀而無怨。怨出於哀。哀之切。故怨之深。雖程子嘗論小弁之怨與舜不同。然皆出於人情之至痛。而天理之至眞者也

○宋牼將之楚。孟子遇於石丘牼口莖反

宋。姓。牼。名。石丘。地名

曰先生將何之

趙氏曰學士年長上聲者故謂之先生

曰吾聞秦楚構兵我將見楚王說而罷之楚王不悅我將見秦王說而罷之二王我將有所遇焉說音稅

時宋牼方欲見楚王恐其不悅則將見秦王也遇合也

按莊子書有宋鈃刑堅二音者禁攻寢兵救世之戰上說音稅下教強上聲聒古活反不舍上聲○見莊子天下篇疏去聲云齊宣王時人以事考之疑即此人也構古候反合也

曰軻也請無問其詳願聞其指說之將如何曰我將言其不利也曰先生之志則大矣先生之號則不可

徐氏曰。能於戰國擾攘之中。而以罷兵息民爲說。其志可謂大矣。然以利爲名。則不可也（蔡氏曰。宋牼在當時。想亦是年德之高者。故孟子以先生呼之。而猶不免溺於利害之私。蹊不知仁義之正道。世俗從可知矣）

先生以利說秦楚之王。秦楚之王。悅於利以罷三軍之師。是三軍之士。樂罷而悅於利也。爲人臣者懷利以事其君。爲人子者懷利以事其父。爲人弟者懷利以事其兄。是君臣父子兄弟。終去仁義。懷利以相接。然而不亡者。未之有也。（樂音洛。下同）先生以仁義說秦楚之王。秦楚之王。悅於仁義而罷三軍之師。是三軍之士。樂罷而悅於仁義也。爲人臣者懷仁義以事其君。爲人子者懷仁義以事其父。爲人弟

者懷仁義以事其兄是君臣父子兄弟去利懷仁義以相接也然而不王者未之有也何必曰利(王去聲)

此章言休兵息民為事則一然其心有義利之殊而其效有興亡之異學者所當深察而明辨之也

南軒張氏曰古之謀國者以義理不以利害此天理人欲之所以分而治忽所由係也說之以利使其能從亦利心耳罷兵雖息一時之患而徇利實傷萬世之彝○西山眞氏曰戰國交兵之禍烈矣宋牼一言而罷之豈非生民之福而仁人之所甚願者哉顧利端一開君臣父子兄弟大抵皆見利而動其禍又有甚於交兵者是以聖賢不得不嚴其防也○新安陳氏曰以利說二王而罷兵若足為斯民幸矣然上下皆懷利以相接必將有滅亡之禍是利未得而害已甚矣以仁義說二王而罷兵上下皆懷仁義以相接則仁必愛親義必急君雖不言利而仁義之利自在其中矣此章大意與首篇首章相似利端一開利心兢熾而大倫將不暇顧其禍有甚於交兵者交兵不

過殺人身耳。言利。則必蠱害人心。孟子此章。於遏人欲。存天理尤嚴焉

○孟子居鄒。季任爲任處守。以幣交。受之而不報。處於平陸。儲子爲相。以幣交。受之而不報任平聲相去聲下同

趙氏曰。季任。任君之弟。任君朝音潮會於鄰國。季任爲去聲之居守其國也。儲子。齊相也。不報者。來見則當報之。但以幣交。則不必報也朱子曰。初不自來。但以幣交。未爲非禮。但孟子既受之後。便當來見而又不來。則其誠之不至可知矣。故孟子過而不見。施報之宜也。亦不屑之教誨也○慶源輔氏曰。來見則禮意重。幣交則禮意輕也

他日由鄒之任。見季子。由平陸之齊。不見儲子。屋廬子喜曰。連得間矣

屋廬子連其名也知孟子之處上聲此必有義理故喜得其間

隙而問之

問曰夫子之任見季子之齊不見儲子為其為相與為其之為去聲下同與平聲

言儲子但為齊相不若季子攝守君位故輕之邪俗作耶

曰非也書曰享多儀儀不及物曰不享惟不役志于享

書周書洛誥之篇享奉上也儀禮也物幣也役用也言雖享而禮意不及其幣則是不享矣以其不用志于享故也蔡氏曰享不在幣而在於禮幣有餘而禮不足亦所謂不享也

為其不成享也

孟子釋書意如此新安陳氏曰。幣物有餘而禮儀不足。是有慢上之心。謂其所貪在物。雖禮意不足無妨。乃是雖有享之名。而不成享之禮也

屋廬子悅。或問之。屋廬子曰。季子不得之鄒。儲子得之平陸。

徐氏曰。季子爲去聲君居守。不得往他國以見孟子。則以幣交。而禮意已備。儲子爲齊相。可以至齊之境内。而不來見。則雖以幣交。而禮意不及其物也。慶源輔氏曰。不得之鄒而不來。則是制於禮者也。得之平陸而不至。則是簡於禮者也。制於禮者欲爲而不可。簡於禮者可爲而不欲。君子之所爲。一視其禮意之輕重而行。吾義而已。○覺軒蔡氏曰。此章見孟子於禮意之間。是否之際。權衡輕重。各稱其宜如此。然皆以幣交而皆受之。豈孟子當時亦有幣交之禮。而季子儲子皆非惡人。亦有可受之理歟

〇淳于髡曰先名實者爲人也後名實者自爲也夫子在三卿之中名實未加於上下而去之仁者固如此乎先後爲皆去聲

名聲譽也實事功也言以名實爲先而爲之者是有志於救民者也以名實爲後而不爲者是欲獨善其身者也先後並如字名實未加於上下言上未能正其君下未能濟其民也

孟子曰居下位不以賢事不肖者伯夷也五就湯五就桀者伊尹也不惡汙君不辭小官者柳下惠也三子者不同道其趨一也一者何也曰仁也君子亦仁而已矣何必同

惡趨並去聲

仁者無私心而合天理之謂。慶源輔氏曰。無私心以存諸心而言。合天理以行諸外而言。人固有雖無私心而行事不合天理者。唯仁則內外合。天人備矣○論語於令尹子文陳文子章註引師說以為當理而無私心則仁矣。今又以為仁者無私心而說合天理。其先後不同者。蓋彼就二子之事而言。故以為當理而無私心。此直指夫仁而言。故曰仁者無私心而合天理楊氏曰。伊尹之就湯以三聘之勤也。其就桀也。湯進之也。湯豈有伐桀之意哉。其進伊尹以事之也。欲其悔過遷善而已。伊尹既就湯則以湯之心為心矣。及其終也。人歸之。天命之。不得已而伐之耳。若湯初求伊尹即有伐桀之心。而伊尹遂相去聲之以伐桀。是以取天下為心也。以取天下為心。豈聖人之心哉程子曰。五就湯。五就桀。此伊尹後來事。蓋已出了。則當以湯之心爲心。所以五就桀。不得不如此○張子曰。伯夷伊尹。柳下惠。皆稱聖人。出於仁之一端。莫非仁也。三子者各以是成性。故得稱仁○雲峯胡氏曰。集註於二子之中。引楊氏說獨詳於伊尹者。如夷惠不屑就。不屑去。其迹甚易明。惟伊尹有去又有就。其心未易識。故詳之

曰。魯繆公之時。公儀子爲政。子柳子思爲臣。魯之削也滋甚。若是乎賢者之無益於國也

公儀子。名休。爲魯相。去聲子柳。泄柳也。削。地見侵奪也。髡譏孟子雖不去。亦未必能有爲也

曰。虞不用百里奚而亡。秦穆公用之而霸。不用賢則亡。削何可得與與平聲

百里奚。事見形甸反前篇新安陳氏曰。亡則何止乎削。故曰削何可得。魯之不亡。尚以三賢在也。否則如虞之亡。求削而不可得矣

曰。昔者王豹處於淇。而河西善謳。緜駒處於高唐。而齊右善歌。華周杞梁之妻善哭其夫。而變國俗。有諸內。必形諸外。爲其事而無其功者。髡未嘗覩之也。是故無賢者也。有則髡必識之。華去聲

王豹。衛人。善謳。淇。水名。緜駒。齊人。善歌。謳。聲有曲折也。歌。長言也。高唐。齊西邑。華周。杞梁。二人皆齊臣。戰死於莒。莒音舉其妻哭之哀。國俗化之。皆善哭。左傳襄公二十三年。齊侯襲莒。杞殖華胡化反還音旋載甲夜入。明日先遇莒子。莒子重賂之。使無死。曰請有盟。華周對曰。食貨棄命。亦君所惡也。昏而受命。日未中而棄之。

何以事君。莒子親鼓而伐之。獲杞梁。莒人行成。齊侯歸遇杞梁之妻於郊。梁戰死。妻行迎喪。使弔之。辭曰。殖之有罪。何辱命焉。若免於罪。猶有先人之敝廬在。下妾不得與郊弔。齊侯弔諸其室。○劉向說苑。齊莊公攻莒。杞梁與莒戰。梁遂鬬殺二十七人而死。妻聞而哭。城爲之陁。而隅爲之崩。髠以此譏孟子仕齊無功。未足爲賢也。

曰。孔子爲魯司寇。不用。從而祭。燔肉不至。不稅冕而行。不知者以爲爲肉也。其知者以爲爲無禮也。乃孔子則欲以微罪行。不欲爲苟去。君子之所爲。衆人固不識也。稅音脫。爲肉爲無之爲去聲。

按史記。孔子爲魯司寇。攝行相去聲下同事。齊人聞而懼。於是以女樂遺去聲魯君。季桓子與魯君往觀之。怠於政事。

子路曰。夫子可以行矣。孔子曰。魯今且郊。如致膰（音煩）于大夫。則吾猶可以止。桓子卒受齊女樂。郊又不致膰俎于大夫。孔子遂行。孟子言以爲爲肉者。固不足道。以爲爲無禮。則亦未爲深知孔子者。蓋聖人於父母之國。不欲顯其君相之失。又不欲爲無故而苟去。故不以女樂去而以燔肉行。其見幾（平聲）明決。而用意忠厚。固非衆人所能識也。然則孟子之所爲。豈髡之所能識哉。○尹氏曰。淳于髡未嘗知仁。亦未嘗識賢也。宜乎其言若是。（南軒）

張氏曰。孔子之去魯。非孟子發明於此。後世固亦未知也。○慶源輔氏曰。觀孟子引孔子之事以答淳于髡。則孟子之去齊亦必有所爲而不欲言之者矣。○汪氏曰。爲肉爲無禮。皆非知孔子。蓋不能用聖人而耽聲色。君之大罪。燔肉不至。君之微罪。若不以微罪行。而著君之罪。則爲不仁。苟去。則爲不義。以微罪行。仁也。不爲苟去。義也。君子之所爲。仁義而已○新安陳氏曰。髠本辯口滑稽之徒。始謂孟子去齊而未仁。孟子答以夷惠伊尹或去或就皆仁也。又謂有賢則必識之。孟子答以夫子之去魯。亦豈髠所能識哉。反覆言古人事末方以君子自擬。以衆人指髠。髠雖譏孟子未立功而去。而孟子所以去齊之故。終不自言以顯齊王之失。亦見幾明決而用意忠厚焉。自謂所願則學孔子。今觀其進退語默。宛然孔氏家法也

○孟子曰。五霸者。三王之罪人也。今之諸侯。五霸之罪人也。今之大夫。今之諸侯之罪人也

趙氏曰。五霸。齊桓。晉文。秦穆。宋襄。楚莊也。三王。夏禹。商湯。周文武也。丁氏曰。丁氏名公著。唐蘇州人 夏昆吾。商大彭。豕韋。周齊桓。晉文。謂之五霸註趙氏曰。丁氏說。本杜預春秋傳○新安陳氏曰。自王道衰。伯

圖盛。入惟知五伯之功，豈敢議五伯之罪。惟孟子崇王賤伯，故以三王律五伯，而名其爲罪人焉。五伯宜從前一說。

天子適諸侯曰巡狩，諸侯朝於天子曰述職。春省耕而補不足，秋省斂而助不給。入其疆，土地辟，田野治，養老尊賢，俊傑在位，則有慶，慶以地。入其疆，土地荒蕪，遺老失賢，掊克在位，則有讓。一不朝，則貶其爵；再不朝，則削其地；三不朝，則六師移之。是故天子討而不伐，諸侯伐而不討。五霸者，摟諸侯以伐諸侯者也，故曰五霸者，三王之罪人也。朝音潮。辟與闢同。治去聲。

慶，賞也，益其地以賞之也。掊克，聚斂力驗反也。讓，責也。移之者。誅其人而變置之也。討者。出命以討其罪。而使方伯連帥帥上所類反下所律反諸侯以伐之也。伐者。奉天子之命聲其罪而伐之也。摟。牽也。五霸牽諸侯以伐諸侯。不用天子之命也。新安陳氏曰。無王如此。使居三王之世。豈非罪人自入其疆至則有讓。言巡狩之事。自一不朝至六師移之。言述職之事南軒張氏曰。天子入諸侯之國。首察其土田。次詢其賢才。蓋爲國之道。莫先於農桑。莫要於人才也

五霸桓公爲盛。葵丘之會諸侯。束牲載書而不歃血。初命曰。誅不孝。無易樹子。無以妾爲妻。再命曰。尊賢育才。以彰有德。三命曰。敬老慈幼。無忘賓旅。四命曰。士無世官。官事無攝。取士必得。無專殺大夫。五命曰。無曲防。無遏糴。無有

封而不告。曰。凡我同盟之人。既盟之後。言歸于好。今之諸侯。皆犯此五禁。故曰。今之諸侯。五霸之罪人也。歃所洽反 糴音狄 好去聲

按春秋傳去聲僖公九年。葵丘之會。陳牲而不殺。讀書加於牲上。新安陳氏曰。威信服人。無事歃血。歃。歠也壹明天子之禁。樹。立也。已立世子。不得擅時戰反易。初命三事。所以脩身正家之要也。穀梁傳。僖公九年。九月戊辰。諸侯盟于葵丘。桓盟不日。此何以日。日謂記其日美之也。爲見天子之禁。故備之也。葵丘之會。陳牲而不殺。讀書加於牲上。一明天子之禁。曰。毋雍泉。專水利毋訖糴。訖止也毋易樹子。毋以妾爲妻。毋以婦人與國事。與音預○慶源輔氏曰。一明天子之禁。但一意以明天子之禁而已。不孝是惡之大者。故居首。世子必告於天子而後立。既立。則豈可擅自易之。不孝是不子。易樹子是不父。以妾爲妻。則無夫

婦之別。賔。賔客也。旅。行旅也。皆當有以待之。不可忽忘也。士世祿而不世官。恐其未必賢也。官事無攝。當廣求賢才以充之。不可以闕人廢事也。取士必得。必得其人也。無專殺大夫。有罪則請命于天子而後殺之也。無曲防。不得曲爲隄防。壅泉激水以專小利。病鄰國也。無遏糴。鄰國凶荒。不得閉糴也。無有封而不告者。不得專封國邑而不告天子也。新安陳氏曰。五命。即載書之辭。才者有之。亞於尊賢。所以明貴德。言歸于和好。無構怨也。

長君之惡其罪小。逢君之惡其罪大。今之大夫。皆逢君之惡。故曰今之大夫。今之諸侯之罪人也。長上聲君有過不能諫。又順之者。長君之惡也。君之過未萌。而先意導之者。逢君之惡也南軒張氏曰。君有惡。承順而長之。固爲罪矣。逢君惡者。逆探君意而成之。罪尤大也。其詭祕姦譎爲甚。而戕賊蠧害尤深。蓋君萌不善之念。其始必有未安於心。未敢遽達也。已迎而安之。則其發也必果。君以爲已意未形於事而彼能先之。則其愛也必篤。故長君惡於外者。其罪易見。逢君惡於內者。其慝難知。易見者害猶淺。難知者害不可言也。自古姦臣之得君。未有不自逆探君意以成其惡。故君臣之相愛不可解。卒至於俱亡而後已。逢君之惡云者。可謂極小人之情狀矣。○慶源輔氏曰。長君之惡者。無能而巽懦。阿諛之人也。逢君之惡者。有才而傾險。陰邪之人也。○林氏曰。邵子有言。治春秋者不先治五霸之功罪。則事無統理。而不得聖人之心。春秋之間。有功者未有大於五霸。有過者亦未有大於五霸。故五霸者。功之首。罪之魁也。以上邵子之說孟子此章之義其亦若此也與。音余然五霸得罪於三王。今之諸侯得罪於五霸皆出於異世。故得以逃其罪。至於今之大夫。宜得罪於今之諸侯則同時矣。而諸侯非惟莫之罪也。乃反以爲良臣而厚禮之。不以爲罪而反以爲功。何其謬靡幼反哉慶源輔氏曰。孟子雖取桓文之五命而又以五霸爲三王之罪人。得春秋之大指矣

○魯欲使慎子爲將軍

慎子。魯臣

孟子曰。不教民而用之謂之殃民。殃民者。不容於堯舜之世

教民者敎之禮義，使知入事父兄，出事長上也。用之

使之戰也。慶源輔氏曰：能如是而教其民，乃可以即戎。使之敵愾禦侮，臨戰之際，皆如手足之捍頭目，子弟之衛父兄矣。不然，則是陷之於死地也，故謂之殃民，在堯舜之仁政，豈容之哉？

一戰勝齊，遂有南陽，然且不可。

是時魯蓋欲使慎子伐齊，取南陽也。故孟子言就使慎子善戰有功如此，且猶不可。新安陳氏曰：就使僥倖克敵，已驕敵怒，禍方深耳，況未必能，且不免敗乎？

慎子勃然不悅曰：此則滑釐所不識也。滑音骨。滑釐，慎子名。

曰：吾明告子。天子之地方千里；不千里，不足以待諸侯。諸

侯之地方百里。不百里。不足以守宗廟之典籍

待諸侯。謂待其朝覲聘問之禮。宗廟典籍。祭祀會同之常制也慶源輔氏曰。觀此二句則知先王之制。封國大小。自有意義。豈私意可得而損益之哉

周公之封於魯。爲方百里也。地非不足。而儉於百里。太公之封於齊也。亦爲方百里也。地非不足也。而儉於百里

太公有大勳勞於天下。而其封國不過百里。儉止而不過之意也問王制與孟子同。而周禮諸公之地。封疆方五百里。諸侯方四百里。伯三百里。子二百里。男百里。鄭氏以王制爲夏商制。爲夏商中國方三千里。周公斥而大之。中國方七千里。所以不同。朱子曰。鄭氏只文字上說得好看。然甚不曉事情。且如百里之國。周人欲增到五百里。須併四箇百里國地。方做得一國。其所併四國。又當別裂地以封之。如此則天下諸侯東遷西移。改立宗廟社稷。皆爲之騷動矣。且如此趲去。不數大國

便無地可容了。許多國。何以處之。恐其不然。竊意其初只方百里。後來吞併。遂漸漸大。如禹會諸侯於塗山。執玉帛者萬國。到周時只千八百國。自非吞併。如何不見了許多國。武王時諸國地已大。武王亦不奈何。只得就而封之。當時封許多功臣之國。緣當初滅國五十。得許多空地可封。不然則周公太公亦自無安頓處。孟子百里之說。亦只是大綱如此說。不是實考得見古制

今魯方百里者五。子以爲有王者作則魯在所損乎在所益乎

魯地之大。皆并去聲吞小國而得之。有王者作則必在所損矣

徒取諸彼以與此。然且仁者不爲。況於殺人以求之乎

徒空也。言不殺人而取之也慶源輔氏曰。不殺人而取彼與此。仁者猶且不爲。以

其非所當得故也。况於殃民而求廣土地者乎

君子之事君也務引其君以當道志於仁而已

當道。謂事合於理。志仁。謂心在於仁

華陽范氏曰。君子之事上也。引其君於正。小人之事上也。引其君於邪。君子引其君於仁義。引其君於愛民。引其君於納諫。引其君於恭儉。引其君於學問。此君子之所以引其君者。志於仁而已矣。小人引其君於好利。引其君於好戰。引其君於用刑。引其君於拒諫。引其君於驕侈。此小人之所以引其君者。志於不仁而已矣。伊尹以堯舜之道引成湯。故成湯爲堯舜之君。周公以文武之道引成王。故成王爲文武之君。此引其君以當道。榮夷公以專利引周厲王。故周亂。趙高以刑法引秦二世。故秦亡。此引君以當非道也○西山眞氏曰。道之與仁。非有二也。以事之理而言。則曰道。以心之德而言則曰仁。心存於仁。則其行無不合道矣○新安陳氏曰。事合理。必不爭已所不當有之地。心存仁必不殺人以爭地。二句不特可斷此一事。實臣事君之法也。殃民者仁之反。欲愼子導君以仁。不殃民而爲不

仁也

○孟子曰。今之事君者曰。我能爲君辟土地充府庫。今之所謂良臣。古之所謂民賊也。君不鄉道。不志於仁。而求富之。是富桀也爲去聲辟與闢同鄉與向同下皆同

辟。開墾口狠反也朱子曰鄉道志仁不可分爲二事。中庸曰。脩道以仁。孟子言不志於仁所以釋不鄉道之實也。前章務引其君以當道。志於仁而已。亦言志仁之爲當道耳

我能爲君約與國戰必克。今之所謂良臣。古之所謂民賊也。君不鄉道。不志於仁。而求爲之强戰。是輔桀也

約要平聲結也。與國和好去聲相與之國也新安陳氏曰。前是爲君富國。剝下奉上者。此是爲君强兵戰勝攻取者。暴君之良臣實治世之民賊。不能引君鄉道志仁。而導以不道不仁。助

桀爲虐者也

由今之道。無變今之俗。雖與之天下。不能一朝居也

言必爭奪而至於危亡也南軒張氏曰。此章大抵與前章意同。戰國之臣。所以輔君者。徒以能富國强兵爲忠。而其君亦固以此爲臣之忠於我也。而孟子以爲民賊。何哉。蓋君不鄉道。不志於仁。而但爲之富强之計。則君益以驕肆。而民益以憔悴。是上成君之惡。而下絕民之命也。當時諸侯。乃以民賊爲良臣。豈不痛哉。○新安陳氏曰。自當時觀之。孟子此論。若迂且激。既而六國吞。暴秦亡。此論豈不深中大驗。此章與上章意實相類。其因譏切愼子而繼發歟

○白圭曰。吾欲二十而取一。何如

白圭。名丹。周人也。欲更平聲稅法。二十分扶問反下同而取其一分。林氏曰。按史記。白圭能薄飲食。忍嗜時至反欲。與童

僕同苦樂。音洛下同樂觀時變。人棄我取。人取我與。以此居積致富。其爲此論。蓋欲以其術施之國家也勿軒熊氏曰。按貨殖列傳。白圭當魏文侯時。李克務盡地力。而白圭樂觀時變。故人棄我取。人取我予。能薄飮食。忍嗜欲。與用事僮僕同苦樂。趨時若猛獸鷙鳥之發。曰。吾治生猶孫吳用兵。商鞅行法。智不足以權變。勇不足以斷決。仁不能以取予。强不能以有守。雖欲學吾術。皆不告也。蓋世言治生者祖白圭

孟子曰。子之道。貉道也貉音陌

貉。北方夷狄之國名也

萬室之國。一人陶。則可乎。曰。不可。器不足用也

孟子設喻以詰契乙反圭。而圭亦知其不可也

曰。夫貉。五穀不生。惟黍生之。無城郭宮室宗廟祭祀之禮

無諸侯幣帛饔飧無百官有司故二十取一而足也夫音扶

北方地寒不生五穀黍早熟故生之得及未寒時生成饔飧以飲食饋客之禮也

今居中國去人倫無君子如之何其可也

無君臣祭祀交際之禮是去人倫無百官有司是無君子

陶以寡且不可以為國況無君子乎

因其辭以折之

欲輕之於堯舜之道者大貉小貉也欲重之於堯舜之道者大桀小桀也

什一而稅。堯舜之道也。多則桀。寡則貉。今欲輕重之。則是小貉小桀而已。慶源輔氏曰。什一。中正之制也。故以爲堯舜之道。三代聖人。雖因時損益有所不同。然一本於中正。則無以異也。惟其中正。所以行之天下而安。傳之萬世而無弊。周衰。王制盡廢。兼幷之俗起。而貧富遂以不均。白圭厯身禁欲。樂觀時變。知取知予。以此居積致富。此三代盛時所無有也。其犯先王之禁大矣。顧乃私憂過計。創爲輕賦之說。欲以其術施之國家。故孟子明辨其不可。觀其始則取其事之易辨者以開其智。中則歷陳其不可之實以破其說。末則舉堯舜之道不可得而輕重者。使之有所歸著。亦可謂委曲詳盡矣。○雲峯胡氏曰。易曰。節以制度。必先言中正以通。蓋堯舜之道。中而已。重之輕之。皆非中也。可行於夷狄。不可通行於天下。可行於一時。不可通行於萬世。○新安陳氏曰。彼眞貉眞桀爲大者。此爲小者也。

○白圭曰。丹之治水也。愈於禹。

趙氏曰。當時諸侯有小水。白圭爲之築堤壅委恐反而

注之他國

孟子曰子過矣禹之治水水之道也

順水之性也

是故禹以四海爲壑今吾子以鄰國爲壑

壑受水處也

水逆行謂之洚水洚水者洪水也仁人之所惡也吾子過矣

惡去聲

水逆行者下流壅塞故水逆流今乃壅水以害人則與洪水之災無異矣勿軒熊氏曰按白圭自言善治生有智仁强勇四術然築堤壅水不能行所無事則不智以鄰國爲壑利己害人則不仁所謂强勇亦愚悍自信而已此戰國富强之術故深抑之○新

安陳氏曰。禹除天下之害。順水之性。而委之於海。圭除一國之害。不順水之性。而但壑之於鄰。是禹爲天下除害。而圭乃爲鄰國之害也。不仁甚矣

○孟子曰。君子不亮。惡乎執。惡平聲

亮信也。與諒同。惡乎執。言凡事苟且。無所執持也。朱子曰。考之說文。古無亮字。以爲與諒通者近之。然諒有二訓。止訓信者。友諒之類是也。訓必信者。貞而不諒是也。○南軒張氏曰。諒對貞而言。則專於諒者未必貞也。以已之私意爲諒。非諒之正也。孟子之言諒。諒之正也。○慶源輔氏曰。此與論語人而無信章同意。此以守言。彼以行言也。○汪氏曰。執諒。體常也。不諒。通變也。

○魯欲使樂正子爲政。孟子曰。吾聞之。喜而不寐

喜其道之得行

公孫丑曰。樂正子強乎。曰否。有知慮乎。曰否。多聞識乎。曰。

否知去聲

此三者皆當世之所尚而樂正子之所短故丑疑而歷問之

然則奚爲喜而不寐

丑問也

曰其爲人也好善好善足乎好去聲下同

丑問也

曰好善優於天下而况魯國乎

優有餘裕也言雖治天下尚有餘力也趙氏曰善取於人則無窮此其所以雖治天下猶有餘力也已則有盡善取

夫苟好善，則四海之內皆將輕千里而來告之以善。夫音扶，下同

輕易去聲也。言不以千里爲難也

夫苟不好善，則人將曰：訑訑，予既已知之矣。訑訑之聲音顏色，距人於千里之外。士止於千里之外，則讒諂面諛之人至矣。與讒諂面諛之人居，國欲治，可得乎？訑音移，治去聲

訑訑，自足其智不嗜善言之貌。慶源輔氏曰：世間此等人亦甚多，然其所謂智者，是乃所以爲愚也。然原其始，則起於予既已知之之意萌于中而已，可不畏乎？○新安陳氏曰：距與拒通。前漢汲黯傳：智足以距諫。亦用此距字。君子小人，迭爲消長上聲。直諒多聞之士遠，則讒諂面諛之人至，理勢然也。○此章言爲政不

在於用一巳之長而貴於有以來天下之善南軒張氏曰好善誠篤非舍巳私者不能能舍巳則中虛虛則能來天下之善於為天下何有蓋善者天下之公也自以為是則專巳而絕天下之公理蔽孰甚焉

○陳子曰古之君子何如則仕孟子曰所就三所去三

其目在下

迎之致敬以有禮言將行其言也則就之禮貌未衰言弗行也則去之

所謂見行可之仕若孔子於季桓子是也受女樂而不朝音潮則去之矣

其次雖未行其言也迎之致敬以有禮則就之禮貌衰則

去之。

所謂際可之仕。若孔子於衛靈公是也。故與公遊於囿。公仰視蜚（與飛同）鴈。而後去之。（史記孔子世家。孔子反乎衛。入主蘧伯玉家。他日靈公問兵陳。孔子曰。俎豆之事。則嘗聞之。軍旅之事。未之學也。明日與孔子語。見蜚鴈。仰視之。色不在孔子。孔子遂行。復如陳。）

其下。朝不食。夕不食。饑餓不能出門戶。君聞之曰。吾大者不能行其道。又不能從其言也。使饑餓於我土地。吾恥之。周之。亦可受也。免死而已矣。

所謂公養之仕也。君之於民。固有周之之義。況此又有悔過之言。（新安陳氏曰。所謂大者。以大節論。所謂又者。以其次言也。）所以可受。然未至於飢餓不能出門戶則猶不受也。其曰免死而已。則其所受亦有節矣朱子曰。孟子言所就三。所去三。其上以言之行不行爲去就。此仕之正也。其次以禮貌衰未衰爲去就。又其次至於不得已而受其賜。則豈君子之本心哉。蓋當是時。舉天下莫能行吾言矣。則有能接我以禮貌而周我之窮困者。豈不善於彼哉。是以君子以爲猶可就也。然孟子蓋通上下言之。若君子之自處。則在所擇矣孟子於其受賜之節。又嘗究言之曰。飢餓不能出門戶則周之亦可受也。明未至於如是之貧。則不可受。免死而已矣。言受之有限。不求贏餘。明不多受也。○慶源輔氏曰。言將行其言也。則就之。爲道而仕也。迎之致敬以有禮。則就之。爲禮而仕也。道在我。禮在彼。至於周之亦可受。此君子之不得已也。集註恐後之貪利苟得者以是藉口而全不顧義。遂流於欲而不知也。故言此以防警之。然使上之賜下。止周其身。下受其賜。止以免其死。則時可知矣。○雲峯胡氏曰。本文初言去就各有三。至其目則上兩節言去就。末一節獨不言。蓋飢餓不能出門戶。是欲去而不能去者。故周之。不曰可就。而曰亦可受。觀亦之辭。見其瀕死不

容不受。而曰免死而已。則亦未嘗過受也。君子於去就辭受之際。可謂嚴矣。此孟子答古之君子之問也。今之君子何如哉

○孟子曰。舜發於畎畝之中。傅說舉於版築之間。膠鬲舉於魚鹽之中。管夷吾舉於士。孫叔敖舉於海。百里奚舉於市說音悅

舜耕歷山。三十登庸。說築傅巖。武丁舉之。膠鬲遭亂。鬻余六反販方萬反魚鹽。文王舉之。管仲囚於士官。桓公舉以相去聲國。孫叔敖隱處上聲海濱。楚莊王舉之為令尹。百里奚事見形甸反前篇。新安陳氏曰。舜聖人。且君也。故只曰發。傅說以下五賢皆臣也。故皆曰舉

故天將降大任於是人也。必先苦其心志。勞其筋骨。餓其

體膚。空乏其身。行拂亂其所爲。所以動心忍性。曾益其所不能。曾與增同

降大任。使之任大事也。若舜以下是也。空。去聲。窮也。乏。絶也。拂。戾也。言使之所爲不遂。多背音佩戾也。動心。忍性。謂竦荀勇反動其心。堅忍其性也。然所謂性。亦指氣稟食色而言耳。朱子曰。動其仁義禮智之心。忍其聲色臭味之性○慶源輔氏曰。竦動其心則心活。堅忍其性則性定。心活則不爲欲所役。性定則不爲氣所動○雲峯胡氏曰。或謂孟子嘗曰不動心。曰養性。此曰動心忍性何也。曰。彼言不動心。是處富貴而富貴不能變動其心也。此言動心。是處貧賤而貧賤有以竦動其心也。譬之水。動心。是浚得源頭活水滚滚出來。不動心。是水之流。不爲沙泥所溷。不爲波流所汩也。養性者。養其本然天命之性。不使之有所動於外。忍性者。忍其氣稟食色之性。不使之有所動於中○新安陳氏曰。分配之。若心

志所以動心。動心則善念由此生。勞餓空乏所以忍性。忍性則物慾由此窒。拂亂所爲。所以增益前所不能者而能之。則德業由此進。舜大聖人。未必盡由此窮苦之迹。實如此。履此豈無所警省。若傅說以下所以能當大任。實由于此也

程子曰。若要熟也須從這裏過朱子曰。只是要事事經歷過。似一條路。須每日從上面往來行得熟了。方認得許多險阻去處。若素不曾行。忽然一旦撞行去。少間定墮坑落壍也。○慶源輔氏曰。人不經憂患困窮頓挫摧屈。則心不平。氣不易。察理不盡。處事多率。故謂人若要熟。須從這裏過。○潛室陳氏曰。更嘗變故多。則閱義理之會熟。熟謂義理與自家相便習。如履吾室中

人恒過。然後能改。困於心。衡於慮。而後作。徵於色。發於聲而後喻衡與橫同

恒胡登反常也。猶言大率也。橫不順也。作奮起也。徵知盈反驗也。喻曉也。此又言中人之性。常必有過。然後能改新安

陳氏曰。下文所謂作與喻。即是改過之事蓋不能謹於平日。故必事勢窮蹙。以至困於心。横於慮。然後能奮發而興起。不能燭於幾平聲微。故必事理暴著。以至驗於人之色。發於人之聲。然後能警悟而通曉也。朱子曰。困心衡慮者。心覺有其過。徵色發聲者。其過形於外。○慶源輔氏曰。舜。大聖人之事。傅說而下。皆上智之事。自人恒過而下。則中人之事也。纔言恒過而後能改。便見是中人之性矣。下兩句只是改過之事。雖是不能謹於平日。至於事勢窮蹙。困心衡慮。始能奮發而興起。然畢竟是其才尚足以有爲。雖是不能燭於幾微。至於事理暴著。徵色發聲。始能警悟而通曉。然畢竟是其智尚足以有察。如此。故亦可以進於善。若至是而猶不之覺焉。則下愚而已

入則無法家拂士。出則無敵國外患者。國恒亡。拂與弼同

此言國亦然也。慶源輔氏曰。上既言上智中人之事矣。故此推言在國亦然法家。法

度之世臣也。拂士。輔弼之賢士也新安陳氏曰。人主爲國。內有守法持正者規諫之。外有敵國外患以警懼之。則不敢縱肆而國可保。否則驕縱而國亡矣

然後知生於憂患而死於安樂也樂音洛

以上文觀之。則知人之生全出於憂患。而死亡由於安樂矣新安陳氏曰。憂患未必便生。然憂患則警戒而其慮深。有生全之理。結章首至而後喻一截。安樂未必便死。然安樂則多怠肆而其志荒。有死亡之理。結入則無法家至國恒亡一節。自困而亨。上聖且然。諸賢皆然。中人則待有過而後能然。爲國者亦莫不然也。大槩此章言處困苦憂患之意多。安樂即憂患之反也

○尹氏曰。言困窮拂鬱。能堅人之志。而熟人之仁雲峯胡氏曰。必堅忍其志。然後自至於熟。堅志。是入德路頭。熟仁。是成德地步以安樂失之者多矣南軒張氏曰。知生於憂患而死於安樂。生言生之道。死言死之道也。繼體之君。公侯之裔。生處安樂。無憂患可歷則

如之何。必也念安樂之可畏。思天命之無常。戒謹恐懼不敢有其安樂。是乃困心衡慮之方。生之道也。死於安樂。非安樂能死之。以溺於安樂而自絕焉耳。故在君子。則雖處安樂而生理未嘗不遂。在小人。則雖處憂患。而死亦恐不免。窮斯濫是也。○勉齋黃氏曰。恐懼脩省。常生於憂患。驕奢淫泆。必起於宴安。當阨窮困躓之餘。其操心危。其慮患深。其刻厲奮發以進於善。有不期然者矣。○新安陳氏曰。張子西銘云。富貴福澤。將厚吾之生。貧賤憂戚。庸玉汝於成。後二句。即孟子此章之意。前二句。孟子所未言也。人能知此。則處憂患者固可生。處安樂者亦不死矣。盡心上篇有德慧章。意與此合。當參看。動心。是充廣道心。忍性。是節制人心。一是擴天理。一是遏人欲

○孟子曰。教亦多術矣。予不屑之教誨也者。是亦教誨之而已矣

多術。言非一端。屑。潔也。不以其人爲潔而拒絕之。所謂

不屑之教誨也。其人若能感此。退自脩省。悉井反則是亦我教誨之也

朱子曰。趙氏註。屑。潔也。考孟子不屑就與不屑不潔之言。屑字皆當作潔字解。不屑之教誨。謂不以其人爲潔而教誨之。如坐而言不應隱几而卧之類○新安陳氏曰。不屑教。非忍而絕之。實將激而進之。是亦多術中教誨之一術也。孔子於孺悲。孟子於滕更皆是

○尹氏曰。言或抑或揚。或與或不與。各因其材而篤之。無非教也

孟子集註大全卷之十二

孟子集註大全卷之十三

盡心章句上

凡四十六章

孟子曰。盡其心者。知其性也。知其性。則知天矣

心者。人之神明。所以具衆理而應萬事者也。新安陳氏曰心者神明之舍。具衆理。心之體也。應萬事。心之用也。大學章句釋明德。或問釋致知之知字。此釋心字。大槩三處互相發云性則心之所具之理。而天又理之所從以出者也。人有是心。莫非全體。然不窮理。則有所蔽。而無以盡乎此心之量。去聲故能極其心之全體。而無不盡者。必其能窮夫音扶理。而無不知者也。既知其理。則其所從出亦不外

是矣朱子曰天者理之自然而人之所由以生者也性者理之全體人之所得以生者也心則人之所以主於身而具是理者也天大無外而性稟其全故人之本心其體廓然亦無限量惟其梏於形氣之私滯於聞見之小是以有所蔽而不盡人能即事即物窮究其理至於一日會通貫徹而無所遺焉則有以全其本然之體而吾之所以爲性與天之所以爲天者皆不外此而一以貫之矣伊川云盡心然後知性此不然盡字大知字零星性者吾心之實理若不知得却盡箇甚惟就知上積累將去自然盡心人能盡其心者只爲知其性此句文義與得其民者得其心也相似者字不可不仔細看○人之所以盡其心者以其知其性故也蓋盡心與存心不同存心即操存求放之事是學者初用力處盡心則窮理之至廓然貫通之謂所謂知性即窮理之事也須是窮理方能知性知性之盡則能盡其心矣○性以賦於我之分而言天以公共道理而言天便是箇大底人人便是箇小底天吾之仁義禮智即天之元亨利貞凡吾之所有者皆自彼而來也故知吾性則自然知天矣○問知如何是天者理之所出曰天便是那太虚但能盡心知性則天便不外是矣○慶源輔氏曰知性而

盡心者。譬如家主盡識一家所有之物。然後隨取隨有。隨用隨足。方盡得家主之職。知性而知天。如家主既識得家中之物。則自然知此物是何從而來也○陵陽李氏曰。性與心初無間。而知與盡則有序。性與心無間則知性故能盡心。知與盡有序。則謂盡之爲先。而知之爲後。是失其先後之倫也

以大學之序言之。知性則物格之謂。盡心則知至之謂也

問盡心今既定作知至說。則知天一條。當何繫屬。繫之知性之下。盡心之前。與知性俱爲一衮事耶。抑繫之盡心之下。乃知至又精熟底事耶。朱子曰。知其性。則知天矣。據此文勢。只合在知性裏說○問四十而不惑。五十而知天命。不惑謂知事物當然之理。知天命謂知事物之所以然。便是知天知性之說否。曰。然

存其心。養其性。所以事天也

存謂操平聲而不舍。上聲養謂順而不害。事則奉承而不違也

朱子曰。先存心而後養性。存得父子之心盡。方養得仁之性。存得君臣之心盡。方養得義之性。存之養之

即是事。心性即是天。故曰所以事天也。知性。是知得性中物事。既知得須盡知得。方始是盡心。存其心養其性。方始是做工夫處。如大學物格而后知至。物格者物理之極處無不到。知性也。知至者吾心之所知無不盡。盡心也。至於意誠。則存其心養其性也。聖人說知必說行○存心者氣不逐物。而常守其至正也。養性者事必循理。而不害其本然也。○心性皆天之所以與我者。不能存養。而梏亡之。則非所以事天也。夫心具性。敬以存之。則性得其養。而無所害矣。此君子之所以奉順乎天。蓋能盡其心。而終之之事。顏冉所以請事斯語之意。故敬者學之終始。所謂徹上徹下之道也。○問盡心存心盡莫是極至地位。存莫是初存得這心否。曰。盡心也未說極至。只是凡事便須理會教十分周足。無少闕漏處方是盡。存也非獨是初工夫。初間固是操守存在這裏。到存得熟後。也只是存。這存字無始終。只存這裏。○慶源輔氏曰。心是活物。須是操則存。不然便放去矣。性是實理。須當順之而不害。害謂違悖而戕傷之。性本不可以戕傷言。但爲自家違悖了。便是戕傷之也。奉承之而不違。便只是存心養性事。○問盡心知性。存心養性。上是知工夫。下是行工夫。然上一節。知性在先。盡心在後。下一節。存心在先。養性在後。何也。潛室陳氏曰。知性。即窮理格物之學。是工夫最先者。盡心。即大學知至境界。存心。即誠意正心之謂。養性在其中矣。非存心外。別有所謂養性工夫。故養性在存心下○新安陳氏曰。人能存心養性。然後能事事合理。順事乎天。而無愧於天之所以賦予我者。此西銘所以曰存心養性爲匪懈。又曰。存吾順事。存心養性。即所以順事之本也

殀壽不貳。脩身以俟之。所以立命也

殀壽。命之短長也。貳。疑也。不貳者。知天之至。脩身以俟死。則事天以終身也。立命。謂全其天之所付。不以人爲害之。朱子曰。殀壽不貳。不以死生爲吾心之欣戚也。不貳。是不疑。若一日未死。一日要是當。百年未死。百年要是當。這便是立命。既不以殀壽貳其心。又須脩身以俟。方始能立命。不以殀壽動心。一向亂做又不可。殀壽不貳。便是知性知天之力。脩身以俟。便是存心養性之功。立命一句。更用通下章看。此與西銘都相貫穿○

殀壽之不齊。蓋氣之所稟。有不同者。不以悅戚二其心。而惟脩身以俟之。則天之正命。自我而立。而氣稟之短長。非所論矣○慶源輔氏曰。徇私以賊理。縱欲以傷生。皆所謂以人爲害之也○新安陳氏曰。命之短長。此命字以氣言。立命。此命字兼理與氣言○程子曰。心也。性也。天也。一理也。自理而言。謂之天。自稟受而言。謂之性。自存諸人而言。謂之心。張子曰。由太虛有天之名。由氣化有道之名。合虛與氣有性之名。合性與知覺有心之名朱子曰。由太虛有天之名。由氣化有道之名。此是總說。合虛與氣有性之名。合性與知覺有心之名。此就人上說。四句本只是一箇太虛。漸細分說得密耳。由太虛有天之名。便是四者之總體。而不雜乎四者之言。由氣化有道之名。氣化者。那陰陽造化。金木水火土皆是。太虛。便是太極圖上面一圓圈。氣化。便是陰靜陽動。合虛與氣。有性之名。有這氣便有這理隨在這裏。若無此氣。這理在甚處安頓。合性與知覺。有心之名。知覺又是那氣之虛處。聰明視聽。作爲運用。皆是知覺○有是物。則有是理與氣。故有性之名。若無是物。則不見理之所寓。由太虛有天之名。只是據理而言。由氣化有道之名。由氣之化。各有生長消息底道理。故有道之名。既已成物。則物物各有理。故曰合虛與氣有性之名○九峯蔡氏曰。橫渠四語。只是理氣二字而細分。由太虛有天之名。即無極而太極之謂。以理言也。由氣化有道之名。即一陰一陽之謂道之謂。以氣言也。合虛與氣有性之名。即繼之者善。成之者性之謂。以人物稟受而言也。合性與知覺有心之名。即人心道心之謂。以心之體而言也○趙氏曰。集註並舉程張二說。正欲學者於三者同處分析得異處分明。於異處體會得同處親切耳○新安陳氏曰。天者理而已。惟以理言。則幾於泛。以形體謂之天。惟以形體言。則涉於淺。今曰太虛。則虛空之中有太極之理。此由太虛所以有天之名也。一陰一陽之謂道。所以一陰而又一陽。一陽而又一陰者。氣之化也。化云者所以然之妙也。此由氣化所以有道之名也。合太虛之虛與氣化之氣。理寓於氣。而具於人。此合虛與氣。所以有性之名也。性。理也。知覺。所以知覺此理也。偏言知覺。惟見氣之靈耳。必合性與知覺言之。所以有心之名也。以此剖析之。其庶幾乎

愚謂

盡心知性而知天。所以造七到反其理也。存心養性以事天。所以履其事也。不知其理。固不能履其事。然徒造其理而不履其事。則亦無以有諸已矣慶源輔氏曰。不知其理。則冥行妄作而已。不履其事則必至於妄想空虛知天而不以殀壽貳其心。智之盡也。事天而能脩身以俟死。仁之至也。智有不盡。固不知所以爲仁。然智而不仁。則亦將流蕩不法。而不足以爲智矣朱子曰。盡心者。私智不萌。萬理洞貫。斂之而無所不具。擴之而無所不通之謂也。學至於此。則知性之爲德。無所不該。而天之爲天者。不外是矣。存者存此而已。養者養此而已。生死不異其心。而脩身以俟其正。則不拘乎氣禀之偏。而天之正命自我立矣。○大槩此章所謂盡心者。物格知至之事。曾子所以一唯而無疑於一貫之言者是也。所謂事天者。誠意正心脩身之事。曾子所以臨深履薄。而無日不省其身者是也。所謂立命者。

如是以没身焉。曾子所以啓手足而知免。得正斃而無求者是也。以是推之。一章之指略可見矣○節齋蔡氏曰。孟子此章與大學中庸相表裏。窮其理以知天。即中庸所謂智也。履其事以事天。即中庸所謂仁也。殀壽不貳。脩身以俟死。所以立命而不渝。即中庸所謂勇也。與大學合。前屢言矣○雲峯胡氏曰。欲造其理者。用工全在知性上。知性有工夫。盡心無工夫。盡是大段見功。知是積累用功。欲履其事者。用工全在存心上。存心有工夫。養性無大工夫。存者。操之而不舍。養。不過順之而不害耳。集註分理與事言。又分智與仁言。何也。蓋能知其理。已自是智。然必不以殀壽貳其心。方見其為智之盡。能踐其事。已自是仁。然必脩身以俟死。方見其為仁之至。流蕩不法四字。讀者多以為指異端之學言。愚見流蕩與存養字相反。不法與脩字相反。能存養。則不至於流蕩矣。能脩身。則所為無不法者矣。流蕩不法。則是不能全其天之所與。而以人為害之者也。

○孟子曰。莫非命也。順受其正

人物之生。吉凶禍福。皆天所命。然惟莫之致而至者。乃爲正命。故君子脩身以俟之。所以順受乎此也此字指正命○朱子曰。莫非命也。此一句是活絡在這裏。看他如何來。然在天言之。皆是正命。在人言之。便有正有不正。此命字是指氣言。若我無以致之。則命之壽殀皆是合當如此者。如顏子之夭伯牛之疾是也○雲峯胡氏曰。莫非命也。凡有生者之所同。順受其正。能脩身者之所獨○新安陳氏曰。此命字氣也。順受其正。理也。立巖牆下。非理也。盡道而死。理也。桎梏死。非理也。君子必以理御氣

是故知命者不立乎巖牆之下

命謂正命。巖牆。牆之將覆者。知正命則不處上聲危地以取覆壓之禍慶源輔氏曰。立乎巖牆之下以致覆壓而死。則乃是人所自取耳。非天為之也。蓋巖牆有傾覆之勢。自家却去下面立地。便是自取其覆壓也。是故君子戰戰兢兢。如履薄冰。非禮勿動○雲峯胡氏曰。集註於此命字必曰正命者。蓋上文有莫非命也一句。故死於巖牆之下亦命也。但非正命爾。惟知正命

者。則不立乎巖墻之下○新安陳氏曰。巖墻下。理不當立。立而壓死。人所自取。非正命也

盡其道而死者。正命也

盡其道。則所値之吉凶。皆莫之致而至者矣 問人或死於干戈。死於患難。如比干之類。亦是正命乎。朱子曰。固是正命。又問以公論之。則謂之正命。以死生論之。則非正命。如何。曰。如何恁地說得。盡其道而死者。正命也。當死而不死。却是失其正命。此處須當活看。古人所以殺身成仁。舍生取義。學者須是於此處見得。臨利害時。便將自家斫剉了。直須是壁立萬仞始得。如今小有利害。便生計較。便說道。恁地死非正命。如何得○新安陳氏曰。盡其道。即上章所謂脩身是也

桎梏死者。非正命也

桎梏所以拘罪人者 桎。音質。足械也。梏。姑沃反。手械也 言犯罪而死 新安陳氏曰。不盡其道而有罪。爲犯罪。若在縲絏非其罪者。不謂之犯罪 與立巖墻之下者同。

皆人所取。非天所爲也問桎梏死者。雖非正命。然亦以命言。此乃自取。如何謂之命。朱子曰。亦是自作而天殺之。但非正命耳。使文王死於羑里。孔子死於桓魋。却是正命。○新安陳氏曰。天之命於人。吉凶禍福。死生壽殀。雖萬變而不齊。人之事乎天。必盡其道。有正無邪。則一定而不易。能盡其道。而值其吉。且福且壽者。固正命也。此似有以致之。然我惟知自盡其道耳。初非有所覬覦於天而爲之也。盡道而吉福壽自至焉。非天命之正而何。苟盡其道。不幸而值凶禍夭。是我於道理本無愧。不過自値乎凶禍夭耳。非我有以致之而然。是亦命之正也。必不盡其道。自取禍敗喪亡。則自有以致之。始不得爲正命耳**○此章與上章盡一時之言。所以發其末句未盡之意**潛室陳氏曰。凡死雖均是命。但盡道而無憾者爲正。比干雖殺身。正也。盜跖雖永年。非正也。知。謂知此道理。立。謂盡此道理。不惑於死生壽夭。壹是天理排定。是謂知命。既知得了。不成一向委付於命。須是盡了自家身分上道理。無少虧欠。方是立命。盡此道理了。恁時死才無憾。是謂正命。○雲峯胡氏曰。前章末句言立命。是全其天之所付。而不以人為害之者也。此所謂桎梏死。及死于巖墻之下。是不知正命。未免流蕩不法而以人為害之矣。立命是已造聖賢之域。知命是方入聖賢之階。立在知後。知在立先

○孟子曰。求則得之。舍則失之。是求有益於得也。求在我者也舍上聲

在我者。謂仁義禮智。凡性之所有者

求之有道。得之有命。是求無益於得也。求在外者也

有道言不可妄求。有命則不可必得。在外者。謂富貴利達。凡外物皆是命字以氣言　○趙氏曰。言為仁由己。富貴在天。如不可求。從吾所好去聲○朱子曰。富貴身外之物。求之惟恐不得。縱使得之。於身心無分毫之益。況不可必得乎。若義理。求則得之。能不喪其所有。可以為聖為賢。利害甚明。○南軒張氏曰。言

求在我者有益於得。所以擴天理也。言求在外者無益於得。所以遏人欲也。富貴利達。衆人謂巳有求之之道。然不知其有命焉。固有求而得之者矣。是亦有命而非求之能有益也。蓋亦有巧求而不得者多矣。以此可見其無益於得也。○新安陳氏曰。此章言仁義禮智根於性。乃所當求。富貴利達制於命。不可必求也

○孟子曰。萬物皆備於我矣

此言理之本然也。大則君臣父子。小則事物細微。其當然之理。無一不具於性分去聲之内也

反身而誠。樂莫大焉樂音洛

誠實也。言反諸身而所備之理。皆如惡去聲惡臭好去聲好色之實然。則其行之不待勉強上聲而無不利矣。利順也其爲樂孰大於是朱子曰。萬物。不是萬物之迹。只是萬物之理。知君臣之義。父子之親。這道理本

備於吾身。誠。是實有此理。檢點自家身上。果無欠缺。事君眞箇忠。事父眞箇孝。莫不各盡其當然。而無一毫之不盡。則仰不愧天。俯不怍人。自然是快活。然反之於身。有些子不實。則中心愧怍。不能以自安。如何會樂。橫渠謂反身而誠。則不慊於心。此說極有理。○反身而誠。見得本具是理。而今亦不曾虧欠了他底。若不反身而誠。只是天下公共之理。我無與焉。○此乃躬行之至。無一理不實有於吾身。非爲一時見處發也。如仁義忠孝。應接事物之理。皆眞有之。而非出於勉强僞爲也。此是見得透。信得極處。到此地位。則推己及物。不待勉强。而仁在我矣。下言强恕而行者。蓋言未至於此。則當强恕以去己私之蔽。而求得夫天理之公也。○潛室陳氏曰。反諸身者。旣是萬理皆實。即渾身是義理。流行。何處不順裕。苟於實理無得。即觸處滯礙。無往而非逆境。何樂之有。○雲峯胡氏曰。此一反字。只是自檢點過。不是湯武反之之反

强恕而行。求仁莫近焉。强上聲

强。勉强也。恕。推己以及人也。反身而誠。則仁矣。其有未

誠。則是猶有私意之隔。而理未純也。故當凡事勉强推
已及人。庶幾平聲心公理得而仁不遠也朱子曰。强恕不言忠。無忠何以
爲恕。蓋有心爲恕則忠。固在其中矣。所謂無忠做恕不
出。兩字不容去一者。正謂此也。若自己心裏。元自不實
不盡。更將何物推以及人。以此見凡說恕字。必有忠字
在源頭了。今人皆不忠之恕。惟務苟且於一時。不復有
已可推。亦無復近仁矣。○反身而誠。則恕從這裏流出。
不用勉强。未到恁田地。須是勉强。○問强恕而行。曰此
是元不曾恕在。故當凡事勉强。推已及人。若反而誠。則
無待於勉强矣。强恕而行。是要求至於誠。○雲峯胡氏
曰。强恕求仁。
即誠之之事。○此章言萬物之理具於吾身。體之而實。
則道在我而樂音洛有餘。聖賢之事行之以恕。則私不容而仁
可得學者之事○朱子曰。反身而誠。自然循理。所以樂。
强恕而行。且恁地把捉勉强做去。萬物皆備於我。
下文反身强恕。皆蒙此句爲義。强恕者。亦是他見得萬
物皆備於我了。只爭着一箇反身而誠。便是要强恕上

做工夫。亦只是要去箇私意而已。私意既去。則萬物自無欠缺處矣。○新安陳氏曰。樂莫大焉。必以無不慊仰不愧。俯不怍。形容方見樂之味。集註雖不用此語。然曰如惡惡臭好好色之實然。則是以大學誠意章自慊之意言之。而此意已在其中矣。誠與仁。一理耳。實有此理則曰誠。純乎此理而無私。則曰仁。未有誠而不仁者也亦未有仁而不誠者也

○孟子曰。行之而不著焉。習矣而不察焉。終身由之而不知其道者衆也

著者。知之明。察者。識之精。慶源輔氏曰。著則明之而已。察則又加精焉言方行之而不能明其所當然。既習矣而猶不識其所以然。習。謂行之積習既久所以終身由之而不知其道者多也慶源輔氏曰。所當然。是就事上說。所以然。是就理上說。凡事皆有所當然。必有理之所以然。人能於方行之時。明其事之所當

然。既習之後。又識其理之所以然。則能知夫道矣。○勿軒熊氏曰。此與上章通言有此三等人。反身而誠。上也。强恕而行。次也。此承上章而言。下等人也。○新安陳氏曰。天下事物。有當然之則。必有所以然之故。行而不明當然之則。習而不察所以然之故。此為凡人言也。易曰百姓日用而不知。終身由之而不知其道。於凡人無責也。學者則不當然矣。孟子斯言。其亦憫凡人而不無望於學者與

○孟子曰。人不可以無恥。無恥之恥。無恥矣。

趙氏曰。人能恥己之無所恥。是能改行去聲從善之人。終身無復扶又反有恥辱之累矣。南軒張氏曰。恥者羞惡之心所推也。恥吾之未能進於善。則善可遷。恥吾之未能遠於過。則過可消。苟惟漠然無所恥。則為無所忌憚而已矣。故人當以無所恥為恥也。○慶源輔氏曰。恥者改過遷善之机也。人能以已之無恥為恥。則思去其恥而恥可無。否則安於其恥而已恥終不可免

○孟子曰。恥之於人大矣

恥者吾所固有羞惡去聲之心也。存之則進於聖賢。失之則入於禽獸。故所繫爲甚大。慶源輔氏曰。存之則有所不爲。故可進於聖賢。失之則無所不爲。故至入於禽獸。讀之使人凜凜

爲機變之巧者無所用恥焉

爲機械下戒反變詐之巧者。所爲之事皆人所深恥。而彼方且自以爲得計。故無所用其愧恥之心也慶源輔氏曰。陷溺其心於機械變詐之巧。則是無所不爲者也。故人雖以爲深恥。而己方自以爲得計。其愧恥之心雖其固有。亦自窒塞而不復發見矣○雲峯胡氏曰。爲機變之巧。此巧字便與恥字相反。恥則守正而有所不爲。巧則行險而無所不爲。雖其本心未嘗無恥。而彼方自矜其爲之之巧。則無所用其恥矣。周夫子拙賦正是深貶此一巧字

不恥不若人何若人有

但無恥一事不如人則事事不如人矣或曰不恥其不如人則何能有如人之事其義亦通新安陳氏曰前說以不恥為無恥不如後說之明順其意蓋曰恥不如人則漸能如人不恥其不如人則何能如人之有或問人有恥不能之心如何程子曰恥其不能而為之可也恥其不能而掩藏之不可也慶源輔氏曰程子是用後說恥不能而為之則終必能是以貴夫恥也恥不能而掩藏之則終不能矣是不能擴充夫恥也

○孟子曰古之賢王好善而忘勢古之賢士何獨不然樂其道而忘人之勢故王公不致敬盡禮則不得亟見之見且猶不得亟而況得而臣之乎好去聲樂音洛亟去吏反

言君當屈已以下去聲降也賢士不枉道而求利二者勢若相反此勢字不與本文二勢字相關而實則相成蓋亦各盡其道而已

張子曰不資其力而利其有則能忘人之勢若資仰其富貴而欲有所取則不能矣○南軒張氏曰在上者忘其勢而惟恐不得天下之善在下者忘人之勢而惟義是從此為俱得其道使二者一旦而相合則上下交而為泰矣故王公不致敬盡禮於賢士雖欲數見之且不得況可得而臣之蓋士非以此自高也其道固當爾也○慶源輔氏曰君好善則不知勢之在已士樂道則不知勢之在人兩盡其道則雖若相反而實相成不然君挾其勢而驕夫士士懾於勢而徇乎君則兩失其道矣尚何足與有為哉○雲峯胡氏曰使為君者有以成賢士樂道之志而為士者肯出而成其君好善之美則上下交而為泰矣此集註所謂相成也○新安陳氏曰致敬內致敬也盡禮外盡禮也王公必致敬盡禮於賢是能好善而忘勢屈已以下賢也賢士必待君致敬盡禮而後應之是能樂道忘人之勢不枉道而求利也

○孟子謂宋句踐曰。子好遊乎。吾語子遊。句音鉤。好、語皆去聲。

宋姓。句踐名。遊，遊說。說音稅。也

人知之亦囂囂。人不知亦囂囂。

趙氏曰。囂囂，五高、許驕二反。自得無欲之貌。慶源輔氏曰。遊說之士。大病是不識義理而惟欲其言之售。故往往以人之知不知為欣戚。是以孟子語以自得無欲之說。○新安陳氏曰。自得於已而無所欲於人。非內重而外輕者不能也。

曰。何如斯可以囂囂矣。曰。尊德樂義。則可以囂囂矣。樂音洛。

德謂所得之善。尊之則有以自重。而不慕乎人爵之榮。義謂所守之正。樂之則有以自安。而不徇乎外物之誘矣。慶源輔氏曰。尊如尊德性之尊。樂如樂天知命之樂。○新安陳氏曰。能如此。則自得無欲之氣象自然著。

見而不可掩矣

故士窮不失義。達不離道。離力智反

言不以貧賤而移。不以富貴而淫。此尊德樂義。見形甸反於行事之實也。新安陳氏曰。尊德樂義。內存於心。無迹可見。必窮有定守而不失義。所謂貧賤不能移。達有實用而不離道。所謂富貴不能淫。此乃尊德樂義著見於行事之實迹也

窮不失義。故士得己焉。達不離道。故民不失望焉

得己。言不失己也。不失己。如云不失其身民不失望。言人素望其興道致治。去聲而今果如所望也慶源輔氏曰。窮不失義。則在我者得其所守。達不離道。則能興道致治。以慰斯民平日之所望

古之人得志。澤加於民。不得志。脩身見於世。窮則獨善其

身達則兼善天下見音現

見謂名實之顯著也。新安陳氏曰。內盡脩身之實。而名自著見於世。蓋實之不可掩者。非君子顧乎其外而欲以是自見也

此又言士得己民不失望之實新安陳氏曰。得志。兼善。此民不失望之實。不得志。獨善。此士得己之實也○此章言內重而外輕。則無往而不善

南軒張氏曰。句踐徇名而外求者。孟子使求之吾身而已。夫士達所不離之道。即其窮所不失之義也。道言體。義言用。互相明耳。窮不失義。則無慕乎外。故有以自得於己。一違於義。則失己矣。達不離道。則凡其注措設施無非道之所在。故有以副民望也。得志澤加於民。其道得行也。不得志脩身見於世。惟義之安也。其曰得志不得志云者。蓋澤加於民。雖所性不存焉。而道行固亦君子本志之所欲也。○雲峯胡氏曰。內重是德義。外輕是窮達。嚴內外輕重之分者。既不失其本性之善。故窮亦善。達亦善。但達則能使民皆歸於善。窮則此身自不失其善耳

○孟子曰待文王而後興者凡民也若夫豪傑之士雖無文王猶興夫音扶

興者感動奮發之意凡民庸常之人也豪傑有過人之才智者也蓋降衷秉彝人所同得唯上智之資無物欲之蔽爲能無待於敎而自能感發以有爲也南軒張氏曰興者興起於善道也文王風化之盛者必待風化之盛薰陶漸漬而後興起此衆民耳若夫豪傑之士則卓然自立無待於人雖無文王固自興起也此章勉人使自立耳○慶源輔氏曰文武興則民好善此中人以下之資也蓋無特立之操敎之善則爲善否則爲惡矣唯豪傑之士無物欲之累以蔽其秉彝之天有過人之才以致其爲善之力雖無聖人在上以教率之自能奮其特立之操以有爲也孟子此言蓋欲學者不以凡民自棄而以豪傑自期耳

○孟子曰。附之以韓魏之家。如其自視欿然。則過人遠矣。欿音坎

附益也。韓魏晉卿富家也。欿然不自滿之意。尹氏曰。言有過人之識。則不以富貴爲事。南軒張氏曰。以外物爲重輕者。不得其欲則不足。得則滿矣。其滿與不足。係乎外物者也。若益以韓魏之家。而自視欿然。則是不以外物爲重輕。志存乎道義而已。所進又可量乎。其過人也遠矣

○孟子曰。以佚道使民。雖勞不怨。以生道殺民。雖死不怨殺者

程子曰。以佚道使民。謂本欲佚之也。播穀乘屋之類是也。以生道殺民。謂本欲生之也。除害去上聲惡之類是也。

蓋不得已而爲其所當爲則雖咈符勿反民之欲而民不怨其不然者反是朱子曰彼有惡罪當死吾求所以生之者而不得然後殺之以安衆而厲其餘此以生道殺之也彼亦何怨之有○慶源輔氏曰播穀乘屋之類雖不免於勞然其本意則乃欲佚之而已故雖勞而不怨除害去惡之類雖不免於殺然其本意則乃欲去之而已故雖死而不怨殺者○不得已者事也為其所當為者理也事雖不得已而吾但為其理之所當為故雖勞之殺之可謂咈民之欲矣而民自不怨不然則是私意妄作而已民之怨怒其可得而逃乎君子其亦謹其所謂勞與殺之事哉○新安陳氏曰事雖不得已而理實所當為則雖咈民之私欲而實邦民之公心故民雖勞且死而自不怨也

○孟子曰霸者之民驩虞如也王者之民皞皞如也皞胡老反

驩虞與歡娯同皞皞廣大自得之貌程子曰驩虞有所造為而然豈能久也耕田鑿井帝力何有於我帝王通曆帝堯

之時。有老人擊壤於路曰。吾日出而作。日入而息。鑿井而飲。耕田而食。帝力於我何哉。風土記云。擊壤者。以木為之。長三四寸。形如履。臘節僮少以為戲。將戲。先側一壤於地。遥於三四十步以手中壤擿之。中者以為上

如天之自然。乃王者之政。楊氏曰。所以致人驩虞。必有違道干譽之事。若王者則如天。亦不令力呈反下同人喜。亦不令人怒。慶源輔氏曰。霸者亟民之從。規模狹窄。時下雖得民之歡娛。然豈能久哉。事過意息。則忘之矣。至於王者。則如天道之自然。當生則生。當殺則殺。而民自忘其喜怒也。新安陳氏曰。二如字。似恂恂如踧踖如之如。語助辭也。霸者之民。感上之惠而驩虞如。霸功淺近易悅故也。王者之民。忘上之德而皞皞如。王道廣大深遠而無迹故也

殺之而不怨。利之而不庸。民日遷善而不知為之者

此所謂皞皞如也。庸。功也。周禮曰。民功曰庸豐氏曰。豐氏名稷字相之。四

明人

因民之所惡去聲而去上聲之。非有心於殺之也。何怨之有

新安陳氏曰。即上章以生道殺民之意

因民之所利而利之。非有心於利之也。何庸之有。輔其性之自然。使自得之。故民日遷善而不知誰之所爲也。

慶源輔氏曰。因民之性。輔其自然。使自得夫善。如堯所謂匡之直之。輔之翼之。使自得之。是也。惟其如是。故民日遷於善。而不知誰之使我如此也。此即程子所謂耕田鑿井。帝力何有於我之事

夫君子所過者化。所存者神。上下與天地同流。豈曰小補之哉夫音扶

君子。聖人之通稱也。所過者化。身所經歷之處。即人無不化。如舜之耕歷山而田者遜畔。陶河濱而器不苦窳

音愈也。所存者神。心所存主處便神妙不測。如孔子之立斯立。道去聲斯行。綏斯來。動斯和。莫知其所以然而然也。此句釋神字是其德業之盛慶源輔氏曰。德。以其得於己者而言。業。以其見於事者而言乃與天地之化同運並行。舉一世而甄吉延反陶之。非如霸者但小小補塞先則反其罅虛訝反漏而已。此則王道之所以為大。而學者所當盡心也。程子曰。所存者神。在己也。所過者化。及物也○朱子曰。經歷。不必爲經行之地。凡其身之所臨。政之所及。風聲氣俗之所被。皆謂經歷。程子直以所過者化爲及物。蓋言所過者化。則凡所經歷。物無不化。不必久於此而深治之。然後物從其化也。其曰在己者。蓋以化者無意而及物。此則誠於此而動於彼。其感應之速。如影響形聲之召。有不知其所以然者。是則所謂神爾○問所經歷處皆化。如此即是民化之。非大而化之之化。曰作大化之化。有病。只是所經歷處。纔霑著些便化。雷一震。而萬物俱生動。霜一降。而萬物皆成實。無不化者。書曰。俾予從欲以治。四方風動。亦是此意。○存。是自家主意處。便神妙不測。亦是人見其如此。○上下與天地同流。重鑄一番過相似。小補。只是逐些子補綴。○自王者之民皞皞如也。而下至此。皆說王者功用如此。○南軒張氏曰。霸者之爲利。小而近。目前之利。民歡樂之。王者之化。遠而大。涵養斯民。富而敎之。民安於其化。由於其道。而莫知其所以然也。○新安陳氏曰。過化存神。所存主者其體也。所過者化。以其所存者神也。若此。則上下與天地同流矣。言其配化育之流行也。視霸者之區區求以利之者。不亦小乎。夫以王者功用之大。其本在於過化存神而已。而此二者。又存神爲之主焉。○孟子辨王霸屢矣。此又言王霸之民。其不同如此。首以霸與王對說。中言王而不及霸。末方以小補繳上霸者之事

○孟子曰。仁言不如仁聲之入人深也。

程子曰。仁言。謂以仁厚之言加於民。仁聲。謂仁聞。聞去聲 謂有仁之實。而爲衆所稱道者也。此尤見仁德之昭著。故

其感人尤深也慶源輔氏曰仁言如書所載訓誥誓命之類是也仁聲如邠人聞太王爲仁人伯夷太公聞文王善養老之類是也

善政不如善教之得民也

政謂法度禁令所以制其外也教謂道去聲德齊禮所以格其心也慶源輔氏曰善政亦非徒尚夫法度禁令也固亦有德行乎其間但道之以政齊之以刑終不若道之以德齊之以禮者得民之心感而誠服也

善政民畏之善教民愛之善政得民財善教得民心

得民財者百姓足而君無不足也得民心者不遺其親不後其君也南軒張氏曰善政立而後善教可行所謂富而教之者也孟子論得民心必歸之善教者蓋至此而後爲得民之至也○慶源輔氏曰百姓足而君無不足者取之有道用之有節故民先自足而

君亦無不足也。不遺其親。不後其君。使民之於君。親之如父母。愛之如四體。尊而敬之。則得其財。與無不足。又有不足道者矣○雲峯胡氏曰。孟子之意。蓋謂使民畏不如使民愛。得民財。不如得民心。然善政得民財一句。集註又恐後世貪君汙吏。借此以藉口。訓之曰得民財者。百姓足而君無不足也。意謂無善政。則百姓不足。君孰與足矣。然有善政以得民財。孟子猶以爲不如善教之得民心。况後世無善政而取民之財者哉。

○孟子曰。人之所不學而能者。其良能也。所不慮而知者。其良知也

良者本然之善也。程子曰。良知良能。皆無所由。乃出於天。不繫於人西山眞氏曰。善出於性。故有本然之能。不待學而能。本然之知。不待學而知也

孩提之童。無不知愛其親也。及其長也。無不知敬其兄也。長上聲下同

孩提二三歲之間。知孩笑。可提抱者也。愛親敬長。所謂良知良能也。慶源輔氏曰。孩提而下。又所以指其良知良能之在人者曉之。是豈待學而後能。慮而後知哉。○新安陳氏曰。孩提知愛親敬兄。與能愛親敬兄。此蓋指良知良能之先見而切近者。以曉人也

親親仁也。敬長義也。無他。達之天下也

言親親敬長。雖一人之私。然達之天下無不同者。所以爲仁義也朱子曰。無他達之天下。只說達之天下。無別道理。○問仁義不止於孝弟。而孟子以爲達之天下。還是推孝弟之心。以友愛天下。即是仁義否。潛室陳氏曰。此章無推此及彼之意。所謂達。乃達道達德之達。言人心所同然也。親親。仁之發。敬長。義之發。仁義之道無他。人心之所同然耳。○新安陳氏曰。親吾親。敬吾長。無一人之私。然推而達之天下。則人人皆親親敬長。無不同者。此人心天理之公也。親親。仁之實。敬長。義之實。仁義不待外求。不過即人之本心。可通乎天下之人心。而仁義不可勝用矣。正以愛親敬兄。出於良知良

能者。凡人之性。無不同此本然之善故也。

○孟子曰。舜之居深山之中。與木石居。與鹿豕遊。其所以異於深山之野人者。幾希。及其聞一善言。見一善行。若決江河。沛然莫之能禦也。行去聲

居深山。謂耕歷山時也。蓋聖人之心。至虛至明。渾去聲然之中。萬理畢具。新安陳氏曰。此由其感而應之用。而推原其未感未應之體如此。一有感觸則其應甚速。而無所不通。新安陳氏曰。善言善行。皆是感觸我者。聞而急聽之。見而急行之。若決江河。沛然莫禦。乃其應之甚速。而無不通者矣。非孟子造七到反道之深。不能形容至此也。問舜聞善言。見善行。若決江河。沛然莫能禦。其未有所聞見時。氣象如何。朱子曰。湛然而已。其理充塞具備。一有所觸。便沛然而不可禦。○南軒張氏曰。所謂善言善行者。豈

有外於舜之性哉。惟舜之心。純乎天理。故聞善言。見善行。不待勉强而自趨。沛然若決江河之莫禦也。○新安陳氏曰。孟子又嘗曰。大舜有大焉。善與人同。舍己從人。樂取諸人以爲善。與此章實互相發。蓋舜之心。萬善之感會也。聞見天下之善。因感觸吾心之善。卽勇於從之。合而爲一人之善。此大舜之所以爲大歟

○孟子曰。無爲其所不爲。無欲其所不欲。如此而已矣

李氏曰。有所不爲不欲。人皆有是心也。至於私意一萌。而不能以禮義制之。則爲所不爲。欲所不欲者多矣。能反是心。則所謂擴充其羞惡去聲之心者。而義不可勝平聲用矣。故曰。如此而已矣 華陽范氏曰。君子所當爲者。義也。所不可爲者。不義也。所可欲者。善也。所不可欲者。不善也。不爲不義。則所爲皆義。不欲不善。則所欲皆善。君子之道。止於如此而已矣。○朱子曰。人心至靈。其所不當爲。不當欲之事。何嘗不知。但初間自知了。到計較利害。却自以爲不妨。便自冒昧爲

之欲之耳。今既知其所不當爲。不當欲者。便要這裏截斷。斷然不爲不欲。故曰如此而已矣。○勿軒熊氏曰。此大學誠意章事。無爲其所不爲。是既躬行上克治。所謂志士厲行。守之於爲也。無欲其所不欲。是就心之發念處克治。所謂哲人知幾。誠之於思也。○雲峯胡氏曰。有所不爲。有所不欲。是本來羞惡之心。無爲其所不爲。無欲其所不欲。是能擴充其羞惡之心。爲是一身之動。欲是一念之動。不惟謹其動。而且謹其動之幾。是眞能擴充其羞惡之心。而義不可勝用矣。○新安陳氏曰。李氏之說。上言禮義。下獨言義者。蓋以義制事。則能不爲其所不當爲。以禮制心。則能不欲其所不當欲。故兼以禮義言之。然義者。心之制也。施之斷制。義爲尤切。斷然不爲其所不當爲。不欲其所不當欲。則在充其羞惡之心。以達夫義之用而已

○孟子曰。人之有德慧術知者。恒存乎疢疾。知去聲。疢丑刃反

德慧者。德之慧。慧。聽警也。術知者。術之知。疢疾。猶災患也。言人必有疢疾。則能動心忍性。增益其所不能也。慶源輔氏曰。德

之慧。謂慧德也。與昏正相反。術之智。謂智術也。與愚正相反。疢疾。則非眞是病。故曰猶災患也。人惟有災患。疢動其仁義禮智之心。堅忍其食色臭味之性。故能增益其所不能。而有夫德慧術智也

獨孤臣孽子其操心也危其慮患也深故達

孤臣遠臣。獨惟也。不連孤字。孽子庶子。皆不得於君親而常有疢疾者也。達謂達於事理。即所謂德慧術知也

南軒張氏曰。人平居無事。漠然不省。唯疢疾加焉。則動心忍性。有所感發。故慧知由此而生。危故專一而不敢肆。深故精審而不敢忽。專精之極。故於事能通達也。處安樂者。誦斯言。可不思逸豫之溺人。而深戒懼乎。當憂患者誦斯言。可不念其爲進德之地。而自勉勵乎。○新安陳氏曰。此章與舜發畎畝章互相發。故集註及南軒之說。皆引動心忍性以釋此章。人苟履憂患之境。處孤孽之勢。當知天以是玉我于成。勿自沮而深自力。于以進其德。益其術。庶幾操心危。而卒無危。慮患深。而卒免患。而至於達乎。達則德必慧。術必知。而疢疾不能爲吾患矣

○孟子曰。有事君人者。事是君則爲容悅者也

阿徇以爲容。逢迎以爲悅。此鄙夫之事。妾婦之道也。慶源輔氏曰。阿徇爲容。謂長君之惡以求容其身者。逢迎爲悅。謂逢君之惡以求君之悅者

有安社稷臣者。以安社稷爲悅者也

言大臣之計安社稷。如小人之務悅其君。眷眷於此而不忘也。慶源輔氏曰。此即所謂天理人欲同行而異情也。其眷眷不忘雖同。而其情則異。一則務爲容悅之私。一則務安社稷以爲意也

有天民者。達可行於天下而後行之者也

民者。無位之稱。以其全盡天理。乃天之民。故謂之天民。必其道可行於天下。然後行之。不然則寧沒世不見知

而不悔。不肯小用其道以徇於人也。張子曰。必功覆數救反斯民然後出。如伊呂之徒雲峯胡氏曰。伊尹為天民之先覺。此則曰有天民者。旨意不同。蓋前所謂天民者皆稟氣於天。均之為天生之民。此則以其全盡天理。乃天之民也。○新安陳氏曰。伊耕莘。呂釣渭之時。可當天民之名。使不遇湯武。則沒世不出必矣。此提天民。主其不輕出而言。非以伊呂等後來出當大任而言也

有大人者。正己而物正者也

大人。德盛而上下化之。所謂見形甸反龍在田。天下文明者。龜山楊氏曰。物正。物自正也。大人只是正己。而若物之正。何可必。惟能正己。物自然正。此乃篤恭而天下平之意。○慶源輔氏曰。上謂君。下謂民。大人德盛。故君民無不化。大人一出而天下文明。是聖人之事也。○雲峯胡氏曰。易乾卦。九二九五皆稱大人。九二見龍在田。天下文明。在下之大人也。九五飛龍在天。乃位乎

天德在上之大人也。孟子所言四者。雖人品不同。然皆在下而爲臣者也。故以乾九二當之。○此章言人品不同。略有四等。容悅佞臣不足言。安社稷則忠矣。然猶一國之士也。天民則非一國之士矣。然猶有意也。無意無必。唯其所在而物無不化。惟聖者能之。朱子曰。天民專指未得位者。大人則其德已著。○南軒張氏曰。以事是君爲容悅者也。慕爵祿而從君者也。以安社稷爲悅。則志存乎功業者也。與爲容悅者固有間矣。然未及乎道義也。蓋志存功業。則苟可就其功業而遂其志。則亦所屑爲矣。古之人惟守道明義而已。雖有蓋世之功業在前可爲。而在我者有一毫未安。則不敢徇也。天民者必明見夫達而其道可行於天下。而後行之。蓋其所主在道。而非必於行也。謂之天民者。言能全夫天理者也。天之生民也。其理無不具。而人之虧欠者多矣。故程子謂天民爲能踐形者也。以其在下而未達。故謂之民。若伊尹之在莘野是也。正己而物正之者。正己而物自正也。若規規然有意於正物。則其道狹矣。至正己而天下之感。無不通焉。固有不言而信。不令而從者矣。秦漢而下。其間號爲賢臣者。不過極於以安社稷爲悅而已。語夫天民事業。則鮮也。○慶源輔氏曰。猶有意。如程子所謂伊尹雖聖人。終是有任底意思在。是也。大人則聖人矣。如周公。孔子方能當之。周公在上。而能使天下文明者也。孔子在下。而能使萬世文明者也。至公無私。進退以道。周公之無意無必也。仕止久速。無可不可。孔子之無意無必也。○新安陳氏曰。志於道德者。功名不足以累其心。志於功名者。富貴不足以累其心。事君爲容悅。志於富貴者也。安社稷爲悅。志於功名者也。春秋列國名卿。可以當之。若天民者。則志於道德矣。然猶未能純乎道德。而無意於功名也。至於大人。則純乎道德之自然。而功名不足以累其心矣

○孟子曰。君子有三樂。而王天下不與存焉。樂音洛。王與皆去聲。下並同

南軒張氏曰。君子之樂。樂其天也。於下文三者得其樂。則視王天下之事。如太虛中浮雲耳。果何與於我。而況其他哉

父母俱存兄弟無故。一樂也

此人所深願而不可必得者。今既得之其樂可知

仰不愧於天俯不怍於人。二樂也

程子曰。人能克己。則仰不愧俯不怍。心廣體胖。其樂可知。有息則餒矣 新安陳氏曰。本文無克己之意。此程子推原所以能不愧不怍之由。而示人以其要也。人所以俯仰愧怍。累於己私耳。克去己私。則內不愧於心。所以仰不愧於天。俯不怍於人。心廣體胖之樂。不期其然而然矣

得天下英才而教育之。三樂也

盡得一世明睿俞例反之才。而以所樂乎己者不愧不怍之樂教而養之。則斯道之傳得之者衆。而天下後世將無不被

其澤矣。聖人之心所願欲者莫大於此。今既得之。其樂爲如何哉慶源輔氏曰。此樂與朋自遠來之樂同。而有大焉。○新安陳氏曰。朋自遠來。其言平而易遂。得天下英才。其言高而難。必。孟子之門。謹一樂正子。亦恐未足以當此。韓子曰。軻之死。不得其傳焉。是孟子於此一樂。亦終不能得也

君子有三樂。而王天下不與存焉

林氏曰。此三樂者。一係於天。一樂一係於人。三樂其可以自致者。惟不愧不怍而已。學者可不勉哉南軒張氏曰。三樂之中。仰不愧俯不怍其本歟。蓋不愧不怍。在我可得而勉者也。使吾胷中多所愧怍。則雖處父母兄弟之間。固亦不得而樂其樂也。所以教育天下之英才者。是吾之不愧不怍者也。自不能無愧怍。則雖得英才。亦何以為教而有此樂哉

○孟子曰。廣土衆民。君子欲之。所樂不存焉樂音洛下同

地闢民聚。澤可遠施。去聲故君子欲之。然未足以爲樂也

中天下而立。定四海之民。君子樂之。所性不存焉

其道大行。無一夫不被其澤。故君子樂之。然其所得於天者。則不在是也

朱子曰。此君子是通聖人而言○慶源輔氏曰。二者皆施仁之事。但有一國與天下之辨。故所欲未足以爲樂。至於樂。則博施濟衆。聖人之事也。所欲極於所樂。固亦非性外事。但於吾性所受之全體。則初無增損也○雲峯胡氏曰。前章君子三樂。所樂在所性之中。此章君子樂之。所性在所樂之外。何也。曰。中天下而立。達而在上者之事。君子之所性。固不以達而在上。有所加也。故君子雖樂乎此。而其所得乎天者。不在此也。或曰。集註前謂斯道傳之者衆。而天下後世將無不被其澤。此謂其道大行。無一夫不被其澤。皆曰道。曰澤。而此則所性不存焉。何也。曰。斯道傳之者衆。萬世之澤也。其道大行。一時之澤也。況其道大行。必中天下而立者能之。是道有待於位而後行。不如是。則不能行。此君子雖樂乎此。而所性不存焉。若夫

盡得一世明睿之才。而以所樂乎已者教而育之。以已之天。覺彼之天。聖人之心。深樂乎此。而其樂即在性分之內。且孟子於三樂。則曰。王天下不與存。於中天下而立。則曰所性不存。分而言之。固自大有間哉

君子所性。雖大行不加焉。雖窮居不損焉。分定故也。分去聲

分者所得於天之全體。故不以窮達而有異。朱子曰。此是說生來承受之性。君子所性。只是這一箇道理。雖達而爲堯舜在上。亦不是加添些子。若窮而爲孔孟在下。亦不是減少些子。蓋這道理。合下都定了。是添減不得○中天下而立。定四海之民。固是人所欲。與其處畎畝之中。孰若進而得行其道。使天下皆被其澤。要得出行其道者。亦是人之所欲。但其用其舍。於我性分之內。本不相關。進而大行。退而窮居。於我性分之內。無所加損

君子所性。仁義禮智根於心。其生色也。睟然見於面。盎於背。施於四體。四體不言而喻睟音粹見音現盎烏浪反

上言所性之分與所欲所樂不同。此乃言其蘊委粉反又去聲也。仁義禮智性之四德也。四德即性之蘊蓄者。根本也。生發見音現下同也。睟然清和潤澤之貌。盎豐厚盈溢音逸之意。施於四體謂見於動作威儀之間也。喻曉也。四體不言而喻言四體不待吾言而自能曉吾意也。蓋氣稟清明無物欲之累則性之四德根本於心。其積之盛則發而著見於外者不待言而無不順也。新安陳氏曰。順謂順其則也。當玩味根字生字。其根深則其積盛。其積盛。則其生發。自不可遏矣。

程子曰。睟面盎背。皆積盛致然。四體不言而喻。唯有德者能之。朱子曰。仁義禮智根於心。便見得四端著在心上。相離不得。纔有些子私意。便剗斷了那根。便無生意。譬如木根著在土上。方會生。其色也睟然。便從那根上發出來。且性字從心。見得有這心。便有許多物在其中。○君子氣字淸明。無物欲之累。故合下生時。這箇根便著土。所以生色。形見於外。衆人則合下生時。便爲氣稟物欲一重隔了。這箇根未著土。蓋有殘忍底心。便沒了仁之根。有頑鈍底心。便沒了義之根。有忿狠底心。便沒了禮之根。有黑暗底心。便沒了智之根。都各有一重隔了。而今人便只要去其氣稟之隔。敎四者之根著土而已。○四體不言而喻。是四體不待命令。而自如此。如手容恭。不待自家敎他恭。而手容自然恭。足容重。不待自家敎他重。而足容自然重。○覺軒蔡氏曰。先師云。看文字當看大意。又看句語中。何字最切要。仁義禮智根於心。根字甚有意。蓋根於心者。培養得厚盛。則發於外者。自然睟面盎背。到得手足順。便不覺其所以然。

○此章言君子固欲其道之大行。然其所得於天者。則不以是而有所加損也。新安陳氏曰。道之大行如堯舜。固所樂也。而於性分亦何加。窮居。如孔孟亦非所戚也。其於性分亦何損。此君子所以惟求盡其性分之在內者。而無所慕於勢分之在外者也。

○孟子曰。伯夷辟紂。居北海之濱。聞文王作。興曰。盍歸乎來。吾聞西伯善養老者。太公辟紂。居東海之濱。聞文王作。興曰。盍歸乎來。吾聞西伯善養老者。天下有善養老。則仁人以爲已歸矣辟去聲下同大他蓋反

已歸。謂已之所歸。餘見形甸反下同前篇新安陳氏曰。仁人指伯夷太公。前篇以爲大老。此以爲仁人。達尊三。齒德居其二。大老以齒言。仁人以德言也

五畝之宅。樹墻下以桑。匹婦蠶之。則老者足以衣帛矣。五母雞二。母彘。無失其時。老者足以無失肉矣。百畝之田。匹夫耕之。八口之家。可以無饑矣衣去聲

此文王之政也。一家養母雞五。母彘二也。餘見前篇

所謂西伯善養老者，制其田里，敎之樹畜，導其妻子，使養其老。五十非帛不煖，七十非肉不飽。不煖不飽，謂之凍餒。文王之民無凍餒之老者，此之謂也。

田謂百畝之田。里謂五畝之宅。樹謂耕桑。畜許六反謂雞彘也。趙氏曰。善養老者教導之使可以養其老耳。非家賜而人益之也。南軒張氏曰。以伯夷太公之事觀之。則知天下有善養老者。則仁人必歸之。蓋善養。則其仁心之所存。仁政之所行可知矣。仁人見其然。是以樂從之。○慶源輔氏曰。若無孟子此說。則人將謂文王之養老。只如後世尊養三老五更之禮文而已。

○孟子曰。易其田疇。薄其稅斂。民可使富也。易斂皆去聲

易治也。疇耕治之田也。教民務本

食之以時。用之以禮。財不可勝用也。勝音升

教民節儉。則財用足也

民非水火不生活。昏暮叩人之門戶。求水火。無弗與者。至足矣。聖人治天下。使有菽粟如水火。菽粟如水火。而民焉有不仁者乎。焉於虔反

水火。民之所急。宜其愛之。而反不愛者。多故也。尹氏曰。言禮義生於富足。民無常產。則無常心矣華陽范氏曰。先王養天下之民。非人人衣食之也。唯不奪農時。則皆得治其田疇。恭儉節用。則可以薄其稅斂。此二者。使富足之道也。又曰。聖人之治天下。既庶而後富之。既富而後教之。倉廩實而知禮節。衣食足而知榮辱。所謂菽粟如水火。則民無有不仁。堯舜三王之盛。皆由此道也。○新安陳氏曰。禮義常心。即所謂仁也。使菽粟如水火之多。則民皆能

推有餘以濟不足。必不至於慳吝不仁矣。有餘。則易公其有。所以無不仁。不足。則各私其有。烏得仁。夫聖人治天下。政事亦多端矣。然其大本。在養民而已。民以食爲天。使民足其食之天。不在乎他。在使民務本以豐財之源。儉約以節財之流而已。

孟子言治。鑿鑿皆實如此

○孟子曰。孔子登東山而小魯。登太山而小天下。故觀於海者。難爲水。遊於聖人之門者。難爲言。

此言聖人之道大也。東山。蓋魯城東之高山。而太山。則又高矣。此言所處上聲益高。則其視下益小。所見既大。則其小者。不足觀也。難爲水。難爲言。猶仁不可爲衆之意

慶源輔氏曰。觀於海。則天下之水。皆不足以動吾之視。遊於聖人之門。則天下之言。皆不足以動吾之聽。亦猶仁則天下之衆。皆莫能與之敵。故亦曰難爲衆也。○潛室陳氏曰。仁不可爲衆。言仁者難爲衆。看有幾多人衆。

來到仁者面前。皆使不得。如太山之前難爲山。大海之前難爲水

觀水有術。必觀其瀾。日月有明。容光必照焉

此言道之有本也。瀾。水之湍急處也。明者光之體。光者明之用也。觀水之瀾。則知其源之有本矣。觀日月於容光之隙。乞逆反無不照。則知其明之有本矣。新安陳氏曰。二者皆是於其用處知其本。承上文以比聖道之所以大者。以其有本也

流水之爲物也。不盈科不行。君子之志於道也。不成章不達

言學當以漸。乃能至也。成章。所積者厚而文章外見形甸反也。朱子曰。成章是做得成片段。有文理可觀。如孝眞箇是做得孝成。忠眞箇是做得忠成。子貢之辨。子

路之勇。都是眞箇做得成了。不是半上落下。今日做得。明日又休了。**達者足於此而通於彼也**慶源輔氏曰。如自有諸己之謂信。至於大而化之之謂聖。自志學至於從心不踰矩。其間次第。皆是足於此而通於彼。須實體之。方知其味。非妄想虛空者所能測識也。○新安陳氏曰。盈科而後進。已見前篇。盈而行者。溢於此而流於彼也

○此章言聖人之道。大而有本。學之者必以其漸乃能至也朱子曰。此一章。如詩之有比興。比者。但比之以他物。而不說破其事。如鶴鳴于九皐之類是也。此之觀水有術。至容光必照焉。以詩之比興。則引物以發其意。而終說破其事。如他人有心。予忖度之之上。引毚兎柔木之類是也。此之以登山觀海。與起遊聖門難爲言。以流水不盈科不行。與起爲道不成章不達。以詩之興也。君子之志於道。不成章不達。蓋人之爲學。須是務實。乃能有進。若這裏工夫欠了分毫。定是要透過那裏不得。○慶源輔氏曰。聖道之大。固有其本矣。然自學者言之。則又豈能一蹴而遽至哉。故又以水必盈科而後行。君子之志於道。必成章而後達者曉之。以見學者當務實而有漸。不可躐等陵

節。懸空妄想。而卒歸於無所得

○孟子曰。雞鳴而起。孶孶爲善者。舜之徒也

孶孶孶與孜同勤勉之意。言雖未至於聖人。亦是聖人之徒也

雞鳴而起。孶孶爲利者。蹠之徒也

蹠。盜蹠也蹠與跖同

欲知舜與蹠之分。無他。利與善之間也

程子曰。言間者。謂相去不遠。所爭毫末耳。善與利。公私而已矣。才出於善。便以利言也問這箇利。非是有心於爲利。只是理不明。纔差些。便入那邊去。朱子曰。然。纔差向利邊去。只見利之爲美矣。○間。是兩者相並在這裏。一條路做這邊去。一條

路做那邊去。所以謂之間○楊氏曰。舜蹠之相去遠矣。而其分。乃在利善之間而已。是豈可以不謹。然講之不熟。見之不明。未有不以利爲義者。又學者所當深察也朱子曰。程子嘗言不獨財利之利。凡有利心便不可。如作一事。須尋自家穩便處。皆利心也。如此。則善利之間。相去毫髮。苟辨之不明。其不反以利爲善者鮮矣。此大學之道。所以雖以誠意正心爲重。而必以格物致知爲先也。○新安陳氏曰。善與利之間。察之貴乎精。而爲善之力。守之貴乎一。察之精。致知之事也。守之一。力行之事也。察之不精。則認利爲義。認人欲爲天理者有矣。守之不一。則今日爲善。明日怠焉者有矣。必精以察乎善利之間而不雜。一以守其爲善之力而不移。則庶乎不流爲蹠之歸。而人皆可爲舜者。將真可以爲舜矣。此章亦所以遏人欲擴天理也。

或問雞鳴而起。若未接物。如何爲善。程子曰。只主於敬。便是爲善慶源輔氏曰。程子又教人以靜時工夫也。動靜相涵。敬義兩立。孳孳不已。則庶乎可以進於聖人之學矣。○新安陳氏曰。未接物時。敬以直內以立其本。及接物時。義以方外以達其用。此動靜交養。內外夾持之功。皆所謂爲善也。必如是而後爲善之功始密矣。不然。則未接物時爲無所用其爲善之力乎

○孟子曰。楊子取爲我。拔一毛而利天下。不爲也。爲我之爲去聲

楊子名朱。取者僅足之意。取爲我者。僅足於爲我而已。不及爲爲亦去聲人也。列子稱其言曰。伯成子高不以一毫利物是也此失之不及者也。○列子楊朱篇。楊子曰。伯成子高。不以一毫利物。舍國而隱。大禹不以一身自利。一體偏枯。古之人。損一毫利天下。不與也。悉天下奉一身。不取也。人人不損一毫。人人不利天下。天下治矣。禽子問楊朱曰。去子體之一毛。以濟一世。汝爲之乎。楊朱曰。世固非一毛之所濟。禽子曰。假濟。爲之乎。楊子弗聽。○朱子曰。莊子數稱楊子。吾恐楊氏之學。如今道流修煉之士。其保嗇神氣。雖一句話不妄與人說。只是箇逍遥物外。僅足其身。微似義耳。然不似也

墨子兼愛。摩頂放踵利天下爲之。放上聲

墨子。名翟。兼愛。無所不愛也。摩頂。摩突其頂也。突陀沒反觸也放。至也。此失於太過者也。○南軒張氏曰。摩其頂以至踵。一身之間。凡可以利天下者。皆不惜也

子莫執中。執中爲近之。執中無權。猶執一也

子莫。魯之賢者也。知楊墨之失中也。故度待落反於二者之間而執其中。近。近道也。權。稱去聲下同錘直爲反也。所以稱物之輕重而取中也。執中而無權。則膠於一定之中而不知變。是亦執一而已矣程子曰。中無定體。惟達權然後能執之。○龜山楊氏曰。聖人所謂權者。猶權衡之權。量輕重而取中也。用之無銖兩之差。則物得其平矣。今夫物有本重而末輕者。執其中而不知權。則物失其平。非所以用中也程子曰。中字最難識。須是默識。如字

心通。且試言一廳。則中央爲中。一家則廳非中而堂爲中。一國則堂非中而國之中爲中。推此類可見矣。又曰。中不可執也。新安陳氏曰。不可如子莫之固執耳。非謂堯舜湯之執中為不可也識得則事事物物皆有自然之中。不待安排。安排著。直略反則不中矣程子曰。楊子拔一毛不為。墨子又摩頂放踵為之。此皆是不得中。至子莫執中。欲執此二者之中。不知怎麽執得。○朱子曰。三聖相授。允執厥中。與子莫執中。文同而意異。蓋精一之餘。無適非中。其曰允執。則非執徒然執之也。子莫之執中。其為我不敢為楊朱之深。其兼愛不敢為墨翟之過。而於二者之中。執其一節以為中耳。故由三聖以為中。則其中活。由子莫以為中。則其中死。中之活者。隨時隨事而無不中。中之死者。非學聖人之學。不能有以權之而常適於中也。權者。權衡之權。言其可以稱物之輕重而遊移前却以適其中。蓋所以節量仁義之輕重而時措之者也。程子謂子莫執中。比楊墨為近。而中則不可執也。當知子莫之執中與舜禹湯之執中不同。則知此說矣。蓋聖人義精仁熟。非有意於執中。而自然無過不及。故有執中之名。而實未嘗有所執也。以其無時不中。故又曰時中。若學未至理未明。而徒欲求夫所謂中者而執之。則所謂中者果何形狀而可執也。殆見愈執而愈失矣。子莫是也。既不識中。乃慕夫時中者而欲隨時以為中。吾恐其失之彌遠。未必不流而為小人之無忌憚也。中庸但言擇善而不言擇中。其曰擇乎中庸。亦必繼之曰得一善。豈不以善端可求。而中體難識乎。夫惟明善。則中可得而識矣。○慶源輔氏曰。楊氏資質略偏於剛毅。墨氏資質略偏於寬厚。只緣不知至理所在。而各流於一偏。淪胥不已。遂至各極其偏。一則為我。一則兼愛。至於子莫。又自其末流觀之。而知楊墨之皆失中也。乃度於兼愛為我之間而執其中。其意固善。而於道亦近矣。然時有萬變。事有萬殊。物有萬類。而中無定體。若但膠於一定之中而執之。不能如稱錘之因物輕重而前却以取平。則與二子之執一者亦無異矣。若子莫者。是要安排箇中來執之也。○問書之允執厥中。與子莫執中之說。二者分辨如何。潛室陳氏曰。允執厥中。乃時中之中。觸處是道理。活法也。子莫乃執一以為中。死法也。霄壤之異。○新安陳氏曰。

安排者，以私意揣度之，而不順其自然也。

所惡執一者，為其賊道也，舉一而廢百也。惡、為皆去聲。

賊，害也。為我害仁，兼愛害義，新安陳氏曰：為我者，惟知有己，不知有人，似義非義而有害於仁；兼愛者，愛無差等，似仁非仁而有害於義。執中者害於時中，皆舉一而廢百者也。南軒張氏曰：為我兼愛，皆道也。當為我則為我，當兼愛則兼愛，是乃道也。彼墮於一偏者，固賊夫道，而於其間取中者，是亦舉其一而廢其百耳。○雲峯胡氏曰：吾儒亦有所謂中，所謂一，但吾儒之中也，隨時以取中；異端之中也，執中而無權。吾儒之一也，一以貫萬；異端之一也，一而廢百。○新安陳氏曰：舉一偏而廢百端。百者言其多耳。

○此章言道之所貴者中，問：中一名而函二義。這箇中要與喜怒哀樂未發之中異，與時中之中同。曰：然。中之所貴者權。楊氏曰：禹稷三過其門而不入，苟不當其可，則與墨子無異。顏子在陋巷。不改其樂。苟不當其可。則與楊氏無異。子莫執爲我。兼愛之中而無權。鄉鄰有鬬而不知閉戶。同室有鬬而不知救之。是亦猶執一耳。故孟子以爲賊道。禹稷顏回。易地則皆然。以其有權也。不然。則是亦楊墨而已矣

朱子曰。子莫見楊墨皆偏在一處。要就二者之中而執之。正是安排尋討也。原其意思固好。只是見得不分明。依舊不是。且如三過其門而不入。在禹稷之時則可。在顏子則不可。居陋巷在顏子之時則是中。在禹稷之時則非中矣。居陋巷則似楊氏。三過其門而不入則似墨氏。要之禹稷似兼愛而非兼愛。顏子似爲我而非爲我

○孟子曰。饑者甘食。渴者甘飲。是未得飲食之正也。饑渴害之也。豈惟口腹有饑渴之害。人心亦皆有害。

口腹爲饑渴所害。故於飲食不暇擇而失其正味。人心

爲貧賤所害。故於富貴不暇擇而失其正理。朱子曰。饑渴害其知味之性。則飲食雖不甘亦以爲甘。利欲害其仁義之性。則所爲雖不可亦以爲可

人能無以饑渴之害爲心害。則不及人不爲憂矣

人能不以貧賤之故而動其心。則過人遠矣慶源輔氏曰。人若能不以貧賤動其心。而於富貴辨其所當得而受之。其不當得則不受之。則過於常人遠矣。過人之遠。則不憂其不及人矣。○新安陳氏曰。富貴有當得不當得之正理。知之在心。如飲食有美惡之正味。知之在口。口腹因饑渴而失其正味。人易知之。人心因貧賤而失其正理。人多未知也。孟子因舉人之易知者。以曉人之未知者。夫貧賤不與饑渴期。而饑渴必至。自非有守之君子。必不能忍饑渴。遂厭貧賤而求富貴。以害其心之正理矣。是害口腹者。饑渴也。害心者。亦饑渴也。饑渴能害口之正味。不當以害心之正理。此君子所以可饑可寒可貧可賤。而不可與爲不義也。人能不以貧賤動其心。不以饑渴之害害其心。則必不厭貧賤以脫饑渴。必不冥受富

貴以圖甘肥而不患不及人矣。凡此皆孟子所以遏人欲而存天理也。

○孟子曰。柳下惠不以三公易其介。

介有分辨之意。慶源輔氏曰。介有分辨意。則與界限之界同。凡事各有界限。甚分明不可踰越。○新安陳氏曰。介有剛介。介特。廉介之意。惟其有分辨。所以能如此。亦如廉本訓廉隅。惟其廉隅分辨。所以清廉。廉潔也。柳下惠進不隱賢。必以其道。遺佚不怨。阨窮不憫。直道事人。至於三黜。是其介也。○此章言柳下惠和而不流。問柳下惠不以三公易其介。此與聖人之和互相發明耶。乃所以爲和耶。龜山楊氏曰。觀惠之和。宜若不介。故此特言之。問何以知其介。曰。只不卑小官之意。便自可見。如柳下惠之才。以爲大官何所不可。而樂於爲小官。則其剛介可知矣。○新安陳氏曰。不以三公之貴。移奪其所守之介。和而不流故也。與孔子論夷齊不念舊惡意正相類。皆聖賢微顯闡齒淺反幽之意也。汪氏曰。伯夷餓于首陽。伊尹祿以天下不顧。皆能不以三公易其介。獨稱柳下惠何也。以惠之和嫌於不介故也。○雲峯胡氏曰。人皆知夷齊之清。而不知夷齊之清而有量。人皆知柳下惠之和。而不知惠之和而不流。孔孟之言。皆闡幽之意也。微顯是帶過說。○新安陳氏曰。微顯闡幽四字。出杜預春秋傳序。本以言孔子作春秋之意。於顯明者則微之。幽昧者則闡之。集註以爲孔孟之論夷齊柳下惠。亦得此意。蓋夷齊之清。惠之和。此其顯而易見者。夷齊之不念舊惡。惠之介。此其幽而難見者。今則微其顯而闡其幽。聖賢之至公至明如此。

○孟子曰。有爲者。辟若掘井。掘井九軔而不及泉。猶爲棄井也。辟讀作譬。軔音刃。與仞同

八尺曰仞。新安倪氏曰。集註於語夫子之墻數仞下云。七尺曰仞。愚按周書爲山九仞。孔安國云。八尺曰仞。鄭玄云七尺曰仞。集註兩存其說歟。蔡氏傳從孔說。愚證之周禮匠人。爲溝洫。廣四尺深四尺。謂之溝。廣八尺深八尺。謂之洫。廣二尋深二仞。謂之澮。蓋其爲溝洫澮。是加一倍之數。尋。八尺也。仞。亦八尺也。度脩廣

則計之以尋。度高深則計之以仞。是澮之廣與深。各一丈六尺也。以此觀之。則孔說爲是。鄭說恐非言鑒

井雖深。然未及泉而止。猶爲自棄其井也○呂侍講曰。名希哲。字原明。河南人仁不如堯。孝不如舜。學不如孔子。終未入於聖人之域。終未至於天道。未免爲半塗而廢。自棄前功也。慶源輔氏曰。爲人而未得爲聖人。言治而不及於堯舜。皆爲未及夫泉也○雲峯胡氏曰。當與論語譬如爲山一章通看。學問垂成而不至於成者。可爲戒矣

○孟子曰。堯舜性之也。湯武身之也。五霸假之也

堯舜天性渾上聲全。不假脩習。湯武脩身體道。以復其性。五霸則假借仁義之名。以求濟其貪欲之私耳程子曰。身之。是身踐履之也。假之者。身不行而假借之也○張子曰。堯舜固無優劣。及至湯武則有別。孟子言性之反之。自古

聖人如此言性孟子分出遂知堯舜是生知湯武學而能之。○龜山楊氏曰。堯舜性之。由而行者也。湯武身之。體之者也。五霸則假之而已。非已有也。若管仲責包茅不入王祭不共。昭王南征不反。非誅伐之本意。假此爲說耳。○朱子曰。性之是合下如此。身之是做到那田地。○問性善之善與堯舜性之之性如何。曰。性善之性字實。性之之性字虛。性之只是合下稟得。合下便得來受用。又曰。反之是先失著了。反之而后得。身之是把來身上做起。○性是自然有底。身是從身上做得來底。湯武固皆身之。但細觀其書。湯身之之功恐更精密。湯有慚德。如武王恐未必有此意。○新安陳氏曰。孟子論堯舜湯武。曰堯舜性者也。湯武反之也。與此章爲二而互相發明。反之即復其性也。論五霸者不一。莫切於假之一辭。曰以力假仁者霸。與此章爲二。乃是以一字斷盡五霸心事。得春秋以一字爲褒貶與誅心之法者也

久假而不歸。惡知其非有也。惡平聲

歸。還也。有。實有也。言竊其名以終身。而不自知其非眞

有。慶源輔氏曰。其初不過以之欺人。而其終遂至以之自欺或曰。蓋嘆世人莫覺其僞者亦通舊說趙卯鄉註以假不歸。即爲眞有。則誤矣朱子曰。惡知二字。爲五霸設。如云五霸自不知也。五霸以假而不歸。安知其亦非已有也。○汪氏曰。舊說之意。謂若能以假而不歸。則固有者將自得之。是爲假者謀。假者之初意。全非天理。而以人欲之私行之。合下已差矣。加以久假。則私意纏繞以終其身。虛僞益甚。膠固莫解。其得爲眞有之乎。是皆學術心術不正。不能辨公私理欲之幾者之論。宜朱子明辨其誤也○尹氏曰。性之者與道一也。身之者履之也。及其成功。則一也。五霸則假之而已。是以功烈如彼其卑也問假之之事。眞所謂幽沉仁義。非獨爲害當時。又且流毒后世。朱子曰。此孟子所以不道桓文而卑管晏也。且如與滅繼絕。誅殘禁暴。懷諸侯而尊周室。百般好事他都做。只是無惻怛之誠心。他本欲他事之行。又恰有這題目入得。故不得不舉行。此邵子所以有功之首罪之魁之論○雲峯胡氏曰。性之者。自然而然。身之者。當然而然。假之者。似然而實不然。自然者。所性而有。當然者。能復其有。似然者。不自知其非眞有。

○公孫丑曰。伊尹曰予不狎于不順。放太甲于桐。民大悅。太甲賢。又反之。民大悅。

予不狎于不順。太甲篇文。狎習見也。不順言太甲所爲。不順義理也。言不欲習見形甸反其如此。餘見前篇。

賢者之爲人臣也。其君不賢。則固可放與。平聲孟子曰。有伊尹之志則可。無伊尹之志則簒也。

伊尹之志。公天下以爲心。而無一毫之私者也。南軒張氏曰。伊尹之事。志存乎宗祀。變而得其正者也。方是時。太甲在諒陰。故徙之先王墓側。使之動心忍性而深思焉。是伊尹以冢宰攝政。而太甲居憂于桐耳。太甲克終允德。則於練除之際。奉而歸亳焉。其克終雖由其自怨艾以改過。實亦尹之至誠有以感格之。無尹之志。徒以君不賢而放之。是簒亂之所爲耳。後世唯霍光放昌邑王賀。而立宣。庶幾乎心存宗祀者。然始也。建立之不審。而至誠敦篤又不加焉。其於尹之志。蓋有愧也。是以嚴延年劾之。以爲擅廢立。無人臣禮。而識者有取焉。霍光且爾。況他人本爲一身利害言者乎。所謂元惡大憝。必誅而無赦者也。○慶源輔氏曰。公天下以爲心。豈一朝夕勉強所能爲哉。非道全德備。其素行有以信於人。至誠有以通於天者不能也。○覺軒蔡氏曰。孟子此兩語。不惟見伊尹之心。如青天白日。而百世之下。姦臣亂賊。亦無所逃其罪矣。味則可之辭。亦見處變僅可之意。而非正法也

○公孫丑曰。詩曰。不素餐兮。君子之不耕而食。何也。孟子曰。君子居是國也。其君用之。則安富尊榮。其子弟從之。則孝弟忠信。不素餐兮。孰大於是（餐七丹反）

詩。魏國風伐檀之篇。素。空也。無功而食祿。謂之素餐。此

與告陳相彭更之意同南軒張氏曰。伐檀之詩。非必欲君子不耕而食爲素餐。其爲詩也亦固矣。其弊將至於爲許行之徒之論矣。故孟子告之以不素餐之大者。夫君子。仁義脩乎身。居是國也。其君用之。則安富尊榮。如其未用。子弟從之。則亦薰陶乎孝弟忠信之習。而足以善俗。若夫飾小廉而妨大德。徇末流而忘正義。非君子之道也。○新安陳氏曰。君子居人國。用則有功於君而功業建。不用亦有功於人子弟。而風俗厚。豈爲無功而食乎。丑之見何陋也

○王子墊問曰。士何事墊丁念反

墊。齊王之子也。上則公卿大夫。下則農工商賈。音古皆有所事。而士居其間。獨無所事。故王子問之也

孟子曰。尚志

尚。高尚也。志者。心之所之也。士既未得行公卿大夫之

道。文不當爲農工商賈之業。則高尚其志而已。朱子曰。此志字與父在觀其志之志同。未見於所行。方見其所存也

曰何謂尚志。曰仁義而已矣。殺一無罪非仁也。非其有而取之非義也。居惡在仁是也。路惡在義是也。居仁由義大人之事備矣惡平聲

非仁非義之事。雖小不爲。而所居所由。無不在於仁義。此士所以尚其志也。慶源輔氏曰。士雖未得位以行其道。而其志則須高尚方可。志於仁義則高尚。溺於利欲則卑汙大人。謂公卿大夫。言士雖未得大人之位。而其志如此。則大人之事體用已全。若小人之事。則固非所當爲也。南軒張氏曰。殺一無罪而非仁。由是而體之。則人之所以能愛者。可得而推矣

非其有而取之爲非義。由是而體之。則其義之所以爲宜者。可得而推矣。居仁由義。居則不違。由則不他。居仁則體立。由義則用行。大人之事。亦不越此而已矣○新安陳氏曰。此章因王子問士何所事。對以士志乎仁義。已備大人之事。蓋志者事之本。未爲者也。事者志之用。有爲者也。志之所向素高。則事之大本已立。一旦得大人之位。舉而措之耳。何必待有事迹可見。而後始謂之有所事哉。若農工商賈小人之事。不特非所當爲。亦不屑爲。且不暇爲也

○孟子曰。仲子不義與之齊國而弗受。人皆信之。是舍簞食豆羹之義也。人莫大焉亡親戚君臣上下。以其小者信其大者。奚可哉。舍音捨 食音嗣

仲子陳仲子也。言仲子設若非義而與之齊國。必不肯受。齊人皆信其賢。然此但小廉耳。其辟兄離母不食君

祿無人道之大倫罪莫大焉豈可以小廉信其大節而遂以爲賢哉南軒張氏曰仲子飾小廉而廢大倫其不知義已甚矣○慶源輔氏曰觀前篇所論仲子之事其介然自守如此則不義而與之齊國必不肯受此猶名而强矯者或能之故孟子以爲是特舍簞食豆羹之義而已蓋未以爲賢也若夫安於人倫使之各盡其道則非盡性而樂循理者不能故孟子言此以曉齊人使之勿迷於小而必察其大耳○新安陳氏曰孟子於陳仲子其對匡章既深非之此又申言之二章當參看

○桃應問曰舜爲天子皋陶爲士瞽瞍殺人則如之何

桃應孟子弟子也其意以爲舜雖愛父而不可以私害公皐陶雖執法而不可以刑天子之父故設此問以觀聖賢用心之所極非以爲眞有此事也

孟子曰執之而已矣

言臯陶之心知有法而已不知有天子之父也

然則舜不禁與與平聲

桃應問也

曰夫舜惡得而禁之夫有所受之也夫音扶惡平聲

言臯陶之法有所傳受非所敢私雖天子之命亦不得而廢之也

然則舜如之何

桃應問也

曰舜視棄天下猶棄敝蹝也竊負而逃遵海濱而處終身

訢然樂而忘天下（蹝音徙訢與欣同樂音洛）

蹝。（韻書音所爾反又所解反）草履也。遵循也。言舜之心知有父而已。不知有天下也。孟子嘗言舜視天下猶草芥而惟順於父母可以解憂。與此意互相發。○此章言爲士者但知有法。而不知天子父之爲尊。爲子者但知有父。而不知天下之爲大。蓋其所以爲心者莫非天理之極。人倫之至。（雲峯胡氏曰。臯但知有天子之法。天理也。君臣。人倫之至也。舜但知有父。天理也。父子。人倫之至也）學者察此而有得焉。則不待較計論量。而天下無難處（上聲）之事矣（朱子曰。某嘗問李先生以此事。先生曰。蒯聵父子。只爲無此心。所以爲法律所縛。都轉動不得。若舜之心。則法律縛他不住。終身訢然樂而忘天下。求仁得仁。何怨之有。然此亦只是言聖賢之心耳。聖賢之心。合下是如此。權制有未暇論。然到極不得已處。亦須變而通之。蓋法者天下公共。在皋陶亦只得執之而已。若人心不許舜棄天下而去。則便是天也。皋陶亦安能違天。法與理便即是人心底。亦須是合下有如此底心。方能爲是權制。今人於事合下無如此底心。其初便從權制去則不可。○執之而已矣。非洞見皋陶之心者不能言也。此一章之義見聖賢所處無所不用其極。所謂止於至善者也。○南軒張氏曰。舜之有天下。初不以天下與於己。循天理之當然而已。爲瞽瞍殺人而枉其法。則失天下之公。若致辟於瞽瞍。則廢父子之倫。是皆雖有天下。不可一朝居者也。舜寧去天下而存此義耳。舜非輕天下也。義所當去。視天下猶敝蹝也。是故在皋陶則使舜得以伸其竊負之義。在舜。則以此而可以終身夫何求哉。循天理而已。善發明舜之心者。其惟孟子乎。若後世以利害之見論之。則謂天下方戴舜而賴其治。舜乃去之。得無廢成業而孤衆望乎。此不知天命者也。聖人所以爲治。奉天命而已。若汨於利害而失天理之所在。雖舜亦何以治天下哉。或者以爲皋既執瞽瞍。舜烏得而竊之。蓋未之思也。皋既執瞽瞍於前。而使舜得伸其竊負之義於後。是乃天理時中。全君臣父子之倫者也。微孟子孰能推之。○汪氏曰。竊負而逃。畏天故也。訢然之樂。樂天故也。孟子之對。示後世爲人臣子之道而已。以天子之父殺人且不可舍。況其卑者乎。以天下之大且可棄。況其小者乎。

○孟子自范之齊。望見齊王之子。喟然歎曰。居移氣。養移體。大哉居乎。夫非盡人之子與。夫音扶。與平聲。

范齊邑。居謂所處上聲。下同。之位。養奉養去聲。也。言人之居處所繫甚大。王子亦人子耳。特以所居不同。故所養不同。而其氣體有異也

孟子曰。

張鄒張敬夫。鄒志完。皆云羨延面反。文也。

王子宮室車馬衣服多與人同。而王子若彼者。其居使之

然也。況居天下之廣居者乎

廣居見（形甸反下同）前篇。（謂仁也）尹氏曰。睟然見於面盎於背

居天下之廣居者然也。（新安陳氏曰。居仁宅者之氣象。必德潤身而心廣體胖。與王子驕貴之氣習又不侔矣。）

魯君之宋。呼於垤澤之門。守者曰。此非吾君也。何其聲之似我君也。此無他。居相似也。（呼去聲）

垤澤宋城門名也。孟子又引此事爲證。（問孟子先言居移氣養移體後却只言居。朱子曰。有是居則有是養。居公卿。有公卿底奉養。居貧賤。有貧賤底奉養。言居則養在其中。○南軒張氏曰。居天下之廣居。宅乎天理者也。宅之之久。則其氣質變化。有不期然而然者矣。夫聖賢相去。雖有先後而玩其氣象。如出一人者。以其所居之同故也。○新安陳氏曰。此章重在居廣居一句。勢位之居。猶足移氣。與

賤者異。廣居之居。其能充吾正氣。而與常人異也必矣

○孟子曰。食而弗愛。豕交之也。愛而不敬。獸畜之也。食音嗣畜許六反

交。接也。畜。養也。獸。謂犬馬之屬。

恭敬者。幣之未將者也。

將。猶奉也。詩曰。承筐是將。小雅鹿鳴篇程子曰。恭敬雖因威儀幣帛而後發見。形甸反然幣之未將時。已有此恭敬之心。非因幣帛而後有也

恭敬而無實。君子不可虛拘

此言當時諸侯之待賢者。特以幣帛爲恭敬而無其實

也。拘留也。趙汸卿曰。實謂愛敬也。○慶源輔氏曰。世衰道微。在上者。皆不知有恭敬待賢之誠。而惟恃其有幣帛之聘。在下者。惟知有幣帛之可慕。而不知察夫上之人所以待之之誠。上下之情。交騖於利而不知有義理焉。故孟子發此論以警之。

○孟子曰。形色。天性也。惟聖人然後可以踐形。

人之有形有色。無不各有自然之理。所謂天性也。踐。如踐言之踐。禮記曲禮。脩身踐言。謂之善行。蓋衆人有是形。而不能盡其理。故無以踐其形。惟聖人有是形。而又能盡其理。然後可以踐其形而無歉。苦忝反也。○程子曰。此言聖人盡得人道而能充其形也。蓋人得天地之正氣而生。與萬物不同。既爲人。須盡得人理。然後稱。去聲其名。衆人有之而

不知。賢人踐之而未盡。能充其形惟聖人也。楊氏曰。天生烝民。有物有則。物者形色也。則者性也。各盡其則。則可以踐形矣

龜山楊氏曰。莫非形也。自聖人言之。目之所視。耳之所聽。口之所言。身之所動不待著意。莫不合則。所謂動容周旋中禮者也。未至於聖。則未免有充焉。若孔子告顔淵非禮勿視等語是也。故惟聖人然後可以踐形○朱子曰。形是耳目口鼻之類。色如一顰一笑皆有至理○形色上便有天性。視便有視之理。聽便有聽之理○問形色天性下。却云踐形而不言色。何也。曰。有此形。便有此色。言形則色在其中矣○踐。猶踐言踐約之踐。言聖人所爲便踏著箇形色之性。耳。性即理之謂。伊川說充其形色。說得好。形是形體。色如臨喪則有哀色。介冑則有不可犯之色之類。天之生人。人之得於天。其具耳目口鼻者。莫不皆有此理。耳便必當無有不聽。目便必當無有不明。口便必能盡別天下之味。鼻便必能盡別天下之臭。聖人與常人都一般。惟衆人有氣稟之雜。物欲之累。雖同是耳也。而不足於聽。同是目也。而不足於明。同是口。而不足以別味。

同是鼻而不足以别臭雖有是形而不能充踐此形惟聖人耳則十分聰目則十分明口鼻莫不皆然如此方可以踐此形○潛室陳氏曰聖人盡性地位方儹得他本來形色學未至於聖人則於性分道理未免虧欠才於性分有虧欠即是空具此形色不能充踐滿足也○問孟子曰形色天性也告子曰食色性也二者之分如何曰形色爲性是引氣入道理中來食色爲性是逐道理出形氣外去胥壞之分○新安陳氏曰程子之說蓋自踐字推廣之衆人全不能踐者也賢人雖能踐之而未盡者也聖人則極能踐之而無不盡者也如洪範五事則貌言視聽思極於肅乂哲謀聖皆踐形之意也

○齊宣王欲短喪公孫丑曰爲朞之喪猶愈於已乎

已猶止也　新安陳氏曰丑附其說謂三年短而爲朞猶勝於止而不爲者乎

孟子曰是猶或紾其兄之臂子謂之姑徐徐云爾亦教之孝弟而已矣　紾之忍反

紾戾也。教之以孝弟之道，則彼當自知兄之不可戾，而喪之不可短矣。孔子曰：子生三年，然後免於父母之懷，予也有三年之愛於其父母乎？所謂教之以孝弟者如此，蓋示之以至情之不能已者，非強（上聲）之也。

王子有其母死者，其傅爲之請數月之喪。公孫丑曰：若此者何如也？（爲聲）

陳氏曰：王子所生之母死，厭（一甲反）於嫡母而不敢終喪，其傅爲請於王，欲使得行數月之喪也。（大功九月，小功五月）時又適有此事，丑問如此者是非何如。按《儀禮》，公子爲（亦去聲）其母（所生母）練冠麻衣縓（七絹反）緣（俞絹反），赤黃色，既葬除之，疑當時此禮已廢。或既葬而未忍即除。故請之也。儀禮喪服草記。公子爲其母。練冠麻衣縓緣。爲其妻。縓冠葛絰帶。麻衣縓緣。皆既葬除之。公子。君之庶子也。

曰。是欲終之而不可得也。雖加一日愈於已。謂夫莫之禁而弗爲者也。夫音扶

言王子欲終喪而不可得。其傅爲請。雖止得加一日。猶勝不加。我前所譏。乃謂夫莫之禁而自不爲者耳。○此章言三年通喪。天經地義。不容私意有所短長。示之至情。人心天理之真切處則不肖者有以企去智反而及之矣。

○孟子曰。君子之所以教者五。

下文五者。蓋因人品高下。或相去遠近先後之不同。慶源

輔氏曰。如時雨化。品之高者。成德達財其次也。答問。下者也。私淑艾。有同時而相去或遠。不同時而其生也後不能及門受業者也。

有如時雨化之者。

時雨及時之雨也。草木之生播種封植。丞職反人力已至而未能自化。所少者雨露之滋耳。及此時而雨之則其化速矣。教人之妙。亦猶是也。若孔子之於顔曾是已。程子曰。待物生。以時雨潤之。使之自化。○朱子曰。時雨化者不先不後。適當其時而已。○他地位已到。因而發之。如孔子告顔子以四勿。告曾子以一貫。所謂時雨化之者。○新安陳氏曰。惟人力已至。而後時雨可化。惟顔曾力到功深。而後孔子之化可施。使他弟子而遽以是告之。是猶種植之力未至。雖有時雨。亦不能速化也。

有成德者。有達財者。

財與材同。此各因其所長而教之者也。成德，如孔子之於冉閔。達財，如孔子之於由賜。朱子曰：成就其德，德則天資純粹者。通達其材，材是天資明敏者。○雲峯胡氏曰：孔門四科，顏曾冉閔，皆以德行稱。孟子五教，集註則以夫子之於冉閔爲成德，而顏曾爲時雨化之，何也？蓋自顏曾以下，皆在夫子教之之中，而顏曾二子，獨得夫子化之之妙也。

有荅問者，

就所問而荅之，若孔孟之於樊遲、萬章也。南軒張氏曰：成德、達財，荅問固在其中。而又有所謂荅問者，此則專爲凡荅其來問者也。雖鄙夫之空空，所以荅之者，亦無非竭兩端之教也。○慶源輔氏曰：樊遲之粗鄙，萬章之淺率，孔孟皆必俟其問而後告教之，是也。

有私淑艾者。艾音乂。

私，竊也。淑，善也。艾，治也。人或不能及門受業，但聞君子之道於人。而竊以善治其身。是亦君子教誨之所及。若孔孟之於陳亢夷之是也。孟子亦曰。予未得爲孔子徒也。予私淑諸人也。朱子曰。艾。芟草也。自艾。淑艾。皆有斬絕自新之意。懲艾。創艾。亦取諸此。○有荅問者。未及師承。只是來相荅問而已。私淑艾者。未嘗親見面授。只是或聞其風而師慕之。或私竊傳其善言善行。學之以善於其身。是亦君子之教誨也。

此五者君子之所以教也。

聖賢施教。各因其材。小以成小。大以成大。無棄人也。趙氏曰。君子之教人。如天地之生物。各因其材而篤焉。天地無棄物。聖賢無棄人。

○公孫丑曰。道則高矣美矣。宜若登天然。似不可及也。何不使彼爲可幾及而日孳孳也。幾音機 孟子曰。大匠不爲拙工改廢繩墨，羿不爲拙射變其彀率。爲，去聲。彀，古候反。率，音律。

彀率，彎弓之限也。言教人者，皆有不可易之法，不容自貶以徇學者之不能也。貶，悲檢反。

君子引而不發，躍如也。中道而立，能者從之。

引，引弓也。發，發矢也。躍如，如踊躍而出也。因上文彀率，而言君子教人，但授以學之之法，而不告以得之之妙，如射者之引弓而不發矢，然其所不告者，已如踊躍而見於前矣。中者，無過不及之謂。中道而立，言其非難非易。能者從之，言學者當自勉也。易，去聲。朱子曰：引而不發，謂漸啟其端而不竟其說。躍如，謂義理昭著，如有物躍然於心目之間。○躍如，是道理活潑潑地發出在面前，如由中躍出。○引而不發躍如也。須知得是引箇甚麽。是怎生地不發。又是甚麽物事躍在面前。須是聳起這心與他看。教此心精一無些子夾雜。方見得他那精微妙處。○道理散在天下事物之間。聖賢也不是不說。然也全說不得。自是那妙處不容說。然雖不說。只纔撥動那頭了時。那箇物事自跌落在面前。如張弓十分滿而不發。箭雖不發。箭然已知得眞箇是中這物事了。○南軒張氏曰。聖人之道。天下之正理。不可過。不可不及也。自卑者視之。以爲甚高。而不知其高之爲中也。自臨者視之。以爲甚大。而不知其大之爲常也。徇彼而遷就。則非所以爲道矣。能與不能。則存乎其人耳。中道而立。能者從之。此正大之體。而天地之情也。學者循繩墨彀率而勿舍焉。及其久也。將自有得。不然。蘄獲助長。爲害秪甚矣。○此章言道有定體。教有成法。卑不可抗。高不可貶。語不能顯。默不能藏。汪氏曰。君子雖不貶道以徇人。亦未嘗離人絶物。而使人不可幾及也。○雲峯胡氏曰。道有定體。故卑不可抗。高不可貶。是之謂中道而立。教有成法。故語不能顯。默不能藏。而在乎人之能者從之。○新安陳氏曰。道有定體。謂中道而立。教有成法。謂繩墨彀率。卑者不可抗之使高。高者不可貶之使卑。申言道有定體也。雖語有不能顯者。謂引而不發。雖默有不能藏者。謂躍如也。熟玩味之。有無窮之妙。

○孟子曰。天下有道。以道殉身。天下無道。以身殉道。

殉。如殉葬之殉。以死隨物之名也。記檀弓下。陳子車死於衛。其妻與其家大夫謀以殉葬。謀將殺人以殉葬定而後陳子亢至。以告曰。夫子疾。莫養於下。請以殉葬。子亢曰。以殉葬。非禮也。雖然。則彼疾當養者。孰若妻與宰。得已。則吾欲已。不得已。則吾欲以二子者之爲之也。於是弗果用。身出則道在必行。道屈。則身在必退。以死相從而不離去聲也。趙氏曰。道不可離也。雖時有治亂。已有窮達。非道殉身。卽身殉道。以死相從。豈可得而離哉。

未聞以道殉乎人者也。

以道從人。妾婦之道。華陽范氏曰。君子遭世之治。則身顯而道行。得志澤加於民。故以道從身遭世之亂則身隱而道不行不得志脩身見於世故以身從道以道殉乎人者陳代所謂枉尺而直尋也古之聖賢以道殉身伊尹周公是也以身殉道孔子孟子是也君子窮達不離乎道道可以處則處道可以出則出故人君用人不用其身唯用其道以道殉人者雖得之無所用也○南軒張氏曰身與道不可離也以道殉人則是可離矣烏有所謂道哉○新安陳氏曰妾婦以順從爲道故亦曰道孟子見有身徒顯而道不行道不行而身猶不知隱者故發此論言當隨時之理亂而酌身之進退非道殉身則身殉道身與道不可須臾離也使道不殉身身不殉道即是以道殉乎人矣

○公都子曰滕更之在門也若在所禮而不答何也更平聲

趙氏曰滕更滕君之弟來學者也

孟子曰挾貴而問挾賢而問挾長而問挾有勳勞而問挾故而問皆所不答也滕更有二焉長上聲

趙氏曰。二謂挾貴挾賢也。尹氏曰。有所挾則受道之心不專。所以不答也。慶源輔氏曰。學者之心須是專一。方有受教之地。有所挾則二三也。○新安陳氏曰。挾者兼有而恃之之稱。勳勞已嘗有功勞於師。故謂已與師有舊好。恃此以來學。望師待以異意而教之。皆所不當荅。○此言君子雖誨人不倦。又惡去聲夫音扶意之不誠者。南軒張氏曰。受道者以虛心爲本。則能受。有所挾則私意先横於中而不能入矣。故空空之鄙夫。聖人必竭兩端之教。而滕更挾二。故不答也。使能思所以不答之故。於所挾致力以消之。是亦誨之矣。

○孟子曰。於不可已而已者。無所不已。於所厚者薄。無所不薄也。

已。止也。不可止。謂所不得不爲者也。所厚。所當厚者也。此言不及者之弊。朱子曰。厚薄是以家對國言之。又曰。所厚謂父子兄弟骨肉之恩理之所當然而人之不能已者。

其進銳者其退速

進銳者用心太過其氣易去聲衰故退速。覺軒蔡氏曰進銳退速其病正在意氣方盛之時已有易衰之勢不待意氣已衰之後始見其失也。○三者之弊理勢必然雖過不及之不同然卒同歸於廢弛施紙反○慶源輔氏曰不及者之弊則愈見其不及流於欲者之所爲也過者之弊則其退也可立而待役於氣者之所爲也欲肆則無極氣過則易衰循理而行則有漸而可繼也○勿軒熊氏曰前二句則見之處事接物之間後一句則本於立心講學之際○雲峯胡氏曰前二者是當用心而不用心之弊後一者是過用其心之弊不用其心固宜廢弛過用其心者亦同歸於廢弛過猶不及故也。

○孟子曰君子之於物也愛之而弗仁於民也仁之而弗

親親而仁民，仁民而愛物。

物，謂禽獸草木。愛，謂取之有時，用之有節。新安陳氏曰：當取則取，當用則用，但有時有節即愛也。若釋氏以不取不用爲愛，則非矣。程子曰：仁，推己及人，如老吾老以及人之老，於民則可，於物則不可。統而言之，則皆仁；分而言之，則有序。慶源輔氏曰：統而言之，則皆自吾一性之仁；分而言之，則有輕重之序。然在學者言之，則於此三者之序，有由之而不知者，有得於此而失於彼者，又有倒行逆施，雜亂無次者，要當因聖賢之言，反求之心，涵養於未發之前，體察於已發之後，毋惑於異端，毋汨於私慾，然後是聖學工夫。楊氏曰：其分去聲，下同不同，故所施不能無差楚宜反等。所謂理一而分殊者也。問：孟子言愛與仁有小大之分。潛室陳氏曰：親親而仁民，仁民而愛物，所謂一理萬殊，稱物平施。此仁字是用。待禽獸只有愛心，不可使失所。若夫牛不穿鼻，馬不絡首，一以人理奉之。則親民何別。不幾於同人類於牛馬乎。仁者。人心也。有人理存焉。施於人者。不可施於物。乃理一分殊處。○新安陳氏曰。理一。所以爲仁。分殊。所以爲仁之義。**尹氏曰。何以有是差等。一本故也。無僞也。**慶源輔氏曰。一本。故無僞而有等差。若無等差。是僞而二本也。○西山眞氏曰。凡生於天地間者。莫非天地之子。而吾之同氣者也。是之謂理一。然親者吾之同體。民者吾之同類。而物則異類矣。是之謂分殊。故仁愛之施則有差。○朱氏祖義曰。不以待人者施之物。以其有貴賤之分也。不以待親者施之他人。以其有親疏之殺也。於無所不愛之中而不失其貴賤親疏之等差。此聖人之仁。所以歷萬世而無弊也。○新安陳氏曰。暴殄者固非愛物矣。梁武之宗廟不用犧牲。亦非愛物之宜。蓋愛之而仁。是以仁民者仁物也。無怪其於民反不仁也。墨氏之愛無差等。施由親始。亦非仁民之宜。蓋仁之而親。是以親親者親民也。無怪其無父。而於親反不親也。是皆倒行逆施之道。無次序。無等差。非仁矣。○東陽許氏曰。愛之而弗仁之愛。愛惜之義。不輕用物。不暴殄天物之意。仁民之仁。乃愛之本義。親又重於仁。

○孟子曰。知者無不知也。當務之爲急。仁者無不愛也。急親賢之爲務。堯舜之知。而不徧物。急先務也。堯舜之仁。不徧愛人。急親賢也。知者之知並去聲

知者固無不知。然常以所當務者爲急。則事無不治。治去聲而其爲知也大矣。仁者固無不愛。然常急於親賢。則恩無不洽。而其爲仁也博矣。問如舜擧皐陶。湯擧伊尹。所謂親賢者。乃治天下不易之務。若當務之急。是隨其時勢之不同。堯之曆象治水。舜之擧相去凶。湯之伐夏救民。皆所務之急者。朱子曰。也是如此。然當務之急。如所謂勞心者治人。勞力者治於人。堯舜之治天下。豈無所用其心。亦不用於耕耳。又如夫子言務民之義。應係所當爲者皆是也。又曰。堯以不得舜爲已憂。舜以不得禹皐陶爲已憂。此聖人之所急也。上好禮則民莫敢不敬。上好義則民莫敢不服。上好信則民莫敢不用情。若學圃學稼則是不急。○新安陳

氏曰。上四句。言知仁之理。下六句。舉堯舜之知仁以實之

不能三年之喪。而緦小功之察。放飯流歠。而問無齒決。是之謂不知務。飯扶晚反歠昌悅反

三年之喪。服之重者也。緦麻三月。小功五月。服之輕者也。察。致詳也。放飯。大飯。流歠。長歠。不敬之大者也。齒決。齧吾結反斷乾音干肉。不敬之小者也。記曲禮曰。毋放飯。毋流歠。又曰。濡肉齒決。乾肉不齒決。濡。滯也。宜齧斷之。乾肉堅。宜用手

問。講求之意。南軒張氏曰。孟子所譬。特言奢大狗小者。為不知務耳。非謂能三年之喪。則緦小功有不足察。無放飯流歠。則齒決有不必問也。先後具舉。本末畢貫。此所以為道○新安陳氏曰。上文言智之知急務。仁之急親賢為務。乃智仁之大者。此取譬於喪服飲食。以譏不能其大而求其細。非知務者也。不知務是併結上文。當務親賢為務二務字

○此章言君

子之於道識其全體則心不狹知所先後則事有序雲峯胡氏曰集註之意以為識智之全體則其用宜無所不知識仁之全體則其用宜無所不愛然智之用有當務之為急仁之用當急親賢之為務故不識其全體者知之不周愛之不廣狹用其心者不知所先後則知之雖周而精神弊於無用愛之欲廣而德澤壅於下流泛用其心也輔氏以為識其全體是言仁知所先後則為智非集註意矣豐氏曰智不急於先務雖徧知人之所知徧能人之所能徒弊精神而無益於天下之治去聲矣仁不急於親賢雖有仁民愛物之心小人在位無由下達聰明日蔽於上而惡政日加於下此孟子所謂不知務也新安陳氏曰當務為急與急親賢為務相對以臯謨能哲而惠及樊遲問仁智章之意推之謂智之所當務者即是急親賢之為務仁之所為即智之所知亦儘可通南軒即此說也但孟子朱子之意本不如此蓋知所當務所

包甚闊。不可竟以親賢當知。此章乃平論智仁。非論智仁相為用也

孟子集註大全卷十三

孟子集註大全卷之十四

盡心章句下

凡三十八章

孟子曰不仁哉梁惠王也仁者以其所愛及其所不愛不仁者以其所不愛及其所愛

親親而仁民仁民而愛物所謂以其所愛及其所不愛也

公孫丑曰何謂也梁惠王以土地之故糜爛其民而戰之大敗將復之恐不能勝故驅其所愛子弟以殉之是之謂以其所不愛及其所愛也

梁惠王以下。孟子答辭也。糜爛其民。使之戰鬭。糜爛其血肉也。復扶又反之。復戰也。子弟。謂太子申也。即所謂東敗於齊。長子死焉者。以土地之故。及其民。以民之故。及其子。皆以其所不愛。及其所愛也。○此承前篇之末三章之意。雲峯胡氏曰。承所厚者薄。親親仁民。仁者無不愛而言。言仁人之恩。自內及外。不仁之禍由蹟與跡同逮親。南軒張氏曰。仁者推其愛親者以愛人。不仁者以其忍於他人者忍於其親。仁與不仁之分。其端甚微。而其流如此。○慶源輔氏曰。仁人之恩。自內以及外者。自本而推之也。惟其自本而推之。故雖無所不愛。而輕重等差。蓋不可紊也。不仁之禍由疏逮親者。徇欲而從流者也。惟其徇欲而從流。故橫放逆施。莫之紀極也。始也糜爛其民人而殘賊其子弟。終不至殺身覆族不已也

孟子曰。春秋無義戰。彼善於此。則有之矣

春秋每書諸侯戰伐之事。必加譏貶以著其擅（時戰反）興之罪。無有以爲合於義而許之者。但就中彼善於此者則有之。如召（音邵）陵之師之類是也。春秋僖公四年。齊侯伐楚。楚屈完來盟于師。盟于召陵。○南軒張氏曰。春秋無義戰。如齊桓公侵蔡伐楚。如晉文公城濮之戰。在當時其事雖若善。至於不稟王命而擅用其師。則均爲不義而已矣。○雲峯胡氏曰。春秋書戰皆以著諸侯無王之罪。召陵之師。猶知假尊王之義

征者上伐下也。敵國不相征也

征。所以正人也。諸侯有罪。則天子討而正之。此春秋所以無義戰也。新安陳氏曰。春秋以道名分。使征伐自天子出。春秋不作矣。惟不自天子出而自諸侯出。春秋所以作也。無義戰三字。斷盡春秋諸侯兵爭之罪

○孟子曰盡信書則不如無書

程子曰載事之辭容有重稱而過其實者學者當識其義而已苟執於辭則時或有害於義不如無書之愈也

吾於武成取二三策而已矣

武成周書篇名武王伐紂歸而記事之書也策竹簡也取其二三策之言其餘不可盡信也程子曰取其奉天伐暴之意反政施仁之法而已張子曰不以文害辭不以辭害意此教人讀詩法也於武成取二三策而已此教人讀書法也

仁人無敵於天下以至仁伐至不仁而何其血之流杵也

杵舂杵也或作鹵與魯同音魯楯也楯竪尹反兵器所以蔽身者武成言武

王伐紂。紂之前徒倒戈攻于後以北。血流漂杵。孟子言此則其不可信者。然書本意乃謂商人自相殺。非謂武王殺之也。孟子之設是言。懼後世之惑。且長上聲不仁之心耳

問血流漂杵。乃紂之前徒倒戈之所爲。荀子以爲殺之者皆商人。非周人者是也。而孟子不之信何哉。朱子曰。此亦拔本塞源之論。蓋雖殺者非我。而亦不忍言也。程子以爲孟子設爲是言。蓋得其微意。余隱之云。魯語曰。俎豆之事。則嘗聞之矣。軍旅之事。未之學也。孔子之意可見矣。客有問陶弘景註易與本草孰先。陶曰。註易誤。不至殺人。註本草誤則有不得其死者。世以爲知言。唐子西嘗曰。弘景知本草而未知經。註本草誤其禍疾而小。註六經誤。其禍遲而大。前世儒臣引經誤國。其禍至於伏屍百萬。流血千里。武成曰。血流漂杵。武王以此自多之辭。當時倒戈攻後。殺傷固多。非止一處豈至血流漂杵乎。孟子深慮戰國之君。以此藉口。故曰盡信書則不如無書。而謂血流漂杵未足爲多。豈示訓之至哉。經訓之禍。正此類也。反以孟子爲畔經。豈不惑

之甚邪

○孟子曰。有人曰。我善爲陳。我善爲戰。大罪也。陳去聲

制行音杭伍曰陳。交兵曰戰。以帝王之世律之。大罪人也

國君好仁。天下無敵焉。南面而征。北狄怨。東面而征。西夷怨。曰奚爲後我。好去聲

此引湯之事以明之。解見形甸反前篇

武王之伐殷也。革車三百兩。虎賁三千人。兩去聲賁音奔

又以武王之事明之也。兩。車數。一車兩如字輪也。千書序作百

王曰。無畏。寧爾也。非敵百姓也。若崩厥角稽首

書泰誓文與此小異。孟子之意。當云王謂商人曰。無畏
我也。我來伐紂。本爲去聲安寧汝。非敵商之百姓也。於是
商人稽首至地。如角之崩也

征之爲言正也。各欲正已也。焉用戰焉於虔反

民爲暴君所虐。皆欲仁者來正已之國也南軒張氏曰。戰國之際。以
功力相勝。善爲戰者。則謂之能臣矣。而孟子前以爲當
服上刑。今又以爲大罪。蓋所謂深救當時之弊。使之循
其本也。循其本有道焉。其惟好仁乎。好仁則無敵於天
下。若不志於仁而徒欲以功力取勝。則天下孰非吾敵。
勝與負。均爲殘民而逆天也○雲峯胡氏曰。觀此復引
書而言。則可知前章所謂盡信書不如無書者矣。大抵
此四章。亦相承而言。一章以梁王之戰爲不仁。二章以
春秋之戰爲無義。三章言武王仁義之師。必無血流漂
杵之事。四章言湯武仁義之師。必不用我善爲戰之人
○東陽許氏曰。孟子之時。皆尚攻戰。能者爲賢臣。而孟

子乃以爲大罪。蓋國君苟能行仁政以愛其民。使之飽暖安佚。則下民親戴其上矣。其他國之民。受虐於君者心必歸於此。人既樂歸於我。我以親上之民。而征虐民之君。則其民豈肯與我爲敵。故引湯武之事以證之

○孟子曰。梓匠輪輿能與人規矩。不能使人巧

尹氏曰。規矩法度可告者也。巧則在其人。雖大匠亦末如之何也已。蓋下學可以言傳。上達必由心悟。南軒張氏曰。聖賢之教人。自洒掃應對進退而上。皆規矩也。行著習察則存乎人。聖賢亦豈能使之然哉。然而固不外乎規矩。舍規矩以求巧。無是理也。○新安陳氏曰。巧即循規矩熟後自得之妙。未有舍規矩而可以得巧者。上達即下學之覺悟處。未有舍下學而徑可以上達者。但巧與上達。非教者所能致力耳。未嘗以爲出於規矩與下學之外也。○本文如詩六義之比。未嘗說破。莊周所論斲輪此乃以吾道之教者與學者言之也之意蓋如此 莊子天道篇。桓公齊君讀書於堂上。輪扁音篇又如字匠氏名斲輪於堂下。釋推鑿

而上問桓公曰。敢問公之所讀者何言耶。公曰。聖人之言也。曰。聖人在乎。公曰。已死矣。曰。然則君之所讀者古人之糟魄普各反已夫。桓公曰。寡人讀書。輪人安得議乎。有說則可。無說則死。輪扁曰。臣也以臣之事觀之。斲輪徐則甘而不固。疾則苦而不入。不徐不疾。得之於手而應之於心。口不能言。有數存焉。於其間臣不能以喻臣之子。臣之子亦不能受之於臣。是以行年七十而老斲輪。古之人與音余其不可傳者死矣。然則君之所讀者古人之糟魄已夫

○孟子曰。舜之飯糗茹草也。若將終身焉。及其爲天子也。被袗衣鼓琴。二女果。若固有之。飯上聲糗去久反茹音汝袗之忍反果說文作婐烏果反

飯。食也。糗。乾音干糒音備也。茹。亦食也。袗。畫俗作畫衣也。趙氏曰。畫黼黻絺繡之衣也。二女。堯二女也。果。女侍也。朱子曰。趙氏以果爲侍。廣韻從女從

果者亦曰侍言聖人之心。不以貧賤而有慕於外。不以富貴而有動於中。隨遇而安。無預於已。所性分去聲定故也南軒張氏曰。若將終身。若固有之。可謂善形容舜者。蓋所欲不存。樂天而安土。窮而在下。則無一毫之虧。達而在上亦無一毫之加。故無適而不得也○慶源輔氏曰。所性謂天所予我之性。分定。謂雖大行不加。雖窮居不損也。夫貧富貴賤。皆外物之儻來寄也。聖人盡性。故湛然無所欣戚於其間。隨遇而安。不以物動已也。無預於已。不以已隨物也

○孟子曰。吾今而後知殺人親之重也。殺人之父。人亦殺其父。殺人之兄。人亦殺其兄。然則非自殺之也。一間耳間去聲

言吾今而後知者。必有所爲去聲而感發也。一間者我往

彼來。間一人耳。其實與自害其親無異也。范氏曰。知此。則愛敬人之親。人亦愛敬其親矣。南軒張氏曰。天有顯道。厥類惟彰。感應之理。未有不以類者。方其殺人之親。孰知人殺吾親。其機固已在此乎。觀魏晉南北朝之君。互相屠戮。自今觀之。屠戮他人者。實自絶滅而已矣。孟子斯言。欲使時君無動於忿欲。寡怨息爭。以保其宗廟親族。是仁術也

○孟子曰。古之爲關也。將以禦暴。譏察非常

今之爲關也。將以爲暴征稅出入新安陳氏曰。關有譏有征。古者禁異服。識異言。以譏爲主。今以征爲主而已

○范氏曰。古之耕者什一。後世或收太半之稅。此以賦歛力驗反爲暴也。文王之囿。與民同之。齊宣王之囿。爲阱國中。此

以囿爲暴也。後世爲暴不止於關。若使孟子用於諸侯。必行文王之政。凡此之類。皆不終日而改也。南軒張氏曰。古以義理爲國。後世徇利而已。古人創法立制。與天下公共。凡以爲民耳。以利爲國。雖古法之尚存者。亦皆轉而爲一己之計矣。本原不正。無往不失先王之意。豈特爲關之暴而已哉。○慶源輔氏曰。關則一。而古今所以爲關之意則不同。譏察非常。爲義也。天理也。征税出入。爲利也。人欲也。天下之事莫不然。孟子舉關之一事言之。范氏推言及賦歛苑囿之事。且曰使孟子用於諸侯。必行文王之政者。尤説得孟子之事實。蓋孟子言語。句句是事實。言之則必行之。

○孟子曰。身不行道。不行於妻子。使人不以道。不能行於妻子。

身不行道者。以行去聲言之。不行者。道不行也。使人不以道者以事言之不能行者令不行也朱子曰身若不行道則妻子無所取法全無畏憚了然猶可使也若使人不以道則妻子亦不可使矣○問不行於妻子百事不可行不可使亦在其中不能行於妻子却只指使人一事言之否曰然○南軒張氏曰順理之事則人易從否則雖妻子亦不能使之必從也前言不躬行則無以化之後言使之非道則不得而強之然使之以道而躬行未至彼亦未必信從均於不行而已是行道爲本也然在行道者言之使人以道亦行道之見於一事者也古人謂進德者必考之於妻子其是之謂歟

○孟子曰周于利者凶年不能殺周于德者邪世不能亂

周足也言積之厚則用有餘慶源輔氏曰德貴蓄積然後有餘用而外物不足以亂之若夫挾一善一長而自以爲足而欲以遊於邪世則鮮有不爲其所亂者矣故良農不患乎年之有凶而惟患乎蓄糧之不厚君子不患乎世之難處而患乎德之不周戰兢自持死而後已凡皆以周其德也○新安

陳氏曰。積利厚者。豐凶皆給。積德厚者。理亂皆正。孟子不言利而此言之。主周于德而言。借以爲喻而引起耳

○孟子曰。好名之人。能讓千乘之國。苟非其人。簞食豆羹見於色。好乘食皆去聲。見音現

好名之人。矯情干譽。是以能讓千乘之國。然若本非能輕富貴之人。則於得失之小者。反不覺其眞情之發見矣。蓋觀人不於其所勉而於其所忽。然後可以見其所安之實也 朱子曰。讓千乘之國。惟賢人能之。然好名之人。亦有時而能之。本非眞能讓國也。徒出一時之慕名而勉强爲之耳。這邊雖能讓千乘之國。那邊簞食豆羹必見於色。東坡謂人能破千金之璧。而不能無失聲於破釜。正此意也。苟非其人。其人指眞能讓國者。非指好名之人也。○常把此一段對鄉爲身死而不受。爲義。蓋此國是好名之心勝。大處打得過。小處漏綻也。動於萬鍾者。是小處遮掩得過。大處發露也。○千乘

之國。辭受之間。十目所視。十手所指之地也。簞食豆羹得失之際則微矣。人亦何暇注其耳目於斯哉。此好名之士所以飾情於彼以取美名。而不意其鄙吝之眞情實態乃發露於忽易不虞之地也○慶源輔氏曰。矯情者務勉於其大而難久。至誠者不忽於其小而有常。是以觀人之法。不於所勉而於所忽。人之誠與僞見矣。所安。即誠也○新安陳氏曰。所安對所勉言。勉强者多矯餙於大。而不免發露於小。安焉者。則貫小大皆出於眞實也

○孟子曰。不信仁賢。則國空虛

空虛言若無人然慶源輔氏曰。仁者德之首。賢則總言其有德耳○新安陳氏曰。仁賢分言則仁。仁人也。賢。有德之人也。合言則仁德之賢人也

無禮義。則上下亂

禮義所以辨上下。定民志

無政事則財用不足

生之無道取之無度用之無節故也○尹氏曰三者以仁賢爲本無仁賢則禮義政事處上聲之皆不以其道矣

南軒張氏曰信仁賢則君有所輔民有所庇社稷有所託姦宄有所憚國本植立而堅固矣有禮義則自身以及國君君臣臣父父子子而上下序所謂治也有政事則先後綱目粲然具舉百姓足而君無不足焉此三者爲國之大要然信仁賢其本也信仁賢而後禮義興禮義興而後政事脩雖三王之所以治亦不越是矣○新安陳氏曰禮義由賢者出爲政在人三者所以以仁賢爲本也何代不生賢在人君能信用之耳有之而不信用與無人同孟子不曰無仁賢而曰不信仁賢見仁賢信用之則有不信用則無此不信三字之深意

○孟子曰不仁而得國者有之矣不仁而得天下未之有也

言不仁之人。騁丑井反其私智可以盜千乘之國。而不可以得丘民之心。須看盜字鄒氏曰。自秦以來。不仁而得天下者有矣。秦隋五代是也然皆一再傳而失之。猶不得也。所謂得天下者必如三代而後可南軒張氏曰。不仁而得國。得其土地而已。豈得其民心哉然是終可保乎。孟子之言。所當深味。不可執辭以害意也。後之取天下而立國差久者。其始所行。亦必庶幾於仁。不然。雖得土地於一時。亂亡亦相踵而至。是其得也適以速其滅亡耳。慶源輔氏曰。不仁而得天下。如曹操司馬氏及五代之君皆是也。鄒氏斷以得天下必如三代而後可者。得孟子之旨矣。雲峯胡氏曰。騁私智可以盜之於一時。非至仁。不可得之於悠久

○孟子曰。民爲貴。社稷次之。君爲輕。

社土神。稷穀神。建國則立壇壝以水反又維季反以祀之。周禮地官

大司徒設其社稷之壝而樹之田主。各以其野之所宜木。遂以名其社與其野○封人掌設王之社壝爲畿封而樹之。聚土曰封。壝謂壇及堳埒也。白虎通曰。天子社壇方五丈。取五方五色土封之。諸侯半之。各以其所守之方一色土封之。皆冒以黄土○周禮圖。社稷壇並。社壇在東。稷壇在西。各三級。壝在四隅。如矩曲方○趙氏曰。社所以祭五土之神。稷所以祭五穀之神。稷非土無以生。土非稷無以見生生之效。以其同功均利以養人也

故 蓋國以民爲本。社稷亦爲去聲民而立。而君之尊。又係於二者之存亡。故其輕重如此。問民貴君輕之說。得不咎後世篡奪之端乎。朱子曰。以理言之則民貴。以分言之則君貴。此固兼行而不悖也。各於其時視其輕重之所在而已爾。若不惟其是。而姑借聖賢之說。則亦何詞之不可借。而所以啓後人之禍者。又豈止於斯乎○新安陳氏曰。此以理言。非以分言也

是故得乎丘民而爲天子。得乎天子爲諸侯。得乎諸侯爲

大夫

丘民田野之民至微賤也然得其心則天下歸之天子至尊貴也而得其心者不過爲諸侯耳是民爲重也

諸侯危社稷則變置

諸侯無道將使社稷爲人所滅則當更平聲立賢君是君輕於社稷也

犧牲既成粢盛既潔祭祀以時然而旱乾水溢則變置社稷盛音成

祭祀不失禮而土穀之神不能爲去聲民禦災捍音汗患則毀其壇壝而更平聲置之亦年不順成八蜡助駕反不通之

意記郊特牲。天子大蜡八。伊耆氏始爲蜡。蜡也者索音色也。歲十二月。合聚萬物而索饗之也。蜡之祭也。主
先嗇而祭司嗇也。祭百種以報嗇也。饗農先農及郵音尤表畷陟劣反。郵表畷。田官督約農事之所也。禽獸。仁
之至。義之盡也。古之君子。使之必報之。迎貓爲其食田鼠也。迎虎爲其食田豕也。迎而祭之也。迎其神而祭之。
祭坊與水庸。事也。坊以止水。以其事於我而祭之。入蜡以記四方。四方年不順成。入蜡不通。不與諸方相通而
祭。以謹民財。順成之方。其蜡乃通。○雲峯胡氏曰。兩變置字不同。集註釋之亦異。變置諸侯者。改立其人也。變
置社稷者。改立其祀神之壇壝。而非改立其神也。**是社稷雖重於君。而輕於民**
也。南軒張氏曰。人君惟恃崇高之勢。而忽下民之微。故肆其私欲。輕失人心。以危其社稷。使其知民之貴。社
稷次之。而已不與焉。則心兢兢業業。不敢自恃。惟懼其失之也。則民心得而社稷可保矣。是以明王畏其民。而
闇主使民畏已。畏其民者昌。使民畏已者亡。驕亢自居。民雖迫於勢而憚之。然其心日離。民心離之。是天命去
之矣。○慶源輔氏曰。天生民而立之君。以司牧之。是君爲民而立也。世衰道微。至戰國時。爲君者不知其職。視

民如草芥而不知恤也。故孟子發此輕重之論。而并及
夫社稷焉。蓋社稷亦爲民立故也。於是反覆明辨之。其
丁寧警切之
意可謂仁矣

○孟子曰。聖人。百世之師也。伯夷柳下惠是也。故聞伯夷之風者。頑夫廉。懦夫有立志。聞柳下惠之風者。薄夫敦。鄙夫寬。奮乎百世之上。句 百世之下聞者莫不興起也。非聖人而能若是乎。而況於親炙之者乎

興起。感動奮發也。親炙。親近而薰炙之也。餘見形甸反前篇 朱子曰。孟子於二子。論之詳矣。雖以爲聖之清和。然又嘗病其隘與不恭。且以其道不同於孔子。而不願學也。及其一日發爲此論。乃以百世之師歸之。而孔子反不與焉。蓋孔子道大德中而無迹。故學之者沒身鑽仰而不足。二子潔行高而迹著。故慕之者一日感慨而有餘也○問孟子學孔子者也。乃屢稱夷惠。而深歎

仰之何耶。曰。夷惠之行高矣。然偏勝而易能。有迹而易見。且百世之貪懦鄙薄者衆。一聞其風而興起焉。則其爲效也速。而所及者廣。譬之薑桂大黄之劑。雖非中和然其去病之功爲捷。而田夫販婦大寒大暑之所便也。若孔子之道。則廣大而中正。渾然而無迹。非深於道者。不能庶幾其萬一。如參苓芝朮之爲藥。平居有養性之益。而緩急伐病之功。未必優於薑桂大黄。非所以施於閭巷之間。危急之候也。孟子屢稱夷惠而不及孔子。其意殆以此耶。○南軒張氏曰。夷惠稱聖人。以其聖於清。聖於和。而得名也。○潛室陳氏曰。伯夷柳下惠皆入聖來。故其清爲聖人之清。和爲聖人之和。作用處與常人萬萬不侔。但比孔子。猶爲小成之聖耳。○汪氏曰。聖人達則澤及當時。窮則風傳後世。於此不及伊尹者。夷惠不爲政於天下。所可言者風而已。伊尹興於是。故不及之。○雲峯胡氏曰。四時之風。莫和於春。莫清於秋。物無有不動者。然在物猶有迹也。仲尼元氣也。渾然無迹矣

○孟子曰。仁也者人也。合而言之道也

仁者。人之所以爲人之理也。然仁。理也。人。物也。以仁之

理合於人之身而言之乃所謂道者也○程子曰中庸
所謂率性之謂道是也朱子曰此仁字不是別物即是這人底道理仁是人之道理就
人身上體認出來及就人身上說合而言之便是道也○人之所以得名以其仁也言仁而不言人則不見理
之所寓言人而不言仁則人不過是一塊血肉耳必合而言之方見得道理出來○如中庸仁者人也是對義
者宜也意又不同人字是以人身言人自有生意脩道以仁便說仁者人也是切己言之孟子是統而言之○
仁則性而已矣道則父子之親君臣之分見於人之身而尤著者也○只仁與人合而言之便是道猶言公而
以人體之便是仁也或曰外國本人也之下有義也者宜也禮也
者履也智也者知也信也者實也凡二十字今按如此
則理極分明然未詳其是否也尤延之云孟子仁也者人也下高麗本云云此
說近是○新安陳氏曰若據此本則是合仁義禮智信而言之皆道也且又見得仁義禮智兼信而言五常之

道。尤爲明備云

孟子曰。孔子之去魯。曰遲遲吾行也。去父母國之道也。去齊接淅而行。去他國之道也

重平聲出巳見萬章下篇○南軒張氏曰。當其可即是道。當去魯之時。則遲遲其行爲道。當去齊之時。則接淅而行爲道。孟子學孔子。去齊也非父母國。而有三宿出晝之濡滯。何也。孟子於宣王。蓋有望焉。故其去。有眷眷不能巳者。夫其不能以巳。是固道之所存也

孟子曰。君子之戹於陳蔡之間。無上下之交也

君子。孔子也。戹。與厄同。君臣皆惡。無所與交也慶源輔氏曰。陳蔡之厄。聖人之極否也。是亦氣數之窮。在聖人則何與焉

貉稽曰。稽大不理於口貉音陌

趙氏曰。貉姓。稽名。爲衆口所訕。所晏反 理賴也。今按漢書無俚 音里 方言亦訓賴 前漢季布贊。賢者誠重其死。夫婢妾賤人。感慨而自殺。非能勇也。其畫無俚之至耳。晉灼曰。揚雄方言曰。俚。聊也。許愼曰。賴也。○慶源輔氏曰。大不賴於口者。言大爲衆口所訕也。

孟子曰。無傷也。士憎茲多口。

趙氏曰。爲士者益多爲衆口所訕。按此則憎當從士。今本皆從心。蓋傳寫之誤。新安陳氏曰。爲士者。往往見憎於此多口。如語之屢憎於人

詩云。憂心悄悄。慍于羣小。孔子也。肆不殄厥慍。亦不隕厥問。文王也。

詩邶 蒲昧反 風柏舟。及大雅緜之篇也。悄悄。憂貌。慍。怒也。本言衛之仁人。見怒於羣小。孟子以爲孔子之事。可以

當之（如見毀於叔孫是也）肆。發語辭（南軒張氏曰。肆猶言遂也。承上起下之辭）隕。墜也。問。聲問也。本言犬王事昆夷。雖不能殄絶其慍怒。亦不自墜其聲問之美。孟子以爲文王之事可以當之（如見囚於羑里是也）○尹氏曰。言人顧自處（上聲）如何。盡其在我者而已（新安陳氏曰。文王孔子二聖人。尚不免逢人之慍怒。況今能絶衆口之謗訕乎。惟在自反。而盡其在我者耳○東陽許氏曰。此章言文王孔子。雖有聖人之德。亦不免爲衆口所謗訕。而其所以處之者如此。然人雖謗之。終不能損其令名。孟子意謂稽雖爲衆口所訕。但當自修其德而已）

○孟子曰。賢者以其昭昭。使人昭昭。今以其昏昏。使人昭昭。

昭昭。明也。昏昏。闇（與暗同）也。尹氏曰。大學之道。在自昭明德而施於天下國家。其有不順者寡矣。慶源輔氏曰。以已昭昭。使人昭昭者。求之已也。以已昏昏使人昭昭者。求之人也。尹氏引大學之說當矣。能明明德。則施於天下國家。其有不順者寡矣。若不自明其德。則如面墻。一物無所見。一步不可移。雖至近如妻子。亦且不順。况他人乎。

○孟子謂高子曰。山徑之蹊閒。句介然用之而成路。句爲閒不用。則茅塞之矣。今茅塞子之心矣。介音戛

徑。小路也。蹊。人行處也。介然。倏然之頃也。用。由也。路。大路也。爲閒。少頃也。茅塞。茅草生而塞之也。言理義之心。不可少有閒去聲斷徒玩反也。趙氏曰。高子。齊人。嘗學於孟子。去而學他術。○慶源輔氏曰。理義之心。人所固有。雖易發而亦易窒。善端發處。體察而力充之。則可以成德。否則內爲氣習所蔽。外爲物欲所誘。而遂窒之矣○新安陳氏曰。學問漸進。則義理日開。學問纔止。則理義日窒。氣習物欲。皆塞理義之心

之茅也。學問廢弛，譬之茅又生而塞子之心矣。高子爲人，如前篇論小弁，後章論禹文王樂，其固陋窒塞可見。

○東陽許氏曰：山間之小徑，倏然有人行而不斷，即成人路；少頃無人行，則茅長而遂塞之。學問之道，才有間斷，私欲便生，而塞天理之路矣。

○高子曰：禹之聲尚文王之聲。

尚，加尚也。豐氏曰：言禹之樂過於文王之樂。

孟子曰：何以言之？曰：以追蠡。追音堆。蠡音禮。

豐氏曰：追，鐘紐女九反也，周禮所謂旋蟲是也。趙氏曰：按周禮考工記，鐘縣平聲謂之旋，旋蟲謂之幹，蓋縣鐘之紐也。其形如環，環有盤旋之義。於旋之上爲蟲形以飾之。自漢以來，鐘旋之上，以銅篆作蹲熊及盤龍、獸名辟邪，皆旋蟲之類也。蠡者，齧倪結反木蟲也。言禹時鐘在者，鐘紐如蟲齧而欲絕，蓋用之者多，而文王

之鍾不然是以知禹之樂過於文王之樂也

曰是奚足哉城門之軌兩馬之力與與平聲

豐氏曰奚足言此何足以知之也軌車轍迹也兩馬一車所駕也城中之涂與途同容九軌周禮冬官下匠人營國方九里旁三門國中九經九緯經涂九軌國中城內也經緯謂涂也經緯之涂皆容方九軌凡八尺爲軌廣九軌積七十二尺則此涂十二歩也車可散行故其轍迹淺城門惟容一車車皆由之故其轍迹深蓋日久車多所致非一車兩馬之力能使之然也借此以爲鍾歷年久之譬言禹在文王前千餘年故鍾久而紐絕文王之鍾則未久而紐全不可以此而議優劣也○此章文義本不可曉舊說相承如此而豐氏差初賣

反也較明白。故今存之。亦未知其是否也

○齊饑。陳臻曰。國人皆以夫子將復為發棠。殆不可復。復扶又反

先時齊國嘗饑。孟子勸王發棠邑之倉。以振貧窮。至此又饑。陳臻問言齊人望孟子。復勸王發棠。而又自言恐其不可也華陽范氏曰。孟子在賓師之位。方以仁義說齊王。幸而聽其言。故發棠邑之粟。然而不行王政。孟子言終不合。及再饑。孟子遂不復言。度其不可言也

孟子曰。是為馮婦也。晉人有馮婦者。善搏虎。卒為善士。則之野。有衆逐虎。虎負嵎。莫之敢攖。望見馮婦。趨而迎之。馮婦攘臂下車。衆皆悅之。其為士者笑之

手執曰搏。卒爲善士。後能改行去聲爲善也。之。適也。負。依也。山曲曰嵎。攖。觸也。笑之。笑其不知止也。疑此時齊王已不能用孟子。而孟子亦將去矣。故其言如此。南軒張氏曰。世固有勇於爲善事者。不察夫義理之當然與否。而必爲之。蓋亦足以悅於流俗。然發不中節。有害於君子之道。是皆馮婦之類耳。學者其無惑於衆之悅。而有動哉。審諸已而已矣。○慶源輔氏曰。齊人之所望於孟子者。利也。而孟子之所以自守者。義也。夫告君以發粟賑民。是亦美事。固君子所樂爲者。但是時齊王已不能用孟子。而孟子亦將去矣。故其義不當復有所言耳。君子之所爲與時變化。不主故常。唯義理如何耳。豈徇其常所爲者。以取人之屢快哉。○新安陳氏曰。勸王發倉振饑仁也。知時不可言而不言智也。

○孟子曰。口之於味也。目之於色也。耳之於聲也。鼻之於臭也。四肢之於安佚也。性也。有命焉。君子不謂性也。

程子曰。五者之欲。性也。性之所欲。此即食色性也之性然有分。去聲不能皆如其願。則是命也。願即欲也。命則天理之則也。不可踰越其分限不可謂我性之所有。而求必得之也。愚按不能皆如其願。不止爲貧賤。蓋雖富貴之極。亦有品節限制。則是亦有命也朱子曰。此性字指氣質而言。此命字合理與氣而言。五者之欲。固是人性。然有命分。既不可謂我性之所有。而必求得之。又不可謂我分可以得。而必極其欲。如貧賤不能如願。此固分也。富貴之極。可以無所不爲。然亦有限制裁節。又當安之於理。如紂之酒池肉林。却是富貴之極。而不知限節。若以其分言之。固無不可爲。但道理却恁地不得。今人只說得一邊。不知合而言之。未嘗不同也。○新安陳氏曰。此命字。合理與氣言。貧賤之安於分。此以氣言也。富貴之不過其則。此以理言也

仁之於父子也。義之於君臣也。禮之於賓主也。智之於賢

者也。聖人之於天道也。命也。有性焉。君子不謂命也

程子曰。仁義禮智天道。在人則賦於命者。所稟有厚薄清濁。然而性善可學而盡。故不謂之命也。張子曰。晏嬰智矣。而不知仲尼。是非命邪朱子曰。橫渠有云。晏嬰智矣而不知仲尼。是非命歟。此命字恐作兩般看。若作所稟之命。則是嬰稟得智之淺者。若作命分之命。則是嬰偶蔽於此。遂不知夫子。此當作兩般看愚按所稟者厚而清。則其仁之於父子也至。義之於君臣也盡。禮之於賓主也恭。智之於賢否也哲。聖人之於天道也無不脗武粉反一音泯合。而純亦不已焉。薄而濁。則反是。是皆所謂命也。或曰。者當作否。人衍字。更詳之朱子曰。命也。有性焉。此命字專指氣而言。此性字專指理而言。如舜遇瞽瞍。固是所遇氣數。然舜惟盡事

親之道。期於底豫。此所謂盡性。大凡清濁厚薄之禀。皆命也。一以所禀言之。一以所值言之。所遭之有淺有深。所感之有應有不應。但其命雖如此。又有性焉。故當盡性○或說以五者之命。皆爲所値之不同。如舜之於瞽瞍。則仁或不得於父子。文王之於紂。則義或不得於君臣。孔子之於陽貨。則禮或不得於賓主。子貢不能聞一知十。則智或不得於賢者。孔子不得堯舜之位。則聖人或不得於天道。此皆命也。然君子當勉其在己者。而不歸之命。其義亦通○雲峯胡氏曰。此命字專指氣而言。然氣亦有二。清濁美惡。氣質之不齊也。高下厚薄脩短。氣數之有異也○愚聞之師曰。此二條者皆性之所有而命於天者也。然世之人。以前五者爲性。雖有不得。而必欲求之。以後五者爲命。一有不至。則不復復扶又反致力。故孟子各就其重處言之。前重在命。後重在性。以伸此而抑彼也。伸後抑前張子所謂養則付命於天。道則責成於己。其言約而盡矣朱子曰。口之於味五者。此固性之所欲。然在人則有所賦之分。在理則有不易之則。皆命也。是以不謂之性。而付命於天。仁之於父子五者。在我則有厚薄之稟。在彼則有遇不遇之殊。是皆命也。然有性焉。君子不謂之命。而責成於己。須如此看。意思方圓無欠缺處○口之於味等固是性。然亦便是合下賦予之命。仁之於父子等固是命。然亦是各得其所受之理便是性。孟子恐人只見得一邊。故就其所主而言。舜禹相授受。只說人心惟危。道心惟微。論來只有一箇心。人心。如口之於味等。若以爲性所當然。一向惟意所欲。却不可。蓋有命存焉。須著安於定分。不敢少過始得。道心。如仁之於父子等。若以爲命已前定。任其如何。更不盡心。却不可。蓋有性存焉。須著盡此心。以求合乎理始得。上云性也。是氣稟之性。有命焉。是斷制人心。欲其不敢過也。下云命也。蓋其所受氣稟亦有厚薄之不齊。有性焉。是充廣道心。欲其無不及也。此段只要遏人欲。長天理。前一節。人以爲性我所有。須要必得。後一節。以爲命則在天。多委之而不脩。所以孟子到人說性處。却曰有命。人說命處。却曰有性○且如嗜芻豢而厭藜藿。是性如此。然芻豢分無可得。只得且喫藜藿。如父子有親。有相愛底。亦有不相愛底。有相愛深底。亦有相愛淺底。此便是命。然在我有薄處。便當勉強以致其厚。在彼有薄處。吾當致厚感他。得他亦厚。如瞽瞍之頑。舜便能使烝烝乂不格姦○問仁義禮智天道。此天之所以命於人。所謂本然之性者也。今曰命有厚薄。則是本然之性。有兩般也。若曰伊川以厚薄言人氣質。稟受於陰陽五行者如此。孟子不應言命。若以氣質厚薄言命。則是天之降才爲有殊矣。曰。孟子言降才且如此說。若命則誠有兩般。以稟受有厚薄也。又不可謂稟受爲非命也。大抵天命流行。物各有得。不謂之命。不可也。命。如人有貧富貴賤。豈不是有厚薄。知之於賢者則有小大。聖人之於天道。亦有盡不盡處。只如堯舜性之。則是盡天道。湯武身之。則是於天道未能盡也。此固是命。然不可不求之於性○潛室陳氏曰。世人以上五者爲性。則見血氣而不見道理。以下五者爲命。則見氣數而不見道理。於是人心愈危。道心愈微。孟子於常人說性處。却以命言。則人之於嗜欲。雖所同有。却有品節限制。不可必得。而人心安矣。於常人說命處。却以性言。則人之於義理。其氣稟雖有清濁不齊。須是著力自做工夫。不可一委之天。而道心顯矣

○浩生不害問曰樂正子何人也孟子曰善人也信人也

趙氏曰浩生姓不害名齊人也

何謂善何謂信

不害問也

曰可欲之謂善

天下之理其善者必可欲其惡者必可惡去聲下同其爲人也可欲而不可惡則可謂善人矣朱子曰可欲是資禀好別人以爲可欲是說這人可愛也只是渾全一箇好人其爲人處處心造事行已接物一皆可欲而不可惡則可謂之善人矣○有可欲之善然後有諸己而充實將去若無可欲者則充實箇甚物譬如先討得眞實藥材然後脩製以爲圓爲散若是藥材不眞雖百般羅碾畢竟不是○問可欲之謂善若作人去欲他恐與有諸己之謂信不相協蓋有

諸已。是說樂正子身上事。可欲却做人說。恐未安。曰。此便是他有可欲處。人便欲他。豈不是渠身上事。與下句非不相協○慶源輔氏曰。先儒多以可欲爲已之欲。如書所謂敬脩其可願之意。獨集註不然。可欲是別人以爲可欲。蓋若以爲已之欲。則說得太輕。且人之欲。有善惡之不同。故也

有諸已之謂信

凡所謂善皆實有之。如惡去聲惡臭。如好去聲好色。是則可謂信人矣慶源輔氏曰。善固多端。故集註言凡所謂善以該之。如惡惡臭。如好好色。則表裏誠實。無一毫勉强假托之意也○張子曰。志仁無惡之謂善。誠善於身之謂信朱子曰。善人者。或其天資之美。或其知及之而勉慕焉。未必其真以爲然。而果能不失也。必其用力之久。真實有此善於已。而無一毫虛僞意。然後可以謂之信人矣

充實之謂美

力行其善。至於充滿而積實。則美在其中。而無待於外

矣 朱子曰。無待於外。都是裏面流出來○既信之。則其行必力。其守必固。如是而不已焉。則其所有之善。充足飽滿於其身。雖其隱微曲折之間。亦皆清和純懿。而無不善之雜。是則所謂美人也○有諸已之謂信。是都知得了。實是如此做。此是就心上說。心裏都理會得。充實之謂美。是就行上說。事事都行得盡。充滿積實。美在其中。而無待於外○慶源輔氏曰。有諸已。則已是知至意誠之事。然又須見於履踐方得。故云力行其善至於充滿其量。蓄積成實。然後美在其中。而無所待於外矣

充實而有光輝之謂大

和順積中。而英華發外 引記樂記云 美在其中。而暢於四支。發於事業 引易坤卦文言 則德業至盛。而不可加矣 朱子曰。美能充於內而已。未必其能發見於外也。又如是而不已焉。則其善之充於內者。彌滿布濩。洋溢四出。而不可禦。其在躬也。

則睟面盎背而施於四體。其在事也。則德盛仁熟而天下文明。是則所謂大人者也○慶源輔氏曰。大則形見於外矣。故集註以德業至盛不可加言之

大而化之之謂聖

大而能化。使其大者。泯然無復扶又反可見之迹。則不思不勉。從七容反容中去聲道。而非人力之所能爲矣。張子曰。大可爲也。化不可爲也。在熟之而已矣程子曰。大而化之。只是理與已一。其未化者。如人操尺度量物。用之尚不免有差。至於化。則已便是尺度。尺度便是已○朱子曰。大而不化。則其大者。未能離乎方體形迹之間。必其德之盛者日益盛。仁之熟者日益熟。則向之所謂大者。方且春融凍解。混然無迹。而與天地合德。日月合明。四時合序。鬼神合吉凶矣。是則所謂聖人者也○慶源輔氏曰。大則猶可以目見而指言。至於化則無迹。不可以目見。不可以言傳。無待於思惟。無假於勉强。從容自然。與道爲一。而非

人之智力所能及矣

聖而不可知之之謂神

程子曰。聖不可知。謂聖之至妙。人所不能測。非聖人之上。又有一等神人也

朱子曰。至於聖。則造道入德之功。至矣盡矣。不可以有加矣。是其盛德至善之極。無聲無臭之妙。必有非耳目所能盡。心思所能測者。是則所謂神者。而非聖人之上。復有神人也。夫自可欲而至於大。則思勉之所及也。至於聖且神焉。則非思勉之所及矣。然非思勉之而不已焉。則亦未有至焉者也。○問可欲之謂善。至聖而不可知之謂神。曰。善渾全底好人。無可惡之惡。有可喜可欲之善。有諸己之謂信。真箇有此善。若不有諸己。則若存若亾。不可謂之信。自此而下。雖一節深如一節。却易理會。充實謂積累。光輝謂發見於外。化則化其大之迹。聖而不可知處。便是神也。所以明道言仲尼無迹。顔子微有迹。孟子其迹著。或問顔子之微有迹處。曰。如願無伐善無施勞皆是。○此六位。皆他人指而名之之辭。○南軒張氏曰。

本領在可欲之善。信者信此者也。美者美此者也。大則充此而有光輝也。化則爲聖。而其不可知則神也。至於聖且神。其體亦不外此而已。又曰。可欲之善。聖神之事備焉。人生而靜。皆具此體。至於化而聖。然後爲全盡。純於此者也

樂正子二之中四之下也

蓋在善信之間。觀其從於子敖。則其有諸已者或未實也　問樂正子以善名矣。而以餔啜從子敖。先館舍後長者。何也。朱子曰。言在二者之中。則其餘於善。而不足於信矣○慶源輔氏曰。意者樂正子雖能明善。而亦工夫未到。於善未誠。使其誠有諸已。則於從子敖之事。當如惡惡臭。而自不嚮邇也　張子曰。顏淵樂正子皆知好去聲下同仁矣。新安陳氏曰。樂正子資質純粹。略似顏子。故橫渠引此立論　樂正子志仁無惡。而不致於學。所以但爲善人信人而已。顏子好學不倦。合仁與

智具體聖人。獨未至聖人之止耳慶源輔氏曰。張子。并顏子言之。見學之不可已如此。○程子曰。士之所難者。在有諸已而已。能有諸已。則居之安。資之深。而美且大可以馴音旬致矣。徒知可欲之善。而若存若亡而已。則能不受變於俗者鮮上聲矣慶源輔氏曰。程子又發明學者只要有諸已。有諸已。則住不得。自然遺將去。故美且大可以馴致。不然徒知其善而若存若亡。則為流俗所變。而終亦必亡之矣。○新安陳氏曰。此條重在有諸已之信。尹氏曰。自可欲之善。至於聖而不可知之神。上下一理。擴充而至於神。則不可得而名矣慶源輔氏曰。尹氏上下一理之說。尤得其要。惟其不可得而名。故謂之神也。○雲峯胡氏曰。須看尹氏上下一理四字。善者人心之天理。始而為人之所可欲者。此理也。終而人之所不可知者。亦此理也。善非粗淺。神非高虛。惟在乎實有此善。而力行以充之爾。○新安陳氏曰。自善信至聖神。高下固懸絶矣。然雖聖神之極致。亦不外乎自善信而充之。生知安行之聖人。固不必由科級而進。學知利行以下之希聖。未有不由科級而進者。可欲之善。眞能有諸已。勉勉循循。充而拓之。以至於極。雖比性之之聖。有生熟之不同。豈有不能如身之之聖者

○孟子曰。逃墨必歸於楊。逃楊必歸於儒。歸斯受之而已矣

墨氏務外而不情。楊氏太簡而近實。故其反正之漸。大略如此。歸斯受之者。憫其陷溺之久。而取其悔悟之新也。朱子曰。楊墨皆是邪說。無大輕重。但墨氏之說。尤出於矯僞。不近人情而難行。故孟子之言如此。非以楊氏爲可取也。○南軒張氏曰。兼愛者。棄本而外馳。爲我者。狹隘而私勝。墨之比楊。猶奢之比儉。自爲者固非。猶愈於兼愛之泛也。泛者尤難反耳

今之與楊墨辯者。如追放豚。旣入其苙。又從而招之

放豚。放逸之豕豚也。苙。闌也。招。罥也。罥宿縣反羈其足也。言彼旣來歸。而又追咎其旣往之失也。○此章見聖賢之於異端。距之甚嚴。而於其來歸。待之甚恕。距之嚴。故人知彼說之爲邪。待之恕。故人知此道之可反。仁之至。義之盡也。雲峯胡氏曰。於異端距之甚嚴者。至正不可以容邪。義之盡也。來歸待之甚恕者。至大可以容小。仁之至也。於此可見聖賢至正至大之心矣

○孟子曰。有布縷之征。粟米之征。力役之征。君子用其一。緩其二。用其二而民有殍。用其三而父子離

征賦之法。歲有常數。然布縷取之於夏。粟米取之於秋。

力役取之於冬。當各以時。若并(去聲)取之。則民力有所不堪矣。新安陳氏曰。用其二。一時併用二端也。用其三。一時併取三者也 今兩稅三限之法。亦此意也。尹氏曰。言民爲邦本。取之無度。則其國危矣。慶源輔氏曰。此孟子言之。以警夫取民無度者。○問布縷粟米力役之征。周禮皆取之。而孟子言用其一而緩其二。朱子乃有夏秋之辨。夫夏秋之說。始出於唐。不知何所據而云。潛室陳氏曰。緩非廢其征。但不作一時併征之耳。月令孟夏蠶畢而獻繭稅。孟秋農乃登穀。始收穀。布縷征之夏。粟米征之秋。乃古法。若唐分兩稅。始於德宗楊炎。非止布縷粟米之征。乃是取大曆十四年應于賦歛之數。併而爲兩稅。名同實異。失孟子之意矣

○孟子曰。諸侯之寶三。土地。人民。政事。寶珠玉者。殃必及身。

尹氏曰。言實得其實者安。實失其實者危。新安陳氏曰。諸侯寶人民。而善政事以治之。則有人有土。而常爲吾寶矣

○盆成括仕於齊。孟子曰。死矣盆成括。盆成括見殺。門人問曰。夫子何以知其將見殺。曰。其爲人也小有才。未聞君子之大道也。則足以殺其軀而已矣

盆成。姓。括。名也。恃才妄作。所以取禍。徐氏曰。君子道其常而已。括有死之道焉。設使幸而獲免。孟子之言猶信也。南軒張氏曰。不聞道則爲才所役。道者。理義之存乎人心者也。於此有聞。則才有所不敢恃矣。人之有才。本不足以爲人害。惟無所本而徒用其才。於是才始足以病已。甚至有取死之道。又不若魯鈍無才之愈也。小有才而未聞道者。身且不能保。爲國者乃信而用之。亡國敗家。其何日之有。○慶源輔氏曰。才出於氣而有限。

才本自小。道原於性而無方。道本自大。況曰小有才。則又才之小者也。不顧義理。而惟才是逞。則行險僥倖。無所不至。不至於顛覆不已也。孟子之言。但述其理之當然耳。不以是爲奇中也。學者不達。而以是爲奇。則必以料事爲明。而駸駸然入於逆詐億不信矣

○孟子之滕。館於上宮。有業屨於牖上。館人求之弗得

館舍也。上宮。別宮名。業屨。織之有次。業而未成者。蓋館人所作。置之牖上而失之也

或問之曰。若是乎從者之廋也。曰。子以是爲竊屨來與。曰。殆非也。夫子之設科也。往者不追。來者不拒。苟以是心至。斯受之而已矣從爲去聲與平聲夫子如字舊讀爲扶余者非

或問之者。問於孟子也。廋。與廋同匿也。言子之從者。乃匿

人之物如此乎。孟子答之。而或人自悟其失。因言此從者固不爲去聲竊屨而來。但夫子設置科條以待學者。苟以向道之心而來。則受之耳。雖夫子亦不能保其往也。門人取其言有合於聖賢之指。故記之慶源輔氏曰。先儒多讀夫子作夫音扶予。而以爲孟子自說。朱子獨以爲夫子。而作問者自悟其失而言者。蓋不獨以殆非也下。無曰字而知其然。若以爲孟子之言。則不惟露筋骨。且非所以待學者。將使學者不自重矣。惟以爲問者之言則可取。愚嘗謂近世好議論者。往往以學者之失。而議先生長者。是其識量。又不逮於當時竊屨者矣。苟以是心至。斯受之者。與人爲善之公也。至於孺悲欲見。則辭以疾。滕更在門。則不見答。是又義之所當然也。然教亦固在其中矣

○孟子曰。人皆有所不忍。達之於其所忍。仁也。人皆有所不爲。達之於其所爲。義也

惻隱羞惡之心。人皆有之。故莫不有所不忍不爲。此仁義之端也。然以氣質之偏。物欲之蔽。則於他事或有不能者。但推所能達之於所不能。則無非仁義矣。慶源輔氏曰。不忍者。惻隱之事也。不爲者。羞惡之事也。是皆本於性。發於情。而統於心。人之所固有者也。但爲氣稟所拘。物欲所蔽。則心失其正。而不能統夫性與情。故有所當發而不發。亦有所不當發而反發。遂至於其所不忍者。或有時而忍。於其所不爲者。或有時而爲。而性亦從而梏亡之矣。今敎之以推所不忍。以達於所忍。推所不爲。以達於所爲。如是。則心得其職。情得其正。而性之所以爲仁義者得矣○西山眞氏曰。有所不忍不爲者。此心之正也。能即是心而推之。雖所忍者亦不忍。即仁也。雖所爲者亦不爲。即義也

人能充無欲害人之心。而仁不可勝用也。人能充無穿踰之心。而義不可勝用也。勝平聲

充。滿也。穿。穿穴。踰。踰墻。皆爲盜之事也。能推所不忍。以達於所忍。則能滿其無欲害人之心。而無不仁矣。能推其所不爲。以達於所爲。則能滿其無穿踰之心。而無不義矣。

南軒張氏曰。人皆有所不忍。皆有所不爲。此其秉彝之不可泯滅者也。然有所不忍矣。而於他則忍之。有所不爲矣。而於他則爲之。此豈有異心哉。爲私欲所蔽。而生道息故也。若以其所不忍。而達之於其所忍。豈非仁乎。以所不爲。而達之於其所爲。豈非義乎。自無欲害人之心而充之。則其愛無所不被。仁有不可勝用矣。自無穿踰之心而充之。則其宜無所不得。義有不可勝用矣。蓋其理本具於性。貴於充之而已。○慶源輔氏曰。此一節。因前說。而教人以充滿其本心之量也。無欲害人之心。即是所不忍。無穿踰之心。即是所不爲。是心也。其量甚大。其用有常。人能推所不忍。以達於其所忍。然後能充滿其無欲害人之心量。推所不爲。以達於其所爲。然後能充滿其無穿踰之心量。能充滿其心量。則其用有常。而仁義不可勝用矣。○新安陳氏曰。達。如導

水自畎澮達之川。自川達之海。充。此水達海。而充滿於其中也。惟達而後能充。如擴而充之之意

人能充無受爾汝之實。無所往而不爲義也

此申說上文。充無穿踰之心之意也。蓋爾汝。人所輕賤之稱。人雖或有所貪昧隱忍而甘受之者。然其中心。必有慚忿而不肯受之之實。人能即此而推之。使其充滿。無所虧缺。則無適而非義矣問充無受爾汝之實。朱子曰。惡不仁者。其爲仁矣。不使不仁者加乎其身。惡不仁。而不能使不仁者不加乎其身。便是不能充無受爾汝之實○看來實字對名字說。不欲人以爾汝之稱加諸我。是惡爾汝之名也。然反之於身。而去其有可爾汝之行。是能充其無受爾汝之實也。若我身有未是處。則雖惡人以爾汝相稱。亦自有所愧矣○新安陳氏曰。朱子此條。乃用趙註之說。與集註不同。蓋謂惡爾汝之名。是惡人之輕已也。反身而去其可輕之行。是能充其無受爾汝之實也。人能充滿其

無受爾汝之實行。則所爲無往非義矣。意義較明白○
慶源輔氏曰。此一節。事雖微而理愈密。夫人不受爾汝
之稱。皆是羞惡之實心。存養之不加。體察之不至。則不
受之心。雖有得於此。而或遂失於彼。亦不能充滿其實
心之量。而義有時而不行矣。惟能推所不受。而達之於
所受。而無所滲漏。然後能充滿其無受爾汝實心之量。
無所適而
不爲義也

士未可以言而言。是以言餂之也。可以言而不言。是以不
言餂之也。是皆穿踰之類也。餂音忝

餂。探取之也。今人以舌取物。曰餂。即此意也。便平聲佞。未可
以言而言隱默。可以言而不言皆有意探取於人。是亦穿踰之類。然
其事隱微。人所忽易。去聲故特舉以見形甸反側。明必推無
穿踰之心。達於此而悉去上聲之。然後爲能充其無穿踰

之心也朱子曰。餂是鉤致之意。如本不必說。自家却强說幾句。要去動人。要去悅人。是以言餂之也。如合當與他說。却不說。須故爲隱難。要使他來問我。是以不言餂之也。不直心而私意如此。便是穿踰之類。裏面是如此。外面却不如此。外面恁地。裏面却不恁地。○問此章先言仁義。後專言義。何也。曰。仁只是一路。只是箇不忍之心。苟能充此心便了。義却頭項多。又問人能充無穿踰之心。是就至粗處說。未可以言而言。與可以言而不言。是說人至細處否。曰。然。能充無受爾汝之實處。工夫却甚大了。到這田地時。工夫大段周密了。所以說無所往而不爲義也。使行已有一毫未盡。便不能無受爾汝之實矣。達者推之也。是展開去。充者填滿也。須填塞教滿○南軒張氏曰。以言取之者。其猶以諂爲悅者乎。以不言取之者。其猶以默爲容者乎。以是爲穿踰之類者。以若有取之之心故耳。此章始言仁義。而末獨言義。何也。蓋仁義體用相須者也。人之不仁。以非義害之也。不爲非義。而後仁可得而存。故反復再三推而言之。使人知所用力也○慶源輔氏曰。此一節事之微而理之密。又有甚於前者。故以士言之。夫不爲穿踰。無受爾汝。在士則有所不必道。然一語一默之微。而於計較安排。而有意探取於人。則是亦穿踰之類。故集註亦以爲其事隱微。人所忽易。故特舉以見例。必推無穿踰之心。而達之於此類。至纖至悉處。亦不容有不盡。方始能充其無穿踰之心也。其義亦精矣。○雲峯胡氏曰。孟子首篇曰善推其所爲。欲齊王即其不忍之心。而推之也。末篇曰達。曰充。欲人皆即其有所不忍不爲之心而達之充之也。擴此心之用。無少壅遏。則謂之達。滿此心之量。無少欠缺。則謂之充。集註論此達與充二字。而推之一字凡五及之。達者推之始。充者推之終也。不推不能達。不達不能充。集註可謂能發孟子終始教人之本旨矣。先儒云。孟子平生工夫受用處。只在善推其所爲一句爾。非朱子孰能發之哉○新安陳氏曰。此章後二節。單言義無受爾汝之實。正其行也。戒以言不言餂之。正其言也。正其言行。以充其羞惡之心。乃於稱謂語默日用之常事。以求義之精焉。語曰。色厲內荏。其猶穿踰與。表記曰。君子不以色親人。情疏而貌親。在小人則穿踰之盜也與。皆可以充廣此義。所當參玩

○孟子曰。言近而指遠者。善言也。守約而施博者。善道也。

君子之言也。不下帶而道存焉。施去聲

古人視不下於帶。記曲禮下。天子視不上於袷。音劫不下於帶。凡視。上於面則傲。下於帶則憂。傾則姦則帶之上。乃目前常見至近之處也。舉目前之近事。而至理存焉。所以爲言近而指遠也。朱子曰。說言近指遠。守約施博。四方八面。皆看得見。此理本是遠近博約如一。而行之則自近約始。道理只是一。但隨許多頭面去。又不可不逐頭面理會也○慶源輔氏曰。言近而指遠。故測之而益深。窮之而愈遠。是君子教人之事

君子之守。脩其身而天下平

此所謂守約而施博也南軒張氏曰。所謂指遠者固存乎近。所謂施博者固存乎約也。不下帶而道存。言近而指遠也。蓋其所言。只其身中事在目前者耳。而至理初不外是也。脩身而天下平。守約而施博也。脩身則本立。由是而家齊國治天下平。皆其所推耳○慶源輔氏曰。守約施博。故推之而無不準。動

之而無不化。是君子治天下之事

人病舍其田而芸人之田。所求於人者重。而所以自任者輕。舍音捨

此言不守約而務博施之病朱子曰。不知道者。務爲高遠之言。則固荒唐而無餘味。然欲其近。則又鄙淺而無深遠之趣也。不知約之可守。則固泛濫而不切矣。然欲其約。則又狹隘而無廣博之功也。然則所謂善言善道者。非有道之君子。其孰能知之乎○南軒張氏曰。舍其田而芸人之田者。不治其身而治人之譬也。不務在己者而責諸人。其自任亦輕矣。蓋不知一身爲天下之本故也

〇孟子曰。堯舜性者也。湯武反之也。

性者得全於天。無所污烏故反壞。不假脩爲。聖之至也。反之者。脩爲以復其性。而至於聖人也。程子曰。性之反之。

古未有此語。蓋自孟子發之。呂氏曰。無意而安行。性也。朱子曰。呂氏說性也。性下合添之者二字有意利行。而至於無意。復性者也。

堯舜不失其性。湯武善反其性。及其成功則一也。程子曰。堯與舜更無優劣。及至湯武便別。孟子言性之反之。自古無人如此說。只是孟子分別出來。便知得堯舜是生而知之。湯武是學而能之。文王之德則似堯舜。禹之德則似湯武。要之皆是聖人。○朱子曰。湯武反之。其反之雖同。然細看來。武王終是踈略。成湯却孜孜向進。如其伐桀。所以稱桀之罪。只平說過。又放桀之後。惟有慙德。武王數紂。至於極其過惡。於此可見矣

動容周旋中禮者。盛德之至也。哭死而哀。非爲生者也。經德不回。非以干祿也。言語必信。非以正行也。中爲行並去聲細微曲折。無不中禮。乃其盛德之至。自然而中。而非有

意於中也。經。常也。回。曲也。三者亦皆自然而然。非有意而爲之也。皆聖人之事。性之之德也。問信言語以正行莫無害否。朱子曰。言語在所當信。若有意以此而正行。便是有爲而然也○慶源輔氏曰。若有意於中。則必有勉强持守之意。力懈意弛。則必有所不中者矣。又曰。三者特舉聖人之庸行。人所易曉者以例其餘。聖人之動無不時也。豈有意而爲之者哉。故集註斷以爲聖人之事。性之之德也

君子行法以俟命而已矣

法者。天理之當然者也。君子行之。而吉凶禍福有所不計。蓋雖未至於自然。而已非有所爲去聲而爲矣。此反之之事。董子所謂正其義不謀其利。明其道不計其功。正此意也○程子曰。動容周旋中禮者。盛德之至。行法以

俟命者。朝聞道夕死可矣之意也新安陳氏曰。惟聞道。故生順死安。雖夕死亦可。惟行法。故禍福能一聽天命。其意相類

呂氏曰。法由此立。命由此出。聖人也新安陳氏曰。以法與命移上聖人說。聖人從容中道。身即爲度。法由我立。與天爲徒。命由我出。與天地合德。與鬼神合吉凶。如書云。自作元命。唐李泌云。君相造命是也

行法以俟命。君子也。聖人性之。君子所以復其性也朱子曰。聖人與法爲一。已與天爲一。學者是人未與法爲一。已未與天爲一。故須行法以俟命也。○行法以俟命。三代以降。惟董子嘗言之。而諸葛忠武侯言於其君有曰。臣鞠躬盡力。死而後已。至於成敗利鈍。非臣之明所能逆覩也。程子語其門人有曰。令容貌必端。言語必正。非欲獨善其身以求知於人。但天理當然。亦曰循之而已矣。此三言者。所指雖殊。要皆行法俟命之意。○慶源輔氏曰。法者。凡古聖賢之所制皆是也。蓋莫非天理之當然。如爲君而仁。爲臣而敬。子孝父慈皆是也。君子行之。而吉凶禍福。聽天所命。我皆在所不計。所謂俟命也。雖未能如聖人之安行自然。已非有爲

而爲之矣

○孟子曰說大人則藐之勿視其巍巍然說音稅藐音眇

趙氏曰大人當時尊貴者也藐輕之也巍巍富貴高顯之貌藐藐焉而不畏之則志意舒展言語得盡也和靖尹氏曰藐者止是不以其貴勢威嚴爲事而慴非謂便視他作無物也○朱子曰說大人則藐之蓋主於說而言如曰見大人則藐之則失之矣蓋大人固當畏而所謂藐者乃是藐其堂高數仞之類耳這爲世人把大人許多崇高富貴當事有言不敢出口故孟子云爾○今人不是畏大人只是畏其巍巍然者若能勿視其巍巍然而不失其畏大人之心乃是真能畏大人者○問孔子畏大人而孟子藐之何也曰孟子藐大人不視其巍巍然者而已故雖不肯枉尺直尋而齊人敬王莫如孟子也特以當世之士以道殉人內無所守故特發此以立其志使其意氣舒展無所懾懼而得以盡其所言爾若君子以禮存心固將無所不用其敬豈於大人而反藐之哉○

慶源輔氏曰。若不藐視之。則是爲其巍巍者所動矣。志氣一有所懾怯。則必不能展盡底蘊。剛强者有懷或不敢盡。柔弱者則必至於變其所欲言而反徇之矣

堂高數仞。榱題數尺。我得志弗爲也。食前方丈。侍妾數百人。我得志弗爲也。般樂飲酒。驅騁田獵。後車千乘。我得志弗爲也。在彼者。皆我所不爲也。在我者。皆古之制也。吾何畏彼哉榱楚危反般音盤樂音洛乘去聲

榱。桷音角也。題。頭也。食前方丈。饌食列於前者方一丈也。

此皆其所謂巍巍然者。我雖得志。有所不爲。而所守者皆古聖賢之法。則彼巍巍者何足道哉南軒張氏曰。藐讀如眇。左氏曰。以是藐諸孤。藐。小之也。小之者。小其所挾也。視其巍巍然。則動於中。動於中。則慕在彼之勢。而屈在我之義矣。

使在我不知古制之守。則爲其巍巍然所動矣。故程子曰。內重則見外之輕。得深則見誘之小。後之爲士者。惟不知古制之是守。故未得志則有所慕。既得志。則行其所慕。遂欲不已。以爲天下害。士必寡欲。而後能守古制。守古制而後知自重。知自重而後不爲勢所屈。使其身用而道行。則生民受其福矣

○楊氏曰。孟子此章。以已之長。方人之短。猶有此等氣象。在孔子則無此矣 慶源輔氏曰。孟子有泰山巖巖然之氣象。便是指此等處言也。若聖人則大而化之。泯然不見其大之迹。故不至如此。然非聖人覺此而不爲也。德盛仁熟。大而化之。則自然不至有此等氣象矣

○孟子曰。養心莫善於寡欲。其爲人也寡欲。雖有不存焉者寡矣。其爲人也多欲。雖有存焉者寡矣

欲。如口鼻耳目四支之欲。雖人之所不能無。然多而不節。未有不失其本心者。學者所當深戒也。程子曰。所欲

不必沈溺只有所向便是欲周子曰。養心不止於寡而存耳。蓋寡之又寡。以至於無。無則誠立明通。○蔡氏曰。誠立而實體安固。明通而實用流行。○程子曰。欲寡則心自誠。荀子言養心莫善於誠。既誠矣。又何養。此已不識誠。又不知所以養。○朱子曰。孟子只是言天理人欲相爲消長分數。其爲人也寡欲。則人欲分數少。故雖有不存焉者寡矣。不存焉者寡。則天理分數多也。其爲人也多欲。則人欲分數多。故雖有存焉者寡矣。存焉者寡。則天理分數少也。蓋多字對寡字說。若眼前事事貪要時。這心便一齊走出了。未便說到邪僻不好底物事。只是眼前底事。纔多欲。本心便都分雜了。只減少。便漸存得此心。問周子之言。曰。語其所至。則固然矣。然未有不由寡欲而能至於無者。語其所至而不由其序。則無自而進。由其序而不要其至。則或恐其安於小成也。周子之說。於此爲有相發之功焉。○伊川教人直是都不去他用其心。只是要得寡欲存這心最是難。湯武聖人。孟子猶說湯武反之也。反復也。反復得這本心。如不邇聲色。不殖貨利。只爲要存此心。觀旅獒之書。只受一犬而反覆切諫。以此見欲之可畏。無小大皆不可忽。○南軒張氏曰。寡欲爲養心之要。然人固有天資寡欲者。其爲人寡欲。則不存者寡。多欲。則存焉者寡。以是知養心莫善於寡欲也。存者。謂其心之不外馳也。雖然。天資寡欲之人。不存固寡。然不知存其存。則亦莫之能充也。若學者以寡欲爲要。則當存養擴充。由寡欲以至於無欲。則其清明高遠者爲無窮矣。○勉齋黃氏曰。孟子嘗言求放心矣。又言存其心矣。操之則存。舍之則亡。心之存亡。决於操舍。而又曰。莫善於寡欲。何也。操存固學者之先務。然人惟一心。而攻之者衆。聲色臭味交乎外。榮辱利害動乎內。隨感而應。無有窮已。則清明純一之體。又安能保其常存而不放哉。此孟子發明操存之說。而又以爲莫善於寡欲也。雖然。寡欲固善矣。然非眞知夫天理人欲之分。則何以施其克治之功哉。故格物致知。又所以爲寡欲之要。此又學者之所當察也。○慶源輔氏曰。程子又極其微而言之。學者須是於欲有所向處。便加克治。若待其張王。則用力難矣。○雲峯胡氏曰。孟子一書。言三養字皆切要語。曰養氣。曰養性。曰養心。合而觀之。氣生於理。善養氣者在養性。理具於心。善養性者在養心。心汨於欲。善養心者在寡欲。寡之又寡以至於無。則心存而性存。氣不必言矣

○曾晳嗜羊棗。而曾子不忍食羊棗。

羊棗實小黑而圓。又謂之羊矢棗。曾子以父嗜之。父没之後。食必思親。故不忍食也

公孫丑問曰。膾炙與羊棗孰美。孟子曰。膾炙哉。公孫丑曰。然則曾子何爲食膾炙而不食羊棗。曰。膾炙所同也。羊棗所獨也。諱名不諱姓。姓所同也。名所獨也

肉聶而切之爲膾。聶之涉反。詳見論語鄉黨篇膾不厭細章下炙。之夜反炙音隻肉也。勿軒熊氏曰。須看不忍字重。毋没而杯棬不能飲不忍故也○新安陳氏曰。不諱姓。喻食膾炙。諱名。喻不食羊棗

○萬章問曰。孔子在陳曰。盍歸乎來。吾黨之士狂簡進取。

不忘其初。孔子在陳何思魯之狂士

盍何不也。狂簡謂志大而略於事。進取謂求望高遠。不忘其初。謂不能改其舊也。此語與論語小異

慶源輔氏曰。志大謂狂。略於事謂簡。如曾點異乎三子者之撰。則志大而略於事可知。直欲躐乎聖人之樂處。則其望高遠可知。終不肯做下學工夫。後至於臨人之喪而歌。不能改其舊可知。狂簡二字。又該括得下兩句。進取即是志大。不忘其初。即是略於事也

孟子曰。孔子不得中道而與之。必也狂獧乎。狂者進取。獧者有所不爲也。孔子豈不欲中道哉。不可必得。故思其次也獧音絹

不得中道至有所不爲。據論語亦孔子之言。然則孔子

字下。當有曰字。論語道作行。獧作狷。有所不爲者。知恥自好。去聲不爲不善之人也。孔子豈不欲中道以下。孟子言也其次謂狂者

敢問何如斯可謂狂矣。

萬章問。

曰。如琴張曾晳牧皮者。孔子之所謂狂矣。

琴張。名牢。字子張。子桑戶死。琴張臨其喪而歌。事見形甸反下同莊子莊子太宗師篇。子桑戶。孟子反。子琴張相與爲友。子桑戶死。未葬。孔子聞之。使子貢往行事焉。或編曲。或鼓琴。相和而歌。曰。嗟來桑戶乎。而已反其眞。而我猶爲人猗。於直反子貢趨而進。曰。敢問臨喪而歌。禮乎。二人相視而笑。曰。是惡音烏知禮義。雖未必盡然。要必有近似者。曾

晳見前篇。季武子死，曾晳倚其門而歌。事見檀弓。記檀弓下。季武子寢疾，及其喪也，曾點倚門而歌。又言志異乎三子者之撰，事見論語。牧皮，未詳。

何以謂之狂也。

萬章問。

曰：其志嘐嘐然，曰：古之人，古之人。夷考其行而不掩焉者也。嘐，火交反。行，去聲。

嘐嘐，志大言大也。重，平聲。言古之人，見其動輒稱之，不一稱而已也。夷，平也。掩，覆也。覆，敷救反。也，言平考其行，則不能覆其言也。新安陳氏曰：志大，言大。動欲慕古，狂故也。平考其行，行不掩言，簡故也。程子曰：曾晳言志而夫子與之蓋與聖人之志同便是堯舜氣象也特行有不掩焉耳此所謂狂也慶源輔氏曰曾晳之志固不止於如此然其不屑之於事爲其直欲徑探乎聖人之樂處則與所謂嘐嘐然曰古之人古之人之意亦不相遠而其行有不能掩其言者則又自有不可誣也故集註取程子之說以釋之夫子與之者是與其志大言大也便是堯舜氣象者是亦所謂古之人古之人之類也

狂者又不可得欲得不屑不潔之士而與之是獧也是又其次也

此因上文所引遂解所以思得獧者之意狂有志者也獧有守者也有志者能進於道有守者不失其身屑潔也朱子曰狂者知之過獧者行之過○南軒張氏曰中庸云智者過之其狂者歟賢者過之其獧者歟鄉原

即所謂小人之中庸也○慶源輔氏曰狂者是合下氣質高明便自有所見者獧者是合下氣質貞固便自有所守者狂者則於知上所得分數多獧者則於行上所得分數多聖門學者必皆中與和合德知與行並進然後爲貴所謂中道者是也此等人旣不可得故不得已而與夫狂獧也○新安陳氏曰以不善爲不潔而不屑爲之也

孔子曰過我門而不入我室我不憾焉者其惟鄉原乎鄉原德之賊也曰何如斯可謂之鄉原矣

鄉原非有識者原與愿同荀子原慤克角反字皆讀作愿謂謹愿之人也○荀子榮辱篇孝悌原慤以敎比其事業○富國篇其臣主百吏汙者皆化而脩悍者先化而原躁者先化而慤是明主之功已○正論篇上端誠則下原慤矣上公正則下易直矣故鄉里所謂愿人謂之鄉原孔子以其似德而非德故以爲

德之賊過門不入而不恨之以其不見親就爲幸深惡去聲而痛絕之也以上釋孔子語萬章又引孔子之言而問也慶源輔氏曰先儒皆以原爲善不惟無所據又既謂之善人則不應遂以爲德之賊故集註引荀子爲證以原爲愿且曰鄉人無知其所謂愿人謂之鄉原原字固淺狹又鄉人以爲愿愿則亦非眞愿者也

曰何以是嘐嘐也言不顧行行不顧言則曰古之人古之人行何爲踽踽涼涼生斯世也爲斯世也善斯可矣閹然媚於世也者是鄉原也行去聲踽其禹反閹音奄踽踽獨行不進之貌涼涼薄也不見親厚於人也鄉原譏狂者曰何用如此嘐嘐然行不掩其言而徒每事必稱古人邪俗作耶又譏狷者曰何必如此踽踽涼涼無所

親厚哉。人既生於此世。則但當爲此世之人。使當世之人。皆以爲善則可矣。此鄉原之志也。以上皆釋鄉原之言閹如奄人之奄。閉藏之意也。周禮春官守祧奄八人。遠廟曰祧。奄。如今之宦者。祧他凋反媚。求悅於人也。孟子言此。深自閉藏。以求親媚於世。是鄉原之行去聲也。朱子曰。鄉原務爲謹愿。不欲忤俗以取容。專務徇俗。欲使人無所非刺。既不肯做狂。又不肯做狷。一心只要得人說好。更不理會自己所見所得。與夫理之是非。彼狂者嘐嘐然以古人爲志。雖行之未至。而所知亦甚遠矣。狷者便只是有志力。行不爲不善。二者皆能不顧流俗汙世之是非。雖是不得中道。却都自是爲己。不爲他人。鄉原反非笑之。鄉原者爲他做得好。使人皆稱之。而不知其有無窮之禍。如五代馮道者。此眞鄉原也。○慶源輔氏曰。閹然媚於世。此是鄉原之隱情匿志。孟子說破其情狀

萬章曰。一鄉皆稱原人焉。無所往而不爲原人。孔子以爲

德之賊何哉

原亦謹厚之稱而孔子以爲德之賊故萬章疑之

曰非之無舉也刺之無刺也同乎流俗合乎汙世居之似忠信行之似廉潔衆皆悅之自以爲是而不可與入堯舜之道故曰德之賊也

吕侍講曰言此等之人欲非之則無可舉欲刺之則無可刺也流俗者風俗頽（徒回反）靡如水之下流衆莫不然也汙濁也非忠信而似忠信非廉潔而似廉潔

朱子曰狂者所見過於高遠而行不到狷者能力行而見有所不逮二者皆可收拾入來至於鄉原則孟子敢斷然以爲德之賊者蓋其居之似忠信行之似廉潔衆皆悅之使其回頭來却未可知只被他自以爲是既把來做是了便休

是以終身爲原人。而孟子以爲德之賊也。○南軒張氏曰。此數句。極鄉原之情狀。非之無擧。刺之無刺。言其善自矯飾。流俗能同。汙世能合。言其無所執守也。以忠信廉潔曰似。則非眞矣。衆皆悅之。則異乎鄉人之善者好之矣。自以爲是。所以卒爲鄉原而不可反也。堯舜之道。大中至正。天理之存乎人心者也。此所謂善也。若鄉原所謂善斯可矣。則出於一己之私。竊善之似而已。異端之於正道。如黑與白。本不足以賊德。惟道之不明。世俗之見。易以惑溺。故以爲德之賊也。○慶源輔氏曰。鄉原旣欲人以爲謹愿。故同乎流俗而不敢自異。合乎汙世而不能自拔。故衆皆悅之。自以爲是。則又迷而不知反。故不可與入堯舜大中至正眞實之道也

孔子曰。惡似而非者。惡莠。恐其亂苗也。惡佞。恐其亂義也。惡利口。恐其亂信也。惡鄭聲。恐其亂樂也。惡紫。恐其亂朱也。惡鄉原。恐其亂德也。惡去聲莠音有

孟子又引孔子之言以明之。莠。似苗之草也。佞。才智之

稱其言似義而非義也。利口。多言而不實者也。鄭聲淫樂也。樂正樂也。紫。間去聲色也。朱正色也。鄉原不狂不獧。人皆以爲善有似乎中道而實非也。故恐其亂德慶源輔氏曰。佞者有口才。能辨說。故以爲才智之稱。惟其能言。則其說多似義而實不然。故以爲害義。巧言之人。徒尚口而初無誠實。故以爲害信。鄉原既譏狂者。故不狂。又譏獧者。故不獧。衆皆悅之。故人皆以爲善。而不可與入堯舜之道。故有似乎中道而實非。此聖人所以恐其亂德而深惡之。據論語所載。亦與此不同。雖有詳略。然其惡似而非之意則一也

君子反經而已矣。經正則庶民興。庶民興斯無邪慝矣反復也。經。常也。萬世不易之常道也。經。只是日用常行道理興興起於善也。邪慝。如鄉原之屬是也。新安陳氏曰。邪慝。不止是鄉原。如楊墨皆

是以此章言則指鄉原故云鄉原之屬 世衰道微大經不正故人人得爲異說以濟其私而邪慝並起不可勝平聲正君子於此亦復其常道而已常道既復則民興於善而是非明白無所回互雖有邪慝不足以惑之矣○尹氏曰君子取夫音扶狂獧者蓋以狂者志大而可與進道獧者有所不爲而可與有爲也所惡去聲於鄉原而欲痛絕之者爲去聲其似是而非惑人之深也絕之之術無他焉亦曰反經而已矣

問反經之說朱子曰經便是大經君臣父子夫婦兄弟朋友且先復此大經天下事未有出此五者其間却殺有曲折如大學亦先指此五者爲言使大綱既正則其他節目皆可舉若不先此大綱則其他細碎工夫如何做○問經正還只是躬行不及政事曰這箇不通分做兩件說如堯舜雖是端拱無爲只政事便就

這裏做出。邪曾恁地便了。○孟子論鄉原亂德之害。而卒以君子反經爲說。此所謂上策莫如自治者。況異端邪說。日新月益。其出無窮。蓋有不可勝排者。惟吾學既明。則彼自滅熄耳。此學者所當勉。而不可以外求者也。○經正則庶民興。蓋風化之行。在上之人。舉而措之而巳。庶民興。則人人知反其本而見善明。見善明。則邪慝不能惑也。既人不之惑。則其道自然銷鑠而至於無也。歐陽永叔云。使王政明而禮義充。雖有佛。無所施於吾民矣。亦此意也。○慶源輔氏曰。集註反經之說。實辨異端。息邪說之大權也。○雲峯胡氏曰。此章言經正而下章則以聖人相傳之說繼之。不無意也

○孟子曰。由堯舜至於湯。五百有餘歲。若禹皐陶。則見而知之。若湯。則聞而知之

趙氏曰。五百歲而聖人出。天道之常。然亦有遲速。不能正五百年。故言有餘也。尹氏曰。知。謂知其道也。慶源輔氏曰。天

道固有常矣。然亦不能截然整齊，須有先後遲速。○雲峯胡氏曰：語孟末皆言堯舜以來相傳之意。但論語以行言，故歷述其政事之實；孟子以知言，故歷敘其見聞之眞。堯言執中，中之用也；湯言降衷，中之體也。舜自心上發出執中之藴，而六經言心始此；湯自性上推原降衷之初，而六經言性始此。此可見堯舜湯明道處。至若見而知之，言禹皋而不言稷契，何也？或曰舉禹皋可例其餘。然考之書，稷契不曰謨，而禹皋獨曰謨，蓋可見也。況洪範九疇禹發之，天敘天秩五典五禮皋發之，其明道之功固不小也。

由湯至於文王，五百有餘歲，若伊尹萊朱，則見而知之；若文王，則聞而知之。

趙氏曰：萊朱，湯賢臣。或曰即仲虺（許偉反）也，爲湯左相（去聲）。○雲峯胡氏曰：舜言精一，而後協于克一，伊尹能發之；堯言執中，而後建中于民，仲虺能發之。曰勇、曰智、曰仁、曰禮、曰義，中庸三達德、孟子四端已散見於仲虺誥中矣，吾以是知萊朱即仲虺也。○論語之末言武不言文。

此言文不言武，文王謨以明道言也，武王烈以行道言也。易之作也，其於中古乎？文王明道之功大矣。○新安陳氏曰：萊朱與伊尹並稱，而經傳不他見。仲虺作誥，弘大精微，仁義禮智信皆開端言之，而德日新一言又首唱之。湯盤銘、伊尹咸有一德，皆因而述之。伊尹相湯，虺爲左相，同時他誰與之班者？萊朱即仲虺也，必矣。

由文王至於孔子，五百有餘歲，若太公望、散宜生，則見而知之；若孔子，則聞而知之。散，素亶反。

散，氏；宜生，名；文王賢臣也。子貢曰：「文武之道，未墜於地，在人。賢者識其大者，不賢者識其小者，莫不有文武之道焉。夫子焉不學？」此所謂聞而知之也。或曰：尚父，鷹揚之士也；散宜生，於經傳不多見，亦以爲見文王之道而知之者，何也？雲峯胡氏曰：敬勝怠，義勝欲之類，非太公孰發之？書曰：茲迪彝教，則彝倫之教，散宜生蓋有助焉。

由孔子而來至於今百有餘歲。去聖人之世。若此其未遠也。近聖人之居。若此其甚也。然而無有乎爾。則亦無有乎爾。

林氏曰。孟子言孔子至今時未遠。鄒魯相去又近。然而已無有見而知之者矣。則五百餘歲之後。又豈復扶又反下同有聞而知之者乎。朱子曰。由堯舜至孔子。率五百餘歲而聖人一出。所以異世同心歷聖同道。道統繩繩相續不絕者。實賴同時之見而知之者。知之於先。而異世之聞而知之者。得以知之於後耳。自孔子至今。方百餘歲。去孔子之時。若此其未遠也。孟子鄒人。近孔子所居之魯。又若此其甚也。若使今此已無有見而知之者。則如前所云五百歲之後。豈復有聞而知之者乎。○禹臯之徒。本皆名世之士。伊尹太公。又湯文之師。非必見其君而後知之。湯文孔子。又生知之聖。亦非必聞前聖之道而後得之也。此其曰見而知之。

聞而知之者。蓋以同時言之。則斯道之統。臣當以君爲主。以異世言之。則斯道之傳。後世當以前聖爲師。學者不以辭害意可也。至於章末二句。則孟子之致意深矣。觀其所謂然而無有乎爾。則雖若託於不居。而其自任之實可見。觀其所謂則亦無有乎爾。則雖若歎其將絶。而所以啓夫萬世無窮之傳者。又未嘗不在於斯也。學者誠能深考其言而自得之。則古人雖遠。而其志意之所存者。蓋無以異乎日相與言。而授受於一堂之上也

○雲峯胡氏曰。論先後。則不有見之者。而孰有聞之者。是則見而知之者爲先。論難易。則見而知之者。聚精會神於一時之頃。而聞而知之者。心融神會於異世之遥。是則聞而知之者爲難也

愚按此言。雖若不敢自謂已得其傳。而憂後世遂失其傳。然乃所以自見其有不得辭者。而又以見夫音扶下同天理民彝不可泯滅。百世之下。必將有神會而心得之者耳。故於篇終。歷序群聖之統。而終之以此。所以明其傳之有在。新安陳氏

曰。此申言然而無有乎爾之意。孟子隱然謂道統之傳在己。但其辭婉。其意深。非詳玩味之。不能見耳。而又以俟後聖於無窮也。新安陳氏曰。申書則亦無有乎爾之意。以望後世聖賢之能傳道統者。此已爲程子接孟子之絕學者張本矣。其旨深哉。雲峯胡氏曰。集註神會心得四字有深意。蓋爲聞而知之者言也。孟子所謂見而知。聞而知者。知其道也。知其道者。知其心也。時有先後之異。心無先後之間。萬古一理。千聖一心。世遠而心之神明相接。迹異而心之天理相孚。默而成之。不言而信。此其爲神會而心得之者歟。

○有宋元豐八年。河南程顥伯淳卒。潞公文彦博。題其墓曰。明道先生。而其弟頤正叔序之曰。周公沒。聖人之道不行。孟軻死。聖人之學不傳。道不行。百世無善治。去聲學不傳。千載音宰無真儒。無善治。士猶得以明夫善治之道。以淑諸人。以傳諸後。無真儒。則天下貿貿音茂焉。莫知所之。人欲肆而天理滅矣。雲峯胡氏曰。論語之末。堯而後終之以武王。孟子之末。終之以孔孟。道不行。百世無善治。武王以後事。學不傳。千載無眞儒。孔孟以後事。無善治而下又言道之不明。其害有甚於道之不行者也。先生生乎千四百年之後。新安陳氏曰。孟子沒。至明道生。大約年數如此。得不傳之學於遺經。以興起斯文爲己任。辨異端。闢邪說。使聖人之道。煥然復明於世。蓋自孟子之後。一人而已。雲峯胡氏曰。朱子贊濂溪先生之言曰。道喪千載。聖遠言湮。不有先覺。孰開我人。今言明道而不言濂溪者。二程夫子受學於濂溪先生。見而知之者也。且孟子所述。列聖之相傳者。非徒爲其行道而言。實爲其聞知見知。有以明斯道而言也。伊川墓述。專言學不傳。則道不明之害。而又深言夫明道之功。正與孟子之意脗合。故集註述之。然學者於道不知所向。則孰知斯人之爲功。不知所至。則孰知斯名明道二字之稱情也哉。

稱去聲。情實也。名稱其實也○慶源輔氏曰。集註係以程子之說者見程子果得其傳於遺經。而孟子之說至是而遂驗也○雲峯胡氏曰。所向者人道之始事。所至者造道之極功學者不知所向。則非有志於斯道者不足以知明道。不知所至。則非深造乎斯道者亦不能眞知明道也趨向之正。造詣之深。庶乎可知明道之所以爲明道矣。眞知明道。則眞知堯舜以至於孔孟者矣。善乎勉齋黃氏之言曰。由孔子而後。曾子子思繼其微。至孟子而始著。由孟子而後。周程張子繼其絶。至朱子而始著。朱子出而自周以來聖賢相傳之道。一旦豁然如大明中天。昭晰呈露。然則集註所謂百世而下必有神會而心得之者。朱子亦當自見其有不得辭者矣○新安陳氏曰。朱子繫以伊川此說者。見得孟子之意望百世之下將有神會心得其道者。而千四百年後果有如程子者出焉。見孟子之言至是而果驗。孟子不傳之絶學至是而果有傳也。觀韓子所謂堯以是傳之舜至軻之死不得其傳焉之言見道統之傳至孟子而絶。察朱子所列明道墓表之意見道統之傳旣絶而後續也。孟子朱子之意章章明矣

孟子集註大全卷之十四